Peter Leander Hofrichter

Modell und Vorlage der Synoptiker

Theologische Texte und Studien

Band 6

Peter Leander Hofrichter

Modell und Vorlage der Synoptiker

2002
Georg Olms Verlag
Hildesheim · Zürich · New York

Peter Leander Hofrichter

Modell und Vorlage der Synoptiker

Das vorredaktionelle „Johannesevangelium“

Zweite,
neubearbeitete Auflage

2002
Georg Olms Verlag
Hildesheim · Zürich · New York

Diese Publikation wurde durch die Stiftungs- und Förderungsgesellschaft der Universität Salzburg und durch das Österreichische Bundesministerium für Bildung, Wissenschaft und Kultur gefördert.

*

*

Die Deutsche Bibliothek – CIP-Einheitsaufnahme

Hofricher, Peter:
Modell und Vorlage der Synoptiker :
das vorredaktionelle "Johannesevangelium" /
Peter Leander Hofrichter. - 2., neubearb. Aufl.. -
Hildesheim ; Zürich ; New York : Olms, 2002
(Theologische Texte und Studien, Bd. 6)
ISBN 3-487-10371-0

ISO 9706

Printed in Germany
Gedruckt auf säurefreiem und alterungsbeständigem Papier
Umschlaggestaltung: Barbara Gutjahr, Hamburg
Herstellung: Druck Partner Rübelmann GmbH, 69502 Hemsbach/Bergstraße
ISSN 0941-8717
ISBN 3-487-10371-0

Vorwort

Es hat gelohnt, die 1986 in meinem Buch „Im Anfang war der Johannesprolog“ aufgenommene Spur trotz der anfänglichen Kritik im Hinblick auf das ganze Evangelium weiter zu verfolgen. Das Ergebnis kann nun in zweiter, überarbeiteter Auflage vorgelegt werden.

Die „Priorität des Johannesevangeliums“ ist mittlerweile zu einem etablierten Thema der wissenschaftlichen Auseinandersetzung geworden. Zu einem Symposion in Salzburg haben einander im März 2000 erstmals Forscher getroffen, die von unterschiedlichen Ausgangspunkten zu ähnlichen Fragestellungen gelangt sind, um miteinander und mit Vertretern der traditionellen Lehrmeinung zu diskutieren. Da der Berichtband vor der Veröffentlichung steht, wurde hier darauf nicht mehr eingegangen.

Die theologische Relevanz des Prioritätsverhältnisses zwischen Johannes und den Synoptikern ist kaum zu überschätzen. Die in diesem Buch vertretene Auffassung, dass jene Schrift, die den Gnostikern den Logoshymnus aus der Hand nehmen wollte, überhaupt am Beginn unserer Evangelienentwicklung steht, ist freilich die konsequenteste. Aus dem Widerspruch, in dem Markus dieses Vorbild verarbeitet hat, wird sein Profil erst deutlich erkennbar. Wenn außerdem die Logoschristologie nicht der krönende Abschluss der christologischen Entwicklung, sondern vielmehr ein verhängnisvoller Fehlgriff des Anfangs war, gegen den die neutestamentliche Kirche konsequent, aber letztlich ohne bleibenden Erfolg ankämpfte, dann verändert dies die Sicht auf die gesamte frühchristliche Dogmengeschichte. Die mögliche Quellenstellung des „Johannesevangeliums“ gegenüber den Synoptikern ist für den Laien vielleicht ein interessantes Detail, für den Exegeten und Theologen bedeutet sie eine unabsehbare Herausforderung.

Die Vorbereitung der zweiten Auflage der vorliegenden Untersuchung bot Gelegenheit zu einer gründlichen Überarbeitung. Neben der Verbesserung von Tipp- und Flüchtigkeitsfehlern wurden zusätzliche Paralleltexte aufgenommen, Aktualisierungen und Verdeutlichungen, auch Umstellungen vorgenommen und inhaltliche Weiterführungen hinzugefügt. Vor allem wurde der vollständige Text des Markusevangeliums nochmals auf dem Hintergrund der hier vertretenen These redaktionskritisch analysiert. Im Anhang findet sich auch eine zusammenfassende Skizze zur Entwicklung der letzten Kapitel des Johannesevangeliums.

Salzburg und Hallein, im Sommer 2001 — Peter Hofrichter

Inhalt

1 Die Interdependenz der Evangelien

1.1 Die Synoptiker und die Zwei-Quellen-Theorie

Schon im Altertum fiel auf, dass die kanonischen „Evangelien“ nach Matthäus, Markus und Lukas einen Großteil ihres Stoffes gemeinsam haben. Das kürzeste, das Markusevangelium hielt man für einen Auszug aus Matthäus. Es wurde daher wenig geschätzt und im Gottesdienst kaum gelesen. Gelesen wurde das Matthäusevangeluim, ergänzt durch Abschnitte aus Lukas. Richtig ist, dass sich fast alles, was bei Markus steht, auch in den umfangreicheren Evangelien nach Matthäus und Lukas wieder findet.

Erst im 19. Jahrhundert erkannte man die tatsächliche Bedeutung des Markusevangeliums. Es ist kein wertloses Exzerpt, sondern vielmehr umgekehrt das erste und älteste der drei synoptischen Evangelien. Matthäus und Lukas haben von ihm bereits abgeschrieben. Außerdem müssen sie noch eine zweite gemeinsame Quelle ausgeschrieben haben, denn über den Stoff des Markusevangeliums hinaus haben sie auch noch eine große Menge an Material gemeinsam: fast durchwegs Redestoff, Aussprüche und Gleichnisse Jesu. Dies muss in einer noch von beiden benützten, aber später verlorenen „Redenquelle“ gestanden sein. Diese sogenannte „Zwei-Quellen-Theorie“ wurde in den dreißiger Jahren des 19. Jahrhunderts grundgelegt. Sie erlangte durch Heinrich Julius Holtzmann seit dem Ende des 19. Jahrhunderts fast allgemeine Anerkennung. Damit erwies sich das Markusevangelium als die älteste und wertvollste Quelle für das Leben Jesu und avancierte nun zum wichtigsten Gegenstand der neutestamentlichen Forschung.

1.2 Johannes und die Synoptiker in der wissenschaftlichen Diskussion

Die Frage nach dem Verhältnis des „Johannesevangeliums“ zu den übrigen drei kanonischen Evangelien reicht ebenfalls in die Antike zurück. Nach Auffassung der Väter ist das Johannesevangelium das jüngste. Der Lieblingsjünger Jesu, der an seiner Brust ruhte, hätte es in hohem Alter geschrieben, um die drei anderen Evangelien „geistlich“ zu ergänzen. Das Johannesevangelium setzt daher auch die synoptischen Evangelien voraus.

Diese traditionelle Sicht wurde erst 1938 durch ein schmales Buch „St. John and the Synoptic Gospels“ von Percifal Gardner-Smith erschüttert. Die großen Kommentatoren des Johannesevangeliums Rudolf Bultmann, Rudolf

Schnackenburg und Raymond Edward Brown rechneten seither mit einer von den synoptischen Evangelien unabhängigen Entstehungsgeschichte aufgrund eigener Quellen. Andererseits beschäftigten die Parallelen zwischen der johanneischen und der markinischen Passionsgeschichte und zwischen bestimmten Abschnitten des Johannes- und des Lukasevangeliums weiterhin die Forschung. Auch der Apostel Johannes als Lieblingsjünger und Verfasser kam ins Gerede. Unberührt von allen literarkritischen Diskussionen blieb nur ein einziges Axiom: Nach wie vor galt und gilt das Johannesevangelium insgesamt als das zuletzt entstandene.

Es dauerte bis in die siebziger Jahre, bis der These von der Unabhängigkeit des Johannesevangeliums erstmals wieder entschieden widersprochen wurde. Als Marie-Émile Boismard 1972 die Theorie von einer komplizierten Verflochtenheit der Entstehung des Johannesevangeliums mit jener der synoptischen Evangelien veröffentlichte, reagierte Frans Neirynck 1975 mit der einfachen These der unmittelbaren literarischen Abhängigkeit des Johannesevangeliums von allen drei kanonischen Synoptikern. Das Colloquium Biblicum Lovaniense 1990 war ganz dieser Thematik gewidmet. In einer Diskussion zur Passionsgeschichte anlässlich der SNTS-Jahrestagung 1992 in Chicago konnte Frans Neirynck R. E. Brown, der die Unabhängigkeit weiterhin verteidigt, dennoch nicht überzeugen.

Die entscheidende Frage lautet: Hat der Verfasser des „Johannesevangeliums“ das Markusevangelium gekannt? Aus vielen Günden scheint sich diese Annahme nahezulegen. Die im Wesentlichen gleiche Anlage der beiden Schriften, die vielen Übereinstimmungen in Einzelheiten und Parallelen in dem geschlossenen Block der Passionsgeschichte lassen sich zweifellos am besten entweder durch eine gemeinsame Vorlage oder durch eine direkte Abhängigkeit der beiden Schriften erklären. Dass das Gefälle jedweder literarischen Beziehungen zwischen „Johannes“ und den Synoptikern nur von den Synoptikern zu „Johannes“ verlaufen kann, wird in jedem Fall als selbstverständlich vorausgesetzt.

Für die Unabhängigkeit des Johannesevangeliums von den Synoptikern werden vor allem historische Argumente ins Treffen geführt. Mit seinen historischen und geographischen Informationen steht das Johannesevangelium den Ereignissen wesentlich näher als die Synoptiker. Die These der „Priorität“ des Johannesevangeliums gegenüber den Synoptikern wurde zum ersten Mal 1845 von Friedrich Schleiermacher vertreten. Für die literarische Unabhängigkeit des Johannesevangeliums von den Synoptikern argumentierten Percifal Gardner-Smith in seinem Epoche machenden Buch „St. John and the Synoptic Gospels“ und 1963 Charles Harold Dodd mit dem vielbeachteten Titel „Historical Tradition in the Fourth Gospel“. 1970 folgten F. L. Cribbs mit der These, dass Lukas von einer frühen Form der johanneischen Tradition beeinflusst sei und Robert Tomson Fortna mit seiner „Gospel of Signs“. 1985 erschien das postum veröffentlichte Werk des englischen Bischofs John Arthur Thomas Robinson „The Priority of John“. Zuletzt veröffentlichte

Klaus Berger ein halbes Jahr nach der ersten Auflage der hier vorliegenden Untersuchung sein Buch „Im Anfang war Johannes" – vielleicht in Reminiszenz meines Titels von 1986. Berger hatte allerdings schon längst zuvor in seiner „Exegese des Neuen Testamentes" von 1977 im Hinblick auf die Christologie der lukanischen Geburtsgeschichte eine vorsichtige Andeutung gemacht: „Das JohEv reflektiert demnach zumindest teilweise Traditionen, die entweder vor den synoptischen Paralleltexten liegen oder in ihre Entstehung hineinreichen. Daraus folgt aber noch nichts für die Abfassungszeit des Evangeliums selbst." In seinem jüngsten Buch vertritt er allerdings entschieden dessen sachliche Priorität.

1.2.1 Die gescheiterte Verteidigung der literarischen Abhängigkeit des Johannesevangeliums von den Synoptikern

Gardner-Smith und Dodd hatten sich in den 60er Jahren weitgehend durchgesetzt. Daneben gab es freilich immer auch Stimmen, die sehr allgemein oder im Hinblick auf bestimmte Einzelfragen weiterhin die traditionelle Auffassung zum Ausdruck brachten, Johannes setze die synoptischen Evangelien voraus. Direkter Widerspruch gegen die Unabhängigkeit des Johannesevangeliums regte sich nur sehr spät, aber dann umso heftiger. Mit einem Referat „John and the Synoptics" bei den Löwener Bibelstudientagen 1975 eröffnete Frans Neirynck einen Frontalangriff auf die These von Percifal Gardner-Smith.[1] Frans Neirynck konnte sich dabei bereits auf einen Forschungsbericht von Josef Blinzler (1965) und auf Vorarbeiten von Marie-Émile Boismard (1972) und Anton Dauer (1972) stützen.

Sowohl Boismard als auch Dauer betrachteten als Quelle des Johannesevangeliums die synoptische Tradition, aber beide sahen eine literarisch vermittelte Beziehung nur im Hinblick auf Matthäus und Lukas. Gegenüber der sehr komplizierten Hypothese Boismards, die mit mehreren Zwischenstufen rechnet, blieb Neirynck skeptisch; der einfacheren Theorie Dauers von einem direkteren Einfluss der kanonischen Evangelien[2] stimmte er weitgehend zu. Dauer noch zu vereinfachen, überließ Neirynck seinem Kollegen M. Sabbe.[3]

Bei derselben Tagung befasste sich Neirynck in Anschluss an eine Untersuchung von Barnabas Lindars mit dem Verhältnis von Joh 20 zu Lk 24, um im Gegensatz zu Lindars endlich die These aufzustellen: "Not traditions lying

---

[1] F. Neirynck, John and the Synoptics, in: M. de Jonge (Hg.), L'Évangile de Jean. Sources, rédaction, théologie (BETL 44), Leuven 1977, 73–106.

[2] In seiner späteren Untersuchung „Johannes und Lukas" (1985) widersprach Dauer entschieden einer direkten literarischen Abhängigkeit und postulierte eine Zwischenstufe.

[3] M. Sabbe, The Arrest of Jesus in Jn 18,1–11 and its Relation to the Synoptic Gospels. A critical Evaluation of A. Dauers's Hypothesis, in: M. de Jonge (Hg.), L'Évangile de Jean. Sources, rédaction, théologie (BETL 44), Leuven 1977, 203–234.

behind the Synoptic Gospels but the Synoptic Gospels themselves are the sources of the Fourth Evangelist."[4]

Diese seine eigene Auffassung präsentierte Neirynck 1979 in einer ausführlichen Auseinandersetzung mit dem 1977 erschienenen Kommentar zum Johannesevangelium von Boismard.[5] Eine Arbeitsgruppe unter der Leitung von Frans Neirynck unterzog die sehr komplizierten Abhängigkeitshypothesen Boismards einer minuziösen Kritik, um stattdessen die direkte Abhängigkeit des Johannesevangeliums von allen drei anderen kanonischen Evangelien wahrscheinlich zu machen.

Darauf konterte Peder Borgen 1984 bei einem Symposion über die Thesen Boismards in Jerusalem mit einem Vergleich der Parallelen zwischen Johannes und den Synoptikern und jenen zwischen Markus und Paulus. Er kam zu dem Schluss, dass die Evangelien Traditionen weitergeben und sie entfalten und paraphrasieren und dass die mündliche Überlieferung die primäre Quelle hinter den Dokumenten darstellt.[6] Neirynck war mit seiner Entgegnung sofort zur Stelle. Borgens Beobachtungen würden in der Frage nach dem vorjohanneischen oder synoptischen Ursprung der im Johannesevangelium verarbeiteten Tradition allerdings keine Schlussfolgerung zulassen.[7] Im Resümee seiner versöhnlichen Rückantwort hob Borgen zunächst das Verbindende hervor: "Generally one agreed that the Gospel of John should not be studied in isolation from the Synoptic Gospels. Studies along these lines will not only throw light upon the Gospel of John, but will also prove fruitful for the study of the Synoptic Gospels." Als divergent kennzeichnete er besonders die Interpretation der wörtlichen Übereinstimmungen.[8] Von seinen drei Desideraten für die zukünftige Forschunung lautete das erste und wichtigste: "Further studies should be undertaken on the agreements between Jn and each other Gospels, Mt, Mk und Luke respectively."[9]

Hier schloss nun das Löwener Kolloquium „John and the Synoptics" von 1990 an. Das Hauptreferat hielt wieder Neirynck. Das Ergebnis blieb aber unentschieden.

---

[4] F. Neirynck, John and the Synoptics, in: M. de Jonge (Hg.). L'Évangile de Jean. Sources, rédaction et théologie (BETL 44), Leuven 1977, 73-106: 106.

[5] F. Neirynck with J. Delobel, Th. Snoy, G. van Belle, F. Segbroeck, Jean et les Synoptiques: Examen critique de l'exégèse de M.-É. Boismard (BETL 39), Leuven 1979.

[6] P. Borgen, John and the Synoptics, in: D. L. Dulgan (Hg.), The Interrelations of the Gospels (BETL 95), Leuven 1990, 409–437: 437.

[7] F. Neirynck, John and the Synoptics. Response to P. Borgen, in: D. L. Dulgan (Hg.), The Interrelations of the Gospels (BETL 95), Leuven 1990, 438–450: 540.

[8] P. Borgen, John and the Syoptics. A Reply, in: D. L. Dulgan (Hg.), The Interrelations of the Gospels (BETL 95), Leuven 1990, 451–458: 457.

[9] a.a.O. 458.

1.2.2 Die „historische" Argumentation für die Originalität des Johannesevangeliums

Zur Frage der literarischen Unabhängigkeit und der sachlichen Authentizität des Johannesevangeliums bilden die bereits erwähnte gelehrte Abhandlung „The Priority of John" von John A. T. Robinson und das jüngste Buch von Klaus Berger die aktuellen Diskussionsgrundlagen.

1.2.2.1 J.A.T. Robinson

Die Argumente von Gardner-Smith und Dodd wurden von Robinson übernommen, ergänzt und weitergeführt. Eine ausführlichere Forschungsgeschichte zu diesen Vorgängern dürfte sich daher erübrigen.

Robinsons Buch hat, entgegen dem ersten Eindruck aufgrund seines Titels, dennoch ein anderes Ziel als unsere Untersuchung. Robinson bekennt sich als vehementer Gegner der Redaktionskritik und geht davon aus, dass der Verfasser des Johannesevangeliums der Augenzeuge, Apostel und Zebedäussohn Johannes gewesen sei. Als solcher habe er, anders als die Synoptiker, ohne die Benützung fremder Quellen aus eigener Anschauung geschrieben. Er selbst sei es auch gewesen, der seine Schrift nachträglich überarbeitet und ergänzt habe. Die Priorität des Johannesevangeliums will Robinson weder im zeitlichen noch im literarischen Sinn verstanden wissen, sondern im Sinne von dessen unmittelbarer Nähe zu den historischen Ereignissen.[10]

Im Wesentlichen bleibt Robinson damit im Rahmen der Thesen von Gardener Smith und Dodd: Johannes sei ein unabhängiger und in vieler Hinsicht besserer und verlässlicherer Zeuge der Geschichte Jesu als die synoptischen Evangelien. Obwohl Robinson apriorisch voraussetzt, dass der Apostel und Augenzeuge Johannes das Evangelium verfasst habe und dass zwischen Johannes und den Synoptikern keinerlei literarische Abhängigkeit bestehe, was beides hier nicht nachvollzogen werden kann, enthält seine Argumentation eine Vielzahl von scharfsinnigen Beobachtungen, die mit denen der vorliegenden Untersuchung übereinstimmen oder sie ergänzen.

Robinson richtet seine ganze Beweisführung gegen die seit der Antike geläufige Auffassung, dass Johannes die synoptischen Evangelien literarisch voraussetze. An eine umgekehrte Abhängigkeit der Synoptiker von Johannes hat er allerdings nicht gedacht. Robinson argumentiert überhaupt nicht literarkritisch, sondern historisch. Parallelen zwischen den beiden Traditionen erklären sich nach seiner Auffassung nicht aus der literarischen Benützung eines älteren Textes durch den Autor eines jüngeren, sondern daraus, dass die

---

10 Markus hätte sich im Gegensatz zu Johannes auf die Predigt des Augenzeugen Petrus stützen müssen. Robinson, Priority, 34. Später konzediert Robinson auch die Möglichkeit mehrerer Autoren, a.a.O. 96.

beiden Autoren Tradenten desselben Geschehens sind, von dem der eine genauer berichtet, etwa weil er selbst dabei war, und der andere aus größerem Abstand und mit größerer Freiheit.

Diese Arbeitshypothese klingt zunächst sehr vernünftig. Es wird sich aber im Laufe unserer Untersuchung zeigen, dass sie nicht genügt, um die wörtlichen Übereinstimmungen, die deutlichen Paraphrasen und gezielten Kontradiktionen in den Paralleltexten zu erklären. In der weitaus überwiegenden Zahl der positiven oder negativen Parallelen haben wir es mit textorientierten und nicht mit ereignisorientierten Beziehungen zu tun. Dies gilt gerade auch dann, wenn die Frage nach der historischen Logik im Interesse der Priorität der Texte sinnvoll gestellt werden kann.

Entsprechend seinem Ansatz meint Robinson auch, dass die literarische Form des Evangeliums nicht von einem ersten Evangelisten geschaffen und von den späteren kopiert wurde, sondern dass sie sich aus dem Wunsch, die Jesusgeschichte zu erzählen, unvermeidlich ergeben musste: "I am not saying that John 'invented' the Gospel form – though I am pretty certain that Mark did not; according to tradition he is a follower if anyone is . . . Rather I believe that form inevitably followed function, from that moment that Christians first felt impelled to tell about Jesus."[11] Auch hier kann Robinson nicht überzeugen. Die bis in wörtliche Übereinstimmungen gehende Identität des Evangelienrahmens bei den Synoptikern und bei Johannes lässt sich allein aus der Identität des Phänomens Jesu, und dem Wunsch darüber zu reden, nicht begründen. Philonische, hermetische oder gnostische Einflüsse auf das vierte Evangelium schließt Robinson entweder aus, oder er führt sie auf den gemeinsamen Boden des heterodoxen Judentums zurück.[12] Mehr hält er von der Wirkung Qumrans.

Zurecht verteidigt Robinson die Zuverlässigkeit topographischer Angaben im Johannesevangelium, auch dort wo sich die archäologischen Erkenntnisse seit Dodd geändert haben.[13] Der ausführlichen Argumentation Robinsons für die besondere Beziehung des Johannesevangeliums zum hellenistischen Judentum kann hier nur mit großem Nachdruck zugestimmt werden.[14]

Robinsons Gründe für eine Frühdatierung des Evangeliums verdienen Beachtung. Richtig ist, dass die Auseinandersetzung zwischen Juden- und Heidenchristentum im Johannesevangelium noch nicht reflektiert wird. Als spätestes Ereignis findet der Tod des Petrus im Kapitel 21 einen Niederschlag (21,18).[15] Man könnte ergänzen: Eine Bezugnahme auf den Jüdischen Krieg findet sich nicht mehr. Überzeugend ist auch Robinsons ausführliche Argu-

---

11 Robinson, Priority, 34.

12 Robinson, Priority, 39–44.

13 Bezüglich des Lithostrotos und des Teiches Bethesda: Robinson 53–58.

14 Robinson, Priority, 58–63. „The Gospel of John is both very Jewish and very Greek.„ (a.a.O., 63)

15 Robinson, Priority, 69–71.

mentation, dass der dreimal erwähnte Synagogenausschluss von Jesusgläubigen (9,22; 12,42 und 16,2) nichts mit der jüdischen Synode von Jamnia um das Jahr 90 und der von ihr in das Achtzehnbittengebet eingeführten *birkat haminim* zu tun hat. Das Johannesevangelium spiegelt noch den Konflikt der jungen Jesusbewegung innerhalb des Judentums, der zu ihren ersten Erfahrungen gehörte.[16] Ich würde ergänzen: Schon die hellenistische Synagoge der Libertiner, Alexandriner etc. in Jerusalem hat wahrscheinlich die Jesusanhänger des Stephanuskreises, zu denen das Johannesevangelium in einem Naheverhältnis steht, ausgeschlossen.

Schließlich geht Robinson auf das immer wieder für die Spätdatierung vorgebrachte Argument der Präexistenzchristologie des Johannesprologs ein. Zurecht weist Robinson auf die Parallele im Philipperbrief des Paulus hin. Die zusätzliche Berufung auf die jüngeren Briefe an die Kolosser und an die Hebräer, deren ersteren er ebenfalls für paulinisch hält, fügt dem nichts Neues hinzu.[17]

Dass die Chronologie des Johannesevangeliums der Geschichte nähersteht als die der Synoptiker, zeigt Robinson mit einer Reihe von überzeugenden Argumenten.

Entgegen der Darstellung des Markus und seiner Benützer Matthäus und Lukas dauerte die öffentliche Wirksamkeit Jesu nicht nur ein Jahr, sondern mehr als zwei Jahre: Auch die synoptischen Evangelien lassen bei genauer Betrachtung erkennen, dass Jesus auch schon vor seinem Todespascha Jerusalem besucht haben muss. Er kann damit rechnen, dass ihm dort ein Reittier und ein Raum zur Verfügung gestellt werden (Mk 11,3; 14,13–5), er hat dort bereits Anhänger wie Josef von Arimathäa und er klagt über die bisherige Zurückweisung (Mt 23,7 || Lk 13,34).[18] Die Brotvermehrung in Galiläa scheint sich tatsächlich zu einer Osterzeit zugetragen zu haben, wie das Johannesevangelium behauptet, denn auch Markus spricht vom grünen Gras, wie es nur in den Frühling passt. Da aber die Brotvermehrung etwa in der Mitte des öffentlichen Wirkens Jesu steht, kann sie nicht gleichzeitig mit seinem Tod angesetzt werden, sondern nur ein Jahr vorher. Sie kann aber auch nicht gleich nach seiner Taufe geschehen sein. Da Markus außerdem bereits vor der Brotvermehrung vom Ährenraufen spricht, also von der Erntezeit etwa zu Pfingsten, werden wir nochmals fast ein ganzes Jahr weiter zurückgeführt. Wenn nun Jesus schon vor seinem Todespascha in Jerusalem gewesen ist, dann also wahrscheinlich zwei Jahre zuvor. Zu diesem ersten Besuch muss auch die Tempelreinigung und die prophetische Verfluchung des unfruchtbaren Feigenbaumes gehört haben. Gegen die markinische Verbindung der Tempelreinigung, bei der Jesus die Tische der Geldwechsler umstößt, mit dem Todespascha Jesu spricht nach Robinson, dass die Tempelsteuer schon

---

16 Robinson, Priority, 72–90.

17 Robinson, Priority, 91

18 Robinson, Priority, 124f.

am 25. Adar zu zahlen gewesen sei, also bereits drei Wochen vor dem Paschafest, Jesus aber in diesem Jahr erst am Palmsonntag nach Jerusalem gekommen ist. Die Verbindung dieses Vorfalls mit dem Prozess Jesu, die sich nur bei Markus findet, sei konstruiert. Auch die Verknüpfung der Vollmachtsfrage mit der Taufe des Johannes setzt nach Robinson einen früheren Zeitpunkt als das Todespascha voraus.[19] Zufällig liefere der vierte Evangelist selbst eine exakte Zeitangabe zugunsten seiner Datierung der Tempelreinigung zwei Jahre vor dem Todespascha Jesu. Denn die Juden erwidern auf das Jesuswort, er werde den Tempel niederreißen und in drei Tagen wieder aufbauen, dass 46 Jahre an dem Tempel gebaut worden sei (Joh 2,20). Da Herodes der Große den Bau 20/19 v. Chr. begonnen habe, würden wir in das Jahr 27/28 n. Chr. geführt. Dies passe zur johanneischen Darstellung, sei aber zu früh für das Todesjahr Jesu.[20]

Die Tauftätigkeit des Johannes sei noch vor dem Pascha der Tempelreinigung vom Herbst bis in den Winter anzusetzen. In dieser Jahreszeit sei das Klima im Jordantal bei Jericho sehr angenehm. Danach hätte sich der Täufer hinauf nach Ainon in Samaria zurückgezogen. Nach einer kurzen Periode des Wirkens dort, wäre er dann verhaftet worden (Joh 3,24).[21]

Ausführlich legt Robinson auch die Gründe dar, warum das Abschiedsmahl Jesu kein Paschamahl gewesen sein kann, wie Markus gegen Johannes behauptet, und warum der Karfreitag tatsächlich nur der Vorabend des Paschafestes gewesen sein kann und nicht der Festtag selbst.[22] In den wesentlichen Fragen ist Robinson und seiner gelehrten Argumentation dankbar zuzustimmen.[23]

Robinson behandelt dann in drei Abschnitten die Erzählung des Evangeliums: den Beginn, die Mitte und das Ende, und befasst sich anschließend mit der Lehre Jesu und endlich mit der Christologie nach dem Johannesevangelium.

Festzuhalten bleibt, dass Robinson und seine Vorgänger nur soweit gehen, die historische Relevanz, die Originalität und die literarische Unabhängigkeit von den Synoptikern nachweisen zu wollen, keineswegs aber deshalb an eine umgekehrte Abhängigkeit der Synoptiker von „Johannes“ denken.

---

19 Robinson, Priority, 128f.

20 Robinson, Priority, 130f.

21 Robinson, Priority, 131–136.

22 Robinson, Priority, 147–153.

23 Allerdings liegt das Ziel seiner Beweisführung in einer fundamentalistischen Richtung. So will er nicht nur mit der Tradition daran festhalten, dass der Verfasser des gesamten Evangeliums der Apostel und Zebedäussohn Johannes gewesen sei (Priority, 93–122), sondern ihn auch gemeinsam mit Jakobus zu einem Cousin Jesu stilisieren (a.a.O. 119–121).

1.2.2.2 Klaus Berger und H.-J. Schulz

Da Berger die erste Auflage meiner hier vorliegenden Untersuchung noch nicht kannte und jedenfalls nicht mehr berücksichtigte und trotz eigenstängiger Argumentation im Wesentlichen mit der Auffassung von Robinson übereinstimmt, darf die Würdigung seiner Arbeit hier unter Vorgeschichte der Forschung anschließend an Robinson nachgetragen werden.

Wie Robinson geht auch Berger von der Ursprünglichkeit und Einheit des gesamten kanonischen Johannesevangeliums aus. Anders als Robinson stützt Berger aber seine Thesen nicht in erster Linie auf den Vergleich der Evangelien in ihrer Eigenschaft als Geschichtsquellen, sondern vor allem auf theologiegeschichtliche Beobachtungen und auf allgemeine Erwägungen im Zusammenhang der zeitgenössischen Literatur und Umwelt.

Eine Fülle von Einzelüberlegungen zu den verschiedensten Motiven des Evangeliums stellt gewohnte Denkmuster in Frage, macht in Richtung der These Bergers nachdenklich, lässt aber keine griffigen Schlussfolgerungen zu. So bleibt denn auch das *ceterum censeo* Bergers hinter dem Anspruch des Titels „Im Anfang war Johannes“ zurück. „... Von daher halte ich es für möglich, dass das Mk-Ev und das JohEv unabhängig voneinander entstanden sind; vielleicht hatte es sich aber auch herumgesprochen, dass es nun (am Ende der ersten apostolischen Generation) fällig sei, das Jesusgut zu sichern. Der vierte Evangelist steht dabei, wie zu zeigen war, zwischen Briefliteratur und Jesustradition. Sein „Evangelium“ geht durch Präexistenz (Prolog) und Postexistenz (Joh 20f) weit über das hinaus, was biographische Texte sonst bieten können. Das ist nicht ‚spät‘, sondern orientiert sich an Jesus als Offenbarergestalt, das heißt an seiner Besonderheit.“[24]

Hans Joachim Schulz, der die Frühdatierung aller Evangelien vertritt, will die Augenzeugenschaft des Lieblingsjüngers als Grundlage für die Priorität des Johannesevangeliums aus der patristischen Tradition nachweisen.[25]

1.2.3 Literarische Abhängigkeit der Groß-Synoptiker von Johannes?

Die Existenz zahlreicher wörtlicher Textparallelen zwischen Johannes und den Synoptischen Evangelien ist evident und über jedem Zufall erhaben. Wenn Johannes sich aber gegenüber den Synoptikern vielfach als ursprünglicher erweist, was dann? Bleibt dann nur der Rekurs auf den „deus ex machina“ irgendwelcher verlorener gemeinsamer Quellen? Eine literarische Abhängigkeit synoptischer Texte von Johannes wurde bisher nur ausnahmsweise erwogen. Die Kenntnis des einzigen Beispiels zu Matthäus, das ich da-

[24] K. Berger, Im Anfang war Johannes, Stuttgart 1997, 289.

[25] H. J. Schulz, Die apostolische Herkunft der Evangelien. Zum Ursprung der Evangelienform in der urgemeindlichen Paschafeier (QD 145), Dritte, völlig neugestaltete und aktualisierte Auflage, Freiburg-Basel-Wien 1997.

für anführen kann, verdanke ich Neirynck. Wie er berichtet, schrieb P. Benoit 1960 in einem Aufsatz zur Perikope über Maria Magdalena am leeren Grab, dass Matthäus zahlreiche Details von Johannes entlehnt haben dürfte:

"John may depend on Matthew for some details such as the presentation of Joseph of Arimathea as 'a disciple of Jesus' in 19,38, but in other more numerous cases Matthew will have borrowed from John: Mt 26,4, cf. Jn 11,53; 18,13.14.24.28; Mt,27,19, cf. Jn 19,13; and, in the text, Mt 28,9–10, cf. Jn 20,14–18."[26]

Eine wesentlich ausführlichere Wortmeldung, betreffend den Nachweis johanneischer Traditionen im Lukasevangelium, ist eine Untersuchung von F. Lamar Cribbs. Ihr Ziel war klar definiert: "The hypothesis of this paper ... is that, contrary to the common reading of the evidence, possibly a better explanation of all the phenomena involved would be that the Lukan agreements with John against both Matthew and Mark may have been due to Luke's familiarity with some form of the developing Johannine tradition or even with an early draft of the original Gospel of John."[27]

Cribbs listete neun auffallende Übereinstimmungen zwischen Lukas und Johannes gegenüber Markus und Matthäus auf: • Lk 3,15 II Joh 1,20 (Der Täufer könnte der Messias sein); • Lk 4,14–16 II Joh 2,1–11 gegen Mt 4, 12–22 II Mk 1,16–20 (Beginn der Wirksamkeit im Hügelland bei Nazareth); • Lk 9,10–17 II Joh 6,14 (Nur eine Brotvermehrung); • Lk 22,31–34 II Joh 13,36–38 gegen Mt 26,30–35 II Mk 14,26–30 (Vorhersage der Verleugnung des Petrus im Obergemach statt am Weg zum Ölberg); • Lk 22,67.70 II Joh 10,24.36 gegen Mt 26,63 II Mk 14,61 (Doppelfrage zu Messianität und Gottessohnschaft); • Lk 23,4.13–22 II Joh 18,38–19,6 gegen Mt 27,22f II Mk 15,13f (Pilatus bezeugt dreimal die Unschuld Jesu und zweimal erfolgt der Ruf: Kreuzige!); • Lk 23, 10–16 II Joh 19,1–3 gegen Mt 27,24–31 II 15,15–20 (Verspottung Jesu vor der Verurteilung durch Pilatus statt danach); • Lk 24,4 II Joh 20,12 gegen Mt 28,2–4 II Mk 15,5 (Zwei Engel statt einem) und • Lk 24,13ff II Joh 20,11ff (Erscheinungen in Jerusalem).[28]

Auch sieben Auslassungen, in denen Lukas mit Johannes gegen Markus und Matthäus stimmt, stellte Cribbs zusammen: • Lk 3,18–22 II Joh 1,29–34 (Keine ausführliche Beschreibung der Taufe Jesu); • Lk (4,22–24) II Joh gegen Mt 13,55 II Mk 6,3 (Brüder Jesu werden nicht genannt); • Lk II Joh gegen z.B. Mt 15,1f; 19,1–9 II Mk 19,10,1–9 (Keine Abwertung des Gesetzes); • Lk 19,38 II Joh 12,13 gegen Mt 21,9 II Mk 11,10 (Keine Bezugnahme auf David beim Einzug in Jerusalem); • Lk II Joh gegen Mt 16,13 II Mk 8,27 und

---

26 P. Benoit, Marie-Madeleine et les disciples au tombeau selon Joh 20 1–18, in: W. Eltester (Hg.), Judentum, Urchristentum, Kirche. FS J. Jeremias (BZNW 26) Berlin 1960, 141–152 (= ders., Exégèse et thélogie, Bd. 3, Paris 1968, 270–283): 145, Anm. 15 (= 274), Anm. 3) [nach Neirynck 1975, 91: „Ce ne sont là que quelques exemples."]

27 F. L. Cribbs, St. Luke and the Johannine Tradition, JBL 90 (1971) 422–450: 426.

28 Cribbs, Tradition, 423f.

Mt 26,36 || 14,32 (Auslassung der Namen Cäsarea Philippi und Gethsemane); • Lk || Joh gegen Mt 26,59–61 || Mk14,56–59 (Falsche Zeugen) und • Lk || Joh gegen Mt 26,65–66 || Mk 14,63f (Zorn des Hohenpriesters).[29]

Cribbs beobachtete ferner, dass Lukas gerade in den mit Markus und Matthäus gemeinsamen Perikopen mit Johannes übereinstimmt, dass er von Markus und Matthäus gerade dort abweicht, wo Johannes sich von ihnen unterscheidet, und solche Stellen auch einfach auslässt, dass er oft eine mittlere Position zwischen Markus/Matthäus und Johannes einnimmt, dass er in sechs Fällen synoptische und johanneische Aussagen kombiniert (Lk 3,16; 7,37f; 22,59.67–70; 23,22.53) und dass es schließlich zwischen Lk und Joh enge wörtliche Übereinstimmungen gibt. 18 solche Parallelen zählte er auf.[30]

In ausführlicheren Abschnitten zur Jüngerberufung, zur Brotvermehrung, zur Salbung, zum Einzug in Jerusalem, zum Passionsbericht und zu den Auferstehungsberichten fand Cribbs seine These bestätigt. Seine Arbeit lag freilich nicht im damaligen Forschungstrend und blieb daher weitgehend unbeachtet.

Den jüngsten Vorstoß in dieselbe Richtung machte 1995 Barbara Shellard in einem Aufsatz im Journal of Theological Studies.[31] Sie vermehrte die inhaltlichen Übereinstimmungen von Lk mit Joh um weitere 13 und die gemeinsamen Auslassungen um weitere 17 Beobachtungen. Shellard führt die Aporien der bisherigen Forschung auf das Vorurteil zurück, dass Lukas älter sein müsse als Johannes. "The evidence presented by many critics who assume Lukan priority could, however, suggest the opposite." Für diese gegenläufige Abhängigkeit beruft sich Shellard bereits auf die Beobachtungen F. L. Cribbs, J. F. Coacley, V. Taylor, J. M. Creed und R. E. Brown.

Die Beziehungen zwischen Lukas und Johannes untersuchte Shellard dann selbst in eigenen Abschnitten zu Johannes dem Täufer (Lk 3,2–22; Joh 1,19–36: 82–84), zur Salbungsgeschichte (Lk 7,36–50; Joh 12,1–8: 84–87), zum Verhör Jesu vor dem Hohen Rat einschließlich der Verleugnung des Petrus (Lk 22,54–71; 23,6–12; Joh 18,12–28: 87–91) sowie zu den Erzählungen im Anschluss an die Auferstehung (Lk 24; Joh 20.21: 91–96).[32] Ihre Folgerungen lauten: ". . . Luke, as well as using Mark and Matthew, in addition used John. . ."[33] Und: "Luke knew and used John and not vice versa."[34] Für Lukas wird also eine Abhängigkeit von „Johannes" von einzelnen For-

---

29 Cribbs, Tradition, 429–431.

30 Cribbs, Tradition, 428f. 447f.

31 B. Shellard, The Relationship of Luke and John, in: The Journal of Theological Studies 46 (1995) 71–98. Eine ähnliche Auffassung soll nach mündlicher Mitteilung auch vertreten: L. Lope, Caroll College, Wisconsin, USA.

32 Shellard, Relationship, JTS 46 (1995) 84–96; Seitenzahlen hier jeweils in der Klammer an letzter Stelle.

33 Shellard, Relationship, JTS 46 (1995) 96.

34 Shellard, Relationship, JTS 46 (1995) 98.

schern durchaus vertreten, allerdings ohne Rücksicht auf die Redaktionsgeschichte dieses Evangeliums. Die Übereinstimmungen mit Johannes, die Lukas mit Matthäus gemeinsam sind, und schließlich jene des Matthäus allein gegen Markus sind noch nicht untersucht worden, und eine Abhängigkeit des Markus von der „johanneischen" Tradition lag bisher überhaupt außerhalb des Denkhorizonts.

1.3 Die Frage nach der Motivation für die Abfassung des Mk-Evangeliums

Markus gilt aufgrund der Zwei-Quellen-Theorie als der erste Evangelist. Aber die wichtigste Frage ist ungelöst: Warum hat Markus sein „Evangelium" überhaupt geschrieben? Wie kann er als Erster auf diese neue Idee gekommen sein? Immerhin waren doch schon 40 Jahre seit dem Tod und der Auferstehung Jesu vergangen. Wodurch hätte er sich veranlasst sehen können, eine völlig neue literarische Gattung zu schaffen, eben genau in jener merkwürdigen Form, die er seiner Schrift gegeben hat? Sein „Evangelium" wäre in der antiken Literatur ohne Beispiel. Es ist keine Biographie, keine Geschichte und keine Lehrschrift.

Was sich die Evangelisten bei der Bearbeitung ihres Materials gedacht haben, erforscht die „Redaktionskritik". Bei den großen Evangelien nach Matthäus und Lukas ist das relativ leicht festzustellen. Man braucht sie nur mit ihrer Grundlage, dem Markus-Evangelium, genau zu vergleichen und sieht schon, was jeder von ihnen verändert hat. Daraus lässt sich dann erschließen, was jeder von diesen beiden eben anders als Markus darstellen wollte und welche eigenen Ideen ihnen so überaus wichtig erschienen sein müssen, dass sie deshalb die Mühe auf sich genommen haben, eine ganz neue Schrift auszuarbeiten. Hinsichtlich des Stoffes aus der verlorenen Redenquelle kann man Matthäus und Lukas zumindest miteinander vergleichen, um die je eigene Tendenz der Bearbeitung zu sehen. Die Eigenart des Johannesevangeliums versteht man herkömmlicherweise wiederum aus dem Kontrast zu den synoptischen Evangelien, wenn auch – wie zu zeigen sein wird – zu unrecht. Bei Markus ist es viel schwieriger, seine besonderen Motive und Absichten festzustellen.

Zwei Gegebenheiten können hier weiterführen, die bisher von der Forschung überhaupt noch nicht beachtet wurden: nämlich erstens, dass der Begriff des „Evangeliums", den Markus für seine Schrift gewählt hat, ja keineswegs neu war, sondern längst zuvor jedenfalls von Paulus benützt worden war, und zwar auf Schritt und Tritt, geradezu als ein Lieblings- und Schlüsselbegriff, freilich in ganz anderer Prägung. Und gegen diesen Evangeliumsbegriff des Paulus hebt sich der des Markus ganz entschieden ab. Und zweitens, dass das Markusevangelium gar nicht die erste Schrift über den irdischen Jesus – das erste Evangelium in unserem Sinn – gewesen sein muss. Möglicherweise ist ihm die Vorgängerschrift unseres „Johannesevangeliums", bereits vorausgegangen, ohne freilich „Evangelium" zu heißen. Für die Entstehung und Eigenart dieser Schrift gibt es plausible innere Gründe. Eben diese Schrift könnte das Muster für den Rahmen und gleichzeitig der Kontrasthintergrund für die ganz andersartige Darstellung des Markus gewesen sein.

1.3.1 Der Kontrasthintergrund des Hellenistenbuches

Das Hellenistenbuch, wie ich das vorredaktionelle „Johannesevangelium" nennen möchte, stellt wahrscheinlich die erste erzählerische Rückbesinnung auf den historischen Jesus dar. Aber dies kann freilich erst das Ergebnis dieser Untersuchung sein. Der Anlass für die Abfassung dieser Schrift dürfte die ausufernde und zunehmend abwegige Ausdeutung jenes hellenistisch-urchristlichen Textes gewesen sein, der uns mit einigen Zusätzen als „Johannesprolog" am Beginn des „Vierten Evangeliums" überliefert ist (Joh 1,1–18). In Abwehr seiner gnostischen Interpretation stellt das Johannesevangelium in seinem Grundbestand einen Gegenentwurf dar.[35]

Der problematische Hymnus greift den zeitgenössischen Logosbegriff Philons von Alexandrien auf. Im Sinne Philons stellt er Gottes vorweltliches Schöpfungs- und Offenbarungswort vor Augen, um dann Philon hinter sich zu lassen und im Hinblick auf Jesus von der Fleischwerdung eben dieses Logos zu reden. Was die spekulative Phantasie der Auslegung an diesem Text am meisten beflügelt hat, waren allerdings die wenigen einführenden Zeilen über die vorweltliche Existenz und Tätigkeit des Logos. Unter Zuhilfenahme der ersten Kapitel der Genesis und des Dialogs Timaios von Platon ließ sich daraus ein differenzierter Mythos über die kaskadenartige Entfaltung der göttlichen Welt und den tragischen Ursprung der irdischen Schöpfung konstruieren. Umfangreiche Beispiele dieser Auslegungstradition aus späterer Zeit sind uns in der gnostischen Bibliothek von Nag Hammadi erhalten geblieben. Der innere Zustand der hier erhaltenen Mythen und Paraphrasen zeigt aber, dass diese Reflexionen schon eine lange Tradition hinter sich hatten und tief ins erste Jahrhundert zurückreichen.

Mit dem Hellenistenbuch reagiert die hellenistische Kirche bereits auf die Gnosis und entwickelt eine gezielte Gegenstrategie. Sie entzieht der unerwünschten Auslegungsrichtung durch eine kühne Neuinterpretation den Boden. Die These, die der Autor des Hellenistenbuches bravourös gegen die Ei-

---

35 Das negative Ergebnis der Untersuchung von Wolfgang G. Röhl, Die Rezeption des Johannesevangeliums in christlich-gnostischen Schriften aus Nag Hammadi (EHS XXIII/428, Frankfurt/M 1991, dass das Johannesevangelium von den Gnostikern eben gerade nicht rezipiert wurde, fügt sich in diesen Zusammenhang. Die valentinianische Vereinnahmung gehört in eine spätere Phase.

genintention des Textes aufstellt und mit seiner Arbeit konsequent durchführt, lautet: Der umstrittene Hymnus sollte keineswegs von dem vorweltlichen philonischen Logos künden, sondern ausschließlich und von der ersten Zeile an von der Offenbarung des irdischen Jesus. In Jesus spricht Gott selbst durch das Wort seiner Rede. Diese kühne Neuinterpretation ist das Programm des gesamten Buches. Es ist konzipiert als narrative Deutung des Logos-Liedes auf den irdischen Jesus hin, und zwar im schärfsten Gegensatz zu den gnostischen Mythen über die Schöpfung und Erlösung der Welt, die bis dahin auf eben dieser Grundlage entstanden waren. These und Antithese kommen daher aus demselben Milieu. Typisch sind der Dualismus, das Heil im Erkennen des Offenbarers, teilweise die Terminologie. Das Hellenistenbuch bleibt durch atmosphärische und methodische Gemeinsamkeiten mit den gnostischen Mythen verbunden. So enthält auch die historisierende Darstellung des Wirkens Jesu Elemente der Paraphrase und einer idealen Konstruktion, ja sie variiert sogar Motive des gnostischen Auslegungsmythos, zu dem sie im Gegensatz steht. Vermutlich spiegeln sich als Motiv des Anfangs die 6 Schöpfungstage in den 6 Tagen der Taufe Jesu und der Jüngerberufung. Schematisch wirken die 7 exemplarischen Zeichen und die 2 Jahre der öffentlichen Wirksamkeit im Hinblick auf die 2 Sakramente. Ähnlich fiktiv wie die Offenbarungsreden des auferstandenen Jesus in der gnostischen Literatur sind auch die Reden des irdischen Jesus im Hellenistenbuch. In ihnen reiht der Verfasser theologische Meditationen aneinander, die die Begriffe des Logoshymnus nun im Sinne kirchlicher Nüchternheit interpretieren sollen. An eine Dokumentation echter Jesusworte hat er dabei nicht gedacht. Zwar hat er auch zahlreiche historische Informationen verarbeitet. Aber seine Schrift war nicht als Geschichtsschreibung konzipiert, sondern als dogmatischer Gegenentwurf zu der sich entwickelnden gnostischen Mythologie.

Betrachtete man das Hellenistenbuch allerdings losgelöst von seinem ursprünglichen Kontrasthintergrund, so musste es sehr wohl als eine erste Biographie Jesu erscheinen, freilich als eine Biographie, die von gravierenden Mängeln behaftet ist, besonders dann, wenn man sie an vorhandenem Traditionsmaterial maß.

Das Hellenistenbuch schließt sich zwar der messianischen Richtung der Jesusbewegung entschieden an, beruft sich dafür auf Andreas (Joh 1,41), den Bruder des Simon Petrus und auf Jesus selbst (4,25f) und fordert auch von seinen Lesern diesen Glauben ein (20,31). Anders als für Paulus und die Synoptiker ist aber das Ende der Welt und die Wiederkunft Jesu zum Gericht kein Thema des Hellenistenbuches. Die Messiaswürde Jesu kommt in seiner Kreuzigung zur Vollendung. Die Bezeichnung Menschensohn, die das Hellenistenbuch sehr oft verwendet, hat hier eine ganz unapokalyptische Bedeutung, vielleicht in Anlehnung an Ps 8,5–7.

1.3.2 Die Antithese des Markus

Setzt man das Hellenistenbuch voraus, dann will Markus den Eindruck vermitteln, statt einer idealen Konstruktion des Wirkens und Lehrens Jesu eine Dokumentation der wirklichen Geschehnisse zu bieten. Er beschränkt sich konsequent auf den historischen Jesus unter Verzicht auf Vor- und Nachgeschichten zu dessen Prä- und Postexistenz. Tatsächlich ist aber auch das Markusevangelium nicht Geschichtsschreibung, sondern eine Werbeschrift für bestimmte Auffassungen zum Wesen Jesu – also zur „Christologie" –, zur christlichen Ethik, zur sakramentalen und kirchlichen Praxis und zur Zukunft der Welt. Für den Aufriss des Wirkens Jesu muss Markus keine andere Grundlage zur Verfügung gestanden sein als eben das Hellenistenbuch, aus dem er durch bloße Reduktion einen seriösen Rahmen für die Einordnung seines Stoffes gewinnen konnte.

Jesus ist keineswegs der wiedergekommene Elija

Das christologische Dogma des Markus lautet: Jesus ist nicht der wiedergekommene Prophet Elija, sondern der Sohn Gottes, Messias und Menschensohn! – Elija ist Jesus bereits vorangegangen in der Person Johannes des Täufers. Damit widerspricht Markus eindeutig dem Hellenistenbuch. Denn dort weist der Täufer seine Gleichsetzung mit Elija zusammen mit anderen Würdetiteln entschieden von sich und reserviert diese Identität für Jesus (Joh 1,20f). Entsprechend beginnt dort Jesus sein öffentliches Wirken mit der Tempelreinigung, die ihn als jenen „Boten des Bundes" ausweist, den der Prophet Maleachi mit dem wiederkommenden Elija gleichsetzt (Mal 3,1.23). Markus trägt keine Bedenken, ebendiesen Maleachitext für seine Gegendarstellung kühn umzuschreiben. Während Gott in dem prophetischen Text in bezug auf sich selbst spricht: „Siehe ich sende meinen Boten vor mir her, damit er mir den Weg bereite", sodass unter dem Gesandten Jesus verstanden werden kann, führt Markus durch die geschickte Änderung eines einzigen Buchstaben eine neue Bezugsperson ein. Statt „mir" schreibt Markus kühn „dir" (σου statt μου) und schafft damit eine zweite göttliche Person. Versteht man nun unter diesem rätselhaften Du Jesus, dann muss der Gesandte, Wegbereiter und wiedergekommene Elija notwendigerweise ein anderer sein, nämlich der Täufer. „Siehe, ich sende meinen Boten vor *dir* her, damit er *dir* den Weg bereite." Diese programmatische Neudeutung ist offensichtlich überhaupt der Zweck des geänderten Maleachizitates am Eingang des Markusevangeliums. Die überdies falsche Zuweisung des Textes zusammen mit einer ähnlichen Stelle an Jesaia ist wohl eher der Methode der Dissimilierung als einem naiven Irrtum zuzuschreiben:

> Anfang des Evangeliums Jesu Christi, des Sohnes Gottes. Wie beim Propheten Jesaia geschrieben steht: Siehe, ich sende meinen Boten vor dir her, damit er dir den Weg bereite. Stimme eines Herolds in der Wüste: Bereitet den Weg des Herrn! Macht gerade seine Pfade! (Mk 1,1-3)

In seiner weiteren Darstellung macht Markus die Gleichsetzung Jesu mit dem wiedergekommenen Elija ausdrücklich zum Thema, um sie als die Auffassung der Böswilligen und Ungläubigen zu desavouieren: Er schreibt diese Auffassung daher „anderen“ um den König Herodes zu und in der Aussage des Petrus in Cäsarea Philippi den unqualifizierten „Leuten“:

> Der König Herodes hörte von ihm; denn sein Name war in aller Mund. Er sagte: ‚Johannes der Täufer ist von den Toten auferstanden. Deshalb wirken Wunderkräfte in ihm. Andere meinten: Es ist Elias. Wieder andere: Es ist sonst einer von den Propheten. Herodes aber blieb bei seiner Meinung: ‚Es ist Johannes, den ich enthaupten ließ. Der ist [von den Toten] auferstanden. (Mk 6,14-16)

> Jesus zog mit seinen Jüngern weiter in die Ortschaften bei Cäsarea Philippi. Unterwegs fragte er seine Jünger: Für wen halten mich die Leute? Sie antworteten ihm: Einige für Johannes den Täufer, andere für Elias, wieder andere für sonst einen der Propheten. (Mk 8,27-28)

Die anschließende Verklärungsgeschichte scheint vor allem dem Zweck zu dienen, die unterschiedliche Identität von Jesus, Moses und Elija nun auch in Szene zu setzen und augenfällig darzustellen. Die drei Personen treten nebeneinander auf und sind so real voneinander zu unterscheiden, dass Petrus als der Zeuge der markinischen Rechtgläubigkeit es für angemessen hält, für sie drei getrennte Hütten zu bauen:

> Sechs Tage später nahm Jesus Petrus, Jakobus und Johannes mit sich und führte sie abseits allein auf einen hohen Berg. Da ward er vor ihnen verklärt. Seine Kleider wurden glänzend weiß, wie sie kein Bleicher auf Erden so weiß machen kann. Es erschien ihnen Elias mit Moses im Gespräch mit Jesus. Da nahm Petrus das Wort und sagte zu Jesus: Meister, es ist gut, dass wir hier sind. Wir wollen drei Hütten bauen: dir eine, Mose eine und Elias eine. (Mk 9,2-5)

Im Anschluss an die Verklärungsszene diskutiert Markus nochmals die Elijafrage im Munde der Jünger und Jesu. Dabei schreibt Markus die Elijaerwartung den Pharisäern zu und sieht sie bereits erfüllt. Seine Anspielung auf den Täufer ist auch ohne Namensnennung eindeutig. Markus kommt es hier darauf an, den Menschensohn und Elija auseinanderzuhalten, obwohl beiden das Leiden gemeinsam ist:

> Sie fragten ihn: Warum behaupten die [Pharisäer und] Schriftgelehrten, Elias müsse erst kommen? Er gab ihnen zur Antwort: Allerdings kommt zuvor Elias und stellt alles wieder her. Wie kann es aber vom Menschensohn in der Schrift heißen, dass er viel leiden und verworfen werden soll? Allein, ich sage euch: Elias ist schon gekommen. Aber man hat mit ihm gemacht, was man wollte. So steht auch von ihm geschrieben. (Mk 9, 11-13)

Schließlich führt Markus jedwede Assoziation der Elijaerwartung mit der Person Jesu ad absurdum: Das Missverständnis der Verwechslung von Gott mit Elija bleibt den Spöttern unter dem Kreuz vorbehalten.

> Um die neunte Stunde rief Jesus mit lauter Stimme: Eloi Eloi, lema sabachthani, das heißt: Mein Gott, mein Gott, warum hast du mich verlassen? Einige von den Umstehenden hörten das und sagten: Er ruft Elias. Da lief einer hin, füllte einen Schwamm mit Essig, steckte ihn auf ein Rohr und gab ihm zu trinken mit den Worten: Lasst sehen, ob Elias kommt, um ihn herabzunehmen. (Mk 15,34-36)

Auch die typologischen Entsprechungen im Wirken Jesu im Hinblick auf die Elija-Erwartung dissimiliert Markus. Die Tempelreinigung (Joh 2,13-22; vgl. Mal 3,1-3) verlegt er vom Anfang des Auftretens Jesu an das Ende in den Kontext der Passionsgeschichte (Mk 11,15-19). Von den beiden Nahrungsmittelwundern, dem Weinwunder und der Brotvermehrung (vgl. bei Elija 1Kg 17,7-16 und bei dem Elija-Schüler Elischa das Ölwunder 2Kg 4,1-7 und die Brotvermehrung 2Kg 4, 42-44) behält er zwar im Hinblick auf dessen eucharistischer Dimension das zweite, verändert aber dessen Charakter durch seine Verdoppelung und die damit verbundene kirchenpolitische Spitze; die Auferweckung des Lazarus (Joh 11,1-44; vgl. 1Kg 17, 17-24; 2Kg 4,18-37) eliminiert er wie das Weinwunder. Die Typologie gerade dieser Wunderzeichen im Hellenistenbuch wird zusätzlich unterstrichen durch das konsequente Motiv einer Frau, die darum bittet.

Jesus ist der verborgene „Messias“

Die Lehre, die Markus in den Vordergrund stellen will, ist die Identität Jesu mit dem Messias, dem endzeitlichen König Israels, der Gott selbst sein wird. Nicht zufällig beginnt er sein Buch mit den Worten: „Anfang des Evangeliums Jesu, des Messias, des Sohnes Gottes“. Als den Kronzeugen dieses Dogmas lässt er in der Mitte seines Buches Petrus auftreten, der in Cäsarea Philippi im Gegensatz zu den durchschnittlichen „Leuten“ weiß und als Sprecher aller Apostel gegenüber Jesus bekennt: „Du bist der Messias“. Diese Auffassung scheint zur Zeit der Abfassung des Markusevangeliums noch keineswegs als ursprünglich oder auf Jesus zurückgehend akzeptiert worden zu sein, denn Markus muss sich gegen den Verdacht der Neuerung mit der Behauptung schützen, dass Jesus den Aposteln eben damals verboten hätte, darüber schon offen zu sprechen.

> Er fragte weiter: Für wen haltet ihr mich denn? Petrus gab ihm zur Antwort: Du bist der Messias. Da schärfte er ihnen ein, mit niemand über ihn (oder darüber) zu sprechen. (Mk 8,29-30)

Um die Identität Jesu als Messias, als „Gesalbter“, sinnfällig zur Darstellung zu bringen, nimmt Markus sich schließlich die Freiheit, die Erzählung von der Salbung Jesu in Betanien für seinen dogmatischen Zweck kühn zu verändern. Aus der Szene einer luxuriösen Behandlung der vom Weg ermüdeten Füße Jesu im Hellenistenbuch gestaltet Markus eine ganz unmotivierte aber prophetische Salbung seines Hauptes: Es ist dies die verborgene und geheimnisvolle Salbung Jesu zum endzeitlichen Messias-König (Mk 14,3).

Im Dienste der Messias-Idee stehen auch die Sohn-Davids-Stellen. Sie stellen eine Hinführung dar. Der blinde Bartimäus ruft unablässig: „Jesus, Sohn Davids, erbarme dich meiner!“ (Mk 10,46-48) und ahnt damit die Würde Jesu ebenso wie die Menschen, die Jesus beim Einzug in Jerusalem zujubeln: „Hosanna! Gesegnet sei, der da kommt im Namen des Herrn! Gesegnet sei das kommende Reich unsers Vaters David! Hosanna in der Höhe!“ (Mk 11,9f) Schließlich koppelt Markus aber auf der Grundlage von Psalm 102 die Würde des Messias von der Davidsohnschaft ab:

> Wie können die Schriftgelehrten behaupten, der Messias sei der Sohn Davids? Sagt doch David selbst im Heiligen Geiste: Der Herr sprach zu meinem Herrn: Setze dich zu meiner Rechten, bis ich deine Feinde als Schemel dir zu Füßen lege. David selbst nennt ihn also „Herr“, wie kann er da sein Sohn sein? (Mk 12,35-37)

Für die Römer ist Jesus nur der „König der Juden“: Auf die Frage des Pilatus: „Bist du der König der Juden?“ antwortet Jesus: „Ja, ich bin es.“ (Mk 15,2). Pilatus lässt ihn daraufhin als König verspotten und zur Kreuzigung führen. Der Kreuzestitel mit der Schuldangabe lautet: „Der König der Juden“ (Mk 15,17f.26). Die Hohenpriester und Schriftgelehrten höhnen: „Andere hat er gerettet, sich selbst kann er nicht retten. Messias, König Israels, steige jetzt herab vom Kreuze, dass wir es sehen und glauben.“ (Mk 15,31f)

Jesus ist als Messias der „Sohn Gottes“

Die Identität Jesu als Sohn Gottes interpretiert mit dem Psalm 110 den Messias-Titel. Sie betrifft einerseits das persönliche Verhältnis zwischen Gott und Jesus, sie ist aber auch die Grundlage seiner Autorität. In der Taufstimme redet Gott Jesus als seinen Sohn an (Mk 1,11) und in der Verklärung bezeichnet er ihn so gegenüber den Jüngern und fordert sie auf, auf ihn zu hören (Mk 9,7). Sohn Gottes ist schließlich jener Titel, der – wie dem Hauptmann beim Tod Jesu – den Heiden zugänglich ist (Mk 15,39).

Jesus ist als „Menschensohn“ (vgl. Ps 8,5-7) auch die apokalyptische Gestalt von Dan 7,13f

Die Selbstbezeichnung Jesu als „Menschensohn“ mündet in die apokalyptische Gestalt aus Daniel (Dan 7,13f). Der Menschensohn Jesus ist Herr über das Gebot Gottes (2,28), er ist gekommen, sein Leben hinzugeben für viele (10,45), er wird ausgeliefert den Hohenpriestern und Schriftgelehrten (10, 33, vgl. 8,31) in die Hände der Menschen und Sünder 9,31; 14,41), muss vieles leiden, wird getötet und nach drei Tagen (9,31; 10,34) von den Toten auferstehen (8,31; 9,9.31; 10,34). Als apokalyptischer Menschensohn wird er aber schließlich mit den Engeln Gottes (8,38; 13,27) und mit großer Macht und Herrlichkeit (13,26) auf den Wolken des Himmels (14,62) wiederkommen, sitzend zur Rechten des Allmächtigen (14,62). Er wird seine Engel aussenden, um die Auserwählten von den vier Windrichtungen zusammenzuführen (13,26).

Alle drei Titel zusammen thematisiert Markus in der Verhandlung vor dem Hohen Rat: „ ... Wiederum richtete der Hohenpriester an ihn die Frage: „Bist du der Messias, der Sohn des Hochgelobten?" Jesus antwortete: „Ja, ich bin es. Ihr werdet den Menschensohn zur Rechten des Allmächtigen sitzen und auf den Wolken des Himmels kommen sehen." (Mk 14, 61)

Kirchenpolitische Anliegen des Markusevangeliums

Das Hellenistenbuch – das spätere Johannes-Evangelium – hat nur von einer Brotvermehrung berichtet und damit die Einsetzung der Eucharistie verbunden. Markus unterscheidet zwei Brotvermehrungen zur Legitimation der von Jakobus und Petrus vertretenen getrennten Eucharistiegemeinschaften von Judenchristen und Heidenchristen. Er tut dies im Gegensatz zu Paulus, der diese Trennung überwinden wollte (vgl. Gal 2,11-13). Gegen den Petrus- und Jakobus-Anhänger Markus wird der Paulusschüler Lukas die zweite Brotvermehrung wieder streichen. Stattdessen wird er Jesus ein zusätzliches zweites Mal Jünger aussenden lassen (zuerst 12, dann 70), um die Unabhängigkeit der Heidenmission des Paulus von der Judenmission der Urapostel zu rechtfertigen.

Die Autoritäten des Markus sind Petrus und die Söhne des Zebedäus oder auch „Donnersöhne" Jakobus und Johannes. Sie treten bei der Verklärung und am Ölberg als die Vertrauten Jesu auf. Ihnen ordnet Markus in seiner Apostelliste die Autoritäten des Hellenistenbuches Andreas und Philippus nach:

> Folgende Zwölf bestellte er: Simon, dem er den Beinamen Petrus gab, Jakobus, den Sohn des Zebedäus, und Johannes, den Bruder des Jakobus, denen er den Namen Boanerges, das heißt Donnersöhne gab; ferner Andreas, Philippus . . . (Mk 3,16-18)

An die Stelle einer fluktuierenden Gruppe von einigen Jüngern tritt der erstmals bei Paulus erwähnte Kreis von 12 Aposteln, wohl in Analogie zu den 12 Stämmen Israels.

Spitzen der markinischen Antithese zum Hellenistenbuch könnten gewesen sein: 1. die Ablehnung einer Gleichsetzung Jesu mit dem wiedergekommenen Elija, weil Markus einerseits jede Präexistenz Jesu ausspart und andererseits die Wiederkunft Jesu selbst erwartet; 2. die Rückführung des Messiasglaubens auf Petrus; 3. die apokalyptische Deutung des Menschensohn-Titels nach dem Buch Daniel und die Erwartung des Weltendes und der Wiederkehr Jesu zum Endgericht; 4. die Trennung der Tischgemeinschaften von Judenchristen und Heidenchristen 5. die Autorität der „Säulen" der palästinensischen Kirche Petrus, Jakobus und Johannes anstatt der Hellenisten Andreas und Philippus und ihre Verankerung in einem engsten Freundeskreis Jesu, 6.

die Einführung des judenchristlichen Zwölferkreises und 7. die Zurückführung der Eucharistie auf ein Abschiedsmahl nach dem Vorbild des Paulus.

1.4 Die literarische Priorität des Hellenistenbuches und die Methode ihrer Bewährung

Übereinstimmung gegenüber „Minor Agreements"

Eine direkte Abhängigkeit des Markusevangeliums vom vorredaktionellen Johannesevangelium hatte noch niemand vertreten. Entsprechend groß war auch die eigene Skepsis. Zunächst wurde daher sichergestellt, dass eine direkte literarische Beziehung unter Ausschluss von Matthäus und Lukas zwischen „Johannes" und Markus überhaupt wahrscheinlich ist. Dies ist dann der Fall, wenn Matthäus und Lukas von Gemeinsamkeiten in „Johannes" und Markus abweichen. Ihre parallelen Abweichungen von Markus sind als „Minor Agreements" bekannt, und bilden in der synoptischen Diskussion die Grundlage entweder für die Hypothese einer verlorengegangenen Überarbeitung des Markusevangeliums, die von den Großsynoptikern benützt worden wäre, oder für die Annahme, dass Lukas das Matthäusevangelium zumindest mitbenützt hat. Für unsere Fragestellung bieten die „Minor Agreements" die Möglichkeit, zu überprüfen, ob solche Abweichungen von Markus zugleich auch solche von „Johannes" sind.

Für dieses Verfahren wurde die Synopse der „Minor Agreements" von Frans Neirynck herangezogen und deren Liste mit den Parallelen zwischen Johannes und Markus verglichen. Es hat sich dabei gezeigt, dass in 32 (35) Fällen das gegenüber Matthäus und Lukas isolierte Markusevangelium mit „Johannes" übereinstimmt. Dies spricht sehr deutlich für eine direkte literarische Beziehung. Dass auch 28 Übereinstimmungen von „Johannes" mit den Agreements gegen Markus zu beobachten waren, berührt dieses Ergebnis nicht, sondern deutet nur auf eine zusätzliche, allerdings geringere literarische Beziehung zwischen „Johannes" und den Großsynoptikern hin.

Paralleltexte

Die Ergebnisse bei der Zusammenstellung von Paralleltexten zwischen „Johannes" und Markus übertrafen die zunächst äußerst vorsichtigen Erwartungen bei weitem. Die erste Überraschung war die überaus große Zahl von zunächst 51, jetzt 52, Paralleltexten des Markusevangeliums zu „Johannes"; die zweite, dass die Parallelen oft in gleicher Abfolge stehen (Umstellungen wurden mit aufwärts oder abwärts gerichteten Pfeilen vermerkt), und die dritte, dass die johanneischen Texte, zu denen es markinische Parallelen gibt, nicht der kirchlichen Redaktion angehören, sondern dem vorredaktionellen Evangelium.

Auch die zunächst 27, jetzt 28, zusätzlichen Parallelabschnitte der beiden übrigen Synoptiker Matthäus und Lukas waren zahlreicher als vermutet. Mit der johanneischen Redaktion korrespondieren auch hier nur die bekannten Lukasparallelen des Petrus beim leeren Grab und des reichen Fischfanges.

Die Zusammenstellung der Texte auf dem Bildschirm und die Markierung wörtlicher Übereinstimmungen beseitigten jeden Zweifel an der Existenz direkter literarischer Beziehungen. Schließlich zeigte schon die konkordanzmäßige Bearbeitung der wichtigsten Textparallelen, dass sie der Hypothese eines Überlieferungsgefälles von „Johannes" zu den Synoptikern keinen Widerstand entgegensetzen. Im Gegenteil, manche Textbeziehungen wurden unter der Annahme dieser Abhängigkeitsrichtung erst verständlich.

Abhängigkeitsgefälle

Die inhaltliche Bearbeitung der nebeneinander gestellten und markierten Paralleltexte erfolgte in einem durch fünf Semester geführten Forschungsseminar mit drei bis vier Mitgliedern.

In einem ersten Arbeitsgang wurden die Textbeziehungen Abschnitt für Abschnitt vorbereitet und besprochen. Der Kommentar entstand entweder als mein Beitrag zur Vorbereitung oder im nachhinein und wurde im Seminar korrigiert und ergänzt. Manche Ergebnisse waren völlig unerwartet. So ergab sich etwa, dass selbst die weitgehend akzeptierte Benützung des Lukas durch das Johannesevangelium umzukehren ist.

In einem zweiten Arbeitsgang haben wir dann die Erklärungen nochmals verbessert und die Beweiskraft jedes Abschnittes für die Abhängigkeit des synoptischen Textes von „Johannes" einzeln bewertet. Zu vergeben waren die Benotungen von „A" bis „D". Die Bewertung mit „A" steht für ein eindeutiges und evidentes Gefälle von Johannes zu den synoptischen Evangelien. Mit „A" bewertete Stellen können daher als die tragenden Pfeiler der Theorie betrachtet werden. Die Note „B" bezeichnet ebenfalls eine deutliche Abhängigkeit in der genannten Richtung, allerdings ist dieser Befund aus verschiedenen Gründen nur eingeschränkt beweiskräftig. Mit „C" werden Textparallelen bewertet, die zwar eine literarische Beziehung belegen, aber für sich alleine eine Bestimmung der Abhängigkeitsrichtung nicht zulassen. „D" war zur Bezeichnung von Parallelen vorgesehen, die im Sinne der bisher üblichen Auffassung eher eine Abhängigkeit des Johannesevangeliums von den Synoptikern nahelegen. Diese Bewertung kam überraschenderweise kaum zur Anwendung, auch nicht als Einzelvotum. Bei unterschiedlichen Voten wurde stets die „schlechteste" Note vergeben.

Alle Bewertungen sind als Konsensergebnisse aufgrund argumentativ begründeter Einschätzungen zu verstehen. Eine im Laufe der Arbeit gewachsene Voreingenommenheit der Gruppe zugunsten der hier vertretenen Theorie soll dabei nicht bestritten werden. Die Benotung sollte signalisieren, welche Beweiskraft die Gruppe selbst ihrer Argumentation jeweils beimisst. Damit soll auch der Kritik eine Orientierung gegeben werden, damit sie nicht bei Argumenten ansetzt, die keine Beweislast tragen. In der zweiten Auflage hat der Verfasser die Benotung in wenigen Einzelfällen verändert. Den Anstoß dazu gaben überzeugende Einwände oder auch eigene neue Einsichten. Zwei in der Erstauflage noch nicht berücksichtigte Paralleltexte wurden ebenfalls bewertet, haben aber den Gesamtbefund nicht verändert.

Doppelte Paraphrase von Joh 4,1 bis Joh 6,66 durch Markus

Ganz neu hinzugekommen ist in der vorliegenden zweiten Auflage der Untersuchung die Beobachtung, dass Markus im Interesse der Trennung von Juden- und Heidenmission einen ganzen Abschnitt des „Johannesevangeliums" zweimal hintereinander paraphasiert hat, und zwar nicht nur durch die Doppelung der Speisungsgeschichte, sondern auch durch umfangreiches, jeweils entsprechendes Substitutionsmaterial.

Kindheitsgeschichten

Zur Bezogenheit der synoptischen Kindheitsgeschichten auf jenes bekenntnisartige Logoslied, das dem Prolog des Johannesevangeliums zugrunde liegt, habe ich mich schon mehrmals geäußert. Wirklich plausibel wird diese These allerdings erst jetzt im Gesamtzusammenhang der Theorie, dass das vorredaktionelle „Johannesevangelium", das ich Hellenistenbuch nenne, einschließlich des an seinem Beginn zitierten ebenfalls noch vorredaktionellen Bekenntnishymnus den Verfassern der synoptischen Evangelien zur Vorlage diente, wobei „vorredaktionell" freilich nur als Arbeitsbegriff zu betrachten ist. Da die entsprechende Analyse der Kindheitsgeschichten aber keine Beweislast für die hier vertretene Interdependenz der Evangelien tragen kann, sondern sich im Gegenteil auf sie stützen soll, wird die Behandlung dieser Texte erst im Anschluss an die Untersuchung zu den Hauptteilen der Evangelien vorgenommen.

Grenzen der Untersuchung

Eine Aufarbeitung der bisherigen literarkritischen Diskussion zu den behandelten Texten sollte hier nicht geleistet werden. Ihre vorwiegend religions- und theologiegeschichtlichen Kriterien sollen auch nicht in die hier geführte primär formale Argumentation hineingetragen werden. Um die Darstellung nicht zu belasten, wurde in der Textanalyse auf Anmerkungen verzichtet. In dieser Präsentation einer veränderten Sichtweise soll vor allem die Evidenz der Texte selbst zur Wirkung kommen und den Leser und Benützer zum Weiterdenken anregen.

2 Das Hellenistenbuch als Vorgabe für Markus

Eine Liste aller Parallelen zwischen Johannes und Markus hat René Kieffer 1992 veröffentlicht – allerdings, um die Abhängigkeit des Johannesevangeliums von Markus zu belegen. Er hat 42 solche Parallelen registriert.[36] Die folgende Synopse zählt 51 Nummern. Ein Vergleich wird im Anschluss an die folgende Untersuchung nachgetragen; ebenso eine Liste von 31 Übereinstimmungen zwischen „Johannes" und Markus gegenüber den Minor Agreements zwischen Matthäus und Lukas nach Neirynck.[37] Gerade diese gegenüber den anderen Evangelien isolierten Gemeinsamkeiten belegen die direkte Textbeziehung zwischen „Johannes" und Markus und berechtigen zu der folgenden Untersuchung.

2.1 Textparallelen

● 1. Der Logos (C)

Die Analyse zum Prolog rechnet am Beginn des Hellenistenbuches mit dem Logoshymnus, allerdings unter besonderen Bedingungen der Auslegung und der späteren Textredaktion, die hier nicht nochmals begründet werden können. Der Verfasser und die zeitgenössischen Benützer des Hellenistenbuches wollten den *Logos, der im Anfang bei Gott war*, nicht im Sinne des präexistenten Christus, sondern in einer sekundären Deutung als das *Offenbarungswort des irdischen Jesus* verstanden wissen und lasen den Hymnus, in dem der *Mensch, von Gott gesandt,* ursprünglich auf Jesus bezogen war, noch ohne die späteren Täufereinschübe Vers 6b.7a. 8.15, und ohne den „deuteropaulinischen Einschub" Vers 14b.d.16f. Die folgenden Textbeziehungen sind daher nicht von selbst einsichtig und wollen hier auch keine Beweiskraft beanspruchen.

Joh 1,1 Ἐν **ἀρχῇ** ἦν ὁ **λόγος**, καὶ ὁ λόγος ἦν **πρὸς τὸν θεόν**	Mk 1,1 **Ἀρχὴ** τοῦ **εὐαγγελίου** **Ἰησοῦ Χριστοῦ** [**υἱοῦ θεοῦ**].

Der erste Vers des Markusevangeliums paraphrasiert den ersten Vers des Logoshymnus treu nach der Intention des Hellenistenbuches: Im Anfang des

[36] R. Kieffer, Jean et Marc. Convergeances dans la structure et dans les détails, In: A. Denaux (Hg.), John and the Synoptics (BETL 101), Leuven 1992, 109–125: 114–116. Eine ältere Liste mit 17 Nummern findet sich bei B.H. Streeter, The Four Gospels. A Study of Origins, London 1924, 398, Anm 2: nach Kieffer, a.a.O., 123.

[37] F. Neirynck, The Minor Agreements in a Horizontal-Line Synopsis (SNTA 15), Leuven 1991.

Heiles war das Wort der Offenbarung, die gute Nachricht, das Evangelium – und zwar *bei* Jesus, dem menschgewordenen Gott, in seinem Munde.

● 2. Der Gesandte (C)

Den Vers 6 des Logosliedes in seiner vorredaktionellen Form: „Ein Mensch trat auf, von Gott gesandt, damit er Zeugnis gebe für das Licht“ wollte das Hellenistenbuch in beiden damals noch konkurrierenden Deutungsrichtungen verstehen: Der von Gott gesandte „Mensch“ und Zeuge für das Licht ist zunächst der Täufer als Zeuge für Jesus, dann aber Jesus selbst als Zeuge für sich selbst als das Licht der Welt (Joh 8,12–14). Außerdem ließ sich dieser Zeuge und Gesandte als offenbarende Stimme und Engel deuten.

Entsprechend ist zunächst in Joh 1,19 vom Zeugnis des Täufers die Rede und stellt sich dieser in Vers 23 als „Stimme eines Rufenden in der Wüste“ aus Jes 40,3 vor, die das Kommen Gottes ankündigt. Erst später wird die *Stimme* mehrmals und ganz unmittelbar als die Stimme Jesu thematisiert (3,29; 5,25.37; 10,4.16; 11,43; 18,37). In 12,28. 30 spricht das Hellenistenbuch aber auch vom „Donner“ als einer „Stimme aus dem Himmel“, die für Jesus Zeugnis gibt und für einen Engel gehalten wird. Genau hier scheint Markus mit seinem Motiv der „Stimme“ anzuknüpfen.

Joh 1,6 Ἐγένετο **ἄνθρωπος ἀπεσταλμένος παρὰ θεοῦ** … 1,7 … ἵνα μαρτυρήσῃ περὶ τοῦ φωτός,	Mk 1,2 ***Καθὼς*** γέγραπται ἐν τῷ ***Ἠσαΐᾳ τῷ προφήτῃ,*** Ἰδοὺ **ἀποστέλλω τὸν ἄγγελόν μου** πρὸ προσώπου σου, ὃς κατασκευάσει τὴν ὁδόν σου·
1,19 Καὶ αὕτη ἐστὶν ἡ μαρτυρία τοῦ Ἰωάννου … 1,23 ἔφη, **Ἐγὼ φωνὴ βοῶντος ἐν τῇ ἐρήμῳ,** **Εὐθύνατε τὴν ὁδὸν κυρίου,** ***καθὼς*** εἶπεν ***Ἠσαΐας ὁ προφήτης***.	1,3 **φωνὴ βοῶντος ἐν τῇ ἐρήμῳ,** Ἑτοιμάσ**ατε τὴν ὁδὸν κυρίου, εὐθείας** ποιεῖτε τὰς τρίβους αὐτοῦ,

Nach Markus bedeutet die „Stimme“ aus Jes 40,3 in Bezugnahme auf Joh 1,6 weder den Täufer noch Jesus, sondern eine wirkliche Himmelsstimme, die für Jesus Zeugnis gibt, und zwar bei der Taufe. Für den Täufer zieht Markus dagegen eine andere Schriftstelle heran, nämlich Mal 3,1: „Siehe, ich sende meinen Boten vor mir her, damit er mir den Weg bereite“. Bei Maleachi ist mit diesem Boten Elija gemeint, den Gott sein eigenes Kommen vorbereiten lässt. Damit die Stelle überhaupt auf den Täufer passt, muss Markus die Pronomen ändern: „Siehe, ich sende meinen Boten vor *dir* her damit er *dir* den Weg bereite“. Die Gleichsetzung des Elija mit dem Täufer lässt Markus im Anschluss an die Verklärung Jesus selbst vornehmen (Mk 8,13).

Welches wichtige Interesse rechtfertigt einen solchen redaktionellen Aufwand? Warum führt Markus das Zitat Mal 3,1 überhaupt ein, wenn der Wortlaut dem Zweck gar nicht entspricht? Offenbar ist das Zitat bereits Gegenstand der Diskussion. Im Vordergrund steht dabei nicht die Deutung auf den Täufer, sondern die Deutung auf Jesus. Insgesamt dreimal kämpft Markus mit steigender Intensität gegen die seiner Meinung nach falsche Identifizierung von *Jesus* mit Elija: in Mk 6,15, 8,28 und schließlich in 9,4, wo er Elija in der Verklärung sichtbar als von Jesus verschieden und mit ihm im Gespräch befindlich vorführt.

Die Konsequenz, mit der Markus gegen die Propheten- und speziell die Elija-Deutung für Jesus vorgeht, setzt diese als eine real vorhandene Auffassung voraus. Er fand sie im Hellenistenbuch vor. Sie spiegelt sich dort tatsächlich nicht nur in der Zurückweisung der Elija- und Prophetendeutung durch den Täufer (Joh 1,21. 25), sondern vor allem in der Tempelreinigung durch Jesus gleich zu Beginn seines Wirkens, womit Mal 3,2f in Erfüllung geht: „Dann kommt plötzlich zu seinem Tempel der Herr, den ihr sucht und der Bote des Bundes . . . Er reinigt die Söhne Levis . . . Dann werden sie dem Herrn die richtigen Opfer darbringen."

● 3. Täuferzeugnis und Taufe Jesu (B)

Joh 1,26 ἀπεκρίθη αὐτοῖς ὁ Ἰωάννης	Mk 1,7 καὶ ἐκήρυσσεν
λέγων, *Ἐγὼ βαπτίζω ἐν ὕδατι·* μέσος	**λέγων,**
ὑμῶν ἕστηκεν ὃν ὑμεῖς οὐκ οἴδατε,	
1,27 **ὁ ὀπίσω μου ἐρχόμενος,**	**Ἔρχεται** ὁ ἰσχυρότερός μου **ὀπίσω μου,**
οὗ οὐκ εἰμὶ [ἐγὼ] ἄξιος	**οὗ οὐκ εἰμὶ** ἱκανὸς
ἵνα λύσω αὐτοῦ τὸν ἱμάντα	κύψας **λῦσαι τὸν ἱμάντα**
τοῦ ὑποδήματος.	**τῶν ὑποδημάτων αὐτοῦ**.
	1,8 ***ἐγὼ ἐβάπτισα ὑμᾶς ὕδατι,***

Die literarische Abhängigkeit der beiden Texte ist evident. Nach den Mindesterfordernissen der Paraphrasierung ist bei Markus die Reihenfolge der Sätze umgestellt, der Text um Unwesentliches einerseits gekürzt, andererseits erweitert, die Syntax durchgehend verändert und die Wort- und Formenwahl leicht variiert.

	αὐτὸς δὲ ***βαπτίσει*** ὑμᾶς ***ἐν πνεύματι***
	ἁγίῳ.
Joh 1,32 Καὶ ἐμαρτύρησεν Ἰωάννης	
λέγων ὅτι **Τεθέαμαι**	Mk 1,10 καὶ εὐθὺς ἀναβαίνων
τὸ πνεῦμα	ἐκ τοῦ ὕδατος **εἶδεν** σχιζομένους
καταβαῖνον ὡς περιστερὰν ἐξ ***οὐρανοῦ***	τοὺς ***οὐρανοὺς*** καὶ **τὸ πνεῦμα**
καὶ ἔμεινεν **ἐπ' αὐτόν**.	**ὡς περιστερὰν καταβαῖνον**
1,33 κἀγὼ οὐκ ᾔδειν αὐτόν, ἀλλ'	**εἰς αὐτόν**·
ὁ πέμψας με βαπτίζειν ἐν ὕδατι	
ἐκεῖνός μοι **εἶπεν**,	1,11 καὶ **φωνὴ ἐγένετο**
	ἐκ τῶν οὐρανῶν,

Ἐφ' ὃν ἂν ἴδῃς τὸ πνεῦμα καταβαῖνον
καὶ μένον ἐπ' αὐτόν,
οὗτός ἐστιν ὁ ***βαπτίζων ἐν πνεύματι ἁγίῳ***.
1,34 κἀγὼ ἑώρακα, καὶ μεμαρτύρηκα
ὅτι οὗτός ἐστιν **ὁ υἱὸς** τοῦ θεοῦ.

Σὺ εἶ **ὁ υἱός** μου ὁ ἀγαπητός,
ἐν σοὶ εὐδόκησα.

Auch im anschließenden Text ist die Abhängigkeit evident. Wieder ist die Abfolge der beiden Hauptaussagen, der Taufe Jesu und seiner Bezeichnung als Geist-Täufer, vertauscht und wiederum ist der Satzbau verändert. Vor allem wird dann aber die Aussage des Täufers über eine subjektive innere Offenbarung von Markus zum äußeren Ereignis objektiviert. Während im Hellenistenbuch der Täufer 1. von einer Vision berichtet, dann 2. referiert, wie ihm jener Gott, in dessen Auftrag er tauft, diese Vision gedeutet hat, und schließlich 3. er selbst als Ergebnis des Geschauten erklärt, dass Jesus der Sohn Gottes ist, macht Markus daraus ein unmittelbar sinnenhaftes Geschehen: Jesus sieht, und eine äußere Stimme ergeht. Bei Matthäus und Lukas schreitet diese Objektivierung fort. Bei Matthäus öffnet sich der Himmel unabhängig von einer subjektiven Vision. Nicht mehr der Täufer, sondern Jesus selbst sieht den Geist, und bei Lukas handelt es sich überhaupt um ein völlig objektives Geschehen. Die Richtung der Tradition läuft hier eindeutig von der Wiedergabe eines subjektiven Erlebnisberichtes des Täufers zur Reportage eines wunderbaren historischen Ereignisses, so wie es sich in Mosaiken und Ikonen eindrucksvoll darstellen lässt.

● 4. Die ersten Jünger (A)

Joh 1,38 στραφεὶς δὲ ὁ Ἰησοῦς καὶ
θεασάμενος αὐτοὺς
ἀκολουθοῦντας
λέγει αὐτοῖς, Τί ζητεῖτε; οἱ δὲ εἶπαν αὐτῷ, Ῥαββί, ὃ λέγεται μεθερμηνευόμενον Διδάσκαλε, ποῦ μένεις; 1,39 λέγει αὐτοῖς, Ἔρχεσθε καὶ ὄψεσθε. ἦλθαν οὖν καὶ εἶδαν ποῦ μένει καὶ παρ' αὐτῷ ἔμειναν τὴν ἡμέραν ἐκείνην· ὥρα ἦν ὡς δεκάτη.
1,40 Ἦν
Ἀνδρέας ὁ ἀδελφὸς Σίμωνος Πέτρου εἷς ἐκ τῶν δύο τῶν ἀκουσάντων
παρὰ Ἰωάννου
καὶ
ἀκολουθησάντων αὐτῷ·

Mk 1,16 Καὶ παράγων
παρὰ τὴν θάλασσαν ***τῆς Γαλιλαίας***
εἶδεν Σίμωνα καὶ
Ἀνδρέαν τὸν ἀδελφὸν Σίμωνος
ἀμφιβάλλοντας ἐν τῇ θαλάσσῃ· ἦσαν γὰρ ἁλιεῖς. 1,17 καὶ εἶπεν αὐτοῖς ὁ Ἰησοῦς, Δεῦτε ὀπίσω μου, καὶ ποιήσω ὑμᾶς γενέσθαι ἁλιεῖς ἀνθρώπων.
1,18 **καὶ** εὐθὺς ἀφέντες τὰ δίκτυα
ἠκολούθησαν αὐτῷ.

Joh 1,41 εὑρίσκει οὗτος πρῶτον τὸν ἀδελφὸν τὸν ἴδιον ***Σίμωνα*** καὶ **λέγει αὐτῷ, Εὑρήκαμεν τὸν Μεσσίαν, ὅ ἐστιν μεθερμηνευόμενον Χριστός·** 1,42 ἤγαγεν αὐτὸν πρὸς τὸν Ἰησοῦν. ἐμβλέψας αὐτῷ ὁ Ἰησοῦς εἶπεν, Σὺ εἶ Σίμων ὁ υἱὸς Ἰωάννου, σὺ κληθήσῃ Κηφᾶς, ὃ ἑρμηνεύεται Πέτρος.	Mk 8.29 καὶ αὐτὸς ἐπηρώτα αὐτούς, Ὑμεῖς δὲ τίνα με λέγετε εἶναι; ἀποκριθεὶς **ὁ Πέτρος λέγει αὐτῷ, Σὺ εἶ ὁ Χριστός.** 8.30 καὶ ἐπετίμησεν αὐτοῖς ἵνα μηδενὶ λέγωσιν περὶ αὐτοῦ. Vgl. Mt 16,17!
1,43 Τῇ ἐπαύριον ἠθέλησεν ἐξελθεῖν ***εἰς τὴν Γαλιλαίαν*** καὶ εὑρίσκει **Φίλιππον.**	1,19 Καὶ προβὰς ὀλίγον εἶδεν **Ἰάκωβον τὸν τοῦ Ζεβεδαίου καὶ Ἰωάννην τὸν ἀδελφὸν αὐτοῦ** καὶ αὐτοὺς ἐν τῷ πλοίῳ καταρτίζοντας τὰ δίκτυα,
καὶ λέγει αὐτῷ ὁ Ἰησοῦς, Ἀκολούθει μοι. 1,44 ἦν δὲ ὁ Φίλιππος ἀπὸ Βηθσαϊδά, ἐκ τῆς πόλεως Ἀνδρέου καὶ Πέτρου.	1,20 **καὶ** εὐθὺς ἐκάλεσεν αὐτούς.

Gemeinsam ist den beiden Evengelien das Jüngerpaar Andreas und Simon, wobei Markus den Simon an die erste Stelle setzt und überdies den Namen des Simon zur betonten Bezeichnung des Andreas als dessen Bruder wiederholt. Es würde ja genügen zu sagen „und sein Bruder Andreas". Im „Johannesevangelium" fällt hingegen auf, dass Andreas gleich als der Bruder des Simon vorgestellt wird, obwohl Simon sich noch gar nicht auf der Bühne befindet. Zu erwarten wäre doch umgekehrt, dass Simon als Bruder des bereits anwesenden Andreas eingeführt wird. Dies geschieht übrigens dann tatsächlich auch noch – aber nun scheinbar überflüssigerweise. Der vorliegende Text widerspricht ganz offensichtlich der Erzähllogik. Die traditionelle Exegese muss ihre Zuflucht aus dem Text heraus in eine Metaebene nehmen: Der Verfasser würde die Bekanntheit des Petrus beim Leser eben schon voraussetzen. Aufgrund anderer ähnlicher Beobachtung ist es aber eher wahrscheinlich, dass die Kennzeichnung des Andreas als Bruder des Petrus von einer unmittelbar nachmarkinischen Redaktion des Hellenistenbuches aus dem Markusevangelium in das Hellenistenbuch eingetragen wurde, die Abhängigkeit daher in diesem Detail von Markus zu „Johannes" läuft.

Gemeinsam ist auch das Motiv der Nachfolge Jesu, wobei Markus Wert darauf legt, dass Jesus diejenigen, die ihm nachfolgen, selbst bestimmt. Dies ist theologisch durchdacht und daher eher sekundär. Überhaupt wirkt die Darstellung des Markus schematischer.

Der Unterschied zwischen den beiden Darstellungen liegt zunächst in der Qualifizierung des Andras vor Petrus als Erstberufener im Hellenistenbuch und in der Umkehrung der Reihenfolge bei Markus und weiters in der Vergabe von Platz drei: Im Hellenistenbuch belegt diesen Philippus, bei Markus das Brüderpaar der Zebedäiden Jakobus und Johannes. Es scheint, dass Markus die Hauptpersonen seiner Darstellung entsprechend seiner kirchenpolitischen Orientierung verändert hat. Seine Hauptpersonen sind eben Petrus und nach ihm die Zebedäussöhne. Markus vermeidet es auch, den Andreas als denjenigen darzustellen, der die Messiaswürde Jesu als erster ausspricht und den Petrus darüber belehrt. Er behält das erste Messiasbekenntnis im Gegenteil seinem Helden Petrus vor und lokalisiert die entsprechend umgekehrte Szene später in Cäsarea Philippi. Die Benennung des Simon als Petrus lässt er weg. Erst Matthäus wird sie in den neuen Kontext des Petrusbekenntnisses nachziehen und damit logisch sinnvoll verknüpfen und zur Grundlage des petrinischen Führungsanspruches machen (Mt 16, 16f).

● 5. Mutter und Brüder Jesu (C)

2.1 Καὶ τῇ ἡμέρᾳ τῇ τρίτῃ γάμος ἐγένετο ἐν Κανὰ τῆς Γαλιλαίας, καὶ ἦν **ἡ μήτηρ τοῦ Ἰησοῦ** ἐκεῖ· 2.2 ἐκλήθη δὲ καὶ ὁ Ἰησοῦς καὶ οἱ μαθηταὶ αὐτοῦ εἰς τὸν γάμον. 2.3 καὶ ὑστερήσαντος οἴνου λέγει **ἡ μήτηρ τοῦ Ἰησοῦ** πρὸς αὐτόν, Οἶνον οὐκ ἔχουσιν. 2.4 [καὶ] λέγει αὐτῇ ὁ Ἰησοῦς, Τί ἐμοὶ καὶ σοί, γύναι; οὔπω ἥκει ἡ ὥρα μου. 2.5 λέγει **ἡ μήτηρ αὐτοῦ** τοῖς διακόνοις, Ὅ τι ἂν λέγῃ ὑμῖν ποιήσατε. .... 2.12 Μετὰ τοῦτο κατέβη εἰς Καφαρναοὺμ αὐτὸς καὶ
ἡ μήτηρ αὐτοῦ καὶ οἱ ἀδελφοὶ [αὐτοῦ] καὶ οἱ μαθηταὶ αὐτοῦ καὶ ἐκεῖ ἔμειναν οὐ πολλὰς ἡμέρας.

3.31 Καὶ ἔρχεται **ἡ μήτηρ αὐτοῦ καὶ οἱ ἀδελφοὶ αὐτοῦ** καὶ ἔξω στήκοντες ἀπέστειλαν πρὸς αὐτὸν καλοῦντες αὐτόν. 3.32 καὶ ἐκάθητο περὶ αὐτὸν ὄχλος, καὶ λέγουσιν αὐτῷ, Ἰδοὺ **ἡ μήτηρ σου καὶ οἱ ἀδελφοί σου** [καὶ αἱ ἀδελφαι σου] ἔξω ζητοῦσίν σε. 3.33 καὶ ἀποκριθεὶς αὐτοῖς λέγει, Τίς ἐστιν **ἡ μήτηρ μου καὶ οἱ ἀδελφοί [μου]**; 3.34 καὶ περιβλεψάμενος τοὺς περὶ αὐτὸν κύκλῳ καθημένους λέγει, Ἴδε
ἡ μήτηρ μου καὶ οἱ ἀδελφοί μου. 3.35 ὃς [γὰρ] ἂν ποιήσῃ τὸ θέλημα τοῦ θεοῦ, οὗτος ἀδελφός μου καὶ ἀδελφὴ καὶ μήτηρ ἐστίν.

Die Perikopen von der Hochzeit zu Kana und von der Distanzierung Jesu von seinen Verwandten haben zwar auf den ersten Blick nichts miteinander zu tun. Auffallend und einzigartig ist aber in beiden Texten die Namenlosigkeit der Mutter Jesu und ihre Verbindung mit den Brüdern. Die namenlose Mutter Jesu findet sich im Johannesevangelium auch in der Szene unter dem Kreuz, Joh 19,25f. Die Brüder Jesu werden auch in Joh 7, 2.5.9 genannt. Beides sind „johanneische" Motive. Gemeinsam mit Jesus gehen „seine Mutter und seine Brüder und seine Jünger" laut Joh 2,12 von Kana – offenbar heim – nach Kafarnaum. Dorthin lokalisiert Markus dann den Wohnort Jesu (Mk 2,1) und seine Erzählung. Möglich ist, dass Markus auf die Kanageschichte polemisch Bezug nimmt und die dort genannte Verwandtschaft Jesu mit der viermal stereotyp wiederholten Formel aufgreift, um sie zu relativieren (vgl. schon Mk 3,32). Allerdings wirken Mutter und Brüder Jesu in Joh 2,12 nachträglich interpoliert. Ob diese Interpolation vor- oder erst nachmarkinisch ist, bleibt im Zusammenhang mit der Szene unter dem Kreuz zu überlegen.

● 6. Tempelreinigung (C)

Joh 2,13 Καὶ ἐγγὺς ἦν τὸ πάσχα τῶν Ἰουδαίων, **καὶ ἀνέβη εἰς Ἱεροσόλυμα** ὁ Ἰησοῦς.	Mk 11,15 **Καὶ ἔρχονται εἰς Ἱεροσόλυμα.**
2,14 καὶ εὗρεν **ἐν τῷ ἱερῷ** τοὺς **πωλοῦντας** βόας καὶ πρόβατα καὶ **περιστερὰς** καὶ τοὺς κερματιστὰς καθημένους, 2,15 καὶ ποιήσας φραγέλλιον ἐκ σχοινίων πάντας ***ἐξέβαλεν*** ἐκ τοῦ ἱεροῦ τά τε πρόβατα καὶ τοὺς βόας, καὶ	καὶ εἰσελθὼν **εἰς τὸ ἱερὸν** ἤρξατο ***ἐκβάλλειν*** τοὺς **πωλοῦντας** καὶ τοὺς ἀγοράζοντας **ἐν τῷ ἱερῷ**, καὶ **τὰς τραπέζας**
τῶν κολλυβιστῶν ἐξέχεεν τὸ κέρμα καὶ **τὰς τραπέζας** **ἀνέτρεψεν**, 2,16 καὶ ***τοῖς τὰς περιστερὰς πωλοῦσιν*** εἶπεν, Ἄρατε ταῦτα ἐντεῦθεν, μὴ ποιεῖτε τὸν οἶκον τοῦ πατρός μου οἶκον ἐμπορίου.	**τῶν κολλυβιστῶν** καὶ τὰς καθέδρας ***τῶν πωλούντων τὰς περιστερὰς*** **κατέστρεψεν**, 11,16 καὶ οὐκ ἤφιεν ἵνα τις διενέγκῃ σκεῦος διὰ τοῦ ἱεροῦ.
2,17 Ἐμνήσθησαν οἱ μαθηταὶ αὐτοῦ ὅτι **γεγραμμένον ἐστίν,** **Ὁ ζῆλος τοῦ οἴκου σου καταφάγεταί με.**	11,17 καὶ ἐδίδασκεν καὶ ἔλεγεν αὐτοῖς, Οὐ **γέγραπται** ὅτι **Ὁ οἶκός μου οἶκος** **προσευχῆς κληθήσεται πᾶσιν τοῖς** **ἔθνεσιν;** ὑμεῖς δὲ πεποιήκατε αὐτὸν σπήλαιον λῃστῶν.
2,18 ἀπεκρίθησαν οὖν οἱ Ἰουδαῖοι καὶ εἶπαν αὐτῷ, Τί σημεῖον δεικνύεις ἡμῖν ὅτι ταῦτα ποιεῖς; 2,19 ἀπεκρίθη Ἰησοῦς καὶ εἶπεν αὐτοῖς, **Λύσατε τὸν ναὸν τοῦτον καὶ** **ἐν τρισὶν ἡμέραις ἐγερῶ αὐτόν.**	14,57 καί τινες ἀναστάντες ἐψευδομαρτύρουν κατ' αὐτοῦ λέγοντες 14,58 ὅτι Ἡμεῖς ἠκούσαμεν αὐτοῦ λέγοντος ὅτι ' **Ἐγὼ καταλύσω τὸν ναὸν τοῦτον τὸν** **χειροποίητον καὶ διὰ τριῶν ἡμερῶν** **ἄλλον ἀχειροποίητον οἰκοδομήσω**

Die Eröffnung des Wirkens Jesu in Jerusalem erfolgt nach dem Hellenistenbuch mit der Tempelreinigung, entsprechend Mal 3,1-3: „Siehe, ich sende meinen Boten; er soll den Weg für mich bahnen. Dann kommt plötzlich zu seinem Tempel der Herr, den ihr sucht und der Bote des Bundes, den ihr herbeiwünscht, spricht der Herr der Heere. Doch wer erträgt den Tag, wenn er kommt? Wer kann bestehen, wenn er erscheint? . . . Er reinigt die Söhne Levis, er läutert sie wie Gold und Silber. Dann werden sie dem Herrn die richtigen Opfer darbringen." Die Interpretation von Mal 3,1ff auf Jesus entspricht der vorredaktionellen christologischen Intention von Joh 1,6ab und der Elija-Typologie des Hellenistenbuches. Das Zitat vom Eifer für das Haus Gottes aus dem Leidenspsalm 69 scheint auf die Passion vorzugreifen. Markus, der Mal 3,1-3 und die Wiederkunft des Elija nicht auf Jesus, sondern auf den Täufer beziehen will, entfernt die Tempelreinigung daher vom Beginn des Wirkens Jesu und stellt sie direkt in den andersartigen Zusammenhang der Passion Jesu. Gleichzeitig lässt er aber das im Sinne des Zelotentums gegen Jesus verwertbare Schriftzitat weg. Auch das noch verfänglichere Jesuswort vom Niederreißen und Wiederaufbauen des Tempels gestaltet er lieber um in eine Verleumdung von falschen Zeugen in der Gerichtsverhandlung gegen Jesus vor dem Synedrium (vgl. Nr. 36).

● 7. Einleitung einer Frage: Wiedergeburt bzw. Kaisersteuer (B)

Joh 3,1 Ἦν δὲ	Mk 12,13 Καὶ ἀποστέλλουσιν πρὸς
ἄνθρωπος ἐκ	αὐτόν τινας
τῶν Φαρισαίων, Νικόδημος ὄνομα	**τῶν Φαρισαίων** καὶ τῶν Ἡρῳδιανῶν
αὐτῷ,	
ἄρχων τῶν Ἰουδαίων·	***(15,34· εὐσχήμων βουλευτή)***
3,2 οὗτος	ἵνα αὐτὸν ἀγρεύσωσιν λόγῳ. 12,14 καὶ
ἦλθεν πρὸς αὐτὸν νυκτὸς καὶ	**ἐλθόντες**
εἶπεν αὐτῷ,	**λέγουσιν αὐτῷ,**
Ῥαββί, οἴδαμεν ὅτι ἀπὸ θεοῦ ἐλήλυθας διδάσκαλος· **οὐδεὶς** γὰρ δύναται ταῦτα τὰ σημεῖα ποιεῖν ἃ σὺ ποιεῖς, ἐὰν μὴ ᾖ ὁ θεὸς μετ᾽ αὐτοῦ.	**Διδάσκαλε, οἴδαμεν ὅτι** ἀληθὴς εἶ καὶ οὐ μέλει σοι περὶ **οὐδενός**· οὐ γὰρ βλέπεις εἰς πρόσωπον ἀνθρώπων, ἀλλ᾽ ἐπ᾽ ἀληθείας τὴν ὁδὸν τοῦ θεοῦ διδάσκεις·

Die *captatio benevolentiae* „Rabbi, wir wissen, dass du . . .“ zur Einleitung einer Frage muss noch keine Abhängigkeit signalisieren. Die Übereinstimmung des Wortlautes scheint aber mehr als zufällig zu sein. Denn in beiden Fällen werden die Fragesteller als Pharisäer bezeichnet. Aber während Nikodemus eine durchaus sympathische Gestalt ist, münzt Markus seine Captatio benevolentiae zum Zweck der Pharisäerpolemik in Falschheit und Zynismus um. Die umgekehrte Indienstnahme eines zynisch und negativ geprägten Motives zur positiven Einführung des Nikodemus ist schwer vorstellbar.

Diese Einleitung der Frage des Nikodemus stand Markus deshalb zur freien Verfügung, weil er für das Nikodemusgespräch samt der Figur des Nikodemus keine Verwendung hatte. Im Johannesevangelium wird Nikodemus noch ein zweites Mal auftreten, nämlich bei der Kreuzabnahme. Da Markus das Nikodemusgespräch, das mit der Theologie des Hellenistenbuches verbunden ist, nicht in sein Evangelium übernimmt, verzichtet er überhaupt auf die Gestalt des Nikodemus und streicht auch sein zweites Auftreten in der Szene der Kreuzabnahme. Allerdings verwendet er dort die positiven Züge des Nikodemus, um damit den allein übriggebliebenen Josef von Arimathäa auszustatten und diesem mehr Farbe zu verleihen: Josef von Arimathäa wird in Mk 15,43 – entsprechend dem Nikodemus, der in Joh 3,1 als Führer der Juden erscheint, – als angesehener Ratsherr bezeichnet. Dies wäre nicht weiter auffällig, wenn Markus nicht auch die Suche nach dem Reich Gottes von Nikodemus (Joh 3,3) auf Josef von Arimathäa (Mk 15,43) übertragen hätte. Siehe dazu unten unter Nr. 47, zu den weiteren Motivassoziationen zum Nikodemusgespräch unter 2.4.2.

● 8. Der Bräutigam (C)

Joh 3,25 Ἐγένετο οὖν ζήτησις
ἐκ τῶν μαθητῶν Ἰωάννου
μετὰ Ἰουδαίου
περὶ καθαρισμοῦ.
3,26 **καὶ ἦλθον** πρὸς τὸν Ἰωάννην
καὶ εἶπαν αὐτῷ,
Ῥαββί, ὃς ἦν μετὰ σοῦ πέραν τοῦ
Ἰορδάνου, ᾧ σὺ μεμαρτύρηκας, ἴδε
οὗτος βαπτίζει καὶ πάντες ἔρχονται
πρὸς αὐτόν. 3,27 ἀπεκρίθη Ἰωάννης
καὶ εἶπεν,
Οὐ δύναται ἄνθρωπος λαμβάνειν οὐδὲ
ἓν ἐὰν μὴ ᾖ δεδομένον αὐτῷ ἐκ τοῦ
οὐρανοῦ. 3,28 αὐτοὶ ὑμεῖς μοι
μαρτυρεῖτε ὅτι εἶπον [ὅτι] Οὐκ εἰμὶ ἐγὼ ὁ
Χριστός, ἀλλ᾽ ὅτι Ἀπεσταλμένος εἰμὶ
ἔμπροσθεν ἐκείνου.

3,29 ὁ ἔχων τὴν νύμφην
νυμφίος ἐστίν·
ὁ δὲ φίλος
τοῦ νυμφίου ὁ ἑστηκὼς καὶ ἀκούων
αὐτοῦ χαρᾷ χαίρει διὰ τὴν φωνὴν
τοῦ νυμφίου. αὕτη οὖν ἡ χαρὰ ἡ ἐμὴ
πεπλήρωται. 3,30 ἐκεῖνον δεῖ αὐξάνειν,
ἐμὲ δὲ ἐλαττοῦσθαι.

Mk 2,18 Καὶ ἦσαν
οἱ μαθηταὶ Ἰωάννου
καὶ οἱ Φαρισαῖοι
νηστεύοντες.
καὶ ἔρχονται
καὶ λέγουσιν αὐτῷ,
Διὰ τί οἱ μαθηταὶ Ἰωάννου καὶ οἱ
μαθηταὶ τῶν Φαρισαίων νηστεύουσιν, οἱ
δὲ σοὶ μαθηταὶ οὐ νηστεύουσιν;

2,19 **καὶ εἶπεν** αὐτοῖς ὁ Ἰησοῦς,
Μὴ δύνανται

οἱ υἱοὶ τοῦ νυμφῶνος ἐν ᾧ
ὁ **νυμφίος** μετ᾽ αὐτῶν **ἐστιν** νηστεύειν;
ὅσον χρόνον ἔχουσιν
τὸν νυμφίον μετ᾽ αὐτῶν οὐ δύνανται
νηστεύειν. 2,20 ἐλεύσονται δὲ ἡμέραι
ὅταν ἀπαρθῇ ἀπ᾽ αὐτῶν ὁ **νυμφίος**, καὶ
τότε νηστεύσουσιν ἐν ἐκείνῃ τῇ ἡμέρᾳ.

Dass zwischen den beiden Texten eine literarische Beziehung besteht, ist kaum zu bezweifeln. Die äußere Komposition ist ganz parallel, nur die inhaltliche Gestaltung unterscheidet sich. Mit welcher Freiheit hier Motive neu arrangiert werden, sollte zu denken geben. Sprecher ist jeweils Johannes der Täufer. In beiden Fällen ist der Vergleich des Messias beziehungsweise Jesu mit dem Bräutigam bei einer Hochzeit eher überraschend. Eine Assoziationsgrundlage dafür könnte die Hochzeit zu Kana im Hellenistenbuch gewesen sein, die aber Markus nicht übernimmt, sodass bei ihm ein Anknüpfungspunkt fehlt. Während der Vergleich im Hellenistenbuch die Konkurrenz zwischen Johannes und Jesus zum Inhalt hat und die Braut für die Jüngergemeinde steht, ist es bei Markus keine Frage mehr, dass Jesus der Bräutigam ist. Der Vergleich betrifft nur mehr die Feier der Hochzeit. Markus scheint also das Hellenistenbuch vorauszusetzen.

Die Erzählung bei Markus wirkt nüchterner und „historischer", wie es der Absicht seiner Schrift entspricht. Vor allem ist das Fasten ein markinisches Thema (Mk 8,3; 9,29). Die Umwandlung „eines Juden" in „Pharisäer" ist Markus eher zuzutrauen als das Umgekehrte einem „Johannes".

● 9. Jesus geht nach Galiläa (C)

Joh 4,1 Ὡς οὖν ἔγνω ὁ Ἰησοῦς ὅτι ἤκουσαν οἱ φαρισαῖοι ὅτι Ἰησοῦς πλείονας μαθητὰς ποιεῖ καὶ βαπτίζει ἢ **Ἰωάννης** 4,2 – καίτοιγε Ἰησοῦς αὐτὸς οὐκ ἐβάπτιζεν ἀλλ᾽ οἱ μαθηταὶ αὐτοῦ –	Mk 1,14 Μετὰ δὲ τὸ παραδοθῆναι τὸν **Ἰωάννην**
4,3 ἀφῆκεν τὴν Ἰουδαίαν καὶ **ἀπῆλθεν πάλιν εἰς τὴν Γαλιλαίαν**.	**ἦλθεν ὁ Ἰησοῦς εἰς τὴν Γαλιλαίαν** κηρύσσων τὸ εὐαγγέλιον τοῦ θεοῦ

An derselben Stelle in der Reihenfolge der Erzählung wird der Gang Jesu nach Galiläa berichtet und mit Johannes dem Täufer in Verbindung gebracht. Die Motive sind unterschiedlich. Markus nimmt die Gefangenschaft des Täufers vorweg. Mehr als eine gewisse Parallele lässt sich nicht erkennen.

● 10. Ein Prophet gilt nichts in seiner Vaterstadt (B)

Joh 4,44 αὐτὸς γὰρ **Ἰησοῦς** ἐμαρτύρησεν **ὅτι προφήτης** **ἐν τῇ ἰδίᾳ πατρίδι** τιμὴν οὐκ ἔχει.	Mk 6,4 καὶ ἔλεγεν αὐτοῖς ὁ **Ἰησοῦς** **ὅτι** Οὐκ ἔστιν **προφήτης** ἄτιμος εἰ μὴ **ἐν τῇ πατρίδι αὐτοῦ** καὶ ἐν τοῖς συγγενεῦσιν αὐτοῦ καὶ ἐν τῇ οἰκίᾳ αὐτοῦ.

Das Hellenistenbuch interpretiert mit diesem Jesuswort den Vers 11 des Logosliedes: „Er kam in sein Eigenes, und die Eigenen nahmen ihn nicht auf." Es bezieht ihn eher auf den theologischen Ort Jerusalem. Nach dem Hellenistenbuch war Jesus ja auch gerade aus Judäa gekommen. Markus hat für diese theologische Bedeutung keine Verwendung. Außerdem führt bei ihm der Weg Jesu geradlinig von Galiläa, der irdischen Heimat Jesu, nach Jerusalem. Er verändert daher den Sinn und schmückt die Erzählung vordergründig aus. Er streicht gerade das Schlüsselwort „ἴδιος – eigen" und bringt die ganze Aussage mit Nazareth und den Verwandten Jesu in Zusammenhang. Außerdem bemüht er sich redlich, der Aussage eine positivere Wendung zu geben: Nirgends wird ein Prophet verachtet – außer daheim. Damit passt dieses Wort aber nicht mehr an den Anfang des Wirkens Jesu in Galiläa und wird daher in der Reihenfolge nach hinten versetzt.

● 11. Fieberheilung in Kafarnaum (A)

Joh 4,46 **Ἦλθεν**	Mk 1,28 καὶ **ἐξῆλθεν** ἡ ἀκοὴ αὐτοῦ
οὖν πάλιν	εὐθὺς πανταχοῦ
εἰς τὴν Κανὰ	**εἰς** ὅλην **τὴν** περίχωρον
τῆς Γαλιλαίας,	**τῆς Γαλιλαίας**.
ὅπου ἐποίησεν τὸ ὕδωρ οἶνον.	

Joh καὶ ἦν τις βασιλικὸς οὗ ὁ υἱὸς ἠσθένει **ἐν Καφαρναούμ.**	Mk 1,29 Καὶ εὐθὺς ἐκ τῆς συναγωγῆς ἐξελθόντες ἦλθον **εἰς τὴν οἰκίαν Σίμωνος καὶ Ἀνδρέου** μετὰ Ἰακώβου καὶ Ἰωάννου.
. . . .	1,30 ἡ δὲ **πενθερὰ** Σίμωνος κατέκειτο πυρέσσουσα, καὶ εὐθὺς λέγουσιν αὐτῷ περὶ αὐτῆς.
4,52 ἐπύθετο οὖν τὴν ὥραν παρ᾽ αὐτῶν ἐν ᾗ κομψότερον ἔσχεν· εἶπαν οὖν αὐτῷ ὅτι Ἐχθὲς ὥραν ἑβδόμην **ἀφῆκεν αὐτὸν ὁ πυρετός.**	1,31 καὶ προσελθὼν ἤγειρεν αὐτὴν κρατήσας τῆς χειρός· **καὶ ἀφῆκεν αὐτὴν ὁ πυρετός,** καὶ διηκόνει αὐτοῖς.

Nach dem Hellenistenbuch kommt Jesus aus Judäa nach Galiläa zurück. Bei Markus gibt es kein verwirrendes Hin und Her zwischen Judäa und Galiläa. Der Text wird daher entsprechend modifiziert. Zu dem Motiv einer Fieberheilung in Kafarnaum bringt Markus statt der Fernheilung eines Unbekannten lieber zu Ehren seiner Hauptfigur Petrus eine Petrustradition. Die Reihenfolge der Motive des Hellenistenbuches wird von Markus erstaunlich treu beibehalten. Matthäus wird die beiden alternativen Wundergeschichten in Kafarnaum nebeneinander stellen (Mt 8,5–13 und 8,14f) und zur Vermeidung der Doppelung das Motiv des Fiebers aus der Erzählung der Fernheilung streichen.

● 12. Heilung eines Lahmen (B)

Joh 5,8 **λέγει** αὐτῷ ὁ Ἰησοῦς, **Ἔγειρε ἆρον τὸν κράβαττόν σου καὶ** περιπάτει. 5,9 **καὶ εὐθέως** ἐγένετο ὑγιὴς ὁ ἄνθρωπος καὶ **ἦρεν τὸν κράβαττον** αὐτοῦ καὶ περιεπάτει.	Mk **λέγει** τῷ παραλυτικῷ, 2,11 Σοὶ λέγω, **ἔγειρε ἆρον τὸν κράβαττόν σου** **καὶ** ὕπαγε εἰς τὸν οἶκόν σου. 2,12 καὶ ἠγέρθη **καὶ εὐθὺς** **ἄρας τὸν κράβαττον** ἐξῆλθεν ἔμπροσθεν πάντων,

Anstelle der Heilung eines Gelähmten in Jerusalem bringt Markus eine entsprechende Geschichte aus Galiläa, allerdings mit ganz anderen Umständen und einer völlig anderen Aussage. An die Stelle des Gelähmten am Teich Bethesda tritt der Gelähmte in Kafarnaum, der durch das abgedeckte Dach in das Haus hinuntergelassen wird, in dem Jesus sich aufhält. Auch die Aussage der Erzählung ist eine ganz andere als im Hellenistenbuch, nämlich die der Vollmacht Jesu zur Sündenvergebung. In der formalen Gestaltung der eigentlichen Heilung lehnt er sich aber an das literarische Vorbild im Hellenistenbuch an. Markus variiert den Text dort nur geringfügig und erweitert ihn durch einige präzisierende Ergänzungen, die aber keine zusätzliche Information enthalten: „dem Gelähmten“ statt „ihm“; „Ich sage dir“ und „ἔμπροσθεν πάντων“. Entscheidend ist, dass er das Jesuswort „Ἔγειρε ἆρον τὸν κράβαττόν σου καὶ“ unverändert übernimmt.

● 13. Speisungsgeschichte (A)

Joh 6,1 Μετὰ ταῦτα **ἀπῆλθεν** ὁ Ἰησοῦς πέραν τῆς θαλάσσης τῆς Γαλιλαίας τῆς Τιβεριάδος. 6,2 ἠκολούθει δὲ αὐτῷ **ὄχλος πολύς**, ὅτι ἐθεώρουν τὰ σημεῖα ἃ ἐποίει **ἐπὶ** τῶν ἀσθενούντων.	Mk 6,32 καὶ **ἀπῆλθον** ἐν τῷ πλοίῳ εἰς ἔρημον τόπον κατ᾽ ἰδίαν. 6,33 καὶ εἶδον αὐτοὺς ὑπάγοντας καὶ ἐπέγνωσαν **πολλοί** καὶ πεζῇ ἀπὸ πασῶν τῶν πόλεων συνέδραμον ἐκεῖ καὶ προῆλθον αὐτούς.	Mk 8,1 Ἐν ἐκείναις ταῖς ἡμέραις πάλιν

Die Speisungsgeschichte des Hellenistenbuches steht wie die Tempelreinigung und später die Auferweckung des Lazarus (Joh 11,1-44; vgl. 1Kg 17, 17-24) im Zusammenhang der Elija-Typologie und nimmt Bezug auf das Vermehrungswunder des Elija bei der Witwe von Sarepta (1Kg 17,7-16). Diese Deutung teilt Markus nicht (Mk 6,15). Da Markus Elija statt mit Jesus mit dem Täufer verbinden will (Mk 1,2. 9,9-13), erzählt er im Hinblick auf die Bedrohung des Elija durch Isebel (1Kg 19,1f) ausführlich die Enthauptung des Johannes auf Anstiften der Herodias (Mk 6,17–29) und stellt unmittelbar anschließend die wunderbare Brotvermehrung durch ihre Verdoppelung in einen ganz neuen kirchenpolitischen Kontext (Mk 6,30–42. 8,1–11).

Anders als das Hellenistenbuch bringt das Markusevangelium nicht eine, sondern zwei Speisungsgeschichten mit weitgehenden Parallelen. Zum Verständnis der Zusammenhänge empfiehlt es sich, zunächst die Darstellungen der jeweils zurückgelegten Wege zu vergleichen.

Nach dem Hellenistenbuch befindet sich Jesus nach der Fernheilung des Sohnes des königlichen Beamten in Kana in Galiläa. (Das folgende, aber erst nachträglich hierher verschobene Kapitel 5 ist zu überspringen.) Von dort begibt er sich, was nicht gesagt wird, zunächst an den See Gennesaret, und gelangt dann über das Meer jenseits von Galiläa und Tiberias, also an das Ostufer des Sees, in das Gebiet der Dekapolis. Dort findet dann die Brotvermehrung statt.

Nach Markus befindet sich Jesus vor seiner ersten Brotvermehrung anstatt in Kana in Nazaret, aber ebenfalls im Westen des Sees, und durchwandert dann die umliegenden Dörfer (6,6). Zur anschließenden Aussendung der Jünger (6,7–13) und zu ihrer Rückkehr nennt Markus keinen Ort. Wie das Hellenistenbuch teilt auch Markus die Ankunft der Gruppe am See Gennesaret nicht mit, sondern setzt sie im folgenden voraus. Der Weg zum Ort der Brotvermehrung ist allerdings komplizierter als im Hellenistenbuch. Statt einfach den See zu überqueren, fährt Jesus gemeinsam mit den Jüngern in einem Boot an einen unbestimmten einsamen Ort. Da die Leute dem Boot zu Fuß folgen, ja ihm sogar vorauseilen, entsteht der Eindruck einer Fahrt entlang des Ufers statt einer Überquerung. Die dichte Besiedlung der Gegend lässt an das Nordwestufer denken.

Entsprechend abweichend vom Hellenistenbuch wird Markus später auch den Rückweg von der ersten Brotvermehrung mit dem Seewandel Jesu gestalten: Nach dem Hellenistenbuch treten die Jünger alleine die Rückfahrt in Richtung Kafarnaum an, also an das Westufer. Nach 25 oder 30 Stadien – etwa 5 km – holt Jesus sie ein. Das Brotwunder fand also am Ostufer statt.

Nach Markus führt die Rückkehr der Jünger in die Richtung von Bethsaida und dann zusammen mit Jesus weiter nach Gennesaret. Markus will bei der Rückfahrt wieder den Eindruck von Ufernähe erwecken, denn er schreibt, dass Jesus vom Land aus „sah, wie sie sich abplagten", bevor er dann „mitten auf dem See" zu ihnen ins Boot kam. Eine Entfernungsangabe vermeidet Markus. Der Leser des Markusevangeliums muss sich den Ort der Brotvermehrung knapp östlich von Bethsaida vorstellen – zwar entsprechend dem Hellenistenbuch am Ostufer, aber doch noch auf jüdischem Gebiet, denn Bethsaida gehörte zur Herrschaft des Herodes Philippus. Die traditionelle Lokalisierung des Brotwunders in Tabgha am Westufer scheitert an dem Widerspruch einer „Voraus"-Fahrt der Jünger nach Bethsaida und dem in der Gegenrichtung gelegenen Ziel Gennesaret. Die Schwierigkeiten lösen sich allerdings, wenn Markus die Topographie des Sees einfach nicht kannte.

Das zweite Brotwunder, das Markus erzählt, wird nicht direkt lokalisiert, aber Jesus befindet sich am See Gennesaret im Gebiet der Dekapolis, also am Ostufer: „Jesus verliess das Gebiet von Tyrus wieder und kam über Sidon an den See von Galiläa, mitten in das Gebiet der Dekapolis." (Mk 7,31) Auf die Heilung eines Taubstummen folgt die zweite Brotvermehrung.

Joh 6,3 ἀνῆλθεν δὲ εἰς τὸ ὄρος Ἰησοῦς καὶ ἐκεῖ ἐκάθητο μετὰ τῶν μαθητῶν αὐτοῦ. 6,4 ἦν δὲ ἐγγὺς τὸ πάσχα, ἡ ἑορτὴ τῶν Ἰουδαίων.	Mk 6	Mk 8
6,5 ἐπάρας οὖν τοὺς ὀφθαλμοὺς ὁ Ἰησοῦς καὶ **θεασάμενος** ὅτι **πολὺς ὄχλος** ἔρχεται πρὸς αὐτὸν	6,34 καὶ ἐξελθὼν **εἶδεν** **πολὺν ὄχλον** καὶ ***ἐσπλαγχνίσθη*** ἐπ' αὐτούς, ὅτι ἦσαν ὡς πρόβατα μὴ ἔχοντα ποιμένα, καὶ ἤρξατο διδάσκειν αὐτοὺς πολλά.	**πολλοῦ ὄχλου** ὄντος καὶ μὴ ἐχόντων ***τί φάγωσιν***,
	6,35 Καὶ ἤδη ὥρας πολλῆς γενομένης προσελθόντες αὐτῷ οἱ **μαθηταὶ** αὐτοῦ ἔλεγον ὅτι Ἔρημός ἐστιν ὁ τόπος καὶ ἤδη ὥρα πολλή·	προσκαλεσάμενος τοὺς **μαθητὰς**

λέγει πρὸς Φίλιππον,		**λέγει αὐτοῖς,** 8,2 ***Σπλαγχνίζομαι*** ἐπὶ τὸν ὄχλον, ὅτι ἤδη ἡμέραι τρεῖς προσμένουσίν μοι
Πόθεν **ἀγοράσωμεν ἄρτους ἵνα φάγωσιν οὗτοι;**	6,36 ἀπόλυσον αὐτούς, ἵνα ἀπελθόντες εἰς τοὺς κύκλῳ ἀγροὺς καὶ κώμας **ἀγοράσωσιν ἑαυτοῖς τί φάγωσιν.**	καὶ οὐκ ἔχουσιν **τί φάγωσιν·**
6,6 τοῦτο δὲ ἔλεγεν πειράζων αὐτόν· αὐτὸς γὰρ ᾔδει τί ἔμελλεν ποιεῖν.	6,37 ὁ δὲ ἀποκριθεὶς εἶπεν αὐτοῖς, Δότε αὐτοῖς ὑμεῖς φαγεῖν.	8,3 καὶ ἐὰν ἀπολύσω αὐτοὺς νήστεις εἰς οἶκον αὐτῶν, ἐκλυθήσονται ἐν τῇ ὁδῷ· καί τινες αὐτῶν ἀπὸ μακρόθεν ἥκασιν.

Die Darstellung des Hellenistenbuches ist die stimmigere und absichtslosere: Jesus stieg mit den Jüngern auf einen Berg, um dort das Osterfest zu begehen. Die Bemerkung „denn das Osterfest war nahe“ lässt im Hinblick auf die anschließende Frage Jesu nach den Möglichkeiten der Brotbeschaffung an das Fest der ungesäuerten Brote denken. Die Frage Jesu „Woher sollen wir Brote kaufen, um sie zu speisen?“ ist offenbar dadurch bedingt, dass mit Sonnenuntergang das Fest beginnt, und nicht durch die Not oder den Hunger der Leute.

Da Markus seine Schrift auf ein einziges Osterfest ausrichtet, nämlich auf das Todespascha in Jerusalem, braucht er für das Brotwunder eine neue Begründung. Es ist einfach der Hunger der Leute, nachdem sie Jesus lange zugehört haben. Die Jünger treten an Jesus heran, und schlagen ihm vor, eine Pause zu machen, damit sich die Leute etwas zu essen kaufen können. Jesus sagt daraufhin: Gebt ihr ihnen zu essen! Damit denkt Markus im Gegensatz zum Hellenistenbuch bereits an die Situation der Kirche.

Während die eucharistische Interpretation des Brotwunders im Hellenistenbuch erst am Schluss durch die eucharistische Rede erfolgt, setzt Markus die eucharistische Relevanz der Brotwundergeschichte bereits voraus und gestaltet den Stoff von vornherein auf diesen Zweck hin. Er will damit offenbar die von ihm vertretene Eucharistiepraxis der Kirche bei Jesus selbst festmachen und begründen. Es ist dies die Praxis der getrennten Tischgemeinschaften von Judenchristen und Heidenchristen, für die Petrus, seine Hauptautorität, gekämpft hat. Zu diesem Zweck verdoppelt er die Geschichte und legt sie geographisch auseinander. Aus jenseits von Galiläa oder Kafarnaum im Hellenistenbuch macht er zwei Orte in der Nähe von Bethsaida im Nordosten und im Gebiet der Dekapolis im Südosten und unterscheidet damit zwischen jüdischem und heidnischem Land.

Joh 6,7	Mk 6,37	Mk 8,4
ἀπεκρίθη αὐτῷ [ὁ] Φίλιππος,	**καὶ λέγουσιν αὐτῷ,**	**καὶ ἀπεκρίθησαν αὐτῷ οἱ μαθηταὶ αὐτοῦ**
Διακοσίων δηναρίων ἄρτοι οὐκ ἀρκοῦσιν **αὐτοῖς** ἵνα ἕκαστος βραχύ [τι] λάβῃ. 6,8 λέγει αὐτῷ εἷς ἐκ τῶν μαθητῶν αὐτοῦ, Ἀνδρέας ὁ ἀδελφὸς Σίμωνος Πέτρου, 6,9 Ἔστιν παιδάριον ὧδε	Ἀπελθόντες ἀγοράσωμεν **δηναρίων διακοσίων ἄρτους** καὶ δώσομεν **αὐτοῖς** φαγεῖν; 6,38 ὁ δὲ λέγει αὐτοῖς, *Πόσους* ***ἄρτους*** *ἔχετε;* ὑπάγετε ἴδετε. καὶ γνόντες λέγουσιν,	ὅτι Πόθεν τούτους δυνήσεταί τις ὧδε χορτάσαι **ἄρτων** ἐπ' ἐρημίας; 8,5 καὶ ἠρώτα αὐτούς, *Πόσους ἔχετε* ***ἄρτους;***
ὃς ἔχει **πέντε ἄρτους** κριθίνους **καὶ δύο ὀψάρια**· ἀλλὰ ταῦτα τί ἐστιν εἰς τοσούτους;	**Πέντε, καὶ δύο ἰχθύας.**	οἱ δὲ εἶπαν, **Ἑπτά.**
6,10 εἶπεν ὁ Ἰησοῦς, Ποιήσατε τοὺς ἀνθρώπους ἀναπεσεῖν. ἦν δὲ **χόρτος** πολὺς ἐν τῷ τόπῳ. **ἀνέπεσαν** οὖν οἱ ἄνδρες **τὸν ἀριθμὸν ὡς πεντακισχίλιοι**. 6,11 **ἔλαβεν οὖν τοὺς ἄρτους** ὁ Ἰησοῦς	6,39 καὶ ἐπέταξεν αὐτοῖς ἀνακλῖναι πάντας συμπόσια συμπόσια ἐπὶ τῷ χλωρῷ **χόρτῳ**. 6,40 καὶ **ἀνέπεσαν** πρασιαὶ πρασιαὶ **κατὰ ἑκατὸν καὶ κατὰ πεντήκοντα**. 6,41 καὶ **λαβὼν τοὺς πέντε ἄρτους**	8,6 καὶ παραγγέλλει τῷ ὄχλῳ ἀναπεσεῖν ἐπὶ τῆς γῆς· καὶ **λαβὼν τοὺς ἑπτὰ ἄρτους**
καὶ **εὐχαριστήσας διέδωκεν** τοῖς ἀνακειμένοις	καὶ τοὺς δύο ἰχθύας ἀναβλέψας εἰς τὸν οὐρανὸν **εὐλόγησεν** καὶ κατέκλασεν τοὺς ἄρτους **καὶ ἐδίδου** τοῖς μαθηταῖς [αὐτοῦ] ἵνα παρατιθῶσιν αὐτοῖς,	**εὐχαριστήσας** ἔκλασεν **καὶ ἐδίδου** τοῖς μαθηταῖς αὐτοῦ ἵνα παρατιθῶσιν, καὶ παρέθηκαν τῷ ὄχλῳ.
ὁμοίως **καὶ ἐκ τῶν ὀψαρίων** ὅσον ἤθελον.	**καὶ τοὺς δύο ἰχθύας** ἐμέρισεν πᾶσιν.	8,7 **καὶ εἶχον ἰχθύδια ὀλίγα**· καὶ εὐλογήσας αὐτὰ εἶπεν καὶ ταῦτα παρατιθέναι.

Nach dem Hellenistenbuch ist es nicht zu weit, um Brot zu kaufen, denn Philippus weist nur auf die unzureichenden Geldmittel hin, um genug zu beschaffen: Brot für 200 Denare würde nicht reichen, dass jeder auch nur ein wenig bekommt. Andreas macht dann die von vornherein kaum als hilfreich, sondern eher als resigniert und ironisch gedachte Mitteilung, dass da ein Kind sei mit fünf Weizenbroten und zwei Fischen. Jesus aber nimmt die Brote und teilt sie den Gelagerten aus – und ebenso von den Fischen, soviel sie wollen.

Nach Markus meinen die Jünger, die Leute sollen in die umliegenden Gehöfte und Dörfer gehen, um sich Nahrung zu kaufen. Jesus will hingegen, dass sie sich nicht von irgendwo Nahrung beschaffen, sondern dass die Jünger ihnen Nahrung geben. Die Jünger antworten mit dem aus dem Hellenistenbuch entlehnten Motiv der 200 Denare: sie werden um diese Summe Brot kaufen. Warum gerade um 200 Denare, bleibt hier unmotiviert, auch wird die Sinnhaftigkeit eines solchen viel zu kleinen Einkaufs nicht bedacht. Die von Markus nicht favorisierten Autoritäten des Hellenistenbuches Philippus und Andreas lässt Markus in der Anonymität verschwinden. Die Frage Jesu: „Wieviel Brote habt ihr?“ kommt ganz unvorbereitet, die theologisch unergiebige Erwähnung eines Kindes unterbleibt. Die 5 Brote und zwei Fische sind dann wieder aus dem Hellenistenbuch übernommen. Aber anders als dort „dankt“ Jesus nicht, sondern „er schaut zum Himmel und segnet und bricht das Brot“. Damit spielt Markus auf die Beracha, das jüdische Tischgebet an. Dann teilt Jesus die Brote nicht selbst aus, sondern er gibt sie den Jüngern zur Verteilung. Die Bemerkung, die zwei Fische habe er für alle geteilt, klappt noch funktionsloser nach als der entsprechende Satz im Hellenistenbuch, wobei Markus hier auch die Mittlerschaft der Jünger versichert.

Die Zahl 5 000 stellt Markus an den Schluss, um parallel dazu am Schluss der zweiten Brotvermehrung die Zahl 4 000 zu nennen, und die beiden so hervorgehobenen Zahlen dann in 8,19f wieder aufzugreifen. An der Stelle der Erwähnung der 5 000 im Hellenistenbuch löst er diese Zahl in ihre Produktfaktoren 50 und 100 auf.

Die zweite Brotvermehrung ist eine Replik der ersten, bei der nur die Zahlen und der Konsekrationsritus geändert sind. Jesus befindet sich in der Dekapolis. Die Art der Brotvermehrung wird zwar nicht genannt, ergibt sich aber aus dem Kontext. Mit der Einleitung: „Als in jenen Tagen wieder eine große Menschenmenge versammelt war“, nimmt Markus Bezug auf die erste Brotvermehrung. Die Begründung ist ausführlicher als bei der ersten; das lange Ausharren, eine große Menschenmenge: „Mich erbarmt des Volkes, denn schon drei Tage harren sie bei mir aus und haben nichts zu essen.“ Im Gegensatz zu den Leuten der ersten Brotvermehrung, die Jesus aus den umliegenden Orten vorausgelaufen waren, sind diese von weit her gekommen – wohl ein Hinweis auf die Heidenkirche. Dass sie drei Tage nichts zu essen bekommen haben und nun von den Jüngern gespeist werden sollen, ist möglicherweise ein Hinweis auf die nachösterliche Situation der Kirche. Die Zahl der 7 Brote im Gegensatz zu den 12 Broten des ersten Brotwunders, weist statt auf Israel auf den Kosmos und damit auf die Heidenwelt. Zu vergleichen sind die sieben Hellenistenführer, die sieben Paulusbriefe, die sieben Sendschreiben der Apokalypse etc.

Die „Konsekration“ erfolgt nun so wie im Hellenistenbuch durch Danksagung, und nicht so wie in der ersten Brotvermehrung des Markus durch eine „Beracha“. Auch die Zahl 4 000 im Gegensatz zu 5 000 weist in dieselbe Richtung. Während 5 die Zahl der Mosesbücher und damit des jüdischen Gesetzes ist, gilt 4 als die Zahl der Himmelsrichtungen und damit der ganzen Welt.

Joh 6,12 ὡς δὲ	Mk 6,42 καὶ ἔφαγον πάντες	Mk 8,8 καὶ ἔφαγον
ἐνεπλήσθησαν,	καὶ ἐχορτάσθησαν,	καὶ ἐχορτάσθησαν,
λέγει τοῖς μαθηταῖς αὐτοῦ, Συναγάγετε τὰ	6,43 καὶ ἦραν	καὶ ἦραν
περισσεύσαντα		**περισσεύματα**
κλάσματα, ἵνα μή τι ἀπόληται. 6,13 συνήγαγον οὖν καὶ ἐγέμισαν	**κλάσματα**	**κλασμάτων**
δώδεκα κοφίνους κλασμάτων	**δώδεκα κοφίνων** πληρώματα καὶ ἀπὸ τῶν ἰχθύων. 6,44 καὶ ἦσαν οἱ φαγόντες [τοὺς ἄρτους]	**ἑπτὰ σπυρίδας**.
ἐκ τῶν **πέντε** ἄρτων τῶν κριθίνων ἃ ἐπερίσσευσαν τοῖς βεβρωκόσιν.	**πεντα**κισχίλιοι ἄνδρες.	8,9 ἦσαν δὲ ὡς **τετρα**κισχίλιοι. καὶ ἀπέλυσεν αὐτούς. 8,10 Καὶ εὐθὺς ἐμβὰς εἰς τὸ πλοῖον μετὰ τῶν μαθητῶν αὐτοῦ ἦλθεν εἰς τὰ μέρη Δαλμανουθά.

Nochmals werden die Zahlen bei den eingesammelten Körben ins Spiel gebracht: Statt zwölf sind es beim zweiten Brotwunder sieben. Dass Markus alle Zahlen absichtsvoll gewählt hat, zeigt er in dem 8,19f folgenden Gespräch über das bloß eine Brot der Jünger und den Sauerteig der Pharisäer, in dem Jesus die Zahlen nochmals nennt und zu Bedenken gibt. Die redaktionelle Absicht der Doppelung gibt Markus hier unmissverständlich zu erkennen.

● 14. Seewandel (B)

Untrennbar verbunden mit der Brotvermehrung und der Frage nach ihrem Ort ist die Episode des Seewandels Jesu. Diese Zusammengehörigkeit gilt natürlich auch für unsere Beurteilung der literarischen Abhängigkeit.

Joh 6,14 Οἱ οὖν ἄνθρωποι ἰδόντες ὃ ἐποίησεν σημεῖον ἔλεγον ὅτι Οὗτός ἐστιν ἀληθῶς ὁ προφήτης ὁ ἐρχόμενος εἰς τὸν κόσμον. 6,15 Ἰησοῦς οὖν γνοὺς ὅτι μέλλουσιν ἔρχεσθαι καὶ ἁρπάζειν αὐτὸν ἵνα ποιήσωσιν βασιλέα, ἀνεχώρησεν πάλιν ***εἰς τὸ ὄρος*** ***αὐτὸς μόνος***. 6,16 Ὡς δὲ	
ὀψία ἐγένετο κατέβησαν	Mk 6,45 Καὶ εὐθὺς ἠνάγκασεν
οἱ μαθηταὶ αὐτοῦ ἐπὶ τὴν θάλασσαν 6,17 καὶ	**τοὺς μαθητὰς** αὐτοῦ

ἐμβάντες εἰς πλοῖον ἤρχοντο **πέραν** τῆς θαλάσσης **εἰς Καφαρναούμ**.	**ἐμβῆναι εἰς τὸ πλοῖον** καὶ προάγειν **εἰς τὸ πέραν πρὸς Βηθσαϊδάν**, ἕως αὐτὸς ἀπολύει τὸν ὄχλον. 6,46 καὶ ἀποταξάμενος αὐτοῖς ἀπῆλθεν ***εἰς τὸ ὄρος*** προσεύξασθαι. 6,47
καὶ σκοτία ἤδη ἐγεγόνει	**καὶ ὀψίας γενομένης** ἦν τὸ πλοῖον ***ἐν μέσῳ* τῆς θαλάσσης**, καὶ ***αὐτὸς μόνος*** ἐπὶ τῆς γῆς. 6,48 καὶ ἰδὼν αὐτοὺς βασανιζομένους ἐν τῷ ἐλαύνειν,
καὶ οὔπω ***ἐληλύθει πρὸς αὐτοὺς*** ὁ Ἰησοῦς, 6,18 ἥ τε **θάλασσα ἀνέμου** μεγάλου πνέοντος διεγείρετο 6,19 ἐληλακότες οὖν ὡς ***σταδίους εἴκοσι πέντε ἢ τριάκοντα***	ἦν γὰρ ὁ **ἄνεμος** ἐναντίος αὐτοῖς, περὶ τετάρτην φυλακὴν τῆς νυκτὸς ***ἔρχεται πρὸς αὐτοὺς*** ***περιπατῶν ἐπὶ τῆς θαλάσσης***· καὶ ἤθελεν παρελθεῖν αὐτούς.
θεωροῦσιν τὸν Ἰησοῦν **περιπατοῦντα ἐπὶ τῆς θαλάσσης** καὶ ἐγγὺς τοῦ πλοίου γινόμενον, **καὶ ἐφοβήθησαν**.	6,49 οἱ δὲ **ἰδόντες** αὐτὸν **ἐπὶ τῆς θαλάσσης περιπατοῦντα** ἔδοξαν ὅτι φάντασμά ἐστιν, καὶ ἀνέκραξαν 6,50 πάντες γὰρ αὐτὸν εἶδον **καὶ ἐταράχθησαν**. ὁ δὲ εὐθὺς ἐλάλησεν μετ᾽ αὐτῶν,
6,20 ὁ δὲ **λέγει αὐτοῖς,** **Ἐγώ εἰμι, μὴ φοβεῖσθε.** 6,21 ἤθελον οὖν λαβεῖν αὐτὸν **εἰς τὸ πλοῖον**, καὶ εὐθέως ἐγένετο τὸ πλοῖον **ἐπὶ τῆς γῆς** εἰς ἣν ὑπῆγον.	καὶ **λέγει αὐτοῖς, Θαρσεῖτε,** **ἐγώ εἰμι· μὴ φοβεῖσθε**. 6,51 καὶ ἀνέβη πρὸς αὐτοὺς **εἰς τὸ πλοῖον** καὶ ἐκόπασεν ὁ ἄνεμος, καὶ λίαν [ἐκ περισσοῦ] ἐν ἑαυτοῖς ἐξίσταντο· 6,53 Καὶ διαπεράσαντες **ἐπὶ τὴν γῆν** ἦλθον εἰς Γεννησαρὲτ καὶ προσωρμίσθησαν.

Nach dem Hellenistenbuch fand das Brotwunder – von Galiläa her gesehen – jenseits des Sees, also an seinem Ostufer statt. Da Jesus anschließend allein auf einen Berg gestiegen war und nach Einbruch der Dunkelheit nicht zum Boot zurückkehrte, fuhren die Jünger nach Kafarnaum ab. Als sie schon 25 oder 30 Stadien, also 4–5 km, weit gefahren waren, somit schon fast das andere Ufer erreicht hatten, kam Jesus über das Wasser zu ihnen. Der Ort der Landung wird zwar nicht genannt, aber der Kontext legt Kafarnaum nahe. Die Erzählung lässt an eine Überquerung des Sees denken.

Markus scheint von diesem Eindruck auszugehen. Da er aber die Brotwundergeschichte zu einer jüdischen und einer heidnischen dupliziert, muss er den Ort des Sees entsprechend teilen. Bethsaida am Nordende des Sees ist wohl die einzige jüdische Stadt am Ostufer gewesen. Sie gehörte zur Herrschaft des Philippus. Das mag auch der Grund ihrer Erwähnung sein. Markus will den Eindruck erwecken, dass das Brotwunder erst in unmittelbarer Nähe dieser jüdischen Stadt geschehen sein. Wenn Jesus die Jünger veranlasst, ihm nach Bethsaida vorauszufahren, weil er allein auf einen Berg gehen will, um zu beten, und dann vom Ufer aus sieht, wie sie sich mit dem Rudern plagen, kann er nicht weit entfernt gewesen sein. Wenn sie vorausfahren sollten und dann schließlich in Gennesaret landen, ist für die Brotvermehrung an eine Stelle etwas östlich von Bethsaida zu denken. Allerdings übernimmt Markus sinnstörend auch aus dem Hellenistenbuch den Ausdruck εἰς τὸ πέραν – *hinüber*. Unpassend ist auch die Anmerkung, dass sie noch mitten auf dem See waren. Alle sonstigen Erweiterungen bei Markus dienen der Ausmalung und Verdeutlichung. Die direkt übernommenen Passagen sind entsprechend den Mindesterfordernissen der Paraphrase variiert. Statt ἐφοβήθησαν schreibt Markus ἐταράχθησαν, das Jesuswort „Ich bin es, fürchtet euch nicht" ändert er nicht, sondern erweitert es um das vorangestellte Θαρσεῖτε. Den Passus Joh. 6,16 ἐμβάντες εἰς πλοῖον ἤρχοντο πέραν τῆς θαλάσσης εἰς Καφαρναούμ hat Markus trotz Änderung der Syntax und des Inhaltes unmittelbar kopiert: ἐμβῆναι εἰς τὸ πλοῖον καὶ προάγειν εἰς τὸ πέραν πρὸς Βεθσαΐδαν. Das Problem des Markus ist es, dass er die Geschichte des Seewandels erzählen will, aber auf derselben Seite des Sees bleiben muss.

● 15. Zeichenforderung (A)

Joh 6,30 εἶπον οὖν αὐτῷ, Τί οὖν ποιεῖς σὺ **σημεῖον**, ἵνα ἴδωμεν καὶ πιστεύσωμέν σοι; τί ἐργάζῃ;	Mk 8,11 Καὶ ἐξῆλθον οἱ Φαρισαῖοι καὶ ἤρξαντο συζητεῖν αὐτῷ, ζητοῦντες παρ' αὐτοῦ **σημεῖον** ἀπὸ τοῦ οὐρανοῦ, πειράζοντες αὐτόν.

Der Begriff σημεῖον ist nicht markinisch (trotz 8,12 und 13,4), sondern „johanneisch". Er dürfte daher an dieser Stelle aus dem Hellenistenbuch zu Markus gelangt sein. Außerdem stellt die Erweiterung des Ausdruckes von „Zeichen" zu „Zeichen vom Himmel" eine Interpretation und Verdeutlichung dar. Umgekehrt ist die Reduktion eines so bildhaften Ausdrucks wie „Zeichen vom Himmel" in die Blässe des unspezifischen Begriffes Zeichen schwer vorstellbar.

● 16. Petrusbekenntnis (D)

Joh 6,67 εἶπεν οὖν ὁ Ἰησοῦς τοῖς δώδεκα, Μὴ καὶ ὑμεῖς θέλετε ὑπάγειν; 6,68 **ἀπεκρίθη αὐτῷ Σίμων Πέτρος**, Κύριε, πρὸς τίνα ἀπελευσόμεθα; ῥήματα ζωῆς αἰωνίου ἔχεις, 6,69 καὶ ἡμεῖς πεπιστεύκαμεν καὶ ἐγνώκαμεν ὅτι	Mk 8,29 καὶ αὐτὸς ἐπηρώτα αὐτούς, Ὑμεῖς δὲ τίνα με λέγετε εἶναι; **ἀποκριθεὶς ὁ Πέτρος** λέγει **αὐτῷ**,
σὺ εἶ ὁ ἅγιος τοῦ θεοῦ.	**Σὺ εἶ ὁ Χριστός.**

Dass Markus ein hellenistisches Petrusbekenntnis „Du bist der Heilige Gottes" durch „Du bist der Messias" ersetzt haben könnte, ist leicht vorstellbar, denn die unbestimmte Bezeichnung Jesu als „Heiliger Gottes“ schreibt Markus in 1,24 den Dämonen zu. Es ist aber auch umgekehrt denkbar, dass dieses markinische Dämonenbekenntnis in subtil antipetrinischer Absicht erst in Reaktion auf Markus in das Hellenistenbuch als Petrusbekentnis eingefügt wurde. Für diese zweite Möglichkeit spricht, dass zusammen mit diesem Petrusbekenntnis auch die markinische Berufung der Zwölf hier nachgetragen wird, und dass der Begriff der Zwölf im Johannesevangelium außer hier nur in der eindeutig nachmarkinisch angefügten Thomasgeschichte vorkommt (Joh 20,24), die mit dem Bekenntnis „Mein Herr und mein Gott!“ (20,28 wahrscheinlich ebenfalls auf das markinische Petrusbekenntnis antwortet.

● 17. Den Tod nicht kosten (C)

Joh 8,51 **ἀμὴν ἀμὴν λέγω ὑμῖν,** ἐάν τις τὸν ἐμὸν λόγον τηρήσῃ, **θάνατον οὐ μὴ θεωρήσῃ εἰς τὸν αἰῶνα.** 8,52 εἶπον [οὖν] αὐτῷ οἱ Ἰουδαῖοι, Νῦν ἐγνώκαμεν ὅτι δαιμόνιον ἔχεις. Ἀβραὰμ ἀπέθανεν καὶ οἱ προφῆται, καὶ σὺ λέγεις, Ἐάν τις τὸν λόγον μου τηρήσῃ,	Mk 9,1 Καὶ ἔλεγεν αὐτοῖς, **Ἀμὴν λέγω ὑμῖν** ὅτι εἰσίν τινες ὧδε τῶν ἑστηκότων οἵτινες
οὐ μὴ γεύσηται θανάτου εἰς τὸν αἰῶνα.	**οὐ μὴ γεύσωνται θανάτου** ἕως ἂν ἴδωσιν τὴν βασιλείαν τοῦ θεοῦ ἐληλυθυῖαν ἐν δυνάμει.

Nur das doppelte jesuanische „Amen, amen, ich sage euch . . .“ des Hellenistenbuches hat Markus hier in vereinfachter Weise kopiert, den übrigen Text tendenziell völlig verändert. Der Zweck seiner Bearbeitung ist die Umfunktionierung der durch Wiederholung betonten Unsterblichkeitsverheißung für die Glaubenden in eine allgemeine Naherwartungsaussage. Der eigenartige und vielleicht in der Jesus-Tradition schon fest verankerte Ausdruck „den Tod nicht kosten“ am Schluss soll seinen selbstredenden Sinn der Unsterblichkeit verlieren. Das Nicht-Sterben wird vom Glauben abgekoppelt und auf die Bedeutung des noch Erlebens reduziert, und zwar im Hinblick auf ein nahe bevorstehendes Weltende. Diese Korrektur liegt im apokalyptischen Interesse des Markusevangeliums und der von ihm vorrangig propagierten Verkündigung Jesu als des wiederkommenden Messias. Demgegenüber hatte das Hellenistenbuch den Gegensatz der Unsterblichkeitsverheißung Jesu zu der alttestamentlich-jüdischen Vorstellung vom ganzheitlichen Tod des Menschen (der nur durch eine leibliche Auferstehung überwunden werden könnte) ausdrücklich hervorgehoben.

● 18. Sehen und doch nicht sehen 1(C)

Joh 9,39 καὶ εἶπεν ὁ Ἰησοῦς, Εἰς κρίμα ἐγὼ εἰς τὸν κόσμον τοῦτον ἦλθον, **ἵνα οἱ μὴ βλέποντες βλέπωσιν καὶ οἱ βλέποντες τυφλοὶ γένωνται.**

Mk 4,12
ἵνα βλέποντες βλέπωσιν καὶ μὴ ἴδωσιν,
καὶ ἀκούοντες ἀκούωσιν καὶ μὴ συνιῶσιν, μήποτε ἐπιστρέψωσιν καὶ ἀφεθῇ αὐτοῖς.

Die beiden Evangelienstellen sind nicht unbedingt zu vergleichen: Der Verfasser des Hellenistenbuches bringt seine Anspielung an Jes 6,9 sinnvollerweise im Anschluss an die Heilung des Blindgeborenen. Da er die Jesaiastelle in Joh 12,39 noch ein zweites Mal zitiert, ist an der Absicht der Bezugnahme nicht zu zweifeln. Markus zitiert die Stelle auf die Frage der Zwölf nach dem Sinn der Gleichnisse: Euch ist das Geheimnis des Reiches Gottes anvertraut, denen aber, die draußen sind, wird alles in Gleichnissen gesagt. Als Begründung bringt Markus das Schriftzitat Jes 6,9. In diesem Kontext ist aber gerade die Aussage vom Sehen inadäquat und überflüssig. Außerdem folgt Markus im Gegensatz zum Hellenistenbuch gewissenhaft dem LXX-Text. Er darf somit auch hier als sekundär gelten.

● 19. Hirt und Schafe (D)

Joh 10,12 ὁ μισθωτὸς καὶ οὐκ ὢν **ποιμήν**, οὗ οὐκ ἔστιν τὰ πρόβατα ἴδια, θεωρεῖ τὸν λύκον ἐρχόμενον καὶ ἀφίησιν τὰ **πρόβατα** καὶ φεύγει – καὶ ὁ λύκος ἁρπάζει αὐτὰ καὶ **σκορπίζει** – 10,13 ὅτι μισθωτός ἐστιν καὶ οὐ μέλει αὐτῷ περὶ τῶν προβάτων.
10,14 Ἐγώ εἰμι ὁ **ποιμὴν** ὁ καλός καὶ γινώσκω τὰ ἐμὰ καὶ γινώσκουσί με τὰ ἐμά, 10,15 καθὼς γινώσκει με ὁ πατὴρ κἀγὼ γινώσκω τὸν πατέρα, καὶ ***τὴν ψυχήν μου τίθημι*** ὑπὲρ τῶν **προβάτων**.

Mk 14,27 Καὶ λέγει αὐτοῖς ὁ Ἰησοῦς ὅτι Πάντες ***σκανδαλισθήσεσθε***, ὅτι γέγραπται, Πατάξω τὸν **ποιμένα**, καὶ τὰ **πρόβατα** δια**σκορπισθήσονται**.

Die Hirtenrede bei „Johannes" und das stark veränderte Zitat von Sach 13,7 bei Markus sind durch die Motive „Hirt", „Schafe", „zerstreuen" und der Passion Jesu (Hingabe seines Lebens und Ärgernis der Jünger) direkt aufeinander bezogen. Mit dem Schrifttext selbst hat diese Beziehung nur mittelbar zu tun. Der zitierte Satz steht nämlich dort im Imperativ „Πατάξατε – Schlagt" und nennt „die Hirten" im Plural. (LXX: Handschriften BS*W+). Außerdem war in der LXX nicht διασκορπισθήσονται, sondern ἐσπάσατε (BS*VW+) zu lesen. Entweder hat „Johannes" das eigenwillige Zitat des Markus gelesen und interpretiert, oder Markus erkannte die freie Assoziation des Hellenistenbuches und wollte den Schrifttext in deren Hintergrund auf eigene Weise verwerten (vgl. auch Mk 4,11f zu Joh 9,39; 12,39). Das Zitat aus dem Gedächtnis hätte dabei im Horizont der Hirtenrede entsprechende Modifikationen erfahren (vgl. Mal 3,1 in Mk 1,2). Die erstere Möglichkeit liegt aber näher und ist plausibler, obwohl erklärungsbedürftig bleibt, wie Markus ohne die „johanneische“ Idee von Jesus als Hirten auf das Sacharjazitat gekommen ist, das er ja erst entsprechend adaptieren musste. Das Verbum διασκορπισθήσονται könnte aus dem Hellenistenbuch stammen. Dort wird es auch im Hinblick auf die Kinder Israels verwendet (11,52). Andererseits macht gerade die Hirtenrede den Eindruck einer späteren Einfügung. Es könnte sich dabei um einen Text der johanneischen Redaktion handeln, der das markinische Zitat, das auch von Matthäus und Lukas übernommen wurde, frei meditiert.

● 20. Tötungsbeschluss (C)

Joh 11,47 συνήγαγον οὖν	Mk 11,18 καὶ ἤκουσαν
οἱ ἀρχιερεῖς καὶ οἱ Φαρισαῖοι	***οἱ ἀρχιερεῖς καὶ οἱ γραμματεῖς***
συνέδριον καὶ ἔλεγον,	
Τί ποιοῦμεν ὅτι οὗτος	
ὁ ἄνθρωπος πολλὰ ποιεῖ σημεῖα; . . .	
11,53 ἀπ᾽ ἐκείνης οὖν τῆς ἡμέρας	καὶ
ἐβουλεύσαντο ἵνα ἀποκτείνωσιν αὐτόν.	**ἐζήτουν πῶς αὐτὸν ἀπολέσωσιν**
	ἐφοβοῦντο γὰρ αὐτόν, πᾶς γὰρ ὁ ὄχλος
	ἐξεπλήσσετο ἐπὶ τῇ διδαχῇ αὐτοῦ.

Das Motiv der Tötungsabsicht findet sich in beiden Evangelien in der Reihenfolge der Erzählung jeweils an der gleichen Stelle, allerdings in unterschiedlicher Form und mit ganz verschiedenen Ergänzungen. Eine eindeutige Abhängigkeitsrichtung ist hier kaum feststellbar.

● 21. Betanien (A)

Joh 12,1 Ὁ οὖν Ἰησοῦς	Mk 14,3 Καὶ ὄντος αὐτοῦ
πρὸ ἓξ ἡμερῶν τοῦ πάσχα ἦλθεν	
εἰς **Βηθανίαν**, ὅπου ἦν	ἐν **Βηθανίᾳ** ἐν τῇ οἰκίᾳ
Λάζαρος, ὃν ἤγειρεν ἐκ νεκρῶν	**Σίμωνος τοῦ λεπροῦ**,
Ἰησοῦς. 12,2 ἐποίησαν οὖν αὐτῷ	
δεῖπνον ἐκεῖ, καὶ ἡ Μάρθα διηκόνει,	
ὁ δὲ Λάζαρος εἷς ἦν ἐκ τῶν	
ἀνακειμένων σὺν αὐτῷ. 12,3 ἡ οὖν	***κατακειμένου αὐτοῦ ἦλθεν***
Μαριὰμ λαβοῦσα λίτραν	**γυνὴ ἔχουσα ἀλάβαστρον**
μύρου νάρδου πιστικῆς πολυτίμου	**μύρου νάρδου πιστικῆς πολυτελοῦς**,
ἤλειψεν τοὺς **πόδας** τοῦ Ἰησοῦ καὶ	συντρίψασα τὴν ἀλάβαστρον κατέχεεν
ἐξέμαξεν ταῖς θριξὶν αὐτῆς τοὺς	αὐτοῦ τῆς **κεφαλῆς**.
πόδας αὐτοῦ· ἡ δὲ οἰκία ἐπληρώθη ἐκ	
τῆς ὀσμῆς τοῦ μύρου.	

12,4 **λέγει δὲ Ἰούδας ὁ Ἰσκαριώτης** εἷς [ἐκ] τῶν μαθητῶν αὐτοῦ, ὁ μέλλων αὐτὸν παραδιδόναι,	14,4 **ἦσαν δέ τινες ἀγανακτοῦντες πρὸς ἑαυτούς,**
12,5 **Διὰ τί**	**Εἰς τί** ἡ ἀπώλεια αὕτη τοῦ μύρου γέγονεν; 14,5 ἠδύνατο γὰρ
τοῦτο τὸ μύρον οὐκ **ἐπράθη τριακοσίων δηναρίων καὶ ἐδόθη πτωχοῖς;**	**τοῦτο τὸ μύρον πραθῆναι** ἐπάνω **δηναρίων τριακοσίων καὶ δοθῆναι τοῖς πτωχοῖς·** καὶ ἐνεβριμῶντο αὐτῇ.
12,6 εἶπεν δὲ τοῦτο οὐχ ὅτι περὶ τῶν πτωχῶν ἔμελεν αὐτῷ, ἀλλ' ὅτι κλέπτης ἦν καὶ τὸ γλωσσόκομον ἔχων τὰ βαλλόμενα ἐβάσταζεν.	
12,7 **εἶπεν οὖν ὁ Ἰησοῦς, Ἄφες αὐτήν,** ***ἵνα εἰς τὴν ἡμέραν τοῦ ἐνταφιασμοῦ μου τηρήσῃ αὐτό·***	14,6 **ὁ δὲ Ἰησοῦς εἶπεν, Ἄφετε αὐτήν·** τί αὐτῇ κόπους παρέχετε; καλὸν ἔργον ἠργάσατο ἐν ἐμοί.
12,8 **τοὺς πτωχοὺς γὰρ πάντοτε ἔχετε μεθ' ἑαυτῶν, ἐμὲ δὲ οὐ πάντοτε ἔχετε.**	14,7 **πάντοτε γὰρ τοὺς πτωχοὺς ἔχετε μεθ' ἑαυτῶν** καὶ ὅταν θέλητε δύνασθε αὐτοῖς εὖ ποιῆσαι, **ἐμὲ δὲ οὐ πάντοτε ἔχετε.** 14,8 ὃ ἔσχεν ἐποίησεν· ***προέλαβεν μυρίσαι τὸ σῶμά μου εἰς τὸν ἐνταφιασμόν.***
	14,9 ἀμὴν δὲ λέγω ὑμῖν, ὅπου ἐὰν κηρυχθῇ τὸ εὐαγγέλιον εἰς ὅλον τὸν κόσμον, καὶ ὃ ἐποίησεν αὕτη λαληθήσεται εἰς μνημόσυνον αὐτῆς.

Die Erzählung des Hellenistenbuches ist sehr einfach und plausibel. Jesus kommt nach Betanien. Dort – in wessen Haus wird nicht gesagt – wird ihm und den Jüngern ein Mahl bereitet. Auch Lazarus ist anwesend. Martha bedient bei Tisch. Maria salbt Jesus die von der Wanderung strapazierten Füße und übernimmt damit einen Sklavendienst für den Gast. Judas nimmt Anstoß daran, dass sie dazu ein äußerst kostbares Salböl verwendet. Man hätte es verkaufen und den Erlös den Armen geben können. Hier hält es der Verfasser für notwendig, den guten Eindruck, den Judas mit dieser Einrede auf den Leser macht, zu korrigieren. Er hätte das nicht aus Sorge um die Armen gesagt, sondern weil er ein Dieb war. Jesus wehrt sanft ab und sagt: Lass sie, sie soll die Salbe für mein Begräbnis aufheben. Ob der Verfasser hier ursprünglich an Maria von Magdala am Grab Jesu gedacht hat, bleibt zu erwägen. Dort ist von Salbung allerdings keine Rede mehr. Jesus wird dann bereits auferstanden sein, und die Salbung hatte bereits Nikodemus vorgenommen (19,39). Zum Abschluss der Geschichte folgt noch die Feststellung, dass es Arme immer geben wird, aber Jesus eben nur jetzt bei ihnen ist.

Markus hat die Geschichte von der Auferweckung des Lazarus nicht übernommen. Er lässt daher die dort eingeführten Personen auch in der Salbungsgeschichte nicht auftreten. Sogar den Namen der Maria hat Markus unterdrückt. In der Salbungsgeschichte findet er aber eine für ihn äußerst interessante Unterstützung für seine Messias-Christologie. Er baut die Erzählung daher entsprechend um und aus. Der Herr des Hauses ist Simon der Aussätzige, was allerdings kein Widerspruch zum Hellenistenbuch sein muss. Maria verwandelt sich in eine namenlose Frau, und statt der Füße salbt sie Jesus nun das Haupt. Das ist zwar in der Situation völlig unverständlich und höchst befremdlich, aber es dient der Illustration der von Markus vertretenen Christologie: Jesus wird so von einer unbekannten Frau unbewusst zum König gesalbt. Nach dem auf diese Weise vollzogenen Ritus ist er tatsächlich der Gesalbte, der „Messias". Das entspricht dem Motiv seiner paradoxen Erhöhung und Inthronisation am Kreuz.

Mit der sympathischen Einrede des Judas, das Salböl doch lieber zugunsten der Armen zu verkaufen, hat Markus trotz der Erkärungen des Hellenistenbuches Probleme. Er streicht daher den Namen des Judas. Die zweiteilige Abwehr dieser Einrede durch Jesus ordnet Markus um und mildert sie durch Zusatzerklärungen. Sie beginnt nun mit der Feststellung, dass es immer Arme geben wird, und Jesus jetzt Vorrang hat. Erst an zweiter Stelle greift er das Motiv der Salbung zum Begräbnis auf, allerdings in adaptierter Form.

Dass die Salbung tatsächlich bereits vollzogen wurde, ist für Markus von entscheidender Bedeutung. Um dies sicherzustellen lässt er die Frau dabei sogar das Glas zerbrechen. Von einem Aufheben der Salbe darf daher keine Rede mehr sein Die Frau hat die Salbung zum Begräbnis eben bereits vorweggenommen. Markus hat auch bewusst den Faden durchschnitten, den man zu den Frauen am Ostermorgen hätte spannen können, denn da lässt er die Frauen eigens neue Salben kaufen. Mit einem Lobspruch auf die Tat der nun namenlosen Frau hebt Markus die heilsgeschichtliche Bedeutung des Ereignisses nochmals hervor.

● 22. Einzug in Jerusalem (C)

	Mk 11,8 καὶ πολλοὶ τὰ ἱμάτια αὐτῶν
Joh 12,13 ἔλαβον τὰ βαΐα	ἔστρωσαν εἰς τὴν ὁδόν, ἄλλοι δὲ στιβά-
τῶν φοινίκων καὶ	δας κόψαντες ἐκ τῶν ἀγρῶν. 11,9 καὶ
ἐξῆλθον εἰς ὑπάντησιν αὐτῷ καὶ	οἱ προάγοντες καὶ οἱ ἀκολουθοῦντες
ἐκραύγαζον,	**ἔκραζον,**
Ὡσαννά· εὐλογημένος	**Ὡσαννά· Εὐλογημένος**
ὁ ἐρχόμενος ἐν ὀνόματι κυρίου,	**ὁ ἐρχόμενος ἐν ὀνόματι κυρίου·** 11,10
	Εὐλογημένη ἡ ἐρχομένη βασιλεία τοῦ
[καὶ] ὁ βασιλεὺς τοῦ Ἰσραήλ.	πατρὸς ἡμῶν Δαυίδ·
	Ὡσαννὰ ἐν τοῖς ὑψίστοις.

Aufgrund des identischen Hosannarufes ist eine Abhängigkeit ganz offensichtlich, Auch die Ausdrücke für das Rufen ἐκραύγαζον und ἔκραζον, sind so ähnlichlautend, dass an eine bewusste Variation zu denken ist. Die Szene ist bei Markus phantastisch ausgeschmückt und verändert, Kleider werden auf den Weg gebreitet, und die Palmzweige in den Händen sind durch Grünzeug von den Äckern ersetzt, das wohl ebenfalls zum Schmuck des Weges dient. Beides ist wohl als Erfüllung des Jesajazitates am Beginn des Markusevangeliums gedacht: Stimme eines Rufenden in der Wüste: Bereitet den Weg des Herrn, macht gerade seine Pfade. . .! Nach dem Hellenistenbuch gehen die Leute, die Hosanna rufen, Jesus aus der Stadt entgegen. Nach Markus dagegen ziehen sie mit ihm mit, ihm voraus und hinterher wie bei einer Fronleichnamsprozession. Interessanter ist die je verschiedene Fortsetzung des Hosannarufes: Sie entspricht im Hellenistenbuch dem Versuch der Menge, ihn schon nach dem Brotwunder zum König zu machen (Joh 6,16); bei Markus wird hingegen die apokalyptische Erwartung des messianischen Reiches zum Ausdruck gebracht. Dass es sich dabei um eine religiöse Erwartung handelt, stellt der abschließende Ruf „Hosanna in der Höhe" außer Zweifel.

● 23. Wer sein Leben liebt (B)

Joh 12,25 **ὁ φιλῶν τὴν ψυχὴν**
αὐτοῦ ἀπολλύει αὐτήν,
καὶ ὁ μισῶν **τὴν ψυχὴν αὐτοῦ**
ἐν τῷ κόσμῳ τούτῳ εἰς ζωὴν αἰώνιον
φυλάξει αὐτήν.

Mk 8,35 **ὃς γὰρ ἐὰν θέλῃ τὴν ψυχὴν**
αὐτοῦ σῶσαι ἀπολέσει αὐτήν·
ὃς δ' ἂν ἀπολέσει **τὴν ψυχὴν αὐτοῦ** ἕνεκεν
ἐμοῦ καὶ τοῦ εὐαγγελίου
σώσει αὐτήν.

Markus macht aus einer Aussage zur Unvereinbarkeit zwischen dem Leben in dieser Welt und dem ewigen Leben, das seiner Eschatologie widerspricht, einen Trost für die Zeit der Verfolgung. Statt „Wer sein Leben in dieser (gottfernen) Welt hasst" schreibt er „wer sein Leben wegen mir und dem Evangelium verliert". Er spiegelt damit schon die Zeit der Kirche. Die übrigen Variationen des Ausdrucks entsprechen den Erfordernissen der Paraphrase. Markus hat dieses Wort mit Joh 8,51 kombiniert und vorgezogen.

● 24. Dienen (B)

Joh 12,26 ἐάν ἐμοί τις **διακονῇ**, ἐμοὶ
ἀκολουθείτω, καὶ ὅπου εἰμὶ ἐγὼ ἐκεῖ
καὶ ὁ **διάκονος** ὁ ἐμὸς ἔσται· ἐάν τις
ἐμοὶ **διακονῇ** τιμήσει αὐτὸν ὁ πατήρ.

Mk 10,45 καὶ γὰρ ὁ υἱὸς τοῦ
ἀνθρώπου οὐκ ἦλθεν **διακονηθῆναι**
ἀλλὰ **διακονῆσαι** καὶ δοῦναι τὴν ψυχὴν
αὐτοῦ λύτρον ἀντὶ πολλῶν.

Die Amtsträger der Hellenisten nannten sich „Diakone". Von ihnen ist hier im Hellenistenbuch wahrscheinlich die Rede. Für einen solchen Text hat Markus keine Verwendung. Nach seiner Auffassung braucht Christus keine „Diener", vielmehr ist er selbst zum Diener geworden durch die Hingabe seines Lebens für alle Menschen. Sofern hier eine Abhängigkeit vorliegt, ist sie als Kritik am Hellenistenbuch und als Polemik zu verstehen. Mit der altertümelnden Selbstbezeichnug Jesu als Menschensohn will Markus den Eindruck der Echtheit erwecken.

● 25. Todesangst (B)

Joh 12,27 Νῦν	Mk 14,34 καὶ λέγει αὐτοῖς,
ἡ ψυχή μου τετάρακται,	**Περίλυπός** ἐστιν **ἡ ψυχή μου** ἕως θανά- του· μείνατε ὧδε καὶ γρηγορεῖτε. 14,35 καὶ προελθὼν μικρὸν ἔπιπτεν ἐπὶ τῆς γῆς
καὶ τί εἴπω;	καὶ προσηύχετο ἵνα εἰ δυνατόν ἐστιν
Πάτερ,	***παρέλθῃ ἀπ' αὐτοῦ ἡ ὥρα***, 14,36
σῶσόν με ἐκ τῆς ὥρας ταύτης;	καὶ ἔλεγεν,
ἀλλὰ διὰ τοῦτο ἦλθον	**Αββα ὁ πατήρ,**
εἰς ***τὴν ὥραν*** ταύτην.	πάντα δυνατά σοι·
	παρένεγκε
(18,11c **τὸ ποτήριον** ὃ δέδωκέν μοι	**τὸ ποτήριον** τοῦτο ἀπ' ἐμοῦ· ἀλλ' οὐ τί
ὁ πατὴρ οὐ μὴ πίω αὐτό;)	ἐγὼ θέλω ἀλλὰ τί σύ.

Aus der letzten öffentlichen Rede Jesu im Hellenistenbuch verlegt Markus die Todesangst Jesu auf den Ölberg. Die Gesprächspartner Jesu sind nun statt der Hellenistenführer Andreas und Philippus die Helden des Markusevangeliums, Petrus, Jakobus und Johannes. Übernommen sind die Motive der „erschütterten" oder „betrübten Seele" und der „Stunde". Markus knüpft daran auch noch das Motiv des Kelches aus Joh 18,11 und gestaltet daraus eine eindrucksvolle Szene. Lukas muss um die Herkunft der Motive gewusst haben, denn er erweitert die Abhängigkeiten noch um das Motiv des Engels. Ähnlich wie im Hellenistenbuch ein Donner auf den Verzweiflungsruf Jesu antwortet, der als Engel gedeutet wird, tritt endlich bei Lukas am Ölberg tatsächlich ein Engel auf, der Jesus Kraft verleiht.

● 26. Himmelsstimme (C)

Joh 12,28 πάτερ δόξασόν σου τὸ ὄνομα. ἦλθεν οὖν **φωνὴ ἐκ τοῦ οὐρανοῦ,** Καὶ ἐδόξασα καὶ πάλιν δοξάσω.	Mk 1,11 καὶ **φωνὴ** ἐγένετο **ἐκ τῶν οὐρανῶν,** Σὺ εἶ ὁ υἱός μου ὁ ἀγαπητός, ἐν σοὶ εὐδόκησα.
12,29 ὁ οὖν ὄχλος ὁ ἑστὼς καὶ ἀκούσας ἔλεγεν βροντὴν γεγονέναι, ἄλλοι ἔλεγον, Ἄγγελος αὐτῷ λελάληκεν.	9,7 καὶ ἐγένετο νεφέλη ἐπισκιάζουσα αὐτοῖς,
12,30 ἀπεκρίθη Ἰησοῦς καὶ εἶπεν, Οὐ δι' ἐμὲ ἡ **φωνὴ** αὕτη γέγονεν ἀλλὰ δι' ὑμᾶς.	καὶ ἐγένετο **φωνὴ ἐκ τῆς νεφέλης,** Οὗτός ἐστιν ὁ υἱός μου ὁ ἀγαπητός, ἀκούετε αὐτοῦ.

Die Himmelsstimme des Hellenistenbuches wird von Markus konkretisiert und parallel zur Taufszene nun zur Verklärungsszene ausgearbeitet. Für die Verklärung ist vielleicht die Gotteserscheinung auf dem Sinai in der Wolke (Ex 24,15–18) Pate gestanden. Die Intention der markinischen Dramaturgie ist hier eine dogmatische: Jesus soll als der von den Propheten Mose und Elija real und augenfällig verschiedene Gottessohn dargestellt und durch die Himmelstimme geoffenbart werden.

● 27. Sehen und nicht sehen 2 (B)

Joh 12,39 διὰ τοῦτο οὐκ ἠδύναντο πιστεύειν, ὅτι πάλιν εἶπεν Ἠσαΐας, 12,40	Mk 4,11 καὶ ἔλεγεν αὐτοῖς, Ὑμῖν τὸ μυστήριον δέδοται τῆς βασιλείας τοῦ θεοῦ· ἐκείνοις δὲ τοῖς ἔξω ἐν παραβολαῖς τὰ πάντα γίνεται, 4,12
Τετύφλωκεν αὐτῶν τοὺς ὀφθαλμοὺς	ἵνα **βλέποντες βλέπωσιν**
καὶ ἐπώρωσεν αὐτῶν τὴν καρδίαν,	
ἵνα μὴ ἴδωσιν τοῖς ὀφθαλμοῖς	**καὶ μὴ ἴδωσιν,** καὶ ἀκούοντες
καὶ νοήσωσιν τῇ καρδίᾳ	ἀκούωσιν καὶ μὴ συνιῶσιν,
καὶ στραφῶσιν,	**μήποτε ἐπιστρέψωσιν**
καὶ ἰάσομαι αὐτούς.	**καὶ ἀφεθῇ αὐτοῖς.**

Die erste Bezugnahme auf Jes 6,9 erfolgte in Joh 9,39 im Anschluss an die Heilung des Blindgeborenen. An beiden Stellen hat der Verfasser des Hellenistenbuches den Jesajatext sehr frei aus dem Gedächtnis wiedergegeben. Markus zitiert zwar ebenfalls frei, aber in enger Anlehnung an den Text der LXX: Jes 6,9f: 9 καὶ εἶπεν Πορεύθητι καὶ εἰπὸν τῷ λαῷ τούτῳ **Ἀκοῇ ἀκούσετε καὶ οὐ μὴ συνῆτε καὶ βλέποντες βλέψετε καὶ οὐ μὴ ἴδητε·** 10 ἐπαχύνθη γὰρ ἡ καρδία τοῦ λαοῦ τούτου, καὶ τοῖς ὠσὶν αὐτῶν βαρέως ἤκουσαν καὶ τοὺς ὀφθαλμοὺς αὐτῶν ἐκάμμυσαν, **μήποτε ἴδωσιν** τοῖς ὀφθαλμοῖς καὶ τοῖς ὠσὶν **ἀκούσωσιν** καὶ τῇ καρδίᾳ **συνῶσιν** καὶ **ἐπιστρέψωσιν και ἰάσομαι αὐτούς**. Ein sekundäres Abweichen vom standardisierten Text ist kaum denkbar, wohl aber eine noch engere Angleichung, wie sie dann bei Matthäus vorliegt (siehe dort!). Der Kontext der Zitatverwendung ist allerdings bei Markus gegenüber dem Hellenistenbuch ein ganz anderer. Das Hellenistenbuch begründet mit dem Zitat an beiden Stellen den Unglauben trotz der offensichtlichen Zeichen Jesu; Markus hingegen begründet damit im Anschluss an das Gleichnis vom Sämann die Rede Jesu in Gleichnissen. Die These von der absichtlichen Verhüllung der Botschaft durch die Gleichnisrede ist nicht nur zynisch, sondern auch tatsächlich unzutreffend: Gerade in den Gleichnissen appelliert Jesus an die unmittelbare Einsicht. Die Verhüllungstheorie braucht Markus vielmehr um seine eigene sekundäre Allegorese des Sämannsgleichnisses zu rechtfertigen. Er zitiert nun zwar über das Hellenistenbuch hinaus das „Hören und nicht verstehen“, schleppt aber trotzdem auch das hier ganz unpassende „Sehen und doch nicht sehen“ weiterhin mit.

● 28. Wer mich aufnimmt (A)

Joh 13,20 ἀμὴν ἀμὴν λέγω ὑμῖν, ὁ λαμβάνων ἄν τινα πέμψω
ἐμὲ λαμβάνει,
ὁ δὲ ἐμὲ λαμβάνων λαμβάνει
τὸν πέμψαντά με.

Mk 9,37 Ὃς ἂν ἓν τῶν τοιούτων παιδίων δέξηται ἐπὶ τῷ ὀνόματί μου,
ἐμὲ δέχεται·
καὶ ὃς ἂν ἐμὲ δέχηται, οὐκ ἐμὲ δέχεται
ἀλλὰ τὸν ἀποστείλαντά με.

Markus gestaltet die Reflexion über die Würde dessen, der von Jesus gesandt ist, zu einem Apophthegma im Zusammenhang des Rangstreits der Jünger. Im Hellenistenbuch heißt es: Wer den aufnimmt, den Jesus sendet, nimmt Jesus selbst auf, und wer Jesus aufnimmt, nimmt den auf, der Jesus gesandt hat, nämlich Gott. Markus nimmt zum Ausgangspunkt für dieses Jesuswort das abweisende Verhalten der Jünger zu Kindern, das er über das Motiv des Aufnehmens assoziiert. Damit verändert er allerdings das eigentliche Thema des Jesuswortes: die Gegenwart des Sendenden und letztlich Gottes in dem von Jesus Gesandten. Die Kinder sollen zwar wie Jesus aufgenommen werden, aber sie sind nicht von ihm gesandt. Somit schient die Analogie mit Jesus als dem Gesandten Gottes in der Luft zu hängen, auch wenn Markus diese entscheidende Aussage fast wörtlich übernimmt, wobei er nur λαμβάνω durch δέχομαι ersetzt. Tatsächlich setzt Markus den Text des Hellenistenbuches voraus und interpretiert das Sendungsmotiv jetzt neu für die Zeit der Kirche. Von Jesus gesandt sein heißt in der konkreten Praxis des Alltags, dass jemand im Namen Jesu um Aufnahme bittet. Gleichzeitig hat Markus möglicherweise auch ein Interesse an der „antimodalistischen" Unterscheidung zwischen Jesus und Gott. Statt einer Aussage im Sinne der typisch „johanneischen" Einheit von Vater und Sohn: „Wer mich aufnimmt, nimmt den auf, der mich gesandt hat", vertritt Markus eine unmissverständliche Trennung und Unterscheidung: „. . . nimmt *nicht mich* auf, *sondern* den, der mich gesandt hat".

● 29. Abschiedsmahl und Verräter (A)

Joh 13,1 Πρὸ δὲ τῆς ἑορτῆς τοῦ πάσχα εἰδὼς ὁ Ἰησοῦς ὅτι ἦλθεν αὐτοῦ ἡ ὥρα ἵνα μεταβῇ ἐκ τοῦ κόσμου τούτου πρὸς τὸν πατέρα, ἀγαπήσας τοὺς ἰδίους τοὺς ἐν τῷ κόσμῳ εἰς τέλος ἠγάπησεν αὐτούς.

Mk 14,17 Καὶ ὀψίας γενομένης ἔρχεται μετὰ τῶν δώδεκα.

13,2 **καὶ δείπνου γινομένου,**
τοῦ διαβόλου ἤδη βεβληκότος εἰς τὴν καρδίαν ἵνα παραδοῖ αὐτὸν Ἰούδας Σίμωνος Ἰσκαριώτου,

14,18 **καὶ ἀνακειμένων αὐτῶν καὶ ἐσθιόντων**

[13,3 - 13,17]

13,18 . . . ἐγὼ οἶδα τίνας ἐξελεξάμην· ἀλλ' ἵνα ἡ γραφὴ πληρωθῇ, **Ὁ τρώγων μου τὸν ἄρτον ἐπῆρεν ἐπ' ἐμὲ τὴν πτέρναν αὐτοῦ.** 13,19 ἀπ' ἄρτι λέγω ὑμῖν πρὸ τοῦ γενέσθαι, ἵνα πιστεύσητε ὅταν γένηται ὅτι ἐγώ εἰμι. 13,20 ἀμὴν ἀμὴν λέγω ὑμῖν, ὁ λαμβάνων ἄν τινα πέμψω ἐμὲ λαμβάνει, ὁ δὲ ἐμὲ λαμβάνων λαμβάνει τὸν πέμψαντά με.	
13,21 Ταῦτα εἰπὼν [ὁ] Ἰησοῦς ἐταράχθη τῷ πνεύματι καὶ ἐμαρτύρησεν καὶ **εἶπεν, Ἀμὴν** ἀμὴν **λέγω ὑμῖν ὅτι εἷς ἐξ ὑμῶν παραδώσει με**.	ὁ Ἰησοῦς **εἶπεν, Ἀμὴν λέγω ὑμῖν ὅτι εἷς ἐξ ὑμῶν παραδώσει με** ὁ ἐσθίων μετ' ἐμοῦ.
13,22 ἔβλεπον εἰς ἀλλήλους οἱ μαθηταὶ ἀπορούμενοι περὶ τίνος λέγει.	14,19 ἤρξαντο λυπεῖσθαι καὶ λέγειν αὐτῷ εἷς κατὰ εἷς, Μήτι ἐγώ;
[13,23 - 13,25]	
13,26 ἀποκρίνεται [ὁ] Ἰησοῦς, Ἐκεῖνός ἐστιν **ᾧ ἐγὼ βάψω τὸ ψωμίον καὶ δώσω αὐτῷ**.	14,20 ὁ δὲ εἶπεν αὐτοῖς, Εἷς τῶν δώδεκα, **ὁ ἐμβαπτόμενος μετ' ἐμοῦ** εἰς τὸ τρύβλιον. 14,21 ὅτι ὁ μὲν υἱὸς τοῦ ἀνθρώπου ὑπάγει καθὼς γέγραπται περὶ αὐτοῦ, οὐαὶ δὲ τῷ ἀνθρώπῳ ἐκείνῳ δι' οὗ ὁ υἱὸς τοῦ ἀνθρώπου παραδίδοται καλὸν αὐτῷ εἰ οὐκ ἐγεννήθη ὁ ἄνθρωπος ἐκεῖνος.
βάψας οὖν τὸ ψωμίον [λαμβάνει καὶ] δίδωσιν Ἰούδᾳ Σίμωνος Ἰσκαριώτου. 13,27 καὶ μετὰ τὸ ψωμίον τότε εἰσῆλθεν εἰς ἐκεῖνον ὁ Σατανᾶς.	
λέγει οὖν αὐτῷ ὁ Ἰησοῦς, Ὃ ποιεῖς ποίησον τάχιον. 13,28 τοῦτο [δὲ] οὐδεὶς ἔγνω τῶν ἀνακειμένων πρὸς τί εἶπεν αὐτῷ· 13,29 τινὲς γὰρ ἐδόκουν, ἐπεὶ τὸ γλωσσόκομον εἶχεν Ἰούδας, ὅτι λέγει αὐτῷ [ὁ] Ἰησοῦς, Ἀγόρασον ὧν χρείαν ἔχομεν εἰς τὴν ἑορτήν, ἢ τοῖς πτωχοῖς ἵνα τι δῷ.	
13,30 **λαβὼν οὖν τὸ ψωμίον** ἐκεῖνος ἐξῆλθεν εὐθύς. ἦν δὲ νύξ.	14,22 Καὶ ἐσθιόντων αὐτῶν **λαβὼν ἄρτον** εὐλογήσας ἔκλασεν καὶ ἔδωκεν αὐτοῖς καὶ εἶπεν, **Λάβετε**, τοῦτό ἐστιν τὸ σῶμά μου. . .

Die menschliche Regung des Erschüttertwerdens unterdrückt Markus. Das Jesuswort wird von ihm treu übernommen, aber durch „der mit mir isst" erweitert und präzisiert. Die Reaktion der Jünger konkretisiert und dramatisiert er in direkter Rede. Dagegen scheint es Markus unpassend zu sein, dass Jesus selbst ein Stück Brot eintaucht und dem Judas reicht. Wahrscheinlich will er eine Gleichsetzung mit der Eucharistie, deren Einsetzung er hier einträgt, vermeiden. Markus lässt daher Judas selbst zugleich mit Jesus eintauchen – was dabei eingetaucht wird, bleibt offen –, denn aus dem Brocken für Judas macht Markus das Brot der Eucharistieeinsetzung. Ein umgekehrtes Vorgehen ist kaum vorstellbar. Die schwer zu erfindende Episode ist Markus hier unangenehm. Er reduziert sie daher auf das Notwendigste. Umgekehrt ist die Zugehörigkeit des Judas zu den Zwölfen, die das Hellenistenbuch nicht kennt, ein Zusatz des Markus.

● 30. Vorhersage der Verleugnung des Petrus (B)

Joh 13,37 **λέγει αὐτῷ ὁ Πέτρος**, Κύριε, διὰ τί οὐ δύναμαί σοι ἀκολουθῆσαι ἄρτι; τὴν ψυχήν μου ὑπὲρ σοῦ θήσω.	Mk 14,29 **ὁ δὲ Πέτρος ἔφη αὐτῷ**, Εἰ καὶ πάντες σκανδαλισθήσονται, ἀλλ' οὐκ ἐγώ.
13,38 ἀποκρίνεται **Ἰησοῦς,** Τὴν ψυχήν σου ὑπὲρ ἐμοῦ θήσεις;	14,30 καὶ λέγει αὐτῷ ὁ **Ἰησοῦς,**
ἀμὴν ἀμὴν λέγω σοι,	**Ἀμὴν λέγω σοι** ὅτι σὺ σήμερον ταύτῃ τῇ νυκτὶ
οὐ μὴ **ἀλέκτωρ φωνήσῃ** ἕως οὗ **ἀρνήσῃ με τρίς**.	πρὶν ἢ δὶς **ἀλέκτορα φωνῆσαι τρίς με ἀπαρνήσῃ**.
	14,31 ὁ δὲ ἐκπερισσῶς ἐλάλει, Ἐὰν δέῃ με συναποθανεῖν σοι, οὐ μή σε ἀπαρνήσομαι. ὡσαύτως δὲ καὶ πάντες ἔλεγον.

Auch die gesamte Verleugnungsgeschichte geht Markus gegen den Strich. Er schwächt die Kritik an Petrus konsequent ab. Petrus beansprucht weniger und wird auch weniger getadelt. Statt „Warum kann ich dir jetzt nicht folgen? Ich will mein Leben für dich hingeben!“ sagt Petrus nur „Wenn auch alle Ärgernis nehmen, ich nicht.“ Jesus antwortet aber auch weniger zurückweisend. Die ironische Frage „Dein Leben willst du für mich hingeben?“, die wahrscheinlich zur Zeit der Abfassung des Markusevangeliums aufgrund des inzwischen erfolgten Martyriums des Petrus unpassend ist, kann nun unterbleiben. Dafür präzisiert Markus den Zeitpunkt der Verleugnung entsprechend dem nachfolgenden Text: heute, in dieser Nacht. Vermutlich aus rhetorischen Gründen fügt er „zweimal“ ein: „Bevor der Hahn *zweimal* kräht, wirst du mich dreimal verleugnen.“ – was Matthäus und Lukas wieder streichen. Tatsächlich lässt Markus den Hahn zweimal krähen (siehe unten!). Das realistischerweise ungezählte Krähen sollte ursprünglich nur den Morgen bezeichnen. Mit der Beteuerung „Auch wenn ich mit dir sterben müsste . . .“ greift Markus schon vor auf das Martyrium des Petrus. Die Bemerkung, dass ja alle ähnlich redeten, soll ihn zusätzlich entlasten.

● 31. Gebet (C)

Joh 14,13 καὶ	Mk 11,24 διὰ τοῦτο λέγω ὑμῖν,
ὅ τι ἂν αἰτήσητε ἐν τῷ ὀνόματί μου	**πάντα ὅσα προσεύχεσθε**
τοῦτο ποιήσω, ἵνα δοξασθῇ ὁ πατὴρ	
ἐν τῷ υἱῷ·	
14,14 ἐάν τι **αἰτήσητέ** με	καὶ **αἰτεῖσθε,**
ἐν τῷ ὀνόματί μου ἐγὼ ποιήσω.	πιστεύετε ὅτι ἐλάβετε, καὶ ἔσται ὑμῖν.

Im Hellenistenbuch steht dieses Jesuswort im Dienste der Christologie und soll die göttliche Einheit von Vater und Sohn demonstrieren. Die an Jesus gerichteten Bitten werden von ihm deshalb erfüllt, weil in ihm der Vater wirkt und verherrlicht wird. Markus macht daraus eine allgemeine Sentenz: Bittet und ihr werden empfangen. Eine Beweislast für die Abhängigkeitsrichtung kann diese Stelle nur zusammen mit anderen, ähnlichen Umdeutungen tragen (vgl. Nr. 7, Nr 18).

● 32. Der Geist wird euch lehren (C)

Joh 14,26 ὁ δὲ παράκλητος,	Mk 13,11 καὶ ὅταν ἄγωσιν ὑμᾶς
τὸ πνεῦμα τὸ ἅγιον	παραδιδόντες,
ὃ πέμψει ὁ πατὴρ ἐν τῷ ὀνόματί μου,	μὴ προμεριμνᾶτε τί λαλήσητε,
ἐκεῖνος **ὑμᾶς διδάξει** πάντα καὶ	ἀλλ' ὃ ἐὰν **δοθῇ ὑμῖν** ἐν ἐκείνῃ τῇ ὥρᾳ
ὑπομνήσει ὑμᾶς πάντα ἃ εἶπον ὑμῖν	τοῦτο λαλεῖτε·
[ἐγώ].	οὐ γάρ ἐστε ὑμεῖς οἱ λαλοῦντες ἀλλὰ
	τὸ πνεῦμα τὸ ἅγιον.

Dass der Heilige Geist die Gläubigen belehren wird oder dass er ihnen geben wird, was sie in der Verfolgung sagen sollen, sind benachbarte Aussagen, eine direkte literarische Abhängigkeit lässt sich daran allerdings nicht nachweisen.

● 33. Steht auf, gehen wir! (B)

Joh 13,1 Πρὸ δὲ τῆς ἑορτῆς	
τοῦ πάσχα εἰδὼς ὁ Ἰησοῦς ὅτι	Mk 14,42
ἦλθεν αὐτοῦ ἡ ὥρα ἵνα μεταβῇ	***ἦλθεν ἡ ὥρα,***
ἐκ τοῦ κόσμου τούτου πρὸς	
τὸν πατέρα, ἀγαπήσας τοὺς ἰδίους	
τοὺς ἐν τῷ κόσμῳ εἰς τέλος	
ἠγάπησεν αὐτούς. 13,2 καὶ δείπνου	
γινομένου, τοῦ διαβόλου ἤδη	
βεβληκότος εἰς τὴν καρδίαν	
ἵνα παραδοῖ αὐτὸν	ἰδοὺ ***παραδίδοται***
Ἰούδας Σίμωνος Ἰσκαριώτου,	ὁ υἱὸς τοῦ ἀνθρώπου εἰς τὰς χεῖρας
	τῶν ἁμαρτωλῶν.

14,30 οὐκέτι πολλὰ λαλήσω μεθ' ὑμῶν, ***ἔρχεται γὰρ ὁ τοῦ κόσμου ἄρχων·*** καὶ ἐν ἐμοὶ οὐκ ἔχει οὐδέν, 14,31 ἀλλ' ἵνα γνῷ ὁ κόσμος ὅτι ἀγαπῶ τὸν πατέρα, καὶ καθὼς ἐνετείλατο μοι ὁ πατήρ, οὕτως ποιῶ.	
Ἐγείρεσθε, ἄγωμεν ἐντεῦθεν.	14,42 **ἐγείρεσθε ἄγωμεν·** ἰδοὺ ***ὁ παραδιδούς με ἤγγικεν.***

Die literarische Beziehung ist evident. Das markante Jesuswort „Steht auf, gehen wir!“ wird unverändert übernommen. Die Richtung der Abhängigkeit lässt sich daraus allein nicht bestimmen. Allerdings scheint es, dass Markus das johanneische Motiv der Stunde gemeinsam mit dem Hinweis auf den Verräter vom Beginn des Abschiedsmahles hierher gezogen hat. Denn hier, unmittelbar vor der Gefangennahme scheint das Wort von der Stunde besser zu passen, als zu Beginn des Abschiedsmahles.

● 34. Gefangennahme (B)

Joh 18,10 Σίμων οὖν Πέτρος ἔχων **μάχαιραν** εἵλκυσεν αὐτὴν καὶ **ἔπαισεν τὸν τοῦ ἀρχιερέως δοῦλον καὶ ἀπέκοψεν αὐτοῦ τὸ ὠτάριον** τὸ δεξιόν· ἦν δὲ ὄνομα τῷ δούλῳ Μάλχος. 18,11ab εἶπεν οὖν ὁ Ἰησοῦς τῷ Πέτρῳ, Βάλε τὴν μάχαιραν εἰς τὴν θήκην·	Mk 14,47 εἷς δέ [τις] τῶν παρεστηκότων σπασάμενος τὴν **μάχαιραν ἔπαισεν τὸν δοῦλον τοῦ ἀρχιερέως καὶ ἀφεῖλεν αὐτοῦ τὸ ὠτάριον.**

Markus will seinen Helden Petrus schonen und ersetzt ihn durch „einen der Dabeistehenden“. Im übrigen ist die literarische Abhängigkeit evident. Wortstellung und Wortwahl sind im entscheidenden Text nur leicht verändert: Statt τὸν τοῦ ἀρχιερέως δοῦλον schreibt Markus τὸν δοῦλον τοῦ ἀρχιερέως, statt ἀπέκοψεν schreibt er ἀφεῖλον. Wie den Namen des Petrus unterschlägt er auch den des Malchus.

● 35. Kelchwort (B)

Joh 18,11c	Mk 14,36 καὶ ἔλεγεν, Αββα ***ὁ πατήρ***, πάντα δυνατά σοι·
τὸ ποτήριον ὃ δέδωκέν μοι ***ὁ πατὴρ*** οὐ μὴ πίω αὐτό;	παρένεγκε **τὸ ποτήριον** τοῦτο ἀπ' ἐμοῦ· ἀλλ' οὐ τί ἐγὼ θέλω ἀλλὰ τί σύ.

Markus inszeniert das Kelchwort dramaturgisch durch seine Einfügung in die Ölbergszene als direkte Rede zum Vater. Die Methode der dramaturgischen Inszenierung abstrakter Motive wendet Markus auch in der Taufe Jesu an, in der Verklärung, bei der Bezeichnung des Verräters, etc.

● 36. Verleugnung des Petrus 1 (zus. mit 2: A)

Joh 18,13 **καὶ ἤγαγον** **πρὸς** Ἄνναν πρῶτον· ἦν γὰρ πενθερὸς τοῦ Καϊάφα, ὃς ἦν **ἀρχιερεὺς** τοῦ ἐνιαυτοῦ ἐκείνου· 18,14 ἦν δὲ Καϊάφας ὁ συμβουλεύσας τοῖς Ἰουδαίοις ὅτι συμφέρει ἕνα ἄνθρωπον ἀποθανεῖν ὑπὲρ τοῦ λαοῦ.	Mk 14,53 **Καὶ ἀπήγαγον** τὸν Ἰησοῦν **πρὸς** τὸν **ἀρχιερέα**, καὶ συνέρχονται πάντες οἱ ἀρχιερεῖς καὶ οἱ πρεσβύτεροι καὶ οἱ γραμματεῖς.

Markus lässt Details wie die Namen der Hohenpriester und den Querverweis auf eine früher erwähnte Äußerung des Kaiphas weg. Dies entspricht seiner Tendenz zur Verallgemeinerung von Personen, Orten und Einzelheiten aus verschiedenen Gründen (vgl. auch Nr. 28), und sei es auch nur zur Vereinfachung. Zum Folgenden ist zu beachten, dass Markus die beiden Passagen mit dem „anderen Jünger“ noch nicht vorgefunden haben kann.

18,15 **Ἠκολούθει δὲ τῷ Ἰησοῦ** **Σίμων Πέτρος**	14,54a **καὶ ὁ Πέτρος** ἀπὸ μακρόθεν **ἠκολούθησεν αὐτῷ**
καὶ ἄλλος μαθητής. ὁ δὲ μαθητὴς ἐκεῖνος ἦν γνωστὸς τῷ ἀρχιερεῖ καὶ συνεισῆλθεν τῷ Ἰησοῦ	
εἰς τὴν αὐλὴν τοῦ ἀρχιερέως,	ἕως ἔσω **εἰς τὴν αὐλὴν τοῦ ἀρχιερέως**
18,16 ὁ δὲ Πέτρος εἱστήκει πρὸς τῇ θύρᾳ ἔξω. ἐξῆλθεν οὖν ὁ μαθητὴς ὁ ἄλλος ὁ γνωστὸς τοῦ ἀρχιερέως καὶ εἶπεν τῇ θυρωρῷ καὶ εἰσήγαγεν τὸν Πέτρον.	
18,17 λέγει οὖν τῷ Πέτρῳ ἡ παιδίσκη ἡ θυρωρός, Μὴ καὶ σὺ ἐκ τῶν μαθητῶν εἶ τοῦ ἀνθρώπου τούτου; λέγει ἐκεῖνος, Οὐκ εἰμί.	
18,18 εἱστήκεισαν δὲ οἱ δοῦλοι **καὶ οἱ** **ὑπηρέται** ἀνθρακιὰν πεποιηκότες, ὅτι ψῦχος ἦν, καὶ **ἐθερμαίνοντο**· ἦν δὲ **καὶ ὁ Πέτρος μετ' αὐτῶν ἑστὼς** **καὶ θερμαινόμενος.**	14,54b καὶ ἦν συγκαθήμενος **μετὰ τῶν** **ὑπηρετῶν** **καὶ θερμαινόμενος** πρὸς τὸ φῶς.

Der „andere Jünger“, den Markus noch nicht vorfand, hat hier eine ähnliche Funktion wie später beim Grablauf, nämlich Petrus voranzugehen und ihm erst die Wege zu öffnen. Auffallend ist, dass Markus die erste Verleugnung gegenüber der Magd einfach übergeht. Er stellt sie in den zweiten Teil und zieht dort alle drei Verleugnungen zusammen. Da die Pförtnerin im ersten Teil nicht handelnd auftritt, wird sie auch nicht erwähnt.

37. Verhör durch Hannas (B)

Joh 18,19 **Ὁ οὖν ἀρχιερεὺς** . . .	Mk 14,55 **οἱ δὲ ἀρχιερεῖς** καὶ ὅλον τὸ συνέδριον ἐζήτουν κατὰ τοῦ Ἰησοῦ μαρτυρίαν εἰς τὸ θανατῶσαι αὐτόν, καὶ οὐχ ηὕρισκον·
2,18 ἀπεκρίθησαν οὖν οἱ Ἰουδαῖοι καὶ εἶπαν αὐτῷ, Τί σημεῖον δεικνύεις ἡμῖν ὅτι ταῦτα ποιεῖς; *2,19 ἀπεκρίθη Ἰησοῦς καὶ εἶπεν αὐτοῖς,*	14,56 πολλοὶ γὰρ ἐψευδομαρτύρουν κατ' αὐτοῦ, καὶ ἴσαι αἱ μαρτυρίαι οὐκ ἦσαν. 14,57 καί τινες ἀναστάντες ἐψευδομαρτύρουν κατ' αὐτοῦ λέγοντες 14,58 ὅτι Ἡμεῖς ἠκούσαμεν αὐτοῦ λέγοντος ὅτι
Λύσατε τὸν ναὸν τοῦτον καὶ ἐν τρισὶν ἡμέραις ἐγερῶ αὐτόν.	**Ἐγὼ καταλύσω τὸν ναὸν τοῦτον τὸν χειροποίητον καὶ διὰ τριῶν ἡμερῶν ἄλλον ἀχειροποίητον οἰκοδομήσω**
	14,59 καὶ οὐδὲ οὕτως ἴση ἦν ἡ μαρτυρία αὐτῶν.
18,19 **Ὁ οὖν ἀρχιερεὺς ἠρώτησεν τὸν Ἰησοῦν** περὶ τῶν μαθητῶν αὐτοῦ καὶ περὶ τῆς διδαχῆς αὐτοῦ. 18,20 **ἀπεκρίθη** αὐτῷ Ἰησοῦς,	14,60 καὶ ἀναστὰς **ὁ ἀρχιερεὺς** εἰς μέσον **ἐπηρώτησεν τὸν Ἰησοῦν** λέγων, Οὐκ ἀποκρίνῃ οὐδέν τί οὗτοί σου καταμαρτυροῦσιν; 14,61 ὁ δὲ ἐσιώπα καὶ οὐκ **ἀπεκρίνατο οὐδέν**.

Während Hannas nach dem Hellenistenbuch Jesus nur allgemein nach seiner Lehre fragt, lässt Markus „falsche Zeugen" auftreten, die das „echte" Tempelwort Jesu aus Joh 2,19 – allerdings in veränderter Form und in grobsinnlichem Missverständnis – gegen Jesus vorbringen.

Joh 18,20	Mk 14,61 πάλιν **ὁ ἀρχιερεὺς ἐπηρώτα αὐτὸν** καὶ λέγει αὐτῷ, Σὺ εἶ ὁ Χριστὸς ὁ υἱὸς τοῦ εὐλογητοῦ; 14,62 ὁ δὲ Ἰησοῦς εἶπεν,
Ἐγὼ παρρησίᾳ λελάληκα τῷ κόσμῳ, ἐγὼ πάντοτε ἐδίδαξα ἐν συναγωγῇ καὶ ἐν τῷ ἱερῷ, ὅπου πάντες οἱ Ἰουδαῖοι συνέρχονται, καὶ ἐν κρυπτῷ ἐλάλησα οὐδέν. 18,21 τί με ἐρωτᾷς; ἐρώτησον τοὺς ἀκηκοότας τί ἐλάλησα αὐτοῖς· ἴδε οὗτοι οἴδασιν ἃ εἶπον ἐγώ.	**Ἐγώ** εἰμι, καὶ ὄψεσθε τὸν υἱὸν τοῦ ἀνθρώπου ἐκ δεξιῶν καθήμενον τῆς δυνάμεως καὶ ἐρχόμενον μετὰ τῶν νεφελῶν τοῦ οὐρανοῦ.
	14,63 ὁ δὲ ἀρχιερεὺς διαρρήξας τοὺς χιτῶνας αὐτοῦ λέγει, Τί ἔτι χρείαν ἔχομεν μαρτύρων; 14,64 ἠκούσατε τῆς βλασφημίας· τί ὑμῖν φαίνεται; ***οἱ δὲ πάντες κατέκριναν αὐτὸν ἔνοχον εἶναι θανάτου.***

Im Hellenistenbuch gibt Jesus auf die Frage des Hannas nach seiner Lehre keinerlei inhaltliche Antwort. Markus lässt den Hohenpriester hingegen gezielt nach der Identität Jesu als Messias und Sohn Gottes fragen, worauf Jesus bejahend antwortet und in Anlehnung an Dan 7,1 seine Wiederkunft als apokalyptischer Menschensohn ankündigt. Daraufhin erfolgt das Todesurteil wegen Gotteslästerung. Markus schiebt damit die Schuld der Verurteilung Jesu auf die jüdischen Autoritäten.

Joh 18,22 ταῦτα δὲ αὐτοῦ εἰπόντος εἷς παρεστηκὼς **τῶν ὑπηρετῶν ἔδωκεν ῥάπισμα** τῷ Ἰησοῦ εἰπών, Οὕτως ἀποκρίνῃ τῷ ἀρχιερεῖ;	Mk 14,65 Καὶ ἤρξαντό τινες ἐμπτύειν αὐτῷ καὶ περικαλύπτειν αὐτοῦ τὸ πρόσωπον καὶ κολαφίζειν αὐτὸν καὶ λέγειν αὐτῷ, Προφήτευσον, καὶ **οἱ ὑπηρέται ῥαπίσμασιν αὐτὸν ἔλαβον**.

Die Ohrfeigen passen eher auf die Weigerung Jesu, eine inhaltliche Antwort auf die Frage des Hohenpriesters zu geben im Hellenistenbuch als auf die Verkündigung des Todesurteils bei Markus.

● 38. Verleugnung des Petrus 2 (zus. mit 1: A)

Nach dem Hellenistenbuch ist die erste Verleugnung bereits vor dem Verhör Jesu erfolgt. Markus zieht die drei Verleugnungen nach dem Verhör zusammen. Die Szene beginnt in beiden Schriften damit, dass Petrus sich wärmt. Markus muss zuvor noch aus dem ersten Abschnitt die Magd nachtragen.

(Joh 18,17 λέγει οὖν τῷ Πέτρῳ **ἡ παιδίσκη** ἡ θυρωρός, Μὴ καὶ σὺ ἐκ τῶν μαθητῶν εἶ τοῦ ἀνθρώπου τούτου; λέγει ἐκεῖνος, Οὐκ εἰμί.)	Mk 14,66 Καὶ ὄντος τοῦ Πέτρου κάτω ἐν τῇ αὐλῇ ἔρχεται μία τῶν **παιδισκῶν** τοῦ ἀρχιερέως
18,25 Ἦν δὲ Σίμων **Πέτρος** ἑστὼς καὶ **θερμαινόμενος**. εἶπον οὖν αὐτῷ, Μὴ **καὶ σὺ** ἐκ τῶν μαθητῶν αὐτοῦ εἶ;	14,67 καὶ ἰδοῦσα τὸν **Πέτρον θερμαινόμενον** ἐμβλέψασα αὐτῷ λέγει, **Καὶ σὺ** μετὰ τοῦ Ναζαρηνοῦ ἦσθα τοῦ Ἰησοῦ.
ἠρνήσατο ἐκεῖνος καὶ εἶπεν, Οὐκ εἰμί.	14,68 **ὁ δὲ ἠρνήσατο λέγων,** Οὔτε οἶδα οὔτε ἐπίσταμαι σὺ τί λέγεις. καὶ ἐξῆλθεν ἔξω εἰς τὸ προαύλιον [καὶ ***ἀλέκτωρ ἐφώνησεν***].

18,26 λέγει εἷς ἐκ τῶν δούλων τοῦ ἀρχιερέως, συγγενὴς ὢν οὗ ἀπέκοψεν Πέτρος τὸ ὠτίον, Οὐκ ἐγώ σε εἶδον ἐν τῷ κήπῳ μετ' αὐτοῦ;	14,69 καὶ ἡ παιδίσκη ἰδοῦσα αὐτὸν ἤρξατο πάλιν λέγειν τοῖς παρεστῶσιν ὅτι Οὗτος ἐξ αὐτῶν ἐστιν.
18,27 **πάλιν οὖν ἠρνήσατο Πέτρος,**	14,70 **ὁ δὲ πάλιν ἠρνεῖτο.** καὶ μετὰ μικρὸν πάλιν οἱ παρεστῶτες ἔλεγον τῷ Πέτρῳ, Ἀληθῶς ἐξ αὐτῶν εἶ, καὶ γὰρ Γαλιλαῖος εἶ. 14,71 ὁ δὲ ἤρξατο ἀναθεματίζειν καὶ ὀμνύναι ὅτι Οὐκ οἶδα τὸν ἄνθρωπον τοῦτον ὃν λέγετε.
καὶ εὐθέως	14,72 **καὶ εὐθὺς** ἐκ δευτέρου
ἀλέκτωρ ἐφώνησεν.	**ἀλέκτωρ ἐφώνησεν.** καὶ ἀνεμνήσθη ὁ Πέτρος τὸ ῥῆμα ὡς εἶπεν αὐτῷ ὁ Ἰησοῦς ὅτι Πρὶν ἀλέκτορα φωνῆσαι δὶς τρίς με ἀπαρνήσῃ· καὶ ἐπιβαλὼν ἔκλαιεν.

Nach dem Hellenistenbuch sind es nun ungenannte Leute, die den Petrus anreden, sodass Petrus zum zweiten Mal leugnet. Parallel dazu steht bei Markus, der hier erst die Magd auftreten lässt, ihr gegenüber die erste Verleugnung. Im Hellenistenbuch leugnet Petrus wieder eindeutig: „Ich bin es nicht“. Markus lässt ihn nur ausweichend antworten: „Ich weiß nicht, wovon ihr sprecht.“

Die dritte Verleugnung erfolgt nach dem Hellenistenbuch gegenüber einem Knecht des Hohenpriesters, einem Verwandten dessen, dem Petrus das Ohr abgeschlagen hat. Markus lässt hier nochmals die Magd auftreten. Im übrigen ist die literarische Beziehung aber evident: In beiden Schriften setzt der Erzähler fort: πάλιν οὖν ἠρνήσατο bzw. ὁ δὲ πάλιν ἠρνεῖτο. Markus streicht allerdings die Wiederholung des Namens Petrus. Nun kräht nach dem Hellenistenbuch auch der Hahn, was Markus auch übernimmt.

Markus fehlt aber noch eine Verleugnung. Er lässt daher einfach die Umstehenden reden. Er vermeidet es auch bei diesem dritten Mal, dass Petrus tatsächlich Jesus verleugnet. Nur in Bezug auf sich selbst sagt er: „den Menschen, von dem ihr redet, kenne ich nicht.“ Nun lässt Markus den Hahn nochmals krähen.

Bemerkenswert ist die Reaktion des Lukas auf seine so divergenten Quellen: Er spart sich jede nähere Bezeichnung des zweiten und dritten Fragestellers und begnügt sich mit der Angabe: ein anderer, und der Hahn kräht wieder nur einmal. Die Absicht des Markus, seinen Helden Petrus zu entlasten, ist unverkennbar: Zum Abschluss lässt er ihn aus Reue weinen. Außerdem lässt er historische Einzelheiten der Erzählung, die ihm als sekundärem Benützer nichts bedeuten, weg.

● 39. Verhör durch Pilatus (C)

Joh 18,33 Εἰσῆλθεν οὖν πάλιν εἰς τὸ πραιτώριον **ὁ Πιλᾶτος** καὶ ἐφώνησεν τὸν Ἰησοῦν καὶ εἶπεν αὐτῷ, **Σὺ εἶ ὁ βασιλεὺς τῶν Ἰουδαίων;**	Mk 15,2a καὶ ἐπηρώτησεν αὐτὸν **ὁ Πιλᾶτος,** **Σὺ εἶ ὁ βασιλεὺς τῶν Ἰουδαίων;**
18,37b **ἀπεκρίθη ὁ Ἰησοῦς,** **Σὺ λέγεις** ὅτι βασιλεύς εἰμι. ἐγὼ εἰς τοῦτο γεγέννημαι καὶ εἰς τοῦτο ἐλήλυθα εἰς τὸν κόσμον, ἵνα μαρτυρήσω τῇ ἀληθείᾳ· πᾶς ὁ ὢν ἐκ τῆς ἀληθείας ἀκούει μου τῆς φωνῆς. 18,38 λέγει αὐτῷ ὁ Πιλᾶτος, Τί ἐστιν ἀλήθεια;	15,2b **ὁ δὲ ἀποκριθεὶς** αὐτῷ λέγει, **Σὺ λέγεις.**

Markus kürzt auf das für ihn Wesentliche. Nur in der direkten Rede hält er sich genau an den vorgegebenen Wortlaut: Die Frage des Pilatus und die ersten beiden Worte der Antwort Jesu werden buchstabengetreu übernommen. Aus der Weglassung der Wiederholung „dass ich ein König bin“ wird man keine besonderen Absichten ableiten dürfen, außer den Willen zur prägnanten Kürze. Den weiteren Text, in dem die Präexistenz Jesu anklingt und an den Logoshymnus und an Joh 10 erinnert wird – „Er war das wahre Licht, das jeden Menschen erleuchtet, das in die Welt kommt“ (Joh 1,9), und: „Meine Schafe hören meine Stimme“ (10,3.16.27), – streicht Markus gezielt, weil er schon den „Prolog“ (Joh 1,1–18) unterdrückt hat und Jesus ausschließlich als den irdischen Menschen ins Bild bringen will.

● 40. Barabbas (C)

Joh 18,39a ἔστιν δὲ συνήθεια ὑμῖν ἵνα ἕνα ἀπολύσω ὑμῖν ἐν τῷ πάσχα·	Mk 15,6 Κατὰ δὲ ἑορτὴν ἀπέλυεν αὐτοῖς ἕνα δέσμιον ὃν παρῃτοῦντο.
18,39b **βούλεσθε** οὖν **ἀπολύσω ὑμῖν** **τὸν βασιλέα τῶν Ἰουδαίων;**	15,9 ὁ δὲ Πιλᾶτος ἀπεκρίθη αὐτοῖς λέγων, **Θέλετε ἀπολύσω ὑμῖν** **τὸν βασιλέα τῶν Ἰουδαίων;**
18,40 ἐκραύγασαν οὖν πάλιν λέγοντες, Μὴ τοῦτον ἀλλὰ τὸν Βαραββᾶν. **ἦν δὲ ὁ Βαραββᾶς** λῃστής.	15,7 **ἦν δὲ ὁ** λεγόμενος **Βαραββᾶς** μετὰ τῶν στασιαστῶν δεδεμένος οἵτινες ἐν τῇ στάσει φόνον πεποιήκεισαν. 15,8 καὶ ἀναβὰς ὁ ὄχλος ἤρξατο αἰτεῖσθαι καθὼς ἐποίει αὐτοῖς.

Während das Hellenistenbuch nun die Barabbasszene und die Geißelung und Dornenkrönung anschließt und dann nochmals einen Dialog zwischen Pilatus und Jesus folgen lässt, zieht Markus dieses zweite Gespräch mit dem ersten zusammen und führt damit das Verhör durch Pilatus zuerst zu Ende, bevor er sich dann erst der Geißelung und Dornenkrönung zuwendet. Beide Berichte schreibt Markus mit den unumgänglichen Variationen der Reihenfolge, der Syntax und des Vokabulars ab. Die direkte Rede des Pilatus „Soll ich euch den König der Juden freilassen?“ ist wortgetreu übernommen, die Antwort des Volkes dagegen auf ihre entscheidende Aussage gekürzt: „Barabbas!“ Die Aufwertung des gewöhnlichen Räubers Barabbas zu einem gefährlichen politischen Verbrecher ist Markus eine Ergänzung wert.

● 41. Geißelung und Dornenkrönung (A)

Joh 19,1 Τότε οὖν ἔλαβεν ὁ Πιλᾶτος **τὸν Ἰησοῦν** καὶ **ἐμαστίγωσεν**.	Mk 15,15c καὶ παρέδωκεν **τὸν Ἰησοῦν φραγελλώσας** ἵνα σταυρωθῇ.
19,2 **καὶ οἱ στρατιῶται**	15,16 **Οἱ δὲ στρατιῶται** ἀπήγαγον αὐτὸν ἔσω τῆς αὐλῆς, ὅ ἐστιν πραιτώριον, καὶ συγκαλοῦσιν ὅλην τὴν σπεῖραν.
πλέξαντες στέφανον ἐξ ἀκανθῶν ἐπέθηκαν αὐτοῦ τῇ κεφαλῇ, καὶ **ἱμάτιον πορφυροῦν** περιέβαλον αὐτόν	15,17 καὶ ἐνδιδύσκουσιν αὐτὸν **πορφύραν** καὶ περιτιθέασιν αὐτῷ **πλέξαντες ἀκάνθινον στέφανον**·
19,3 καὶ *ἤρχοντο* πρὸς αὐτὸν καὶ ἔλεγον, **Χαῖρε ὁ βασιλεὺς τῶν Ἰουδαίων**· καὶ ἐδίδοσαν αὐτῷ ***ῥαπίσματα.***	15,18 καὶ *ἤρξαντο* ἀσπάζεσθαι αὐτόν, **Χαῖρε, βασιλεῦ τῶν Ἰουδαίων**· 15,19 καὶ ἔτυπτον αὐτοῦ τὴν κεφαλὴν καλάμῳ
19,5 . . . καὶ λέγει αὐτοῖς, Ἰδοὺ ὁ ἄνθρωπος.	15,20 καὶ ὅτε ἐνέπαιξαν αὐτῷ, ἐξέδυσαν αὐτὸν τὴν πορφύραν καὶ ἐνέδυσαν αὐτὸν τὰ ἱμάτια αὐτοῦ. καὶ ***ἐξάγουσιν αὐτὸν ἵνα σταυρώσωσιν αὐτόν.***

Wieder sind Syntax und Vokabular bei Markus leicht variiert. Bekleidung mit dem Spottmantel und Dornenkrönung sind in der Reihenfolge vertauscht. Nur die direkte Rede der Folterknechte „Sei gegrüßt, König der Juden!“ übernimmt Markus wörtlich. Die distanzlosen Backenstreiche ersetzt er durch Schläge mit einem Rohrstock. Das „Ecce homo“ nach der Geißelung und Dornenkrönung übergeht Markus, denn die Freigabe zur Kreuzigung hat er ja bereits zur Geißelung in Mk 15,15 vorgezogen, sodass bei ihm nun die Kreuzigung unmittelbar anschließen kann. Statt dem „Ecce homo“ lässt er Jesus seine eigenen Kleider wieder anziehen, die ja unter dem Kreuz verteilt werden sollen.

● 42. Freigabe zur Kreuzigung (B)

Joh 19,6 ὅτε οὖν εἶδον αὐτὸν
οἱ ἀρχιερεῖς καὶ οἱ ὑπηρέται

ἐκραύγασαν λέγοντες,
Σταύρωσον σταύρωσον.
λέγει αὐτοῖς ὁ **Πιλᾶτος**, Λάβετε αὐτὸν
ὑμεῖς καὶ σταυρώσατε· ἐγὼ γὰρ οὐχ
εὑρίσκω ἐν αὐτῷ αἰτίαν.

Mk 15,3 καὶ κατηγόρουν αὐτοῦ
οἱ **ἀρχιερεῖς** πολλά.

15,13 οἱ δὲ πάλιν ***ἔκραξαν,***
Σταύρωσον αὐτόν.

Markus hat die Szene, die im Hellenistenbuch auf die Geißelung und Dornenkrönung und das „Ecce homo“ folgt, vorgezogen und an das Verhör vor Pilatus angeschlossen. Das Auftreten der Hohenpriester fasst er kurz zusammen und benützt diesen Satz zur Anbindung; Barabbasszene, Geißelung und Dornenkönung bringt er ja erst danach.

Joh 19,7 **ἀπεκρίθησαν αὐτῷ οἱ**
Ἰουδαῖοι, Ἡμεῖς νόμον ἔχομεν καὶ
κατὰ τὸν νόμον ὀφείλει ἀποθανεῖν,
ὅτι υἱὸν θεοῦ ἑαυτὸν ἐποίησεν.

19,8 Ὅτε οὖν ἤκουσεν **ὁ Πιλᾶτος**
τοῦτον τὸν λόγον, μᾶλλον ἐφοβήθη,
19,9 καὶ εἰσῆλθεν εἰς τὸ πραιτώριον

πάλιν καὶ λέγει τῷ Ἰησοῦ,
Πόθεν εἶ σύ; ὁ δὲ Ἰησοῦς
ἀπόκρισιν οὐκ ἔδωκεν αὐτῷ.
19,10 λέγει οὖν αὐτῷ ὁ Πιλᾶτος,
Ἐμοὶ οὐ λαλεῖς; οὐκ οἶδας ὅτι
ἐξουσίαν ἔχω ἀπολῦσαί σε καὶ
ἐξουσίαν ἔχω σταυρῶσαί σε;

15,4 **ὁ δὲ Πιλᾶτος**

πάλιν ἐπηρώτα αὐτὸν λέγων,

Οὐκ ἀποκρίνῃ οὐδέν; ἴδε πόσα σου
κατηγοροῦσιν 15,5 ὁ δὲ Ἰησοῦς οὐκέτι
οὐδὲν ἀπεκρίθη, ὥστε θαυμάζειν τὸν
Πιλᾶτον.

Das Todesurteil der Juden hat Markus sehr logisch von hier in den Prozess vor den Hohenpriestern vorgezogen. Es steht daher nicht mehr an dieser Stelle. Die Einmahnung einer Antwort von Jesus hängt aber nun in der Luft. Worauf soll Jesus antworten? Im Hellenistenbuch ist der Zusammenhang klar: Pilatus steht unter Druck und fragt nun Jesus nach seiner Herkunft: „Woher bist du?“ Wiederum kommt damit für den Leser die göttliche Herkunft Jesu in den Blick, denn Jesus gibt keine Antwort. Markus aber will das Thema der Präexistenz ausschalten, und lässt daher die Frage nach dem „Woher“ Jesu weg. Der Satz „Pilatus fragte ihn wiederum: Antwortest du nichts?“ entbehrt daher zunächst des Gegenstandes: worauf? Als diesen stellt Markus nun die Anklagen der Hohenpriester aus dem vorangehenden Verbindungssatz 15,3 hin: „Und die Hohenpriester brachten vieles gegen ihn vor.“ Im Rückblick darauf lässt Markus den Pilatus begründend hinzufügen:

„Siehe, wieviel sie gegen dich vorbringen!“ Doch auch dies ändert nichts an der Tatsache, dass Jesus eben gar nichts gefragt worden ist, worauf er hätte antworten sollen. Auch keine konkrete Anklage der Hohenpriester weiß Markus zu benennen, auf die eine Entgegnung hätte erwartet werden können. Aber darum geht es Markus gar nicht, sondern einfach um das Motiv des Nicht-Antwortens, das er aus dem Hellenistenbuch übernimmt, rhetorisch gekonnt nochmals wiederholt und durch die Verwunderung des Pilatus zusätzlich unterstreicht. Die Reflexionen des Hellenistenbuches über die von Gott verliehene Macht des Pilatus übergeht Markus und lässt nun die Geißelung folgen.

Joh 19,13 **Ὁ οὖν Πιλᾶτος** ἀκούσας τῶν λόγων τούτων ἤγαγεν ἔξω τὸν Ἰησοῦν καὶ ἐκάθισεν ἐπὶ βήματος εἰς τόπον λεγόμενον Λιθόστρωτον, Ἑβραϊστὶ δὲ Γαββαθα. 19,14 ἦν δὲ παρασκευὴ τοῦ πάσχα, ὥρα ἦν ὡς ἕκτη.	Mk 15,12 **ὁ δὲ Πιλᾶτος** πάλιν ἀποκριθεὶς
καὶ **λέγει** τοῖς Ἰουδαίοις, **Ἴδε ὁ βασιλεὺς ὑμῶν**.	**ἔλεγεν** αὐτοῖς, Τί οὖν [θέλετε] ποιήσω [ὃν λέγετε] ***τὸν βασιλέα τῶν Ἰουδαίων***;
19,15 **ἐκραύγασαν** οὖν ἐκεῖνοι, Ἆρον ἆρον, **σταύρωσον αὐτόν**.	15,13 οἱ δὲ πάλιν **ἔκραξαν**, **Σταύρωσον αὐτόν.**
λέγει αὐτοῖς ὁ Πιλᾶτος, ***Τὸν βασιλέα ὑμῶν*** σταυρώσω; ἀπεκρίθησαν οἱ ἀρχιερεῖς, Οὐκ ἔχομεν βασιλέα εἰ μὴ Καίσαρα.	15,14 **ὁ δὲ Πιλᾶτος ἔλεγεν αὐτοῖς,** Τί γὰρ ἐποίησεν κακόν; οἱ δὲ περισσῶς **ἔκραξαν,** **Σταύρωσον αὐτόν.**
	15,15 ὁ δὲ Πιλᾶτος βουλόμενος τῷ ὄχλῳ τὸ ἱκανὸν ποιῆσαι ἀπέλυσεν αὐτοῖς τὸν Βαραββᾶν,
19,16 τότε οὖν **παρέδωκεν αὐτὸν** αὐτοῖς **ἵνα σταυρωθῇ**.	καὶ **παρέδωκεν τὸν Ἰησοῦν** φραγελλώσας **ἵνα σταυρωθῇ**.

Weder die Ortsangabe des Hellenistenbuches „Lithostrotos“ bzw. „Gabbatha“ noch die Zeitangabe „am Rüsttag des Passahfestes“ wird von Markus übernommen, letztere nicht, weil Markus die Chronologie geändert hat. Damit das Abschiedsmahl der Eucharistieeinsetzung Passahmahl sein kann, muss Jesus am Passahfest selbst gekreuzigt worden sein. Der Provokation „Siehe, euer König!“ entspricht bei Markus die Frage: „Was wollt ihr soll ich mit dem König der Juden machen?“ (Mk 15,12). Die literarische Abhängigkeit bezüglich des Geschreis der Menge ist evident: Das Hellenistenbuch schreibt: ἐκραύγασαν . . . σταύρωσον αὐτόν; Markus kürzt auf: ἔκραξαν, Σταύρωσον αὐτόν. Der Ruf „Kreuzige ihn!“ ist dabei identisch geblieben. Der

Fortgang des Gesprächs geht wieder auseinander. Wie im Hellenistenbuch folgt auch bei Markus eine Frage. Nun trägt Markus den zweiten Kreuzigungsruf aus der unterschlagenen Ecce-homo-Szene Joh 19,5 nach und ergänzt die Freilassung des Barabbas. Identisch übernommen ist dann wieder der entscheidende Satz am Schluss der Perikope: „Er übergab ihn, damit er gekreuzigt werde."

● 43. Kreuzigung (C)

Joh 19,17 καὶ βαστάζων ἑαυτῷ τὸν σταυρὸν ἐξῆλθεν **εἰς τὸν λεγόμενον Κρανίου Τόπον,** **ὃ λέγεται Ἑβραϊστὶ Γολγοθᾶ,**	Mk 15,22 καὶ φέρουσιν αὐτὸν **ἐπὶ τὸν Γολγοθᾶν τόπον, ὅ ἐστιν** **μεθερμηνευόμενον Κρανίου Τόπος**. 15,23 καὶ ἐδίδουν αὐτῷ ἐσμυρνισμένον οἶνον· ὃς δὲ οὐκ ἔλαβεν.
19,18 ὅπου **αὐτὸν ἐσταύρωσαν**	15,24 καὶ **σταυροῦσιν αὐτὸν** καὶ διαμερίζονται τὰ ἱμάτια αὐτοῦ, βάλλοντες κλῆρον ἐπ' αὐτὰ τίς τί ἄρῃ. 15,25 ἦν δὲ ὥρα τρίτη καὶ **ἐσταύρωσαν αὐτόν**.
καὶ *μετ' αὐτοῦ ἄλλους* ***δύο*** *ἐντεῦθεν καὶ ἐντεῦθεν*, μέσον δὲ τὸν Ἰησοῦν.	
19,19 **ἔγραψεν δὲ καὶ τίτλον** ὁ Πιλᾶτος καὶ ἔθηκεν ἐπὶ τοῦ σταυροῦ· ἦν δὲ **γεγραμμένον,** **Ἰησοῦς ὁ Ναζωραῖος** **ὁ βασιλεὺς τῶν Ἰουδαίων**. 19,20 τοῦτον οὖν τὸν τίτλον πολλοὶ ἀνέγνωσαν τῶν Ἰουδαίων, ὅτι ἐγγὺς ἦν ὁ τόπος τῆς πόλεως ὅπου ἐσταυρώθη ὁ Ἰησοῦς· καὶ ἦν γεγραμμένον Ἑβραϊστί, Ῥωμαϊστί, Ἑλληνιστί.	15,26 **καὶ ἦν ἡ ἐπιγραφὴ** τῆς αἰτίας αὐτοῦ **ἐπιγεγραμμένη,** **Ὁ βασιλεὺς τῶν Ἰουδαίων.**
	15,27 Καὶ ***σὺν αὐτῷ σταυροῦσιν δύο*** *λῃστάς, ἕνα ἐκ δεξιῶν καὶ ἕνα ἐξ εὐωνύμων αὐτοῦ.*
	15,29 Καὶ οἱ παραπορευόμενοι ἐβλασφήμουν αὐτὸν κινοῦντες τὰς κεφαλὰς αὐτῶν καὶ λέγοντες, Οὐὰ ***ὁ καταλύων τὸν ναὸν καὶ οἰκοδομῶν ἐν τρισὶν ἡμέραις***, 15,30 σῶσον σεαυτὸν καταβὰς ἀπὸ τοῦ σταυροῦ.

Nach dem Hellenistenbuch lädt sich der göttlich-souveräne Jesus selbst das Kreuz auf und geht hinaus auf den Golgotha. Nach Markus wird er geführt. Die Nennung und Erklärung des Golgotha ist mit den üblichen paraphrastischen Variationen aus der Vorlage übernommen. Vor der Kreuzigung schiebt

Markus noch die Darreichung von mit Myrrhe gemischtem Wein ein, den Jesus aber nicht nimmt. Historisierend-rationalistische Erklärungen dafür – im Sinne eines Betäubungsmittels – sind verfehlt. Myrrhe war zu kostbar, um sie an Verbrecher zu verschwenden. Nikodemus bringt sie im Hellenistenbuch vergeblich zum Salben des Leichnams mit. Vielleicht will Markus mit der Weigerung Jesu, Myrrhe zu nehmen, andeuten, dass Jesus nicht von Verwesung bedroht ist, sondern auferstehen wird. Matthäus setzt dafür Galle ein und lässt die Myrrhe lieber als Magiergeschenk überreichen. Dass Jesus den Wein nicht mehr annimmt, könnte mit seinem Ausspruch von Mk 14,25 zusammenhängen, dass er von nun an von der Frucht des Weinstocks erst wieder in seinem Reich trinken werde. Das Hellenistenbuch weiß nur von einer Tränkung mit Essig, die aber erst später berichtet und von Markus zusätzlich übernommen wird (15,36). Auf die genaue Beschreibung des Kreuzestitels, wie sie das Hellenistenbuch bietet, legt Markus keinen Wert; für ihn ist nur die offizielle Bezeichnung Jesu als „König der Juden“ wichtig, sie ist seine Proklamation zum Messias. Stattdessen schmückt er die Bemerkung über die zwei Mitgekreuzigten aus und lässt diese im Spott das Tempelwort Jesu aus Joh 2,19 (Mk 14,58) wiederholen.

● 44. Verteilung der Kleider (C)

Joh 19,23 Οἱ οὖν στρατιῶται ὅτε **ἐσταύρωσαν** τὸν Ἰησοῦν, ἔλαβον **τὰ ἱμάτια αὐτοῦ** καὶ ἐποίησαν τέσσαρα μέρη, ἑκάστῳ στρατιώτῃ μέρος, καὶ τὸν χιτῶνα. ἦν δὲ ὁ χιτὼν ἄραφος, ἐκ τῶν ἄνωθεν ὑφαντὸς δι' ὅλου. 19,24 εἶπαν οὖν πρὸς ἀλλήλους, Μὴ σχίσωμεν αὐτόν, ἀλλὰ λάχωμεν περὶ αὐτοῦ τίνος ἔσται· ἵνα ἡ γραφὴ πληρωθῇ [ἡ λέγουσα],	Mk 15,24 καὶ **σταυροῦσιν** αὐτὸν καὶ
Διεμερίσαντο τὰ ἱμάτιά μου ἑαυτοῖς καὶ ἐπὶ τὸν ἱματισμόν μου ἔβαλον κλῆρον. Οἱ μὲν οὖν στρατιῶται ταῦτα ἐποίησαν.	**διαμερίζονται τὰ ἱμάτια αὐτοῦ, βάλλοντες κλῆρον** ἐπ' αὐτὰ τίς τί ἄρῃ.

Markus will hier auf das Wesentliche kürzen. Das Zerteilen der Kleider Jesu und ihre Verlosung bei Markus setzt aber das Schriftzitat des Hellenistenbuches aus LXX Ps 21,19 voraus. Für die literarische Abhängigkeit des Markus vom Hellenistenbuch spricht, dass Markus das Vokabular des Zitates – diamerivzomai, iJmavtia, bavllw und klh'ro" – übernimmt, sich aber nicht mehr für dessen biblische Herkunft und Bezugnahme interessiert. Plausibel ist das Losen überdies nur mit der Erklärung des Hellenistenbuches über den ungenähten Rock. Man könnte das Traditionsgefälle aber auch umgekehrt sehen, wenn man annehmen will, dass das von Markus unausgesprochen Vorausgesetzte durch „Johannes“ ergänzt worden ist.

● 45. Frauen unter dem Kreuz (B [+D])

Joh 19,25 εἱστήκεισαν δὲ παρὰ τῷ σταυρῷ
τοῦ Ἰησοῦ
ἡ **μήτηρ** αὐτοῦ
καὶ ἡ ἀδελφὴ τῆς μητρὸς αὐτοῦ,
Μαρία
ἡ **τοῦ** Κλωπᾶ
καὶ Μαρία ἡ **Μαγδαληνή**.

19,26
Ἰησοῦς οὖν ἰδὼν τὴν μητέρα
καὶ τὸν μαθητὴν παρεστῶτα ὃν ἠγάπα,
λέγει τῇ μητρί,
Γύναι, ἴδε ὁ υἱός σου.
19,27 εἶτα λέγει τῷ μαθητῇ, Ἴδε ἡ μήτηρ
σου. καὶ ἀπ' ἐκείνης τῆς ὥρας ἔλαβεν
ὁ μαθητὴς αὐτὴν εἰς τὰ ἴδια.

Mk 15,40 Ἦσαν δὲ καὶ γυναῖκες
ἀπὸ μακρόθεν θεωροῦσαι,
ἐν αἷς

καὶ Μαρία ἡ **Μαγδαληνὴ**
καὶ **Μαρία**
ἡ Ἰακώβου **τοῦ** μικροῦ
καὶ Ἰωσῆτος **μήτηρ**
καὶ Σαλώμη,
15,41
αἳ ὅτε ἦν ἐν τῇ Γαλιλαίᾳ
ἠκολούθουν αὐτῷ καὶ διηκόνουν
αὐτῷ, καὶ ἄλλαι πολλαὶ αἱ
συναναβᾶσαι αὐτῷ εἰς
Ἱεροσόλυμα.

Die drei „Marien" unter dem Kreuz und schließlich das Auftreten des Lieblingsjüngers weisen hin auf eine Textentwicklung innerhalb des Hellenistenbuches selbst. Da der „Jünger, den Jesus liebte" in Joh 19,25 beim Kreuz nicht erwähnt wird, aber in Joh 19,26f plötzlich da ist, lässt sich der redaktionelle Eingriff deutlich erkennen.

Denkbar ist, dass Markus die drei Frauen bereits vorgefunden, aber die Anwesenheit der Mutter Jesu bei der Kreuzigung nicht akzeptiert und weggelassen hat. Unter der „Schwester der Mutter Jesu" und der Frau des Klopas hat er dann zwei verschiedene Frauen verstanden, deren Identität er genauer zu bestimmen suchte. Nicht die Frau des Klopas heißt nach ihm Maria, sondern die „Schwester der Mutter Jesu", die er als Mutter der Jesusbrüder Jakobus und Joses definiert. Die „Mutter Jesu" nennt Markus an anderer Stelle. Sie bleibt auch bei ihm namenlos (Mk 3,31f; vgl. Joh 2,1.5). Er lässt die Bewohner Nazarets nur fragen, ob Jesus nicht der „*Sohn* der Maria" ist – vgl. „Frau, siehe da deinen *Sohn*" – und ein „Bruder" der von ihm zur Bestimmung der johanneischen „Schwester der Mutter Jesu" unter dem Kreuz genannten Jakobus und Judas (Mk 6,3). Der Frau des Klopas scheint Markus den Namen Salome zu geben. Die Konstante unter den genannten Personen ist Maria von Magdala. Sie steht im Hellenistenbuch an letzter Stelle, Markus macht mit ihr den Anfang – vielleicht mit gutem Grund.

In jedem Fall ist der sperrige kanonische Text an dieser Stelle das Ergebnis einer Entwicklungsgeschichte, die auch in seine Rezeption durch die Synoptiker hineinwirkt. Der Anlass für die Textveränderungen könnten Differenzen gewesen sein um die Identität der hier genannten Maria und um die Aussage dass Jesus sie liebte. Der kanonische Text erweist sich als die Addition und Verknüpfung verschiedener konkurrierender Redaktionen. Er könnte schließlich auch der Ausganspunkt geworden sein für die von der Letzredaktion entfaltete rätselhafte Gestalt des „Jüngers den Jesus liebte".

**19,25 εἰστήκει δὲ	*19,25 εἰστήκει δὲ	19,25 εἰστήκει**σαν** δὲ
παρὰ τῷ σταυρῷ τοῦ	παρὰ τῷ σταυρῷ τοῦ	παρὰ τῷ σταυρῷ τοῦ
Ἰησοῦ	Ἰησοῦ	Ἰησοῦ
ἡ μήτηρ αὐτοῦ		**ἡ μήτηρ αὐτοῦ**
		καὶ ἡ ἀδελφὴ
		τῆς μητρὸς
		αὐτοῦ,
Μαρία.	Μαρία	Μαρία
	ἡ του Κλωπᾶ.	ἡ του Κλωπᾶ **καὶ**
		Μαρία ἡ Μαγδαληνή.
19,26 Ἰησοῦς οὖν ἰδὼν	19,26 Ἰησοῦς οὖν ἰδὼν	19,26 Ἰησοῦς οὖν ἰδὼν
		τὴν μητέρα καὶ
	τὸν μαθητὴν	τὸν μαθητὴν
παρεστῶσα	παρεστῶτα	παρεστῶτα
ἣν ἠγάπα, λέγει	**ὃν** ἠγάπα, λέγει	ὃν ἠγάπα, λέγει
αὐτῇ,	αὐτῇ,	**τῇ μητρί,**
Γύναι, ἴδε ὁ υἱός σου.	Γύναι, ἴδε ὁ υἱός σου.	Γύναι, ἴδε ὁ υἱός σου.
		19,27 **εἶτα λέγει τῷ**
		μαθητῇ, Ἴδε ἡ μήτηρ σου.
		καὶ ἀπ' ἐκείνης
		τῆς ὥρας ἔλαβεν
		ὁ μαθητὴς αὐτὴν
		εἰς τὰ ἴδια.

Auf verschiedene Weise war versucht worden, den anstößigen Text des Hellenistenbuches über die Jüngerin Maria (von Magdala), die Jesus liebte und als deren „Sohn" er sich bezeichnete, zu entschärfen, aber auch zu verteidigen. Markus scheint um die Diskussion in der hellenistischen Gemeinde noch gewusst zu haben. Eine Anwesenheit der Mutter Jesu unter dem Kreuz schließt er aus, und dass Jesus der Sohn einer Maria ist, stellt er noch als Gegenstand der Diskussion dar.

Hier müsste überhaupt weitergefragt werden, ob es wirklich denkar ist, dass der Verfasser des Hellenistenbuches Maria von Magdala mit ihrer herausragenden Stellung als Zeugin der Auferstehung erst nach dem Tod Jesu in die Darstellung eingeführt hätte. Wie kann eine Frau um einen Toten so innig trauern, wenn sie mit ihm als Lebenden nichts zu tun gehat hat. Schon aus erzähltechnischen und kompositorischen Gründen muss Maria von Magdala auch schon zuvor im Evangelium eine besondere Rolle gespielt haben. Meines Erachtens kommt dafür vor allem die Hochzeit zu Kana in Frage. Wenn Maria (von Magdala) unter dem Kreuz durch die Mutter Jesu ersetzt werden sollte, dann könnte dies parallel dazu auch in der Erzählung von der Hochzeit von Kana geschehen sein. Wenn sie dort durch ihren vorauseilenden Glauben seine Herrlichkeitsoffenbarung eröffnet hat, dann wird auch verständlich dass Jesus in seinem Tod sich als ihr „Sohn“ bezeichnet. Die einfache Qualifizierung oder Umdeutung Marias zur physischen Mutter Jesu geht dann aber freilich an der Sache vorbei. Vielleicht gab es auch anderslautende Erinnerungen an den Namen der leiblichen Mutter Jesu. Die Zurückhaltung des Johannesevangeliums und des Markus in dieser Frage ist jedenfalls bemerkenswert.

● 46. Essig und Jesu Tod (A)

Joh 19,28 Μετὰ τοῦτο εἰδὼς ὁ Ἰησοῦς ὅτι ἤδη πάντα ***τετέλεσται***, **ἵνα τελειωθῇ ἡ γραφή, λέγει,** **Διψῶ.**	Mk 15,34 καὶ τῇ ἐνάτῃ ὥρᾳ **ἐβόησεν ὁ Ἰησοῦς φωνῇ μεγάλῃ,** **Ελωι ελωι λεμα σαβαχθανι;** ὅ ἐστιν μεθερμηνευόμενον Ὁ θεός μου ὁ θεός μου, εἰς τί ἐγκατέλιπές με; 15,35 καί τινες τῶν παρεστηκότων ἀκούσαντες ἔλεγον, Ἴδε Ἠλίαν φωνεῖ.
19,29 σκεῦος ἔκειτο ὄξους μεστόν· **σπόγγον οὖν μεστὸν τοῦ ὄξους** ὑσσώπῳ **περιθέντες** προσήνεγκαν αὐτοῦ τῷ στόματι.	15,36 δραμὼν δέ τις [καὶ] **γεμίσας σπόγγον ὄξους** **περιθεὶς** καλάμῳ ἐπότιζεν αὐτόν
19,30 ὅτε οὖν ἔλαβεν τὸ ὄξος	λέγων, Ἄφετε ἴδωμεν εἰ ἔρχεται Ἠλίας καθελεῖν αὐτόν.
[ὁ] Ἰησοῦς **εἶπεν, Τετέλεσται** καὶ κλίνας τὴν κεφαλὴν **παρέδωκεν τὸ πνεῦμα**.	15,37 **ὁ** δὲ **Ἰησοῦς** **ἀφεὶς φωνὴν μεγάλην** **ἐξέπνευσεν**.

Markus ersetzt den Hinweis auf die Schrift und die kurze Anspielung „Mich dürstet“ auf Psalm 21,16 durch das wörtliche aramäische Zitat vom Beginn eben dieses Psalms: „Eloi, Eloi, lama sabachthani?“ und knüpft daran den dümmlichen Spott dessen, der den Essig reicht: „Lasst uns sehen, ob Elias kommt, um ihn abzunehmen!“ Dadurch ist nun zwar die Tränkung mit Essig ihrer Begründung in dem Jesuswort „Mich dürstet!“ beraubt und hängt in der Luft. Sie ist Markus auch nicht mehr wichtig und wird auf das Notwendigste gekürzt. Das Wortspiel *Eli – Elias* dient Markus für seinen Kampf gegen die Prophetenchristologie des Hellenistenbuches (vgl. Joh 1,20f; Tempelreinigung auf dem Hintergrund von Mal 3,1.23): Nicht einmal bösartige Zeitgenossen identifizieren Jesus mit Elija (vgl. Mk 6,15; 8,28, 9,2-5; 9,13)! Als Rahmung der Perikope erscheint anstatt der Wiederholung von τετέλεσται die Wiederholung von φωνῇ μεγάλῃ.

Bemerkenswert ist auch noch eine andere Differenz: Das Hellenistenbuch denkt philosophisch und impliziert die griechischen Vorstellungen von der Unsterblichkeit und vom Leib als Gefängnis der Geistseele: Jesus übergibt seinen Geist. Markus behält den Wortstamm bei, aber macht daraus einfach Jesu letzten Atemzug: ἐξέπνευσεν.

● 47. Josef von Arimathäa (A)

Joh 19,38 Μετὰ δὲ ταῦτα	Mk 15,43 ἐλθὼν
ἠρώτησεν τὸν Πιλᾶτον	
Ἰωσὴφ [ὁ] ἀπὸ Ἁριμαθαίας, ὢν	**Ἰωσὴφ [ὁ] ἀπὸ Ἁριμαθαίας**
μαθητὴς τοῦ Ἰησοῦ κεκρυμμένος δὲ	
διὰ τὸν φόβον τῶν Ἰουδαίων,	
3,1 Ἦν δὲ ἄνθρωπος ἐκ τῶν Φαρι-	
σαίων, Νικόδημος ὄνομα αὐτῷ,	
ἄρχων τῶν Ἰουδαίων·	***εὐσχήμων βουλευτής***,
3,2 οὗτος ἦλθεν πρὸς αὐτὸν νυκτὸς	
καὶ εἶπεν αὐτῷ, Ῥαββί, οἴδαμεν	
ὅτι ἀπὸ θεοῦ ἐλήλυθας διδάσκα-	
λος· οὐδεὶς γὰρ δύναται ταῦτα	
τὰ σημεῖα ποιεῖν ἃ σὺ ποιεῖς,	
ἐὰν μὴ ᾖ ὁ θεὸς μετ᾽ αὐτοῦ. 3,3	
ἀπεκρίθη Ἰησοῦς καὶ εἶπεν αὐτῷ,	
Ἀμὴν ἀμὴν λέγω σοι, ἐὰν μή τις	
γεννηθῇ ἄνωθεν, οὐ δύναται ἰδεῖν	ὃς καὶ αὐτὸς ἦν προσδεχόμενος
τὴν βασιλείαν τοῦ θεοῦ.	***τὴν βασιλείαν τοῦ θεοῦ***,
	τολμήσας εἰσῆλθεν πρὸς
ἵνα ἄρῃ	***τὸν Πιλᾶτον*** *καὶ* ***ᾐτήσατο***
τὸ σῶμα τοῦ Ἰησοῦ·	**τὸ σῶμα τοῦ Ἰησοῦ.**
καὶ ἐπέτρεψεν ὁ Πιλᾶτος.	15,44 **ὁ δὲ Πιλᾶτος**
	ἐθαύμασεν εἰ ἤδη τέθνηκεν καὶ
	προσκαλεσάμενος τὸν κεντυρίωνα
	ἐπηρώτησεν αὐτὸν εἰ πάλαι ἀπέθανεν·
	15,45 καὶ γνοὺς ἀπὸ τοῦ κεντυρίωνος
	ἐδωρήσατο τὸ πτῶμα τῷ Ἰωσήφ.
19,39 ἦλθεν δὲ καὶ Νικόδημος, ὁ	
ἐλθὼν πρὸς αὐτὸν νυκτὸς τὸ πρῶτον	

Markus erweitert diese Geschichte. Indem er Joseph von Arimathäa zu einem angesehenen Ratsherren macht und auf ihn die Eigenschaften des ganz allgemein und daher auch bei der Grablegung getilgten Nikodemus (Joh 3,1; 7,50; 19,39) überträgt, verleiht er ihm das sonst fehlende Gewicht des Nikodemus. Zugleich erspart ihm Markus als einem verborgenen Jesusjünger den Vorwurf der Furcht vor den Juden und damit der Feigheit. Die dem Joseph von Arimathäa überdies zugeschriebene Erwartung des Gottesreiches ist wohl auch aus dem Nikodemusgepräch (Joh 3,5) entlehnt.

Zwar drängt sich an diesem Text zunächst das gegenläufige Modell einer Abhängigkeit des „Johannes“ von Markus auf. Die Absicht des Hellenistenbuches, mit dem Nikodemusgespräch einen „Dyophysitismus“ gegenüber der

„Fleischwerdung des Logos“ von Joh 1,14 einzuführen, ist evident: „Was aus dem Fleisch geboren ist, ist Fleisch, was aber aus Geist geboren ist, ist Geist“ (Joh 3,6). Dieses dyophysitische Interesse setzt sich dann fort in der Salbung des toten Leibes Jesu durch Nikodemus. Joh 7,50 dient der zusätzlichen Verankerung des Nikodemus im Evangelium. Das Verfahren der Einführung und Verankerung des Nikodemus in das Hellenistenbuch gleicht den ähnlichen Verfahren mit Thomas und dem Lieblingsjünger, allerdings auch schon mit Andreas und Philippus. Es stellt sich daher die Frage des Zeitpunktes. Eine Einführung des Nikodemus ausgehend vom Markusevangelium durch vorausschauende Abspaltung aus Josef von Arimathäa und schließliche Addition wäre allerdings ebenso „sophisticated“ wie überflüssig gewesen. Das Gepräch in Joh 3,1 hätte ausgehend von Markus viel einfacher Joseph von Arimathäa selbst in den Mund gelegt werden können. Eher hat Markus umgekehrt den Nikodemus schon im Hellenistenbuch vorgfunden, als theologische Figur weggelassen und seine brauchbaren Züge dem Joseph von Arimathäa zugeeignet. Dafür spricht auch das Verhalten der Großsynoptiker (siehe dort!).

Eine ganz offensichtliche Erweiterung des Markus ist die Verwunderung und umständliche Erkundigung des Pilatus, ob Jesus denn schon gestorben sei. Sie ersetzt den im Hellenistenbuch berichteten, von Markus aber ausgelassenen Lanzenstich (Joh 19,31–34). Die Lanzenstichperikope konnte Markus aber deshalb nicht übernehmen, weil er das Letzte Abendmahl als Paschamahl darstellen wollte und daher bereits der Karfreitag der erste Festtag gewesen sein müsste. Die Begründung für das Zerschlagen der Gebeine der Hingerichteten und für den Lanzenstich bei Jesus lautete aber nach dem Hellenistenbuch, dass der bevorstehende Sabbat ein großer Festtag war und die Leichen daher rasch abgenommen werden sollten. Diese Darstellung ist realistisch und entspricht auch dem Zeugnis des Talmud. Eine Hinrichtung am Festtag, wie Markus das will, wäre hingegen äußerst unwahrscheinlich.

● 48. Grablegung (B)

Joh 19,40 ἔλαβον οὖν τὸ σῶμα τοῦ Ἰησοῦ καὶ ἔδησαν αὐτὸ **ὀθονίοις** μετὰ τῶν ἀρωμάτων, καθὼς ἔθος ἐστὶν τοῖς Ἰουδαίοις ἐνταφιάζειν. 19,41 ἦν δὲ ἐν τῷ τόπῳ ὅπου ἐσταυρώθη κῆπος, καὶ ἐν τῷ κήπῳ **μνημεῖον** καινὸν ἐν ᾧ οὐδέπω οὐδεὶς ἦν τεθειμένος· 19,42 ἐκεῖ οὖν διὰ τὴν παρασκευὴν τῶν Ἰουδαίων, ὅτι ἐγγὺς ἦν	Mk 15,46 καὶ ἀγοράσας **σινδόνα** καθελὼν αὐτὸν ἐνείλησεν τῇ **σινδόνι**
τὸ **μνημεῖον**, **ἔθηκαν** τὸν Ἰησοῦν.	καὶ **ἔθηκεν** αὐτὸν ἐν **μνημείῳ** ὃ ἦν λελατομημένον ἐκ πέτρας καὶ προσεκύλισεν λίθον ἐπὶ τὴν θύραν τοῦ **μνημείου**.

Die wohlriechenden Salben Myrrhe und Aloe samt ihrem Spender Nikodemus lässt Markus weg. Nikodemus wird vielleicht aus tendenziellen Gründen getilgt, und die Salben sind nicht mehr notwendig. Die Salbung in Betanien wird ja von Markus schon als vorweggenommene Salbung zum Begräbnis bezeichnet. Das Hellenistenbuch war hier inkonsequent, denn Maria sollte ja die Salbe für das Begräbnis aufbewahren. Davon ist aber später keine Rede mehr. Markus hat diese Inkonsequenz geglättet. Auch bezüglich der Bestattung nimmt Markus eine sachliche Änderung vor. Die nach dem Hellenistenbuch bei den Juden üblichen Binden ersetzt Markus durch ein Leichentuch, das Josef von Arimathäa eigens kauft. Damit hat es aber gerade in der markinischen Chronologie seine Schwierigkeit. Konnte man am Festtag ein Begräbnis vornehmen und dazu etwas kaufen?

Alle näheren Angaben zum Grab werden übergangen. Wichtig ist Markus aber aus erzähltechnischen Gründen der Stein vor der Tür des Grabes, den das Hellenistenbuch hier nicht eigens erwähnt, sondern wohl als selbstverständlich vorausgesetzt hat. Markus braucht den Stein aber zur Verdeutlichung der folgenden Perikope.

● 49. Frauen beim Grab (B)

	Mk 15,47 ἡ δὲ ***Μαρία ἡ Μαγδαληνὴ***
	καὶ Μαρία ἡ Ἰωσῆτος
	ἐθεώρουν ποῦ τέθειται.
Joh 20,1 ***Τῇ*** *δὲ* ***μιᾷ τῶν σαββάτων***	16,1 Καὶ διαγενομένου **τοῦ σαββάτου**
Μαρία ἡ Μαγδαληνὴ	**Μαρία ἡ Μαγδαληνὴ**
	καὶ Μαρία ἡ [τοῦ] Ἰακώβου
	καὶ Σαλώμη ἠγόρασαν ἀρώματα
	ἵνα ἐλθοῦσαι ἀλείψωσιν αὐτόν.
ἔρχεται	16,2 καὶ ***λίαν***
πρωῒ	**πρωῒ**
	τῇ μιᾷ τῶν σαββάτων
σκοτίας ἔτι οὔσης	***ἔρχονται***
εἰς τὸ μνημεῖον	**ἐπὶ τὸ μνημεῖον**
	ἀνατείλαντος τοῦ ἡλίου.
καὶ ***βλέπει***	16,3 καὶ ἔλεγον πρὸς ἑαυτάς,
τὸν λίθον	Τίς ἀποκυλίσει ἡμῖν **τὸν λίθον**
ἠρμένον **ἐκ τοῦ μνημείου.**	**ἐκ** τῆς θύρας **τοῦ μνημείου;**
	16,4 καὶ ***ἀναβλέψασαι*** θεωροῦσιν
	ὅτι *ἀποκεκύλισται* **ὁ λίθος·**
	ἦν γὰρ μέγας σφόδρα.

Der einfachen Mitteilung des Hellenistenbuches steht bei Markus eine komplizierte Erzählung gegenüber. Im Hellenistenbuch heißt es, dass Maria am ersten Wochentag, früh, als es noch dunkel war, zum Grab kam und sah, dass der Stein weggenommen war. Bei Markus finden sich alle diese Motive des Hellenistenbuches fast wörtlich wieder. Sie sind aber hier zu einer wortreichen Geschichte verwoben. Im Unterschied zur Darstellung des Hellenistenbuches lässt Markus die Frauen schon vorher über den Verschlussstein diskutieren. Umso stärker kommt dann zur Wirkung, dass das Grab bereits geöffnet ist.

Besonders fällt natürlich auf, dass die Maria Magdalena des Hellenistenbuches bei Markus noch von Maria des Joses, Maria des Jakobus und von Salome begleitet wird, ferner dass sie wohlriechende Salben gekauft haben. Die Absicht der Salbung, die aber nicht mehr realisiert werden kann, ist eine Reminiszenz der vorweggenommenen Salbung in Betanien, die damit von Markus wieder aufgegriffen wird.

Die Vervielfachung der Maria bei Markus im Vergleich zu „Johannes“ hängt mit den Problemen der Szene unter dem Kreuz zusammen. Anders als das Hellenistenbuch nennt Markus alle dort genannten Frauen auch hier beim leeren Grab. Ein Grund dafür dürfte die Absicht sein, die einzigartige Rolle, die Maria Magdalena im Hellenistenbuch als Zeugin der Auferstehung spielt, durch die Anwesenheit anderer Frauen zusätzlich zu relativieren.

● 50. Gegenläufige Abhängigkeit: Maria Magdalena informiert Petrus und die / den (anderen) Jünger (D)

Joh 20,2 τρέχει οὖν καὶ ἔρχεται	Mk 16,7 ἀλλὰ ὑπάγετε
	εἴπατε
πρὸς Σίμωνα Πέτρον	**τοῖς μαθηταῖς αὐτοῦ**
καὶ πρὸς τὸν ἄλλον μαθητὴν	**καὶ τῷ Πέτρῳ**
ὃν ἐφίλει ὁ Ἰησοῦς	
καὶ ***λέγει αὐτοῖς***,	
Ἦραν τὸν κύριον ἐκ τοῦ μνημείου,	ὅτι Προάγει ὑμᾶς εἰς τὴν Γαλιλαίαν·
καὶ οὐκ οἴδαμεν ποῦ ἔθηκαν αὐτόν.	ἐκεῖ αὐτὸν ὄψεσθε, καθὼς εἶπεν ὑμῖν.

Die Grablaufgeschichte ist erst sekundär und redaktionell in das Hellenistenbuch eingefügt worden, um darin Petrus und die Jünger als Zeugen des leeren Grabes zu verankern. Diese erste redaktionelle Erweiterung des Hellenistenbuches erfolgte auf der Grundlage des in der Zwischenzeit entstandenen Markusevangeliums. Die Einfügung des „Lieblingsjüngers“ durch Änderung von „die (anderen) Jünger“ in „der andere Jünger“ erfolgte wahrscheinlich erst in einer zweiten Überarbeitung. Die erste Phase des Einschubes, in der nur vom Lauf des Petrus die Rede war, knüpft an Mk 16,7 an. Die Szene konnte im Hellenistenbuch aber nicht nach der Erscheinung Jesu vor Maria Magdalena eingetragen werden; sie hätte ja sonst ihren Zweck verfehlt, Petrus als den vorrangigeren Zeugen der Auferstehung darzustellen. Sie wurde daher schon vor der Erscheinung vor Magdalena eingeschoben um diese zumindest zu relativieren. Die zweistufige Entstehung der Grablauferzählung wird im Zusammenhang der Benützung des Hellenistenbuches durch die Großsynoptiker – hier durch Lukas – ausführlich dargestellt werden.

● 51./52. Erscheinung von (Engeln und) Jesus A (D)

Joh	Mk
Joh 20,11 Μαρία δὲ εἱστήκει **πρὸς τῷ μνημείῳ ἔξω** κλαίουσα. ➡ ὡς οὖν ἔκλαιεν,	Mk 16,5 καὶ εἰσελθοῦσαι **εἰς τὸ μνημεῖον**
παρέκυψεν ***εἰς τὸ μνημεῖον*** *20,12 καὶ* ***θεωρεῖ δύο ἀγγέλους*** *ἐν* ***λευκοῖς καθεζομένους,*** *ἕνα πρὸς τῇ κεφαλῇ* *καὶ ἕνα πρὸς τοῖς ποσίν,* *ὅπου ἔκειτο τὸ σῶμα τοῦ Ἰησοῦ.* *20,13 καὶ* ***λέγουσιν αὐτῇ*** *ἐκεῖνοι,* *Γύναι, τί κλαίεις;* *λέγει αὐτοῖς ὅτι Ἦραν τὸν κύριόν* *μου, καὶ οὐκ οἶδα* ***ποῦ ἔθηκαν αὐτόν.*** *20,14 ταῦτα εἰποῦσα*	⬇ ⬇ ⬇ ⬇ ⬇ ⬇ *16,5 καὶ εἰσελθοῦσαι* ⬅ ***εἰς τὸ μνημεῖον*** ***εἶδον νεανίσκον*** ***καθήμενον*** ⬅ *ἐν τοῖς δεξιοῖς* *περιβεβλημένον στολὴν* ***λευκήν,*** *καὶ ἐξεθαμβήθησαν.* ⬅ *16,6 ὁ δὲ* ***λέγει αὐταῖς,*** *Μὴ ἐκθαμβεῖσθε·* *ἠγέρθη, οὐκ ἔστιν ὧδε·* ⬅ *ἴδε ὁ τόπος* ***ὅπου ἔθηκαν αὐτόν.*** ⬆ ⬆ ⬆ ⬆ ⬆ ⬆ ⬆
ἐστράφη εἰς τὰ ὀπίσω, καὶ **θεωρεῖ τὸν Ἰησοῦν ἑστῶτα,** ➡ καὶ οὐκ ᾔδει ὅτι Ἰησοῦς ἐστιν.	**εἶδον νεανίσκον καθήμενον** ἐν τοῖς δεξιοῖς περιβεβλημένον στολὴν λευκήν, καὶ ἐξεθαμβήθησαν.
20,15 **λέγει αὐτῇ** ➡	16,6 ὁ δὲ **λέγει αὐταῖς,** Μὴ ἐκθαμβεῖσθε·
Ἰησοῦς, ➡ Γύναι, τί κλαίεις; τίνα **ζητεῖς;**	**Ἰησοῦν** **ζητεῖτε** τὸν Ναζαρηνὸν τὸν ἐσταυρω- μένον·
ἐκείνη δοκοῦσα ὅτι ὁ κηπουρός ἐστιν λέγει αὐτῷ, Κύριε, εἰ σὺ ἐβάστασας αὐτόν, εἰπέ μοι **ποῦ ἔθηκας αὐτόν**, κἀγὼ αὐτὸν ἀρῶ. 20,16 λέγει αὐτῇ Ἰησοῦς, Μαριάμ. στραφεῖσα ἐκείνη λέγει αὐτῷ Ἑβραϊστί, Ραββουνι (ὃ λέγεται Διδάσκαλε). 20,17 λέγει αὐτῇ Ἰησοῦς, Μή μου ἅπτου, οὔπω γὰρ ἀναβέβηκα πρὸς τὸν πατέρα·	ἠγέρθη, οὐκ ἔστιν ὧδε· ἴδε ὁ τόπος **ὅπου ἔθηκαν αὐτόν.**
πορεύου δὲ πρὸς τοὺς ἀδελφούς μου καὶ **εἰπὲ αὐτοῖς,** Ἀναβαίνω πρὸς τὸν πατέρα μου καὶ πατέρα ὑμῶν καὶ θεόν μου καὶ θεὸν ὑμῶν. 20,18 ἔρχεται Μαριὰμ ἡ Μαγδαληνὴ ἀγγέλλουσα	16,7 ἀλλὰ ὑπάγετε **εἴπατε**
τοῖς μαθηταῖς ὅτι **Ἑώρακα** τὸν κύριον, καὶ ταῦτα εἶπεν αὐτῇ.	**τοῖς μαθηταῖς** αὐτοῦ καὶ τῷ Πέτρῳ ὅτι Προάγει ὑμᾶς εἰς τὴν Γαλιλαίαν· ἐκεῖ αὐτὸν **ὄψεσθε**, καθὼς εἶπεν ὑμῖν.

Die Behandlung dieses verschränkten Abschnittes ist in zwei Teilen durchzuführen. Der erste Teil betrifft die Abhängigkeit der markinischen Jünglingserscheinung von der Erscheinung Jesu im Hellenistenbuch (Nr. 50). Der zweite Teil betrifft die Abhängigkeit der Engelerscheinung des Hellenistenbuches von der des Markusevangeliums (Nr. 49).

Markus kann kein Interesse daran gehabt haben, Maria Magdalena oder auch eine Mehrzahl von Frauen als erste Zeugen der Auferstehung darzustellen. Nach paulinischer Tradition, die wohl auf Petrus zurückgeht, war es Petrus, dem Jesus als erstem erschienen ist: „Er ist am dritten Tage auferweckt worden, gemäß der Schrift und erschien dem Kephas, dann den Zwölf" (1Kor 15,4). Markus hat daher offensichtlich die Erscheinung des Auferstandenen vor Maria Magdalena in die Erscheinung eines Engels umgestaltet, wobei er nicht ausdrücklich von einem Engel, sondern von einem Jüngling im weißen Gewand spricht. Durch diesen Jüngling lässt er die Auferstehung Jesu den Frauen nur mitteilen und ankündigen, dass Jesus dem Petrus und den Jüngern nach Galiläa vorausgehen werde – um ihnen, wie erst das Matthäusevangelium ausführen wird, dort zu erscheinen und damit der petrinischen Tradition zu entsprechen.

Bei einer ersten petrinischen Redaktion des Hellenistenbuches, bei der – wie sich aus der weiteren Untersuchung ergeben wird – auch die Grablaufgeschichte und das Nachtragskapitel 21 eingetragen wurden (beide noch ohne den Lieblieblingsjünger), könnte zugleich auch aus dem Markusevangelium die Engelserscheinung ergänzt worden sein. Zweck dieser Operation könnte es gewesen sein, die Darstellung nach dem Beispiel von Markus und inzwischen auch des Matthäus zu ergänzen. Die Zweizahl der Engel sollte vielleicht dem Verdacht vorbeugen, der Engel sei doch auch Jesus selbst gewesen.

Auch Matthäus hat das Hellenistenbuch noch in seiner ursprünglichen Form gelesen, denn er kombiniert die Erscheinung des einen Engels bei Markus samt dessen Botschaft mit der Jesuserscheinung des Hellenistenbuches (Mt 28,5–9). Erst zwischen Matthäus und Lukas fanden die ersten Erweiterungen des Hellenistenbuches statt.

Dieses hatte zur Zeit seiner Benützung durch Markus und auch noch durch Matthäus – mit der Erscheinung Jesu vor Maria von Magdala geendet. Hätte es schon damals über Erscheinungen vor den Jüngern berichtet, dann hätte Markus darauf mit Sicherheit nicht verzichtet.

2.2 Ergebnisse

Das Bestehen einer direkten literarischen Beziehung zwischen „Johannes" und Markus

Die Gemeinsamkeiten zwischen „Johannes" und Markus gegenüber 31 „Minor Agreements" von Matthäus und Lukas weisen auf eine von den Großsynoptikern unabhängige literarische Beziehung hin, die Untersuchung der Abhängigkeitsrichtung in dieser Beziehung ist daher zulässig und sinnvoll. Bereits einige Indizien in der Übereinstimmung gegenüber den Abweichungen der Großsynoptiker lassen eher ein Gefälle von „Johannes" zu Markus als umgekehrt vermuten.

Die Verteilung der Paralleltexte im Johannesevangelium

Die Parallelen zwischen Johannes und Markus finden sich im Allgemeinen in jenen Teilen des Johannesevangeliums, die in der kritischen Forschung seit Bultmann dem „Evangelisten" zugeschrieben werden und nicht in Texten der kirchlichen oder johanneischen Redaktion. Das ist deshalb bemerkenswert, weil es im Falle der Abhängigkeit des Johannesevangeliums von Markus paradox wäre, dass gerade der gnosisnahe „Evangelist" das Markusevangelium benützt hätte, die synoptisierende kirchliche Redaktion sich aber jeder derartigen Bezugnahme enthalten hätte. Dagegen ist der auffällige Sachverhalt bei der Abhängigkeit des Markus von „Johannes" ganz selbstverständlich. Markus konnte die Texte der kirchlichen Redaktion deshalb nicht benützen, weil er sie eben zu seiner Zeit im Hellenistenbuch noch nicht vorfand.

Die Verteilung der Wahrscheinlichkeitsbewertungen

Von den insgesamt 52 Parellelperikopen von „Johannes" und Markus wurden 13, also etwa ein Viertel, mit der Note A bewertet. Das heißt, aus diesen Parallelen wird die literarische Abhängigkeit des Markusevangeliums von „Johannes" mit größter Deutlichkeit erkennbar. Die zweite Gruppe der mit der Note B bewerteten Parallelen umfasst 18 Nummern. Auch hier scheint das Abhängigkeitsgefälle von „Johannes" zu Markus näher zu liegen als umgekehrt. In weiteren 17 Fällen meinten wir hingegen, keine ausreichende Grundlage für ein Urteil über die Abhängigkeitsrichtung gefunden zu haben. Nur in 4 (+1) Fällen schien eine Abhängigkeit des „Johannes" von Markus näher zu liegen. Für sie wurde die Note D vergeben.

Mit der Note A wurden die folgenden 13 Stellen bewertet

4. Die ersten Jünger (Joh 1,38-40 > Mk 1,16-18)
11. Fieberheilung in Kafarnaum (Joh 4,46.52 > Mk 1,28-31)
13. Speisungsgeschichte (Joh 6,1-13 > Mk 6,32-44; 8,1-10)
15. Zeichenforderung (Joh 6,30 > Mk 8,11)
21. Betanien (Joh 12,1-12 > Mk 14,3-9)
28. Wer mich aufnimmt (Joh 13,20 > Mk 9,37)
29. Abschiedsmahl und Verräter (Joh 13,1f.18-22.26-30 > Mk 14,17-22)
36. Verleugnung des Petrus 1 (Joh 18,13-18 > Mk 14,53f)
38. Verleugnung des Petrus 2 (Joh 18,17.25-27 > Mk 14,66-72)
41. Geißelung und Dornenkrönung (Joh 19,1-3.5 > Mk 15,15-20)
46. Essig und Jesu Tod (Joh 19,28-30 > Mk 15,34-37)
47. Josef von Arimathäa (Joh 19,38[.3,1-3]f > Mk 15,43-45)
51. Erscheinung Jesu oder eines Engels (Joh 20,11.14f > Mk 16,5f)

Mit der Note B wurden folgende 18 Stellen bewertet:

3. Täuferzeugnis und Taufe Jesu (Joh 1,26f.32-34.41-44 > Mk 1,7f.10f; [8,29f;] 1,19f)
7. Einleitung einer Frage: Wiedergeburt bzw. Kaisersteuer (Joh 3,1f > Mk 12,13f)
10. Ein Prophet gilt nichts in seiner Vaterstadt (Joh 4,44 > Mk 4,6)
12. Heilung eines Lahmen (Joh 5,8f > Mk 12,10-12)
14. Seewandel (Joh 6,14-20 > Mk 45-53)
23. Wer sein Leben liebt (Joh 12,25 > Mk 8,35)
24. Dienen (Joh 12,26 > Mk 10,45)
25. Todesangst (Joh 12,27 > Mk 14,34-36)
27. Sehen und doch nicht sehen 2 (Joh 12,39f >Mk 4,11f)
30. Vorhersage der Verleugnung des Petrus (Joh 13,37f > Mk 14,29-31)
33. Steht auf, gehen wir! (Joh 13,1f; 14,30f > Mk 14,42)
34. Gefangennahme (Joh 18,10f > Mk 14,47)
35. Kelchwort (Joh 18,11 > Mk 14,36)
37. Verhör durch Hannas (Joh 18,19-22 > Mk 14,55-65)
42. Freigabe zur Kreuzigung (Joh 19,6-10.13-16 > Mk 15,3[.13]-5.12-15)
45. Frauen unter dem Kreuz (Joh 19,25f >< Mk 15,40f)
48. Grablegung (Joh 19,40-42 > Mk 15,46)
49. Frauen beim Grab (Joh 20,1 > Mk 15,47;16,2-4)

Mit der Note C wurden folgende 17 Stellen bewertet:

1. Der Logos (Joh 1,1 > Mk 1,1)
2. Der Gesandte (Joh 1,6.7.19 > Mk 1,2f)
5. Mutter und Brüder Jesu (Joh 2,1-12 > Mk 3, 31-35)
6. Tempelreinigung (Joh 2,13-18 > Mk 11,15-17; 14,57f)
8. Der Bräutigam (Joh 3,25-30 > Mk 2,18-20)
9. Jesus geht nach Galiläa (Joh 4,1-3 > Mk 1,14)
17. Den Tod nicht kosten (Joh 8,51f > Mk 9,1)
18. Sehen und doch nicht sehen 1 (Joh 9,39 > Mk 4,12)
20. Tötungsbeschluss (Joh 11,47.53 > Mk 11,18)
22. Einzug in Jerusalem (Joh 12,13 > Mk 11,8-10)
26. Himmelsstimme (Joh 12,28-30 > Mk 1,11; 9,7)

31. Gebet (Joh 14,13f > Mk 11,24)
32. Der Geist wird euch lehren (Joh 14,26 > Mk 13,11)
39. Verhör durch Pilatus (Joh 18,33.37f > Mk 14,2)
40. Barabbas (Joh 18,39f > Mk 15, 6-9)
43. Kreuzigung (19,17-20 > Mk 15,22-26.27.29f)
44. Verteilung der Kleider (Joh 19,23f >Mk 15,24)

Mit der Note „D“ wurden fünf Parallelen ausgewiesen

16. Petrusbekenntnis (Joh 6,67-69 < Mk 8,29)
19. Hirt und Schafe (Joh 10,12-15 < Mk 14,27)
45. Frauen unter dem Kreuz (Joh 19,25f >< Mk 15,40f) (auch unter „B“!)
50. Maria Magdalena informiert Petrus und die anderen Jünger (Joh 20,2 < Mk 16,7)
52. Erscheinung von Engeln (Joh 20,11-14 <Mk 16,5f)

Insgesamt 30 Beobachtungen eines Gefälles von „Johannes“ zu Markus stehen 17 für sich allein unentscheidbare Stellen gegenüber. Eine gegenläufige Tendenz wurde nur viermal registriert, und zwar an Stellen, die der Redaktion zugerechnet werden können.

Die antipetrinische und petrinische Redaktion

Sozusagen als Nebenprodukt unserer Untersuchung haben sich auch Konsequenzen für die Literarkritik des „Johannesevangeliums“ ergeben. Die sogenannte kirchliche Redaktion zerfällt in zwei Perioden. Die erste Periode der redaktionellen Ergänzungen erklärt sich aus der Rückwirkung des Markusevangeliums auf das Hellenistenbuch.

Das Hellenistenbuch war zunächst nicht nur eine antignostische, sondern auch eine antipetrinische Schrift. Sie setzt bereits eine bedeutende Stellung des Petrus voraus. Andreas wird als Bruder des Petrus definiert, und das Bekennis „Du hast Worte des ewigen Lebens“ zeigt ihn als einen der Wortführer unter den Jüngern, allerdings noch mit einer präsentischen Eschatologie. Seine dreimalige Verleugnung Jesu, die ja noch durch keine spätere Petruserzählung positiv aufgewogen war, muss allerdings als eine kategorische Ablehnung seines späteren Anspruchs betrachtet werden.

Das Markusevangelium scheint in unterschiedlicher Weise auf das Hellenistenbuch zurückgewirkt zu haben.

Eine eher mechanische Parallelisierung stellt die Erscheinung der Engel im leeren Grab dar. Jener Engel, der im Markusevangelium statt des Auferstandenen erscheint, wird nun zusätzlich und verdoppelt auch in das Hellenistenbuch eingetragen und der Erscheinung des Auferstandenen vorangestellt.

Einen kirchenpolitischen Hintergrund hat hingegen die Fortschreibung der Erscheinungen. Im Widerspruch zu der markinischen Ankündigung, der Auferstandene werde den Jüngern nach Galiläa vorausgehen, fügte eine antipetrinische Redaktion an die Erscheinung Jesu vor Maria Magdalena eine Erscheinung des Auferstandenen vor den Jüngern in Jerusalem an, in der Petrus keine Rolle spielt und in deren Fortsetzung Thomas ein Bekenntnis formuliert, das jenem des Petrus im Markusevangelium gegenübergestellt wird. Der markinische Petrus bekennt Jesus als Messias, Thomas bekennt den Auferstandenen als Herrn und Gott. Damit endete vorerst das Evangelium.

Darauf reagierte nun ebenfalls noch vor der Benützung des Hellenistenbuches durch Matthäus und Lukas eine „petrinische Redaktion" mit zwei neuerlichen Hinzufügungen:

Der Grablauf des Petrus – und zwar noch ohne den Lieblingsjünger – sollte die Führungsstellung, die Petrus im Markusevangelium inne hat, auch im Hellenistenbuch verankern und die Bedeutung der Maria Magdalena für die Bezeugung der Auferstehung zugunsten des Petrus und der übrigen Jünger reduzieren. Maria informiert nun sofort nach der Entdeckung des offenen Grabes Petrus und die Jünger. Petrus läuft als erster hin und stellt nun noch vor Maria Magdalena fest, dass das Grab leer ist.

Zur selben petrinischen Redaktion gehört – wie im nächsten Kapitel deutlich werden wird – auch die Erscheinung des Auferstandenen am See von Tiberias, entsprechend der Ankündigung des Engels gegenüber den Frauen im Markusevangelium. Diese Erscheinungsgeschichte, in die der Lieblingsjünger ebenfalls erst später eingearbeitet wurde, endete mit dem Führungsauftrag für Petrus „Weide meine Schafe, weide meine Lämmer!" Darauf folgte ähnlich wie in der antipetrinischen Redaktion ein Schluss.

Es ist sehr gut möglich, dass die beiden Redaktionen je mit ihrem eigenen Schluss zunächst nebeneinander und in Konkurrenz zueinander existiert haben und erst nachträglich addiert worden sind.

2.3 Vergleichsmaterial zu den Parallelen zwischen „Johannes“ und Markus

2.3.1 Liste der Parallelen nach Kieffer

Die bisher umfangreichste Liste von Paralleltexten von Johannes und Markus wurde von René Kieffer vorgelegt. Da er seine Angaben nicht nummeriert hat, wurde bei der Wiedergabe eine fortlaufende Zählung vorangestellt. Die zweite Zahl bezeichnet die entsprechende Nummer im 2. Abschnitt unserer eigenen Untersuchung. Nummern über 52 in Klammer gehen über unsere eigene Untersuchung hinaus und wurden hier nicht behandelt.

		Johannes	Markus
1	**2/3**	Le témoignage du Baptiste 1,19-34	Le Baptiste et Jésus 1,2-11 (cf. Mt3,1-17; Lc 3,1-22)
2	**4**	Les premiers disciples 1,35-51	Appel de quatre pêcheurs 1,16-20 (cf. Mt 4,18-22; Lc 5,1-3.10s.)
3	**8**	Jésus est l'époux (dit le Baptiste) 3,22-30	Jésus est l'époux (dit Jésus) 2,18-22 (cf. Mt 9,14-17; Lc 5,33-39)
4	**12**	Guérison d'un paralytique à Jérusalem 5, 1 -47	Guérison d'un paralytique à Capharnaüm 2,1-12 (cf. Mt 9,1-8; Lc 5,17-26)
5	**13**	Jésus nourrit 5000 6, 1-1 5	Jésus nourrit 5000 6,30-44 (cf. Mt 14,13-21; Lc 9, 10-17); voir aussi Jésus qui nourrit 4000 (cf. Mc 8,1-10; Mt 15,32-39)
6	**14**	Jésus marche sur l'eau 6,16-24	Jésus marche sur l'eau 6,45-54 (cf. Mt 14,22-33)
7	**15**	Le peuple demande un signe 6,25-34	Les pharisiens etc. demandent un signe 8,11-13 (cf. Mt 12,38s.; 16,1-4; Lc 11,16-30; 12,54-56)
8	– **(53)**	Quel pain? 6,35-59	Le pain et le levain des pharisiens 8,14-21 (cf. Mt 16,5-12; Lc 12,1)
9	**16**	La confession de Pierre 6,60-69	La confession de Pierre 8,27-30 (cf. Mt 16,12-20; Lc 9,18-21)

10	– **(54)**	La trahison future de Judas 6,70s.	Premiere annonce de la Passion et de la Résurrection future 8,31-33 (cf. Mt 16,21-23; Lc 9,22)
11	– **(55)**	Jésus parcourt la Galilée et agit en cachette 7,1-10	Jésus traverse la Galilée en cachette 9,30
12	– **(56)**	La boue avec la salive de Jésus appliquée sur les yeux de l'aveugle 9,6	La salive de Jésus sur les yeux de l'aveugle 8,23; cf. 7,33
13	**19**	Jésus est le bon berger qui donne sa vie 10,11-18	Le berger (= Jésus) sera frappé 14,27 (cf. Mt 26,31)
14	**19**	Les brebis sont dispersées 10, 12 (cf. 16,32)	Les brebis seront dispersées 14,27 (cf. Mt 26,31)
15	**21**	L'onction de Béthanie 12,1-11	L'onction de Béthanie 14,3-9 (cf. Mt 26,6-13; en un certain sens Lc 7,36-38)
16	**22**	L'arrivée triomphale devant Jérusalem 12,12-19	L'entrée triomphale à Jérusalem 11,1-11 (cf. Mt 21,1-11; Lc 19,28-40)
17	**24**	Jésus est troublé 12,27	Prière de Jésus à Gethsémani 14,32-42 (cf. Mt 26,36-46, Lc 22,40-46)
18	**29**	Le dernier repas 13,1ss.	Le dernier repas pascal 14,17-25 (cf. Mt 26,20-29; Lc 22,14-20)
19	**29**	Annonce de la trahison 13,21-30	Annonce de la trahison 14,17-21 (cf. Mt 26,20-25; Lc 22,21-23)
20	**30**	Annonce du reniement de Pierre 13,36-38	Annonce du reniement de Pierre 14,26-31 (cf. Mt 26,30-35; Lc 22,33s.)
21	**33**	Le prince de ce monde... Levez-vous 14,30s.	Celui qui me livre approche... Levez-vous 14,42 (cf. Mt 26,46)
22	– **(57)**	Jésus est la vraie vigne 15,1-17	Boire du fruit de la vigne 14,25 (cf. Mt 26,29; Lc 22,18)

23	– **(58)**	Le jardin au delà du Cédron 18,1	Le mont des Oliviers et Gethsémani 14,26.32 (cf. Mt 26,30.36; Lc 22,39)
24	**34/** **35**	L'arrestation de Jésus 18,1-12	L'arrestation de Jésus 14,43-50 (cf. Mt 26,47-56; Lc 22,47-53)
25	**36/** **37**	Au palais du Grand Prêtre (Hanne) 18,13s.19-24	Au palais du Grand Prêtre (Caïphe) 14,53-65 (cf. Mt 26,57-68; Lc 22,54s.63-71)
26	**36/** **37/** **38**	Les trois reniements de Pierre 18,15-18.25-27	Les trois reniements de Pierre 14,66-72 (cf. Mt 26,69-75; Lc 22,56-62)
27	**39**	Jésus devant Pilate 18,28-19,16	Jésus devant Pilate 15,1-20 (cf. Mt 27, 11-31; Lc 23,1-5.13-25)
28	**40**	Barabbas est relâché 18,39s.	Barabbas est relâché 15,6-11.15 (cf. Mt 27,15-18.20s. 26; Lc 23,18s.)
29	**41**	Le roi revêtu d'un manteau de pourpre et couronné d'épines 19,1-5	Le roi revêtu de pourpre et couronné d'épines 15,16-20 (cf. Mt 27,27-31; en un sens Lc 23,11 devant Hérode)
30	**42**	Crucifie-le ! 19,6; cf. 19,15	Crucifie-le ! 15,13 (cf. Mt 27,22s.; Lc 23,21-23)
31	**43**	Jésus ne répond pas 19,9	Jésus ne répond pas 15,4s. (cf. Mt 27,12-14; en un sens Lc 23,9 devant Hérode)
32	**44**	Vers Golgota 19,17	Vers Golgota 15,22 (cf. Mt 27,33; en un sens Lc 23,33)
33	**43**	Jésus est crucifié au milieu de deux autres 19,18	Jésus est crucifié avec deux bandits, l'un à gauche, l'autre à droite 15,25.27 (cf. Mt 27,35.38; Lc 23,33)
34	**43**	L'écriteau «Jésus le Nazôréen, le roi des Juifs» 19,19-22	L'écriteau «Le roi des Juifs» 15,26 (cf. Mt 27,37; Lc 23,38)
35	**44**	Le partage des vêtements et la tunique 19,23s.	Le partage des vêtements 15,24 (cf. Mt 27,35; Lc 23,34)

36	**45**	La présence de femmes 19,25	Les femmes qui avaient suivi 15,40s. (cf. Mt 27,55s.; Lc 23,55s.)
37	**46**	L'éponge imbibée de vinaigre 19,29s.	L'éponge emplie de vinaigre 15,36 (cf. Mt 27,48; voir aussi Mc15,23 et Mt 27,34)
38	**44/ 48**	Joseph d'Arimathée et Nicodème 19,38-42	Joseph d'Arimathée 15,42-46 (cf. Mt 27,57-60; Lc 23,50-53)
39	**49**	Marie de Magdala voit que la pierre est enlevée 20,1	Les femmes voient que la pierre est enlevée 16,1-4 (cf. Mt 28, 1-3; Lc 24,1s.)
40	**50**	Marie de Magdala informe Pierre et l'autre disciple 20,2	Les femmes doivent informer les disciples et Pierre 16,7 (cf. Mt 28,7 les disciples; Lc 24,9 les Onze; Lc 24,12 Pierre)
41	**51**	Marie de Magdala voit deux anges qui lui parlent 20,11s.	Les femmes voient un (ou deux) ange(s) qui leur parle(nt) 16,5-7 (cf. Mt 28, 2-7; Lc 24,4-7)
42	- (59)	L'apparition sur les bords de la mer de Tibériade 21	Le Ressuscité se revelera aux disciples en Galilée 16,7 (cf. Mt 28, 16-20)

Die Reihen sind keineswegs deckungsgleich. Die Zahl der Parallelen bei Kieffer ist mit 42 zwar etwas geringer als in der vorliegenden Untersuchung mit 52. Dennoch finden sich darunter auch 7 Nummern, die hier nicht behandelt wurden. Sie wurden in der Liste mit den Nummern (53) bis (59) bezeichnet. Es sind Texte, die zwar inhaltliche Bezüge aufweisen, aber einen Vergleich nicht zulassen. Andererseits finden 16 Nummern unserer eigenen Untersuchung bei Kieffer keine Entsprechung. Insgesamt ist aber der Umfang der Übereinstimmung bemerkenswert.

2.3.2 Exklusive Parallelen von „Johannes" und Markus gegenüber Matthäus und Lukas

Da der Markusstoff auch bei Matthäus und Lukas überliefert ist, könnte ja eine literarische Beziehung auch ohne das Markusevangelium über Matthäus oder Lukas gegeben sein. Tatsächlich wird aber eine direkte literarische Beziehung zwischen „Johannes" und Markus durch die Übereinstimmung der beiden Evangelien gegenüber gemeinsamen Abweichungen bei Matthäus und Lukas – „Minor Agreements" – sichergestellt.

An 31 Stellen lassen sich Übereinstimmungen zwischen „Johannes“ und Markus gegen „Minor Agreements“ zwischen Matthäus und Lukas feststellen. Diese Übereinstimmungen verteilen sich über den gesamten gemeinsamen Stoff:

1. Joh 1,1 || Mk 1,1: ἀρχη <> Mt/Lk – (1. Der Logos; Neyrinck § 1,1)

2. Joh 1,6 || Mk 1,2b: ἀπεσταλμένος / ἀποστέλλω <> Mt/Lk: – (2. Der Gesandte; Neirynck § 1, 5).

3. Joh 1,33 || Mk 1,8: – <> Mt 3,11 || Lk 3,16: καὶ πυρί (3. Täuferzeugnis und Taufe Jesu; Neirynck § 2,6).

4. Joh 1,33 || Mk 1,10: εἰς αὐτόν <> Mt 3,16 || Lk 3,22: ἐπ᾽ αὐτόν (3. Täuferzeugnis und Taufe Jesu; Neirynck § 3,6).

5. Joh 2,13 || Mk 11,15: Und er stieg hinauf / sie kamen nach Jerusalem <> Mt 21,12 || Lk 19,45: – (6. Tempelreinigung; Neirynck § 71,1)

6. Joh 3,1 || Mk 12,13: Dieser kam zu ihm nachts und sagte ihm: / Und sie kamen und sagten ihm: <> Mt 22,16 || Lk 20,21: – (7. Einleitung einer Frage: Wiedergeburt bzw. Kaisersteuer; Neirynck § 75,1).

7. Joh 3,25 || Mk 2,18: ἐκ τῶν μαθητῶν Ἰωάννου μετὰ Ἰουδαίου / οἱ μαθηταὶ Ἰωάννου καὶ οἱ Φαρισαῖοι <> Mt 9,14 /Lk 5,33: – (8. Der Bräutigam; Neirynck § 16,1)

8. Joh 3,25 || Mk 2,18: καὶ ἦλθον . . . καὶ εἶπαν ἀυτῷ / καὶ ἔρχονται καὶ λέγουσιν αὐτῷ <> Mt 9,14 /Lk 5,33 (8. Der Bräutigam; Neirynck § 16,1)

9. Joh 3,29 || Mk 2,19: νυμφίος <> Mt 9,15/Lk 5,34 – (8. Der Bräutigam; Neirynck § 16,1)

10. Joh 4,3 || Mk 1,14: ἀπῆλθεν / ἦλθεν <> Mt 4,12 || Lk 4,14: ἀνεχώρησεν / ὑπέστρεψαν (9. Jesus geht nach Galiläa: Neirynck § 5,1).

11. Joh 4,44 || Mk 6.4: ὅτι <> Mt 13,57 || Lk 4,24: – (10. Ein Prophet gilt nichts in seiner Vaterstadt: Neirynck § 34,6).

12. Joh 5,8 || Mk 2,11: ἔγειρε ἆρον <> Mt 9,6 || Lk 5,24: ἐγερθείς ἆρον / ἔγειρε καὶ ἄρας (12. Heilung eines Lahmen; Neirynck § 14,17).

13. Joh 6,1 || Mk 6,32: ἀπῆλθεν / ἀπῆλθον <> Mt 14,13 || Lk 9,10: ἀνεχώρησεν / ὑπεχώρησεν (13. Speisungsgeschichte; Neirynck § 38,4).

14. Joh 6,5 || Mk 6,36; 8,2: ἵνα φάγωσιν / τί φάγωσιν <> Mt 14,15 || Lk 9,12.13: βρώματα / ἐπισιτισμόν, βρώματα (13. Speisungsgeschichte: Neirynck § 38,14).

15. Joh 6,7 || Mk 6,37: zweihundert Denare <> Mt/Lk: – (13. Speisungsgeschichte: Neirynck § 38,17).

16. Joh 6,9 || Mk 6,38: fünf Brote und zwei Fische <> Mt/Lk: – (13. Speisungsgeschichte; Neirynck § 38,18).

17. Joh 6,10 ‖ Mk 6,40: ἀνέπεσαν <> Mt/Lk: – (13. Speisungsgeschichte; Neirynck § 38,21).

18. Joh 6,11 ‖ Mk 6,41: austeilen der Fische <> Mt 14,19 ‖ Lk 9,16: – (13. Speisungsgeschichte; Neirynck § 38,24).

19. Joh 6,68 ‖ Mk 8,29: αὐτω <> Mt 16,16 ‖ Lk 9,20: – (16. Petrusbekenntnis; Neirynck § 48,6).

20. Joh 12,3 ‖ Mk 14,3: νάρδου πιστικῆς πολυτίμου / νάρδου πιστικῆς πολυτελοῦς <> Mt 26,7 ‖ Lk 7,37: βαρυτιμίου / – (21. Betanien; Neirynck § 90,2).

21. Joh 12,7 ‖ Mk 14,6: – <> Mt 26,10 ‖ Lk 7,40: ergänzen αὐτοῖς / πρὸς αὐτόν (21. Betanien: Neirynck § 90,5).

22. Joh 12,27 ‖ Mk 14,35: „Stunde"<> Mt 26,39 ‖ Lk 22,41: – (25. Todesangst; Neirynck § 96,3).

23. Joh 12,28 ‖ Mk 1,11; 9,7: – <> Mt 17,5 ‖ Lk 9,35 ergänzen zur Himmelsstimme: λέγουσα (26. Himmelsstimme; Neirynck § 51,10).

24. Joh 18,13 ‖ Mk 14,53: – <> Mt 26,57 ‖ Lk 22,54 ergänzen: κρατήσαντες / συλλάβοντες (36. Verleugnung des Petrus 1; Neirynck § 98,1).

25. Joh 18,15 ‖ Mk 14,54: (ἕως ἔσω: Mk) εἰς τὴν αὐλήν <> Mt 26,58 ‖ Lk 22,55: ἕως τῆς αὐλῆς / ἐν μέσω τῆς αὐλῆς (36. Verleugnung des Petrus 1; Neirynck § 98,4).

26. Joh 18,18 ‖ Mk 14,54: καὶ θερμαινόμενος <> Mt 26,58 ‖ Lk 22,55f: – (36. Verleugnung des Petrus 1: Neirynck § 98,6).

27. Joh 18,22 ‖ Mk 14,65: ῥάπισμα / ῥαπίσμασιν <> Mt 26,67.68 ‖ Lk 22,65: – (ἐράπισαν / βλασφημοῦντες) – (37. Verhör durch Hannas; Neirynck § 99,11).

28. Joh 18,25 ‖ Mk 14,67: θερμαινόμενος / θερμαινόμενον <> Mt 26,69 ‖ Lk 22,56: – (36. Verleugnung des Petrus 2; Neirynck § 100,3).

29. Joh 19,9 ‖ Mk 15,4: πάλιν <> Mt 27,13 ‖ Lk 23,9: – (42. Freigabe zur Kreuzigung; Neirynck § 102,4).

30. Joh 19,14 ‖ Mk 15,12: καὶ λέγει τοῖς Ἰουδαίοις, Ἴδε ὁ βασιλεὺς ὑμῶν. / ἔλεγεν αὐτοῖς, Τί οὖν [θέλετε] ποιήσω [ὃν λέγετε] τὸν βασιλέα τῶν Ἰουδαίων; <> Mt 27,22 ‖ Lk 23,20: τί ουν ποιήσω Ἰησοῦν τὸν λεγόμενον Χριστόν; / θέλων ἀπολῦσαι τὸν Ιησοῦν (42. Freigabe zur Kreuzigung: Neirynck § 103,7).

31. Joh 19,15 ‖ Mk 15,13: ἐκραύγασαν οὖν ἐκεῖνοι, Ἆρον ἆρον, σταύρωσον αὐτόν. / οἱ δὲ πάλιν ἔκραξαν, Σταύρωσον αὐτόν. <> Mt 27,22 ‖ Lk 23,21: λέγουσιν πάντες· σταυρωθήτω. / ἐφώνουν λέγοντες· σταύρου σταύρου αὐτόν. (42. Freigabe zur Kreuzigung: Neirynck § 103,8).

32. Joh 20, 12 || Mk 16,5: ἐν λοικοῖς / στόλην λοικηήν <> Mt 28,3 || Lk 24,4: ὡς ἀστραπή / ἐν ἐσθῆτι ἀστραπούσῃ (52. Erscheinung von Jesus und Engeln; Neirynck § 109,9).

Weitere exklusive Beziehungen zwischen Johannes und Markus
nach Kieffer 118-121:

33. Joh 18,39 II Mk 15,9	Freilassung des Königs der Juden
34. Joh 12.5 II Mk 14,5	Für dreihundert Denare verkaufen
35. Joh 12.7 II Mk 14,6	Lass sie!

Diese auffälligen Übereinstimmungen von Johannes und Markus gegen Matthäus und Lukas erweisen sich zum Teil als die ursprünglicheren Textformen gegenüber stilistischen oder inhaltlichen Verbesserungen. Was für die „Minor Agreements" ganz allgemein gilt, gilt auch hier: Sie sind im Vergleich zu Markus sekundär. Das Besondere daran ist nur, dass Markus eben hier mit „Johannes" übereinstimmt. Häufungen solcher Übereinstimmungen gegenüber den Großsynoptikern finden sich in vier Bereichen: 1. im Zusammenhang der Taufe Jesu (2mal), 2. in der Speisungsgeschichte (5mal), 3. in der Salbungsgeschichte (2mal), 4. im Zusammenhang der Verleugnung des Petrus (4mal) und 5. im Bericht über die Geiselung, Dornenkrönung und Freigabe zur Kreuzigung (4mal).

Zwischen Johannes und Markus besteht somit eine direkte literarische Beziehung. Nun ist zu fragen, ob es einen plausiblen Grund dafür gibt, dass „Johannes" als der letzte Evangelist und Benützer der synoptischen Evangelien hier hinter die beiden Großsynoptiker auf Markus zurückgegriffen hätte, wie dies in der bisherigen Forschung vorausgesetzt wird. In einzelnen Fällen wäre dies aus theologischen Gründen vorstellbar. In den meisten Fällen wäre es hingegen schwer einzusehen, warum ein später Kompilator die übereinstimmenden stilistischen Verdeutlichungen und Verbesserungen in Mt/Lk wieder rückgängig gemacht hätte, zumal er nach bisher üblicher Auffassung zumindest auch Lukas und wahrscheinlich auch Matthäus benützt haben müsste. Besonders unverständlich wäre etwa der Rückgriff auf die erste der beiden Brotwunderperikopen des Markus, wo doch Lukas diese Doppelung schon wieder auf ein einziges Brotwunder reduziert hätte und damit das geeignete Vorbild gewesen wäre.

Im Falle der Priorität des Hellenistenbuches hat Matthäus hingegen den auf dem Hellenistenbuch beruhenden Text des Markus verändert oder verbessert, und Lukas hat diese Änderungen oder Verbesserungen für so gut gehalten, dass er sie übernommen hat. Meist handelt es sich ja um verdeutlichende Ergänzungen oder Streichungen von überflüssigen Wörtern und Wendungen.

2.3.3 Die Reihenfolge der Parallelen

Nummer		Joh
1	(C)	1,1
2	(C)	1,6f.19.23
3	(B)	1,26f.32-34
4	(C)	1,38-44
5	(B)	2,1-12
6	(C)	2,13-19
7	(B)	3,1f
8	(C)	3,25-30
9	(C)	4,1-3
10	(B)	4,44
11	(A)	4,46-52
12	(B)	5.8f
13	(A)	6,1--13
14	(B)	6,14-21
15	(A)	6,30
16	(B)	6,67
17	(C)	8,51f
18	(C)	9,39
19	(D)	10,12-15
20	(C)	11,47.53
21	(A)	12,1-8
22	(C)	12,13
23	(B)	12,25
24	(B)	12,26
25	(B)	12,27
26	(C)	12,28-30
27	(B)	12,39f
28	(A)	13,20
29	(A)	13,1-30
30	(B)	13,37f
31	(C)	14,13
32	(C)	14,26
33	(B)	14,30f; 13,1f
34	(B)	18,10
35	(B)	18,11c
36	(A)	18,13-18
37	(B)	18,19-22
38	(A)	18,17.25-27
39	(C)	18,33.37f
40	(C)	18,39f
41	(A)	19,1-5
42	(B)	19,6-16
43	(C)	19,17-20
44	(C)	19,23f
45	(B+D)	19,25-27
46	(A)	19,28-30
47	(A)	19,38f; 3,1-3
48	(B)	19,40-42
49	(B)	20,1
50	(D)	20,2
51/52	(A+D)	20,11-18

Mk	
1,1	
1,2f	
1,7f.10f	
1,11	(26)
1,14	(9)
1,16-19	
1,28-31	(11)
2,11f	(12)
2,18-20	(8)
3, 31-35	(5)
4,12	(18)
4,11f	(27)
6,4	
6,32-44	
6,45-53	
8,1-10	(13)
8,11	
8,29	
8,35	(23)
9,1	
9,7	(26)
9,37	(28)
10,45	(24)
11,15-17	(6)
11,18	
11,8-10	
11,24	(31)
12,13f	(7)
13,11	(32)
14,3-9	(21)
14,17-22	
14,27	(19)
14,29-31	
14,34	(25)
14,36	(35)
14,42	
14,47	
14,53f	
14,55-65	
14,57f	(6)
14,66-72	
15,2	
15,6-9	
15,3-15	(42)
15,15-20	
15,22-29	(44)
15,24	
15,34-37	(46)
15,40f	
15,43-45	
15,46	
15,47-16,4	
16,5--7	
16,7	(50)

2.4 Die Komposition des Markusevangeliums auf der Grundlage des Hellenistenbuches

Die Gegenüberstellung der Textparallelen zwischen „Johannes" und Markus konnte nur grundsätzlich das Gefälle der Abhängigkeit klären. Mit den aufgezeigten Indizien, dass Markus das Hellenistenbuch seiner eigenen Komposition zu Grunde gelegt hat, ist aber die Frage nach der literarischen Beziehung für den gesamten Text und nach der Vorgangsweise im einzelnen erst gestellt.

Einige von den Ideen, die Markus bei seiner Arbeit leiteten, haben wir bereits kennengelernt und festgehalten. Es sind dies die konsequente Beschränkung der Darstellung auf den irdischen Jesus, der Ersatz der fiktiven theologischen Reden Jesu im Hellenistenbuch durch authentisches Traditionsmaterial, die Verdrängung der hellenistischen Autoritäten Andreas und Philippus durch die Jerusalemer Führungstroika Petrus und die Zebedäiden, der Kampf gegen die Deutung Jesus als eines großen Propheten, insbesondere als des wiedergekommenen Elias, und die Apokalyptisierung seiner Person und Botschaft. Die Eucharistieeinsetzung, entsprechend dem Zeugnis des Paulus und vermutlich seiner Quelle Petrus (1Kor 11,23-26), beim Abschiedsmahl Jesu, dessen Deutung als Passahmahl und die sich daraus ergebende Osterchronologie sind weitere theologische Vorgaben für die Redaktionsarbeit des Markus.

Zu den kompositorischen Innovationen des Markus gehören die Vereinfachung des Itinerars Jesu auf einen einzigen Weg von Galiläa nach Jerusalem und die damit verbundene Verkürzung der Zeit des Auftretens Jesu auf ein einziges Jahr. Damit und mit der Unterdrückung der Eliaschristologie hängt die Verlegung der Tempelreinigung vom Beginn des Evangeliums in die Zeit unmittelbar vor der Passion zusammen. Der Bestreitung der Prophetenchristologie dienen auch das Petrusbekenntnis von Cäsarea Philippi und die Verklärungsgeschichte. Außerdem haben wir gesehen, dass Markus im Sinne seiner Autorität Petrus für die getrennten Tischgemeinschaften von Juden- und Heidenchristen eintritt und in diesem kirchenpolitischen Interesse die eine Brotwundergeschichte des Hellenistenbuches verdoppelt.

Diese Verdoppelung der Brotwundergeschichte ist bei genauer Betrachtung des Kontexts nur die Spitze eines Eisbergs und der Schlüssel zu der Einsicht in den weit größeren Umfang einer Doppelung in Bezug auf das Hellenistenbuch. Es geht dabei nicht nur um die Trennung zwischen einer judenchristlichen und einer heidenchristlichen Eucharistiegemeinschaft, und die Rückprojektion dieser Gegebenheit in das Wirken Jesu, sondern auch um die Verankerung nicht nur der Judenmission, sondern auch der Heidenmission bei Jesus selbst.

Das erste Brotwunder steht im größeren Zusammenhang des Wirkens Jesu unter den Juden, das zweite Brotwunder ist der Höhepunkt des Wirkens Jesu unter den Heiden. Die Doppelung des Markus beginnt mit seiner Bezugnahme auf die Geschichte von der Frau am Jakobsbrunnen im Hellenistenbuch (Joh 4,1-42). Auch Markus bringt parallel dazu jeweils eine Frauengeschichte: die Auferweckung der Tochter des jüdischen Synagogenvorstehers Jairus (5,22-43) und die Heilung der Tochter der heidnischen Syrophönizerin (7,24-30), und fährt dann doppelgleisig bis zu dessen Brotrede (Joh 6,22-6,59) weiter. Parallel zur „johanneischen" Brotrede bringt auch Markus jeweils ein Gespräch zum Thema Brot (7,1-23 und 8,11-8,21) und beendet damit seine judenchristlich-heidenchristliche Doppelung. In Anlehnung an die Motive des geistlichen Sehens und des Petrusbekenntnisses (Joh 6,60-71) im Hellenistenbuch setzt Markus dann mit einer Blindenheilung und seinem Petrusbekenntnis in Cäsarea Philippi (8,22-30) wieder geradlinig fort.

Vorausgesetzt ist bei der zweimaligen Paraphrase von Joh 4,1-Joh 6,59 durch Markus noch die ursprüngliche Textfolge des Hellenistenbuches, in der auf Kapitel 4 gleich Kapitel 6 anschließt. Sie wurde erst im Zuge der späteren Eschatologisierung des Hellenistenbuches verändert, um das öffentliche Auftreten Jesu durch die Simulierung eines dritten Osterfestes (5,1) vor dem des Brotwunders (6,1) von 2 1/2 auf die apokalyptische Zeit von 3 1/2 Jahren auszudehnen. Wahrscheinlich ist diese Umstellung gleichzeitig mit der Eintragung der futurisch-eschatologischen Texterweiterungen an mehreren Stellen des Evangeliums erfolgt.

Nach den beiden Frauengeschichten in Anlehnung an die Erzählung über die Frau am Jakobsbrunnen folgt in beiden Paraphrasen eine Bezugnahme auf das Jesuswort, dass ein Prophet in seiner Heimat nichts gilt (Joh 4,44). Markus greift daraus das Motiv des Propheten auf und knüpft daran seine umfangreichen Ausführungen zur Jüngeraussendung und zum Schicksal Johannes des Täufers. In der zweiten Paraphrase steht hier nur die Heilung eines Taubstummen „mitten im Gebiet der" heidnischen „Dekapolis", wo nun in umgekehrter Bewahrheitung des Wortes, dass der Prophet in seiner Heimat nichts gilt, der Ruhm Jesu nicht aufzuhalten ist (7,36f). Auf die Fernheilung in Kafarnaum nimmt Markus keinerlei Bezug, sondern er schließt hier gleich mit dem Brotwunder an. Dem Seewandel in der ersten Paraphrase entspricht in der zweiten Paraphrase nur eine einfache Bootfahrt über den See. Es folgen dann jeweils die schon genannten Gespräche zum Thema Brot.

Seine Entsprechung zur Fernheilung in Kafarnaum, die im Hellenistenbuch noch zwischen der Frau am Jakobsbrunnen und dem Brotwunder erzählt wird, zieht Markus vor und stellt sie an den Beginn seines Evangeliums. Die Orte Kana und Jerusalem hat Markus im Zuge seiner Vereinfachung des Itinerars gestrichen. Das öffentliche Wirken Jesu lässt er in Kafarnaum, der Heimat des Petrus, beginnen, und zwar mit einer Dämonenaustreibung und dem rudimentären Bekenntnis des Dämons: Du bist der Heilige Gottes, das im Hellenistenbuch dem Petrus zugeschrieben wurde. Um seinen Helden

Petrus gleich nach der Jüngerberufung hervorzuheben, erzählt er anschließend die Heilung von dessen Schwiegermutter. Als Ersatz und Parallele zur Fernheilung des Sohnes des königlichen Beamten erweist sich diese Geschichte über den Ort des Geschehens Kafarnaum und über die wörtliche Übereinstimmung im Motiv der Fieberheilung.

Daran schließt Markus nun zwei weitere Wundererzählungen an, die er ohne bestimmte Ortsangaben in Galiläa lokalisiert, ein Summarium, das mit der Heilung eines Aussätzigen endet, und die Heilung eines Gelähmten, der durch das Dach in das Haus hinuntergelassen wird, in dem Jesus lehrt. Die beiden Wunderberichte entsprechen dem Summarium im dritten Kapitel des Hellenistenbuches über die Zeichen, die Jesus in Jerusalem getan hat (Joh 3,23) und der Heilung des Gelähmten am Teich Bethesda, ebenfalls in Jerusalem, aus dem fünften Kapitel des Hellenistenbuches (5,1-9), das aber ursprünglich erst auf die Brotvermehrung folgte. Markus wollte also offenbar seine Substitutionen für diese Jerusalemer Wunderberichte des Hellenistenbuches hier zusammenfassen. Erst die Blindenheilung am Schiloamteich (Joh 9,1-19) substitutiert er im nach der Doppelsequenz seiner beiden Brotwundergeschichten.

Da die Heilung des Gelähmten am Teich Bethesda in ein Streitgespräch über den Sabbat mündet (5,10-18), lässt Markus nun die Streitgespräche über das Ährenraufen am Sabbat und über die Sabbat-Heilung eines Mannes mit einer verdorrten Hand folgen. Warum er zuvor noch das Motiv des Bräutigams unterbringt (Mk 2,19) und damit eine Anspielung auf die Rede über den Täufer (Joh 22-30) vorzieht, hat wohl keinen anderen Grund als dass Markus das Thema Johannes der Täufer ohne das Bräutigam-Motiv erst unter dem Stichwort Prophet behandeln möchte.

Nach den Diskussionen über den Sabbat greift Markus dann an den Anfang des Auftretens Jesu im Hellenistenbuch zurück. Parallel zur Jüngerberufung, zur Hochzeit von Kana und zum Nikodemusgespräch des Hellenistenbuches bringt Markus nun seine Apostelliste, das Auftreten der Familie Jesu und verschiedene, zum Teil sehr oberflächliche Thematisierungen der Motive Samen, Wind und Geist: das Gleichnis vom Sämann mit seiner spezifischen Allegorese, zwei weitere Samen-Gleichnisse, die Sturmstillung am See Gennesaret und die Dämonenaustreibung in Gerasa. Von der eingeschobenen Offenbarungsrede Joh 3,31-36 zeigt das Markusevangelium keinen Reflex.

Mit der Heilung des Töchterleins des Jaïrus parallel zum Gespräch mit der Frau am Jakobsbrunnen beginnt dann die bereits besprochene Doppelsequenz.

Anschließend an die doppelte Paraphrase von Joh 4 und 6,1-58 durch Mk 5,22 bis 8,21 folgt eine erste Blindenheilung, dann das Petrusbekenntnis von Caesarea Philippi parallel zu dem des Hellenistenbuches und parallel zu dessen Selbstoffenbarung Jesu als das Licht der Welt die Verklärungsszene.

Den ursprünglich zusammenhängenden Block der Offenbarungsreden Jesu von 5,17-47 und 7,14-24 hat Markus noch nicht gelesen. Er zeigt davon keinerlei Kenntnis. Dasselbe gilt für die Perikope von der Ehebrecherin 7,53-8,11 und das Streitgespräch mit den Juden 8,21-59.

Die theologischen Aussagen der Heilung des Blindgeborenen legt Markus auseinander. Die Heilung von der Blindheit bringt er zweimal (Mk 8,22-25 und 10,46-52) und benützt sie als Rahmen für das Material bis zum Einzug in Jerusalem, den er allerdings vorverlegt. Insoferne der Blindgeborene von seinen Eltern zu Jesus gebracht wird, erzählt Markus in Entsprechung dazu die Heilung des Taubstummen, der von seinem Vater zu Jesus gebracht wird (Mk 9,14-28). Die große Belehrung (Mk 9,30-10,45) ist die makrotextliche Entsprechung zum Kapitel 10 des Hellenistenbuches. Statt von Schafen spricht Markus allerdings lieber im Klartext von Jüngern und Kindern. Das Jesuswort von Hirten und den Schafen wie auch andere Parallelen aus den Kapitel 10-14 verwendet Markus erst in seinem Kapitel 14. Mit der Heilung des blinden Bartimäus in Jericho schließt Markus den Weg Jesu nach Jerusalem ab.

Es folgt der Einzug nach Jerusalem, der im Hellenistenbuch erst nach der Salbung in Betanien stattfindet. Die Tempelreinigung wird gleich anschließend nachgetragen. Kapitel 11 des Hellenistenbuches mit der Lazarusgeschichte findet seine Entsprechung in den apokalyptischen Gleichnissen vom Feigenbaum und vom Weinberg und in der Endzeitrede oder kleinen Apokalypse des Markus. Beide Evangelien sprechen hier von der Zukunftsverheißung, das Hellenistenbuch von ewigen Leben, Markus vom Ende der Welt. Der Todesbeschluss des Hohen Rates, die Salbung in Betanien, das Abschiedsmahl und die Gefangennahme finden sich dann bei beiden in gleicher Reihenfolge. Die im Johannesevangelium später zwischen Abschiedsmahl und Gefangennahme eingeschobenen Reden der Kapitel 15-17 fand Markus noch nicht vor. Es finden sich dazu keinerlei Parallelen bei ihm. Mit der Passion und den Frauen am leeren Grab endeten wohl ursprünglich beide Evangelien. Auch von den anschließenden Erscheinungsgeschichten des Johannesevangeliums zeigt Markus keinerlei Kenntnis.

Das Hellenistenbuch, wie es Markus vorgelegen ist, scheint also noch nicht die Offenbarungsreden Joh 3.11-21; 3,31-36; 5,17-47 und 7,14-24; 8,21-59 sowie Kapitel 15-17 enthalten zu haben. Ob Kapitel 10 schon in seinem ganzen Umfang vorhanden war, darf bezweifelt werden. Andererseits ist das Vorhandensein mehrerer Perikopen, aus denen sich keine wörtlichen Zitate finden, dennoch aufgrund makrotextlicher Entsprechungen zu postulieren. Dies betrifft die Hochzeit zu Kana, das Nikodemusgespräch, das Gespräch mit der Syrophönizierin die Selbstoffenbarung als das Licht der Welt, die Brotrede, die Auferweckung des Lazarus. Die mit der Gestalt des Lieblingsjüngers verbundenen Szenen wie etwa der Grablauf der Jünger sind noch nicht nachweisbar.

Markus hat seine Schrift souverän gestaltet. Die Anlehnung an sein Vorbild ist sehr locker. Wo es ihm für die Klarheit der Präsentation und im Interesse seiner Theologie zweckmäßig erscheint, strafft er den Rahmen und nimmt er Umstellungen oder Wiederholungen vor. Bei der Unterbringung seines eigenen Traditionsmaterials oder gänzlich neu gestalteter Szenen, womit er den Stoff des Hellenistenbuches weitgehend ersetzt, lässt er sich im Allgemeinen von den jeweils im Hellenistenbuch vorgefundenen theologischen Intentionen leiten, wobei er diese auch teilweise ablehnt und kontrastiert. Manchmal folgt er auch nur oberflächlichen Assoziationen. Man könnte seine Arbeit als eine souveräne makrotextliche Paraphrase bezeichnen.

2.4.1 Kompositionsprinzipien

Manche Kompositionsprinzipien sind unter Voraussetzung des entsprechenden Abhängigkeitsgefälles evident, manche werden erst bei näherem Zusehen erkennbar:

1. Markus hat kein Interesse an dem hellenistischen Hintergrund des Hellenistenbuches. Weder schätzt er den dort eingangs zitierten Logos-Hymnus, noch die Jesus zu dessen Deutung in den Mund gelegten fiktiven Reden. Stattdessen will er vorhandenes Überlieferungsmaterial von Aussprüchen und Taten Jesu verwerten und in den Handlungsrahmen einsetzen.

2. Markus will den äußeren Rahmen des Handlungsablaufes vereinfachen. Er hat von den historischen und geographischen Abläufen des Wirkens Jesu keine Kenntnis mehr. Statt des verwirrenden Hin und Her zwischen Galiläa und Jerusalem will er Galiläa, die Heimat Jesu, mit Jerusalem, dem Ort seines Todes, nur durch einen einfachen und einzigen Weg verbinden.

3. Markus vertritt einen exklusiv messianischen und apokalyptischen Jesusglauben, als dessen Autoritäten er Petrus und mit Abstand auch die beiden Zebedäussöhne darstellt. Als schärfsten Gegensatz zu dieser Messias-Deutung für Jesus schließt er die Deutung Jesu als Prophet aus. Diese seine dogmatische Botschaft bringt er durch eigens geschaffene Szenen ins Bild.

4. Markus vertritt – ähnlich wie Petrus und Jakobus nach Darstellung der Apostelgeschichte und des Galaterbriefs – die Unterscheidung von Juden- und Heidenmission und die Trennung von judenchristlicher und heidenchristlicher Tischgemeinschaft. Diese klare Unterscheidung und Trennung will er schon im Wirken Jesu verankern. Zu diesem Zweck verdoppelt er einen beträchtlichen Abschnitt seiner Vorlage einschließlich der Speisungsgeschichte.

5. Bei allen Gegensätzen folgt Markus doch in einer sehr äußerlichen Weise treu seiner Vorlage. Wichtig scheint ihm zu sein, nichts ersatzlos auszulassen, sondern den Stoff des Hellenistenbuches vollständig und lückenlos durch ei-

genen entsprechenden Stoff zu ersetzen oder zu überbieten. Bei diesen Substitutionen läßt er sich von oft rein äußeren Motivassoziationen leiten. Aufgrund des vereinfachten Rahmens muß Markus Substitutionsmaterial für Zwischenaufenthalte Jesu in Jerusalem nach Galiläa ansiedeln oder auch umstellen.

Im Folgenden soll der Text des Markusevangeliums auf dem Hintergrund des Hellenistenbuches gelesen und versucht werden, seine Komposition zu erklären. Die wörtlichen Parallelen und wichtige Stichworte sind im Fettdruck herhausgehoben. Die johanneischen Bezugsstellen werden nicht nochmals eigens verzeichnet. Sie können im Kapitel 2 des vorliegenden Buches „Das Hellenistenbuch als Vorlage für Markus" verglichen werden. Die kompositorische Erklärung ist einzelnen Abschnitten jeweils vorangestellt. Als Arbeitstext dient die Einheitsübersetzung.

2.4.2 Der Text des Markusevangeliums und seine Konstruktion

Titel, Taufe und erste Jünger

Der Hintergrund des Logosliedes ist im Titel und in den Schriftzitaten in Bezug auf den Täufer deutlich erkennbar. Die Erstberufenen sind anstelle von Andreas, Petrus und Philippus nun Simon (Petrus), Andreas und die Zebedäussöhne.

1:1 **Anfang des Evangeliums von Jesus Christus, dem Sohn Gottes:** 2 Es begann, wie es bei dem **Propheten Jesaja** steht: **Ich sende meinen Boten** vor dir her; er soll den Weg für dich bahnen. 3 **Eine Stimme ruft in der Wüste: Bereitet dem Herrn den Weg! Ebnet ihm die Straßen!** 4 So trat Johannes der Täufer in der Wüste auf und verkündigte Umkehr und Taufe zur Vergebung der Sünden. 5 Ganz Judäa und alle Einwohner Jerusalems zogen zu ihm hinaus; sie bekannten ihre Sünden und ließen sich im Jordan von ihm taufen. 6 Johannes trug ein Gewand aus Kamelhaaren und einen ledernen Gürtel um seine Hüften, und er lebte von Heuschrecken und wildem Honig. 7 **Er verkündete: Nach mir kommt einer, der ist stärker als ich; ich bin es nicht wert, mich zu bücken, um ihm die Schuhe aufzuschnüren. 8 Ich habe euch nur mit Wasser getauft**, er aber wird euch **mit dem Heiligen Geist taufen.** 9 In jenen Tagen kam Jesus aus Nazaret in Galiläa und ließ sich von Johannes im Jordan taufen. 10 Und als er aus dem Wasser stieg, sah er, daß der Himmel sich öffnete und **der Geist wie eine Taube auf ihn herabkam.** 11 Und eine **Stimme** aus dem Himmel sprach: Du bist mein geliebter **Sohn**, an dir habe ich Gefallen gefunden. 12 Danach trieb der Geist Jesus in die Wüste. 13 Dort blieb Jesus vierzig Tage lang und wurde vom Satan in Versuchung geführt. Er lebte bei den wilden Tieren, und die Engel dienten ihm. 14 Nachdem man Johannes ins Gefängnis geworfen hatte, ging Jesus wieder nach Galiläa; er verkündete das Evangelium Gottes 15 und sprach: Die Zeit ist erfüllt, das Reich Gottes ist nahe. Kehrt um, und glaubt an das Evangelium! 16 Als Jesus am See von **Galiläa** entlangging, **sah er Simon und Andreas, den Bruder des Simon**, die auf dem See ihr Netz auswarfen; sie waren nämlich Fischer. 17 Da sagte er zu ihnen: Kommt her, folgt mir nach! Ich werde euch zu Menschenfischern machen. 18 Sogleich ließen sie ihre Netze liegen **und folgten ihm.** 19 Als er ein Stück weiterging, **sah er Jakobus**, den Sohn des Zebedäus, und seinen Bruder Johannes; sie waren im Boot und richteten ihre Netze her. 20 Sofort rief er sie, und sie ließen ihren Vater Zebedäus mit seinen Tagelöhnern im Boot zurück und folgten Jesus nach.

Statt der hohen christologischen Bekenntnisse der Hellenistenapostel Andreas (1,41) und Philippus (1,45) und des Nathanael (1,49) bringt Markus das niedrige Bekenntnis eines Dämons. Letzteres hat übrigens den Wortlaut des Petrusbekenntnisses im Hellenistenbuch (6,69), für das hingegen Markus die hohe Christologie reserviert.

Erste Wunder in Galiläa

Markus verzichtet sodann auf die Aufenthalte Jesu in Kana, Jerusalem und Judäa zieht alle Substitutionstexte für den dort angesiedelten Stoff gleich am Anfang zusammen und lokalisiert sie nach Kafarnaum. An das Stichwort Kafarnaum knüpft er gleich in Entsprechung zur Fernheilung des Sohnes des königlichen Beamten vom Fieber die Fieberheilung der Schwiegermutter des Petrus.

1:21 Sie kamen nach **Kafarnaum.** Am folgenden Sabbat ging er in die Synagoge und lehrte. 22 Und die Menschen waren sehr betroffen von seiner Lehre; denn er lehrte sie wie einer, der (göttliche) Vollmacht hat, nicht wie die Schriftgelehrten. 23 In ihrer Synagoge saß ein Mann, der von einem unreinen Geist besessen war. Der begann zu schreien: 24 Was haben wir mit dir zu tun, Jesus von Nazaret? Bist du gekommen, um uns ins Verderben zu stürzen? Ich weiß, wer du bist: **der Heilige Gottes.** 25 Da befahl ihm Jesus: Schweig und verlaß ihn! 26 Der unreine Geist zerrte den Mann hin und her und verließ ihn mit lautem Geschrei. 27 Da erschraken alle, und einer fragte den andern: Was hat das zu bedeuten? Hier wird mit Vollmacht eine ganz neue Lehre verkündet. Sogar die unreinen Geister gehorchen seinem Befehl.

1:28 Und sein Ruf verbreitete sich rasch im ganzen Gebiet von Galiläa. 29 Sie verließen die Synagoge und gingen zusammen mit Jakobus und Johannes gleich in das Haus des Simon und Andreas. 30 Die Schwiegermutter des Simon lag mit Fieber im Bett. Sie sprachen mit Jesus über sie, 31 und er ging zu ihr, faßte sie an der Hand und richtete sie auf. **Da wich das Fieber von ihr,** und sie sorgte für sie.

Es folgen weitere Wunder in Entsprechung zu einem Summarium des Hellenistenbuches für Jerusalem (Joh 2,23) und zur Heilung des Gelähmten am Teich Bethesda (Joh 5,1-9a); es folgen die Jerusalemer Themen des Bräutigams (vgl. Joh 3,27-30) und der Sabbatheilung (vgl. Joh 9b-18).

1:32 Am Abend, als die Sonne untergegangen war, **brachte man alle Kranken und Besessenen zu Jesus.** 33 Die ganze Stadt war vor der Haustür versammelt, 34 **und er heilte viele, die an allen möglichen Krankheiten litten,** und trieb viele Dämonen aus. Und er verbot den Dämonen zu reden; denn sie wußten, wer er war. 35 In aller Frühe, als es noch dunkel war, stand er auf und ging an einen einsamen Ort, um zu beten. 36 Simon und seine Begleiter eilten ihm nach, 37 und als sie ihn fanden, sagten sie zu ihm: Alle suchen dich. 38 Er antwortete: Laßt uns anderswohin gehen, in die benachbarten Dörfer, damit ich auch dort predige; denn dazu bin ich gekommen. 39 Und er zog durch ganz Galiläa, predigte in den Synagogen und trieb die Dämonen aus. 40 **Ein Aussätziger kam zu Jesus** und bat ihn um Hilfe; er fiel vor ihm auf die Knie und sagte: Wenn du willst, kannst du machen, daß ich rein werde. 41 Jesus hatte Mitleid mit ihm; er streckte die Hand aus, berührte ihn und sagte: Ich will es - werde rein! 42 Im gleichen Augenblick verschwand der Aussatz, und der Mann war rein. 43 Jesus schickte ihn weg und schärfte ihm ein: 44 Nimm dich in acht! Erzähl niemand etwas davon, sondern geh, zeig dich dem Priester und bring das Reinigungsopfer dar, das Mose angeordnet hat. Das soll für sie ein Beweis (meiner Gesetzestreue) sein. 45 Der Mann aber ging weg und erzählte bei jeder Gelegenheit, was geschehen war; er verbreitete die ganze Geschichte, so daß sich Jesus in keiner Stadt mehr zeigen konnte; 45 er hielt sich nur noch außerhalb der Städte an einsamen Orten auf. Dennoch kamen die

Leute von überallher zu ihm. 2:1 Als er einige Tage später nach Kafarnaum zurückkam, wurde bekannt, daß er (wieder) zu Hause war. 2 Und es versammelten sich so viele Menschen, daß nicht einmal mehr vor der Tür Platz war;

2:2 und er verkündete ihnen das Wort. 3 Da brachte man einen **Gelähmten** zu ihm; er wurde von vier Männern getragen. 4 Weil sie ihn aber wegen der vielen Leute nicht bis zu Jesus bringen konnten, deckten sie dort, wo Jesus war, das Dach ab, schlugen (die Decke) durch und ließen den Gelähmten auf seiner Tragbahre durch die Öffnung hinab. 5 Als Jesus ihren Glauben sah, sagte er zu dem Gelähmten: Mein Sohn, deine Sünden sind dir vergeben! 6 Einige Schriftgelehrte aber, die dort saßen, dachten im stillen: 7 Wie kann dieser Mensch so reden? Er lästert Gott. Wer kann Sünden vergeben außer dem einen Gott? 8 Jesus erkannte sofort, was sie dachten, und sagte zu ihnen: Was für Gedanken habt ihr im Herzen? 9 Ist es leichter, zu dem Gelähmten zu sagen: Deine Sünden sind dir vergeben!, oder zu sagen: Steh auf, nimm deine Tragbahre, und geh umher? 10 Ihr sollt aber erkennen, daß der Menschensohn die Vollmacht hat, hier auf der Erde Sünden zu vergeben. Und er sagte zu dem Gelähmten: 11 Ich sage dir: Steh auf, **nimm deine Tragbahre, und geh nach Hause!** 12 Der Mann stand sofort auf, nahm seine Tragbahre und ging vor aller Augen weg. Da gerieten alle außer sich; sie priesen Gott und sagten: So etwas haben wir noch nie gesehen. 13 Jesus ging wieder hinaus an den See. Da kamen Scharen von Menschen zu ihm, und er lehrte sie. 14 Als er weiterging, sah er Levi, den Sohn des Alphäus, am Zoll sitzen und sagte zu ihm: Folge mir nach! Da stand Levi auf und folgte ihm. 15 Und als Jesus in seinem Haus beim Essen war, aßen viele Zöllner und Sünder zusammen mit ihm und seinen Jüngern; denn es folgten ihm schon viele. 1:16 Als die Schriftgelehrten, die zur Partei der Pharisäer gehörten, sahen, daß er mit Zöllnern und Sündern aß, sagten sie zu seinen Jüngern: Wie kann er zusammen mit Zöllnern und Sündern essen? 17 Jesus hörte es und sagte zu ihnen: Nicht die Gesunden brauchen den Arzt, sondern die Kranken. Ich bin gekommen, um die Sünder zu rufen, nicht die Gerechten.

2:18 Da **die Jünger des Johannes** und die Pharisäer zu fasten pflegten, kamen Leute zu Jesus und sagten: Warum fasten deine Jünger nicht, während die Jünger des Johannes und die Jünger der Pharisäer fasten? 19 Jesus antwortete ihnen: **Können denn** die Hochzeitsgäste fasten, solange der Bräutigam bei ihnen ist? Solange der **Bräutigam** bei ihnen ist, können sie nicht fasten. 20 Es werden aber Tage kommen, da wird ihnen der **Bräutigam** genommen sein; an jenem Tag werden sie fasten. 21 Niemand näht ein Stück neuen Stoff auf ein altes Kleid; denn der neue Stoff reißt doch vom alten Kleid ab, und es entsteht ein noch größerer Riß. 22 Auch füllt niemand neuen Wein in alte Schläuche. Sonst zerreißt der Wein die Schläuche; der Wein ist verloren, und die Schläuche sind unbrauchbar. Neuer Wein gehört in neue Schläuche. 23 An einem Sabbat ging er durch die Kornfelder, und unterwegs rissen seine Jünger Ähren ab. 24 Da sagten die Pharisäer zu ihm: Sieh dir an, was sie tun! Das ist doch **am Sabbat** verboten. 25 Er antwortete: Habt ihr nie gelesen, was David getan hat, als er und seine Begleiter hungrig waren und nichts zu essen hatten - 26 wie er zur Zeit des Hohenpriesters Abjatar in das Haus Gottes ging und die heiligen Brote aß, die außer den Priestern niemand essen darf, und auch seinen Begleitern davon gab? 27 Und Jesus fügte hinzu: Der Sabbat ist für den Menschen da, nicht der Mensch für den Sabbat. 28 Deshalb ist der Menschensohn Herr auch über den Sabbat.

3:1 Als er ein andermal in eine Synagoge ging, saß dort ein Mann, dessen Hand verdorrt war. 2 Und sie gaben acht, ob Jesus ihn **am Sabbat** heilen werde; sie suchten nämlich einen Grund zur Anklage gegen ihn. 3 Da sagte er zu dem Mann mit der verdorrten Hand: Steh auf und stell dich in die Mitte! 4 Und zu den anderen sagte er: Was ist **am Sabbat** erlaubt: Gutes zu tun oder Böses, ein Leben zu retten oder es zu vernichten? Sie aber schwiegen. 5 Und er sah sie der Reihe nach an, voll Zorn und Trauer über ihr verstocktes Herz, und sagte zu dem Mann: Streck deine Hand aus! Er streckte sie aus, und seine Hand war wieder gesund. 6 Da gingen die Pharisäer hinaus und faßten zusammen mit den Anhängern des Herodes den Beschluß, Jesus umzubringen.

Nochmals Jüngerberufung und die Mutter und die Brüder Jesus

Im Hellenistenbuch schließt die Hochzeit zu Kana an die Jüngerberufung an. Markus stellt dem Substitutionstext für die Hochzeit von Kana vielleicht deshalb nochmals eine Parallele zur Jüngerberufung voraus. Das Auftreten der Mutter und der Brüder Jesu folgt auf die Einsetzung der Zwölf. Die markinische Darstellung des Verhältnisses Jesu zu seiner Mutter und seinen Brüdern mag man in einer Linie oder auch im Gegensatz zur Aussage der Kana-Geschichte sehen. Gemeinsam ist dem markinischen mit dem „johanneischen" Text, daß die Mutter Jesu anonym bleibt.

3:7 Jesus zog sich mit seinen Jüngern an den See zurück. Viele Menschen aus Galiläa aber folgten ihm. Auch aus Judäa, 8 aus Jerusalem und Idumäa, aus dem Gebiet jenseits des Jordan und aus der Gegend von Tyrus und Sidon kamen Scharen von Menschen zu ihm, als sie von all dem hörten, was er tat. 9 Da sagte er zu seinen Jüngern, sie sollten ein Boot für ihn bereithalten, damit er von der Menge nicht erdrückt werde. 10 Denn er heilte viele, so daß alle, die ein Leiden hatten, sich an ihn herandrängten, um ihn zu berühren. 11 Wenn die von unreinen Geistern Besessenen ihn sahen, fielen sie vor ihm nieder und schrien: Du bist der Sohn Gottes! 12 Er aber verbot ihnen streng, bekannt zu machen, wer er sei. 13 Jesus stieg auf einen Berg und rief die zu sich, die er erwählt hatte, und sie kamen zu ihm. 14 Und er setzte zwölf ein, die er bei sich haben und die er dann aussenden wollte, damit sie predigten 15 und mit seiner Vollmacht Dämonen austrieben. 16 Die Zwölf, die er einsetzte, waren: **Petrus - diesen Beinamen gab er dem Simon** -, 17 Jakobus, der Sohn des Zebedäus, und Johannes, der Bruder des Jakobus - ihnen gab er den Beinamen Boanerges, das heißt Donnersöhne -, 18 dazu **Andreas, Philippus**, Bartholomäus, Matthäus, Thomas, Jakobus, der Sohn des Alphäus, Thaddäus, Simon Kananäus 19 und Judas Iskariot, der ihn dann verraten hat. 20 Jesus ging in ein Haus, und wieder kamen so viele Menschen zusammen, daß er und die Jünger nicht einmal mehr essen konnten. 21 Als seine Angehörigen davon hörten, machten sie sich auf den Weg, um ihn mit Gewalt zurückzuholen; denn sie sagten: Er ist von Sinnen. 22 Die Schriftgelehrten, die von Jerusalem herabgekommen waren, sagten: Er ist von Beelzebul besessen; mit Hilfe des Anführers der Dämonen treibt er die Dämonen aus. 23 Da rief er sie zu sich und belehrte sie in Form von Gleichnissen: Wie kann der Satan den Satan austreiben? 24 Wenn ein Reich in sich gespalten ist, kann es keinen Bestand haben. 25 Wenn eine Familie in sich gespalten ist, kann sie keinen Bestand haben. 26 Und wenn sich der Satan gegen sich selbst erhebt und mit sich selbst im Streit liegt, kann er keinen Bestand haben, sondern es ist um ihn geschehen. 27 Es kann aber auch keiner in das Haus eines starken Mannes einbrechen und ihm den Hausrat rauben, wenn er den Mann nicht vorher fesselt; erst dann kann er sein Haus plündern. 28 Amen, das sage ich euch: Alle Vergehen und Lästerungen werden den Menschen vergeben werden, so viel sie auch lästern mögen; 29 wer aber den Heiligen Geist lästert, der findet in Ewigkeit keine Vergebung, sondern seine Sünde wird ewig an ihm haften. 30 Sie hatten nämlich gesagt: Er ist von einem unreinen Geist besessen. 31 **Da kamen seine Mutter und seine Brüder**; sie blieben vor dem Haus stehen und ließen ihn herausrufen. 32 Es saßen viele Leute um ihn herum, und man sagte zu ihm: Deine Mutter und deine Brüder stehen draußen und fragen nach dir. 33 **Er erwiderte: Wer ist meine Mutter, und wer sind meine Brüder? 34 Und er blickte auf die Menschen, die im Kreis um ihn herumsaßen, und sagte: Das hier sind meine Mutter und meine Brüder.** 35 Wer den Willen Gottes erfüllt, der ist für mich Bruder und Schwester und Mutter. 4:1 Ein andermal lehrte er wieder am Ufer des Sees, und sehr viele Menschen versammelten sich um ihn. Er stieg deshalb in ein Boot auf dem See und setzte sich; die Leute aber standen am Ufer. 2 Und er sprach lange zu ihnen und lehrte sie in Form von Gleichnissen.

Die namenlose Mutter Jesu zusammen mit seinen Brüdern stellt tatsächlich eine frappierende formale Parallele zur Kanaperikope (Joh 2,12) dar. Nicht inhaltliche Abhängigkeit, sondern motivgeleitete Substitution ist das redaktionelle Verhältnis.

Parallel zum Nikodemusgespräch: Sämann, Sturmstillung und Gerasener

Im Hellenistenbuch folgt auf die Hochzeit von Kana das erste Passahfest in Jerusalem mit der Tempelreinigung und dem Nikodemusgespräch. Die Tempelreinigung bringt Markus erst im Zusammenhang der Passion. Das Nikodemusgespräch substituiert er durch drei verschiedene Texte. An die Motive des Nikodemusgespräches knüpft er dabei nur oberflächlich an: Er assoziiert an die Motive „von oben gezeugt- oder geboren werden", „Reich Gottes" und „Pneuma" das Sämannsgleichnis und zwei Wundergeschichten um die Begriffe „Wind" und „Geist". Eine inhaltliche Bezugnahme ist nur im Hinblick auf das Sämannsgleichnis festzustellen. Zwischen der Sturmstillung oder dem bösen Geist des Besessenen und dem „johanneischen" Gegensatz von Fleisch und Geist im Hellenistenbuch läßt sich eine sinnvolle Beziehung nicht herstellen.

Bei dieser Belehrung sagte er zu ihnen: 4:3 Hört! Ein **Sämann** ging aufs Feld, um zu säen. 4 Als er säte, fiel ein Teil der Körner auf den Weg, und die Vögel kamen und fraßen sie. 5 Ein anderer Teil fiel auf felsigen Boden, wo es nur wenig Erde gab, und ging sofort auf, weil das Erdreich nicht tief war; 6 als aber die Sonne hochstieg, wurde die Saat versengt und verdorrte, weil sie keine Wurzeln hatte. 7 Wieder ein anderer Teil fiel in die Dornen, und die Dornen wuchsen und erstickten die Saat, und sie brachte keine Frucht. 8 Ein anderer Teil schließlich fiel auf guten Boden und brachte Frucht; die Saat ging auf und wuchs empor und trug dreißigfach, ja sechzigfach und hundertfach. 9 Und Jesus sprach: Wer Ohren hat zum Hören, der höre! 10 Als er mit seinen Begleitern und den Zwölf allein war, fragten sie ihn nach dem Sinn seiner Gleichnisse. 11 Da sagte er zu ihnen: Euch ist das **Geheimnis des Reiches Gottes** anvertraut; denen aber, die draußen sind, wird alles in Gleichnissen gesagt; 12 **denn sehen sollen sie, sehen, aber nicht erkennen**; hören sollen sie, hören, aber nicht verstehen, damit sie sich nicht bekehren und ihnen nicht vergeben wird. 13 Und er sagte zu ihnen: Wenn ihr schon dieses Gleichnis nicht versteht, wie wollt ihr dann all die anderen Gleichnisse verstehen? 14 **Der Sämann sät das Wort.** 15 Auf den Weg fällt das Wort bei denen, die es zwar hören, aber sofort kommt der Satan und nimmt das Wort weg, das in sie gesät wurde. 4:16 Ähnlich ist es bei den Menschen, bei denen das Wort auf felsigen Boden fällt: Sobald sie es hören, nehmen sie es freudig auf; 17 aber sie haben keine Wurzeln, sondern sind unbeständig, und wenn sie dann um des Wortes willen bedrängt oder verfolgt werden, kommen sie sofort zu Fall. 18 Bei anderen fällt das Wort in die Dornen: sie hören es zwar, 19 aber die Sorgen der Welt, der trügerische Reichtum und die Gier nach all den anderen Dingen machen sich breit und ersticken es, und es bringt keine Frucht. 20 Auf guten Boden ist das Wort bei denen gesät, die es hören und aufnehmen und Frucht bringen, dreißigfach, ja sechzigfach und hundertfach. 21 Er sagte zu ihnen: Zündet man etwa ein Licht an und stülpt ein Gefäß darüber oder stellt es unter das Bett? Stellt man es nicht auf den Leuchter? 22 Es gibt nichts Verborgenes, das nicht offenbar wird, und nichts Geheimes, das nicht an den Tag kommt. 23 Wenn einer Ohren hat zum Hören, so höre er! 24 Weiter sagte er: Achtet auf das, was ihr hört! Nach dem Maß, mit dem ihr meßt und zuteilt, wird euch zugeteilt werden, ja, es wird euch noch mehr gegeben. 25 Denn wer hat, dem wird gegeben; wer aber nicht hat, dem wird auch noch weggenommen, was er hat. 26 Er sagte: **Mit dem Reich Gottes ist es so, wie wenn ein Mann Samen auf seinen Acker sät;** 27 dann schläft er und steht wieder auf, es wird Nacht und wird Tag, der Samen keimt und wächst, und der Mann weiß nicht, wie. 28 Die Erde bringt von selbst ihre Frucht, zuerst den Halm, dann die Ähre, dann das volle Korn in der Ähre. 29 Sobald aber die Frucht reif ist, legt er die Sichel an; denn die Zeit der Ernte ist da. 30 Er sagte: Womit sollen wir das Reich Gottes vergleichen, mit welchem Gleichnis sollen wir es beschreiben? 31 Es gleicht einem **Senfkorn**. Dieses ist das kleinste von allen Samenkörnern, die man in die Erde sät. 32 Ist es aber gesät, dann geht es auf und wird größer als alle anderen Gewächse und treibt große Zweige, so daß in seinem Schatten die Vögel des Himmels nisten können. 33 Durch viele solche Gleichnisse verkündete er ihnen das Wort, so wie sie es aufnehmen konnten. 34 Er redete nur in Gleichnissen zu ihnen; seinen Jüngern aber erklärte er alles, wenn er mit ihnen allein war.

4:35 Am Abend dieses Tages sagte er zu ihnen: Wir wollen ans andere Ufer hinüberfahren. 36 Sie schickten die Leute fort und fuhren mit ihm in dem Boot, in dem er saß, weg; einige andere Boote begleiteten ihn. 37 Plötzlich erhob sich ein heftiger Wirbelsturm, und die Wellen schlugen in das Boot, so daß es sich mit Wasser zu füllen begann. 38 Er aber lag hinten im Boot auf einem Kissen und schlief. Sie weckten ihn und riefen: Meister, kümmert es dich nicht, daß wir zugrunde gehen? 39 Da stand er auf, drohte dem Wind und sagte zu dem See: Schweig, sei still! Und der Wind legte sich, und es trat völlige Stille ein. 40 Er sagte zu ihnen: Warum habt ihr solche Angst? Habt ihr noch keinen Glauben? 41 Da ergriff sie große Furcht, und sie sagten zueinander: Was ist das für ein Mensch, **daß ihm sogar der Wind und der See gehorchen?**

5:1 Sie kamen an das andere Ufer des Sees, in das Gebiet von Gerasa. 2 Als er aus dem Boot stieg, lief ihm ein Mann entgegen, der **von einem unreinen Geist besessen** war. Er kam von den Grabhöhlen, 3 in denen er lebte. Man konnte ihn nicht bändigen, nicht einmal mit Fesseln. 4 Schon oft hatte man ihn an Händen und Füßen gefesselt, aber er hatte die Ketten gesprengt und die Fesseln zerrissen; niemand konnte ihn bezwingen. 5 Bei Tag und Nacht schrie er unaufhörlich in den Grabhöhlen und auf den Bergen und schlug sich mit Steinen. 6 Als er Jesus von weitem sah, lief er zu ihm hin, warf sich vor ihm nieder 7 und schrie laut: Was habe ich mit dir zu tun, Jesus, Sohn des höchsten Gottes? Ich beschwöre dich bei Gott, quäle mich nicht! 8 Jesus hatte nämlich zu ihm gesagt: Verlaß diesen Mann, du unreiner Geist! 9 Jesus fragte ihn: Wie heißt du? Er antwortete: Mein Name ist Legion; denn wir sind viele. 10 Und er flehte Jesus an, sie nicht aus dieser Gegend zu verbannen. 11 Nun weidete dort an einem Berghang gerade eine große Schweineherde. 12 Da baten ihn die Dämonen: Laß uns doch in die Schweine hineinfahren! 13 Jesus erlaubte es ihnen. **Darauf verließen die unreinen Geister den Menschen und fuhren in die Schweine, und die Herde stürzte sich den Abhang hinab in den See.** Es waren etwa zweitausend Tiere, und alle ertranken. 14 Die Hirten flohen und erzählten alles in der Stadt und in den Dörfern. Darauf eilten die Leute herbei, um zu sehen, was geschehen war. 15 Sie kamen zu Jesus und sahen bei ihm den Mann, der von der Legion Dämonen besessen gewesen war. Er saß ordentlich gekleidet da und war wieder bei Verstand. Da fürchteten sie sich. 16 Die, die alles gesehen hatten, berichteten ihnen, was mit dem Besessenen und mit den Schweinen geschehen war. 17 Darauf baten die Leute Jesus, ihr Gebiet zu verlassen. 18 Als er ins Boot stieg, bat ihn der Mann, der zuvor von den Dämonen besessen war, bei ihm bleiben zu dürfen. 19 Aber Jesus erlaubte es ihm nicht, sondern sagte: Geh nach Hause, und berichte deiner Familie alles, was der Herr für dich getan und wie er Erbarmen mit dir gehabt hat. 20 Da ging der Mann weg und verkündete in der ganzen Dekapolis, was Jesus für ihn getan hatte, und alle staunten. 21 Jesus fuhr im Boot wieder ans andere Ufer hinüber, und eine große Menschenmenge versammelte sich um ihn.

Reflexion über den Täufer Joh 3,22-30 (31-36)

Natürlich ist nicht alles im markinischen Redaktionsverfahren wirklich erklärbar. Eine direkte Bezugnahme an der entsprechenden Stelle zu dem Text über den Täufer, Joh 3,22-30 (31-36) gibt es nicht. Aber Markus könnte zwei Elemente herausgegriffen und getrennt verarbeitet haben. Das Motiv des Bräutigams, hat er weit vorgezogen und vor das Streitgespräch über den Sabbat gestellt. Den Aspekt der Ablösung der Sendung des Täufers durch die Sendung Jesu und seiner Jünger behandelt er erst später unter dem Stichwort des Propheten. Aus der ursprünglichen Stelle ist das Thema verschwunden. Zu bedenken ist freilich auch, dass der johanneische Text einen offensichtlich redaktionellen Einschub in einen älteren Textbestand darstellt und möglicherweise von Markus noch nicht an dieser Stelle des Hellenistenbuches vorgefunden wurde. Vielleicht folgte zumindest noch in manchen Abschriften auf das Nikodemusgespräch unmittelbar das Gespräch mit der Samaritanerin am Jakobsbrunnen.

Zweimalige Paraphrase von Joh 4,1 bis Joh 6,66

Hier beginnt nun die zweimalige Substitution eines Abschnittes im Hellenistenbuch. Beide Durchgänge beginnen in Parallele zum Gespräch Jesu mit der Samaritanerin am Jakobsbrunnen jeweils mit einer Frauengeschichte, der erste mit der Perikope vom Töchterlein des Jairus und der Bluflüssigen Frau, der zweite mit der Syrophönizierin. Die Doppelung reicht über die Brotvermehrung und den Seewandel bis zur Brotrede einschließlich und endet im ersten Durchgang mit dem Streitgespräch über das Händewaschen und im zweiten mit dem Jüngergespräch über die zwölf und die sieben Körbe von übriggebliebenen Stücken. Im Hintergrund dieses Verfahrens steht wohl die Absicht des Markus, Judenmission und Heidenmission und die getrennten Tischgemeinschaften von Juden- und Heidenchristen schon im Wirken Jesu selbst zu verankern. Die erste Paraphrase hat das Wirken Jesu unter den Juden zum Inhalt, die zweite Paraphrase zeigt das Wirken Jesu unter den Heiden. Bemerkenswert ist, daß eine Bezugnahme auf das Kapitel 5 des Johannesevangeliums mit der Heilung des Gelähmten am Teich Bethesda beide Male fehlt. Das 5. Kapitel dürfte noch nicht an seiner jetzigen Stelle zwischen Kapitel 4 und 6 gestanden sein. Eine Bezugnahme folgt aber auch nicht anschließend an die Parallelen zu Brotvermehrung und Brotrede, entsprechend dem urprünglichen Ort dieser Geschichte, sondern ist vielmehr in der Heilung des Gelähmten von Kafarnaum schon vorgezogen und der Doppelparaphrasierung nicht nach-, sondern vorangestellt. Möglicherweise sollte dadurch vermieden werden, daß die Aufeinanderfolge von Petrusbekenntnis und Verklärung durch eine Wundergeschichte unterbrochen wird.

Im Folgenden werden die beiden aufeinaderfolgenden Entsprechungen zu dem Abschnitt Joh 4,1 bis Joh 6,66 nebeneinander gestellt, damit das Verfahren und die unterschiedliche Aussagerichtung der beiden Durchgänge deutlich erkennbar wird. Der erste Durchgang ist breit ausgeführt, der zweite manchmal nur sehr knapp und andeutungsweise. Dennoch sind grundsätzlich jeweils alle Elemente vorhanden..

Die Doppelung der Paraphrase in Hinblick auf Juden- und Heidenmission beginnt mit Kapitel 4 des Hellenistenbuches. Parallel zur Samaritanerin am Jakobsbrunnen erscheint in jedem der beiden Durchgänge eine Frau. Die erste Paraphrase im Hinblick auf die Judenmission wird eingeleitet mit der Perikope der ineinander verschränkten Erzählungen von der Auferweckung des Töchterleins des Jairus und der Heilung der blutflüssigen Frau. Beide Frauen sind Jüdinnen. Jairus, der Vater des zum Leben erweckten Mädchens ist Synagogenvorstand. Die blutflüssige Frau ist als Jüdin erkennbar an ihrer Eingebundenheit in die jüdischen Reinheitsvorstellungen. Die Syrophönizierin, mit der die zweite Paraphrase im Hinblick auf die Heidenmission beginnt, wird ausdrücklich als Heidin vorgestellt.

A: Töchterlein des Jairus und Blutflüssige Frau (5,22ff) bzw. B: Syrophönizierin (7,24ff)

5,21b Während er noch am See war, 5:22 kam **ein Synagogenvorsteher namens Jaïrus** zu ihm. Als er Jesus sah, fiel er ihm zu Füßen 23 und flehte ihn um Hilfe an; er sagte: Meine *Tochter* liegt im Sterben. Komm und leg ihr die Hände auf, damit sie wieder gesund wird und am Leben bleibt. 24 Da ging Jesus mit ihm. Viele Menschen folgten ihm und drängten sich um ihn. 25 Darunter war **eine Frau**, die schon zwölf Jahre an Blutungen litt. 26 Sie war von vielen Ärzten behandelt worden und hatte dabei sehr zu leiden; ihr ganzes Vermögen hatte sie ausgegeben, aber es hatte ihr nichts genutzt, sondern ihr Zustand war immer schlimmer geworden. 27 Sie hatte von Jesus gehört. Nun drängte sie sich in der Menge von hinten an ihn heran und berührte sein Gewand. 28 Denn sie sagte sich: Wenn ich auch nur sein Gewand berühre, werde ich geheilt. 29 Sofort hörte die Blutung auf, und sie spürte deutlich, daß sie von ihrem Leiden geheilt war. 30 Im selben Augenblick fühlte Jesus, daß eine Kraft von ihm ausströmte, und er wandte sich in dem Gedränge um und fragte: Wer hat mein Gewand berührt? 31 Seine Jünger sagten zu ihm: Du siehst doch, wie sich die Leute um dich drängen, und da fragst du: Wer hat mich berührt? 32 Er blickte umher, um zu sehen, wer es getan hatte. 33 Da kam die Frau, zitternd vor Furcht, weil sie wußte, was mit ihr geschehen war; sie fiel vor ihm nieder und sagte ihm die ganze Wahrheit. 34 Er aber sagte zu ihr: Meine Tochter, dein Glaube hat dir geholfen. Geh in Frieden! Du sollst von deinem Leiden geheilt sein. 35 Während Jesus noch redete, kamen Leute, die zum Haus des Synagogenvorstehers gehörten, und sagten (zu Jaïrus): Deine Tochter ist gestorben. Warum bemühst du den Meister noch länger? 36 Jesus, der diese Worte gehört hatte, sagte zu dem Synagogenvorsteher: Sei ohne Furcht; glaube nur! 37 Und er ließ keinen mitkommen außer Petrus, Jakobus und Johannes, den Bruder des Jakobus. 38 Sie gingen zum Haus des Synagogenvorstehers. Als Jesus den Lärm bemerkte und hörte, wie die Leute laut weinten und jammerten, 39 trat er ein und sagte zu ihnen: Warum schreit und weint ihr? Das Kind ist nicht gestorben, es schläft nur. 40 Da lachten sie ihn aus. Er aber schickte alle hinaus und nahm außer seinen Begleitern nur die Eltern mit in den Raum, in dem das Kind lag. 41 Er faßte das Kind an der Hand und sagte zu ihm: Talita kum!, das heißt übersetzt: Mädchen, ich sage dir, steh auf! 42 Sofort stand das Mädchen auf und ging umher. Es war zwölf Jahre alt. Die Leute gerieten außer sich vor Entsetzen. 43 Doch er schärfte ihnen ein, niemand dürfe etwas davon erfahren; dann sagte er, man solle dem Mädchen etwas zu essen geben.

7:24 Jesus brach auf und zog von dort in das Gebiet von Tyrus. Er ging in ein Haus, wollte aber, daß niemand davon erfuhr; doch es konnte nicht verborgen bleiben. 25 **Eine Frau**, deren *Tochter* von einem unreinen Geist besessen war, hörte von ihm; sie kam sogleich herbei und fiel ihm zu Füßen. 26 **Die Frau, von Geburt Syrophönizierin, war eine Heidin.** Sie bat ihn, aus ihrer Tochter den Dämon auszutreiben. 27 Da sagte er zu ihr: Laßt zuerst die Kinder satt werden; denn es ist nicht recht, das Brot den Kindern wegzunehmen und den Hunden vorzuwerfen. 28 Sie erwiderte ihm: Ja, du hast recht, Herr! Aber auch für die Hunde unter dem Tisch fällt etwas von dem Brot ab, das die Kinder essen. 29 Er antwortete ihr: Weil du das gesagt hast, sage ich dir: Geh nach Hause, der Dämon hat deine Tochter verlassen. 30 Und als sie nach Hause kam, fand sie das Kind auf dem Bett liegen und sah, daß der Dämon es verlassen hatte.

Bei „Johannes“ folgt auf das Gespräch am Jakobsbrunnen das Wort vom Propheten, der in seiner Heimat nichts gilt, und dann die Fernheilung des Sohnes des königlichen Beamten. Markus greift im ersten Durchgang der Paraphrase das Wort vom verkannten Propheten auf und übergeht die Wundergeschichte, für die er als Ersatz die Fieberheilung der Schwiegermutter des Petrus schon vorgezogen hatte. Stattdessen bringt er nur ein Summarium von Heilungen und kehrt dann zum Prophetenmotiv zurück, das er über seine Vorlage hinaus im Hinblick auf Johannes den Täufer und die Apostel erweitert und ausführlich abhandelt. Im zweiten und kürzeren Durchgang steht hier die Heilung eines Taubstummen und die Verbreitung dieser Kunde.

A: Prophetenmotiv, bzw. B: reden und verkünden

6:1 Von dort brach Jesus auf und kam in seine Heimatstadt; seine Jünger begleiteten ihn. 2 Am Sabbat lehrte er in der Synagoge. Und die vielen Menschen, die ihm zuhörten, staunten und sagten: Woher hat er das alles? Was ist das für eine Weisheit, die ihm gegeben ist! Und was sind das für Wunder, die durch ihn geschehen! 3 Ist das nicht der Zimmermann, der Sohn der Maria und der Bruder von Jakobus, Joses, Judas und Simon? Leben nicht seine Schwestern hier unter uns? Und sie nahmen Anstoß an ihm und lehnten ihn ab. 4 Da sagte Jesus zu ihnen: **Nirgends hat ein Prophet so wenig Ansehen wie in seiner Heimat,** bei seinen Verwandten und in seiner Familie. 5 Und er konnte dort kein Wunder tun; **nur einigen Kranken legte er die Hände auf und heilte sie.** 6 7 Er rief die Zwölf zu sich und sandte sie aus, jeweils zwei zusammen. Er gab ihnen die Vollmacht, die unreinen Geister auszutreiben, 8 und er gebot ihnen, außer einem Wanderstab nichts auf den Weg mitzunehmen, kein Brot, keine Vorratstasche, kein Geld im Gürtel, 9 kein zweites Hemd und an den Füßen nur Sandalen. 10 Und er sagte zu ihnen: Bleibt in dem Haus, in dem ihr einkehrt, bis ihr den Ort wieder verlaßt. 11 Wenn man euch aber in einem Ort nicht aufnimmt und euch nicht hören will, dann geht weiter, und schüttelt den Staub von euren Füßen, zum Zeugnis gegen sie. 12 Die Zwölf machten sich auf den Weg und riefen die Menschen zur Umkehr auf. 13 Sie trieben viele Dämonen aus und salbten viele Kranke mit Öl und heilten sie. 14 Der König Herodes hörte von Jesus; denn sein Name war bekannt geworden, und man sagte: **Johannes der Täufer** ist von den Toten auferstanden; deshalb wirken solche Kräfte in ihm. 15 Andere sagten: Er ist Elija. Wieder andere: **Er ist ein Prophet, wie einer von den alten Propheten**. 16 Als aber Herodes von ihm hörte, sagte er: Johannes, den ich enthaupten ließ, ist auferstanden. 17 Herodes hatte nämlich Johannes festnehmen und ins Gefängnis werfen lassen. Schuld daran war Herodias, die Frau seines Bruders Philippus, die er geheiratet hatte. 18 Denn Johannes hatte zu Herodes gesagt: Du hattest nicht das Recht, die Frau deines Bruders zur Frau zu nehmen. 19 Herodias verzieh ihm das nicht und wollte ihn töten lassen. Sie konnte ihren Plan aber nicht durchsetzen, 20 denn Herodes fürchtete sich vor Johannes, weil er wußte, daß dieser ein gerechter und heiliger Mann war. Darum schützte er ihn. Sooft er mit ihm sprach, wurde er unruhig und ratlos, und doch hörte er ihm gern zu. 21 Eines Tages ergab sich für Herodias eine günstige Gelegenheit. An seinem Geburtstag lud Herodes seine Hofbeamten und Offiziere zusammen mit den vornehmsten Bürgern von Galiläa zu einem Festmahl ein. 22 Da kam die Tochter der Herodias und tanzte, und sie gefiel dem Herodes und seinen Gästen so sehr, daß der König zu ihr sagte: Wünsch dir, was du willst; ich werde es dir geben. 23 Er schwor ihr sogar: Was du auch von mir verlangst, ich will es dir geben, und wenn es die Hälfte meines Reiches wäre. 24 Sie ging hinaus und fragte ihre Mutter: Was soll ich mir wünschen? Herodias antwortete: Den Kopf des Täufers Johannes. 25 Da lief das Mädchen zum König hinein und sagte: Ich will, daß du mir sofort auf einer Schale den Kopf des Täufers Johannes bringen läßt. 26 Da wurde der König sehr traurig, aber weil er vor allen Gästen einen Schwur geleistet hatte, wollte er ihren Wunsch nicht ablehnen. 27 Deshalb befahl er einem Scharfrichter, sofort ins Gefängnis zu gehen und den Kopf des Täufers herzubringen. Der Scharfrichter ging und enthauptete Johannes. 28 Dann brachte er den Kopf auf einer Schale, gab ihn dem Mädchen, und das Mädchen gab ihn seiner Mutter. 29 Als die Jünger des Johannes das hörten, kamen sie, holten seinen Leichnam und legten ihn in ein Grab. 30 Die Apostel versammelten sich wieder bei Jesus und berichteten ihm alles, was sie getan und gelehrt hatten.

7 31 Er zog aus dem Gebiete von Tyrus wieder weg und kam über Sidon an den Galiläischen See, **mitten durch das Gebiet der Dekapolis.** 7 32 Da brachte man einen Taubstummen zu ihm und bat, ihm die Hand aufzulegen. 7 33 Er nahm ihn abseits vom Volke, legte ihm seine Finger in die Ohren und berührte seine Zunge mit Speichel. 7 34 Dann blickte er seufzend zum Himmel auf und sprach zu ihm: "Effatha", das heißt: "Tu dich auf!" 7 35 Sogleich öffneten sich seine Ohren. Das Band seiner Zunge löste sich, und er konnte richtig sprechen. 7 36 Er verbot ihnen aber, irgend jemand etwas davon zu sagen. **Doch je strenger er es ihnen verbot, desto eifriger erzählten sie es.** 7 37 Aufs höchste erstaunt, sagten sie: "Er macht alles gut: die Tauben macht er hören und die Stummen reden."

In beiden Paraphrasen der Brotvermehrung, des Seewandels und des anschließenden Gesprächs leht sich Markus eng an seine Vorlage an.

Brotvermehrung A: jüdisch, B: hellenistisch

6:31 Da sagte er zu ihnen: Kommt mit an einen einsamen Ort, wo wir allein sind, und ruht ein wenig aus. Denn sie fanden nicht einmal Zeit zum Essen, so zahlreich waren die Leute, die kamen und gingen. 32 Sie fuhren also mit dem Boot in eine einsame Gegend, um allein zu sein. 33 Aber man sah sie abfahren, und viele erfuhren davon; sie liefen zu Fuß aus allen Städten dorthin und kamen noch vor ihnen an. 34 Als er ausstieg und **die vielen Menschen sah, hatte er Mitleid** mit ihnen; denn sie waren wie Schafe, die keinen Hirten haben. Und er lehrte sie lange. 35 Gegen Abend kamen seine **Jünger** zu ihm und sagten: Der Ort ist abgelegen, und es ist schon spät. 36 Schick sie weg, damit sie in die umliegenden Gehöfte und Dörfer gehen und sich **etwas zu essen kaufen** können. 37 Er erwiderte: Gebt ihr ihnen zu essen! Sie sagten zu ihm: Sollen wir weggehen, für **zweihundert Denare Brot** kaufen und es ihnen geben, damit sie zu essen haben? 38 Er sagte zu ihnen: Wie viele Brote habt ihr? Geht und seht nach! Sie sahen nach und berichteten: **Fünf Brote, und außerdem zwei Fische.** 39 Dann befahl er ihnen, den Leuten zu sagen, sie sollten sich in Gruppen **ins** grüne **Gras setzen.** 40 Und sie setzten sich in Gruppen zu hundert und zu fünfzig. 41 Darauf **nahm er die fünf Brote und die zwei Fische**, blickte zum Himmel auf, **sprach den Lobpreis**, brach die Brote **und gab sie** den Jüngern, damit sie sie an die Leute austeilten. Auch die zwei Fische ließ er unter allen verteilen. 42 Und alle aßen und wurden satt. 43 Als die Jünger die Reste der Brote und auch der Fische einsammelten, **wurden zwölf Körbe voll.** 44 Es waren **fünftausend Männer**, die von den Broten gegessen hatten.

8:1 In jenen Tagen waren wieder einmal **viele Menschen** um Jesus versammelt. Da sie nichts zu essen hatten, rief er die Jünger zu sich und sagte: 2 **Ich habe Mitleid** mit diesen Menschen; sie sind schon drei Tage bei mir und **haben nichts mehr zu essen.** 3 Wenn ich sie hungrig nach Hause schicke, werden sie unterwegs zusammenbrechen; denn einige von ihnen sind von weither gekommen. 4 Seine **Jünger** antworteten ihm: Woher soll man in dieser unbewohnten Gegend **Brot** bekommen, um sie alle satt zu machen? 5 Er fragte sie: Wie viele Brote habt ihr? Sie antworteten: **Sieben.** 6 Da forderte er die Leute auf, sich auf den Boden zu **setzen.** Dann **nahm er die sieben Brote, sprach das Dankgebet**, brach die Brote **und gab sie** seinen Jüngern zum Verteilen; und die Jünger teilten sie an die Leute aus. 7 **Sie hatten auch noch ein paar Fische bei sich.** Jesus segnete sie und ließ auch sie austeilen. 8 Die Leute aßen und wurden satt. Dann sammelte man die übriggebliebenen Brotstücke ein, **sieben Körbe voll.** 9 Es waren etwa **viertausend Menschen** beisammen. Danach schickte er sie nach Hause.

A: Seewandel. B: Überfahrt

45 Gleich darauf forderte er seine Jünger auf, **ins Boot zu steigen** und **ans andere Ufer nach Betsaida** vorauszufahren. Er selbst wollte inzwischen die Leute nach Hause schicken. 46 Nachdem er sich von ihnen verabschiedet hatte, ging **er auf einen Berg**, um zu beten. 6:47 **Spät am Abend** war das Boot mitten auf dem See, er aber war allein an Land. 48 Und er sah, wie sie sich beim Rudern abmühten, denn sie hatten Gegen**wind.** In der vierten Nachtwache ging er auf dem See zu ihnen hin, wollte aber an ihnen vorübergehen. 49 **Als sie ihn über den See gehen sahen**, meinten sie, es sei ein Gespenst, und schrien auf. 50 Alle sahen ihn **und erschraken.** Doch er begann mit ihnen zu reden und sagte: Habt Vertrauen, ich bin es; **fürchtet euch nicht!** 51 Dann **stieg er zu ihnen ins Boot**, und der Wind legte sich. Sie aber waren bestürzt und außer sich. 52 Denn sie waren nicht zur Einsicht gekommen, als das mit den Broten geschah; ihr Herz war verstockt. 53 Sie fuhren auf das Ufer zu, kamen nach Gennesaret und legten dort an. 54 Als sie aus dem Boot stiegen, erkannte man ihn sofort.

8:10 Gleich darauf **stieg er mit seinen Jüngern ins Boot** und fuhr in das Gebiet von Dalmanuta.

6:55 Die Menschen eilten durch die ganze Gegend und brachten die Kranken auf Tragbahren zu ihm, sobald sie hörten, wo er war. 56 Und immer, wenn er in ein Dorf oder eine Stadt oder zu einem Gehöft kam, trug man die Kranken auf die Straße hinaus und bat ihn, er möge sie wenigstens den Saum seines Gewandes berühren lassen. Und alle, die ihn berührten, wurden geheilt.

Diskussionen nach dem Speisungswunder parallel zur Brotrede des Johannesevangeliums A: Reinheit beim Essen, B; Deutung der beiden Speisungen

7:1 Die Pharisäer und einige Schriftgelehrte, die aus Jerusalem gekommen waren, hielten sich bei Jesus auf. 2 Sie sahen, daß einige seiner Jünger ihr **Brot** mit unreinen, das heißt mit ungewaschenen Händen aßen. 3 Die Pharisäer essen nämlich wie alle Juden nur, wenn sie vorher mit einer Handvoll Wasser die Hände gewaschen haben, wie es die Überlieferung der Alten vorschreibt. 4 Auch wenn sie vom Markt kommen, essen sie nicht, ohne sich vorher zu waschen. Noch viele andere überlieferte Vorschriften halten sie ein, wie das Abspülen von Bechern, Krügen und Kesseln. 7:5 Die Pharisäer und die Schriftgelehrten fragten ihn also: Warum halten sich deine Jünger nicht an die Überlieferung der Alten, sondern essen ihr **Brot** mit unreinen Händen? 6 Er antwortete ihnen: Der Prophet Jesaja hatte recht mit dem, was er über euch Heuchler sagte: Dieses Volk ehrt mich mit den Lippen, sein Herz aber ist weit weg von mir. 7 Es ist sinnlos, wie sie mich verehren; was sie lehren, sind Satzungen von Menschen. 8 Ihr gebt Gottes Gebot preis und haltet euch an die Überlieferung der Menschen. 9 Und weiter sagte Jesus: Sehr geschickt setzt ihr Gottes Gebot außer Kraft und haltet euch an eure eigene Überlieferung. 10 Mose hat zum Beispiel gesagt: Ehre deinen Vater und deine Mutter!, und: Wer Vater oder Mutter verflucht, soll mit dem Tod bestraft werden. 11 Ihr aber lehrt: Es ist erlaubt, daß einer zu seinem Vater oder seiner Mutter sagt: Was ich dir schulde, ist Korbán, das heißt: eine Opfergabe. 12 Damit hindert ihr ihn daran, noch etwas für Vater oder Mutter zu tun. 13 So setzt ihr durch eure eigene Überlieferung Gottes Wort außer Kraft. Und ähnlich handelt ihr in vielen Fällen. 14 Dann rief er die Leute wieder zu sich und sagte: Hört mir alle zu und begreift, was ich sage: 15 Nichts, **was von außen in den Menschen hineinkommt**, kann ihn unrein machen, sondern was aus dem Menschen herauskommt, das macht ihn unrein. 16 []

7:17 Er verließ die Menge und ging in ein Haus. Da fragten ihn seine Jünger nach dem Sinn dieses rätselhaften Wortes. 18 Er antwortete ihnen: Begreift auch ihr nicht? Seht ihr nicht ein, daß das, **was von außen in den Menschen hineinkommt**, ihn nicht unrein machen kann? 19 Denn es gelangt ja nicht in sein Herz, sondern in den Magen und wird wieder ausgeschieden. Damit erklärte Jesus **alle Speisen** für rein. 20 Weiter sagte er: Was aus dem Menschen herauskommt, das macht ihn unrein. 21 Denn von innen, aus dem Herzen der Menschen, kommen die bösen Gedanken, Unzucht, Diebstahl, Mord, 22 Ehebruch, Habgier, Bosheit, Hinterlist, Ausschweifung, Neid, Verleumdung, Hochmut und Unvernunft. 23 All dieses Böse kommt von innen und macht den Menschen unrein.

8:11 Da kamen die Pharisäer und begannen ein Streitgespräch mit ihm; sie forderten von ihm ein **Zeichen vom Himmel**, um ihn auf die Probe zu stellen. 12 Da seufzte er tief auf und sagte: Was fordert diese Generation ein Zeichen? Amen, das sage ich euch: Dieser Generation wird niemals ein Zeichen gegeben werden.

8: 13 Und er verließ sie, stieg in das Boot und fuhr ans andere Ufer. 14 Die Jünger hatten vergessen, bei der Abfahrt **Brote** mitzunehmen; nur ein einziges hatten sie dabei. 15 Und er warnte sie: Gebt acht, hütet euch vor dem Sauerteig der Pharisäer und dem Sauerteig des Herodes! 16 Sie aber machten sich Gedanken, weil sie kein **Brot** bei sich hatten. 17 Als er das merkte, sagte er zu ihnen: Was macht ihr euch darüber Gedanken, daß ihr kein **Brot** habt? Begreift und versteht ihr immer noch nicht? Ist denn euer Herz verstockt? 18 Habt ihr denn keine Augen, um zu sehen, und keine Ohren, um zu hören? Erinnert ihr euch nicht: 19 Als ich die fünf **Brote** für die Fünftausend brach, wie viele Körbe voll Brotstücke habt ihr da aufgesammelt? Sie antworteten ihm: Zwölf. 20 Und als ich die sieben **Brote** für die Viertausend brach, wie viele Körbe voll habt ihr da aufgesammelt? Sie antworteten: Sieben. 21 Da sagte er zu ihnen: Versteht ihr immer noch nicht?

Die abschließende Verknüpfung der beiden Speisungen mit dem Hinweis auf die unterschiedlichen symbolischen Zahlen zeigt, dass Markus mit seiner doppelten Paraphrase tatsächlich eine gezielte Absicht vefolgt hat.

Ende der zweimaligen Paraphrase

Blindenheilungen als Rahmung der christologischen Offenbarungen und Belehrungen

Nach den Reflexionen über das Brotwunder folgt in kontrastierender Entsprechung zu dem Petrusbekenntnis im Hellenistenbuch: „Du bist der Heilige Gottes", das Markus einem Dämon zugeschrieben hat, das nach Markus richtige Petrusbekenntnis: „Du bist der Messias". An die Stelle der Selbstoffenbarung Jesu als das Licht der Welt setzt Jesu seine Verklärungsgeschichte. Diesen ganzen christologischen Abschnitt aus Messiasbekenntnis und Verklärung rahmt Markus durch zwei Blindenheilungen, wohl in Entsprechung zu jener Blindenheilung des Hellenistenbuches am Teich Schiloam, der Jesus im Hinblick auf den Unglauben der Pharisäer eine symbolische Deutung verleiht. Für jenen Aspekt der „johanneischen" Blindenheilung, der Eltern zeigt, die mit ihrem Kind zu Jesus kommen und dessen Heilung erfahren, erzählt Markus die Heilung eines Taubstummen, der von seinem Vater zu Jesus gebracht wird. Zum Stichwort Kind sammelt Markus dann noch einige weitere Traditionsstücke und fügt sie hier an. Dazwischen plaziert er auch noch das Streitgespräch über die Ehescheidung. Der gemeinsame Oberbegriff für diese Anordnung ist wohl die Familie. Den Abschluss des Themas vor der zweiten Blindenheilung, der des Bartimäus, bildet der Rangstreit der Jünger, der mit dem Thema Kinder durch den Gegensatz von Kleinen und Großen verbunden ist.

8:22 Sie kamen nach Betsaida. Da brachte man **einen Blinden** zu Jesus und bat ihn, er möge ihn berühren. 23 Er nahm den Blinden bei der Hand, führte ihn vor das Dorf hinaus, bestrich seine Augen mit Speichel, legte ihm die Hände auf und fragte ihn: Siehst du etwas? 24 Der Mann blickte auf und sagte: Ich sehe Menschen; denn ich sehe etwas, das wie Bäume aussieht und umhergeht. 25 Da legte er ihm nochmals die Hände auf die Augen; nun sah der Mann deutlich. Er war geheilt und konnte alles ganz genau sehen. 26 Jesus schickte ihn nach Hause und sagte: Geh aber nicht in das Dorf hinein!

Petrusbekenntnis und Verklärung

8:27 Jesus ging mit seinen Jüngern in die Dörfer bei Cäsarea Philippi. Unterwegs fragte er die Jünger: Für wen halten mich die Menschen? 28 Sie sagten zu ihm: Einige für Johannes den Täufer, andere für Elija, wieder andere für sonst einen von den Propheten. 29 Da fragte er sie: Ihr aber, für wen haltet ihr mich? **Simon Petrus antwortete ihm: Du bist der Messias!** 30 Doch er verbot ihnen, mit jemand über ihn zu sprechen. 31 Dann begann er, sie darüber zu belehren, der Menschensohn müsse vieles erleiden und von den Ältesten, den Hohenpriestern und den Schriftgelehrten verworfen werden; er werde getötet, aber nach drei Tagen werde er auferstehen. 32 Und er redete ganz offen darüber. Da nahm ihn Petrus beiseite und machte ihm Vorwürfe. 33 Jesus wandte sich um, sah seine Jünger an und wies Petrus mit den Worten zurecht: Weg mit dir, Satan, geh mir aus den Augen! Denn du hast nicht das im Sinn, was Gott will, sondern was die Menschen wollen. 34 Er rief die Volksmenge und seine Jünger zu sich und sagte: Wer mein Jünger sein will, der verleugne sich selbst, nehme sein Kreuz auf sich und folge mir nach. 35 **Denn wer sein Leben retten will, wird es verlieren**; wer aber **sein Leben** um meinetwillen und um des Evangeliums willen verliert, **wird es retten**. 36 Was nützt es einem Menschen, wenn er die ganze Welt gewinnt, dabei aber sein Leben einbüßt? 37 Um welchen Preis könnte ein Mensch sein Leben zurückkaufen? 38 Denn wer sich vor dieser treulosen und sündigen Generation meiner und meiner Worte schämt, dessen wird sich auch der Menschensohn schämen, wenn er mit den heiligen Engeln in der Hoheit seines Vaters kommt. 9:1 Und er sagte zu ihnen: **Amen, ich sage euch**: Von denen, die hier stehen, **werden** einige **den Tod nicht erlei-**

den, bis sie gesehen haben, daß das Reich Gottes in (seiner ganzen) Macht gekommen ist. 2 Sechs Tage danach nahm Jesus Petrus, Jakobus und Johannes beiseite und führte sie auf einen hohen Berg, aber nur sie allein. Und er wurde vor ihren Augen verwandelt; 3 **seine Kleider wurden strahlend weiß, so weiß, wie sie auf Erden kein Bleicher machen kann**. 4 Da erschien vor ihren Augen Elija und mit ihm Mose, und sie redeten mit Jesus. 5 Petrus sagte zu Jesus: Rabbi, es ist gut, daß wir hier sind. Wir wollen drei Hütten bauen, eine für dich, eine für Mose und eine für Elija. 6 Er wußte nämlich nicht, was er sagen sollte; denn sie waren vor Furcht ganz benommen. 7 Da kam eine Wolke und warf ihren Schatten auf sie, und aus der Wolke rief eine Stimme: Das ist mein geliebter Sohn; auf ihn sollt ihr hören. 8 Als sie dann um sich blickten, sahen sie auf einmal niemand mehr bei sich außer Jesus. 9 Während sie den Berg hinabstiegen, verbot er ihnen, irgend jemand zu erzählen, was sie gesehen hatten, bis der Menschensohn von den Toten auferstanden sei. 10 Dieses Wort beschäftigte sie, und sie fragten einander, was das sei: von den Toten auferstehen. 11 Da fragten sie ihn: Warum sagen die Schriftgelehrten, zuerst müsse Elija kommen? 12 Er antwortete: Ja, Elija kommt zuerst und stellt alles wieder her. Aber warum heißt es dann vom Menschensohn in der Schrift, er werde viel leiden müssen und verachtet werden? 13 Ich sage euch: Elija ist schon gekommen, doch sie haben mit ihm gemacht, was sie wollten, wie es in der Schrift steht.

Parallel zu Blindgeborenem: Jünger, Vater und besessener Knabe

9:14 Als sie zu den anderen Jüngern zurückkamen, sahen sie eine große Menschenmenge um sie versammelt und Schriftgelehrte, die mit ihnen stritten. 15 Sobald die Leute Jesus sahen, liefen sie in großer Erregung auf ihn zu und begrüßten ihn. 16 Er fragte sie: Warum streitet ihr mit ihnen? 17 Einer aus der Menge antwortete ihm: **Meister, ich habe meinen Sohn zu dir gebracht.** Er ist von einem stummen Geist besessen; 18 immer wenn der Geist ihn überfällt, wirft er ihn zu Boden, und meinem Sohn tritt Schaum vor den Mund, er knirscht mit den Zähnen und wird starr. Ich habe schon deine Jünger gebeten, den Geist auszutreiben, aber sie hatten nicht die Kraft dazu. 19 Da sagte er zu ihnen: O du ungläubige Generation! Wie lange muß ich noch bei euch sein? Wie lange muß ich euch noch ertragen? Bringt ihn zu mir! 20 Und man führte ihn herbei. Sobald der Geist Jesus sah, zerrte er den Jungen hin und her, so daß er hinfiel und sich mit Schaum vor dem Mund auf dem Boden wälzte. 21 Jesus fragte den Vater: Wie lange hat er das schon? Der Vater antwortete: **Von Kind auf**; 22 oft hat er ihn sogar ins Feuer oder ins Wasser geworfen, um ihn umzubringen. Doch wenn du kannst, hilf uns; hab Mitleid mit uns! 23 Jesus sagte zu ihm: Wenn du kannst? Alles kann, wer glaubt. 24 Da rief der Vater des Jungen: Ich glaube; hilf meinem Unglauben! 25 Als Jesus sah, daß die Leute zusammenliefen, drohte er dem unreinen Geist und sagte: Ich befehle dir, du stummer und tauber Geist: Verlaß ihn, und kehr nicht mehr in ihn zurück! 26 Da zerrte der Geist den Jungen hin und her und verließ ihn mit lautem Geschrei. Der Junge lag da wie tot, so daß alle Leute sagten: Er ist gestorben. 27 Jesus aber faßte ihn an der Hand und richtete ihn auf, und der Junge erhob sich. 28 Als Jesus nach Hause kam und sie allein waren, fragten ihn seine Jünger: Warum konnten denn wir den Dämon nicht austreiben? 29 Er antwortete ihnen: Diese Art kann nur durch Gebet ausgetrieben werden.

Thema Kinder

9:30 Sie gingen von dort weg und zogen durch Galiläa. Er wollte aber nicht, daß jemand davon erfuhr; 31 denn er wollte seine Jünger über etwas belehren. Er sagte zu ihnen: Der Menschensohn wird den Menschen ausgeliefert, und sie werden ihn töten; doch drei Tage nach seinem Tod wird er auferstehen. 32 Aber sie verstanden den Sinn seiner Worte nicht, scheuten sich jedoch, ihn zu fragen. 33 Sie kamen nach Kafarnaum. Als er dann im Haus war, fragte er sie: Worüber habt ihr unterwegs gesprochen? 34 Sie schwiegen, denn sie hatten unterwegs miteinander darüber gesprochen, wer (von ihnen) der Größte sei. 35 Da setzte er sich, rief die Zwölf und sagte zu ihnen: Wer der Erste sein will, soll der Letzte von allen und der Diener aller sein. 36 **Und er stellte ein Kind in ihre Mitte**, nahm es in seine Arme und sagte zu ihnen: 37 Wer ein solches Kind um meinetwillen aufnimmt, **der nimmt mich auf; wer aber mich aufnimmt, der nimmt nicht nur mich auf, sondern den, der mich gesandt hat**. 38 Da sagte Johannes zu ihm: Meister, wir haben gesehen, wie jemand in deinem Namen Dämonen austrieb; und wir versuchten, ihn daran zu hindern, weil er uns nicht nachfolgt. 39 Jesus erwiderte: Hindert ihn nicht! Keiner, der in meinem Namen Wunder tut, kann so leicht schlecht von mir reden. 40 Denn wer nicht gegen uns ist, der ist für uns. 41 Wer euch auch nur einen Becher Wasser zu trinken gibt, weil ihr zu Christus gehört - amen, ich sage euch: er wird nicht um seinen Lohn kommen. 42 **Wer einen von diesen Kleinen, die an mich glauben, zum Bösen verführt**, für den wäre es besser, wenn er mit einem Mühlstein um den Hals ins Meer geworfen würde. 43 Wenn dich deine Hand zum Bösen verführt, dann hau sie ab; es ist besser für dich, verstümmelt in das Leben zu gelangen, als mit zwei Händen in die Hölle zu kommen, in das nie erlöschende Feuer. 44 [] 45 Und wenn dich dein Fuß zum Bösen verführt, dann hau ihn ab; es ist besser für dich, verstümmelt in das Leben zu gelangen, als mit zwei Füßen in die Hölle geworfen zu werden. 46 [] 47 Und wenn dich dein Auge zum Bösen verführt, dann reiß es aus; es ist besser für dich, einäugig in das Reich Gottes zu kommen, als mit zwei Augen in die Hölle geworfen zu werden, 48 wo ihr Wurm nicht stirbt und das Feuer nicht erlischt. 49 Denn jeder wird mit Feuer gesalzen werden. 50 Das Salz ist etwas Gutes. Wenn das Salz die Kraft zum Salzen verliert, womit wollt ihr ihm seine Würze wiedergeben? Habt Salz in euch, und haltet Frieden untereinander!

Ehescheidung

10:1 Von dort brach Jesus auf und kam nach Judäa und in das Gebiet jenseits des Jordan. Wieder versammelten sich viele Leute bei ihm, und er lehrte sie, wie er es gewohnt war. 2 Da kamen Pharisäer zu ihm und fragten: Darf ein Mann seine Frau aus der Ehe entlassen? Damit wollten sie ihm eine Falle stellen. 3 Er antwortete ihnen: Was hat euch Mose vorgeschrieben? 4 Sie sagten: Mose hat erlaubt, eine Scheidungsurkunde auszustellen und (die Frau) aus der Ehe zu entlassen. 5 Jesus entgegnete ihnen: Nur weil ihr so hartherzig seid, hat er euch dieses Gebot gegeben. 6 Am Anfang der Schöpfung aber hat Gott sie als Mann und Frau geschaffen. 7 Darum wird der Mann Vater und Mutter verlassen, 8 und die zwei werden ein Fleisch sein. Sie sind also nicht mehr zwei, sondern eins. 9 Was aber Gott verbunden hat, das darf der Mensch nicht trennen. 10 Zu Hause befragten ihn die Jünger noch einmal darüber. 11 Er antwortete ihnen: Wer seine Frau aus der Ehe entläßt und eine andere heiratet, begeht ihr gegenüber Ehebruch. 12 Auch eine Frau begeht Ehebruch, wenn sie ihren Mann aus der Ehe entläßt und einen anderen heiratet.

Nochmals: Thema Kinder

13 Da brachte man **Kinder** zu ihm, damit er ihnen die Hände auflegte. Die Jünger aber wiesen die Leute schroff ab. 14 Als Jesus das sah, wurde er unwillig und sagte zu ihnen: Laßt die **Kinder** zu mir kommen; hindert sie nicht daran! Denn Menschen wie ihnen gehört das Reich Gottes. 15 Amen, das sage ich euch: Wer das Reich Gottes nicht so annimmt, wie ein Kind, der wird nicht hineinkommen. 16 Und er nahm die Kinder in seine Arme; dann legte er ihnen die Hände auf und segnete sie. 17 Als sich Jesus wieder auf den Weg machte, lief ein Mann auf ihn zu, fiel vor ihm auf die Knie und fragte ihn: Guter Meister, was muß ich tun, um das ewige Leben zu gewinnen? 18 Jesus antwortete: Warum nennst du mich gut? Niemand ist gut außer Gott, dem Einen. 19 Du kennst doch die Gebote: Du sollst nicht töten, du sollst nicht die Ehe brechen, du sollst nicht stehlen, du sollst nicht falsch aussagen, du sollst keinen Raub begehen; ehre deinen Vater und deine Mutter! 20 Er erwiderte ihm: Meister, alle diese Gebote habe ich von Jugend an befolgt. 21 Da sah ihn Jesus an, und weil er ihn liebte, sagte er: Eines fehlt dir noch: Geh, verkaufe, was du hast, gib das Geld den Armen, und du wirst einen bleibenden Schatz im Himmel haben; dann komm und folge mir nach! 22 Der Mann aber war betrübt, als er das hörte, und ging traurig weg; denn er hatte ein großes Vermögen. 23 Da sah Jesus seine Jünger an und sagte zu ihnen: Wie schwer ist es für Menschen, die viel besitzen, in das Reich Gottes zu kommen! 24 Die Jünger waren über seine Worte bestürzt. Jesus aber sagte noch einmal zu ihnen: Meine **Kinder**, wie schwer ist es, in das Reich Gottes zu kommen! 25 Eher geht ein Kamel durch ein Nadelöhr, als daß ein Reicher in das Reich Gottes gelangt. 26 Sie aber erschraken noch mehr und sagten zueinander: Wer kann dann noch gerettet werden? 27 Jesus sah sie an und sagte: Für Menschen ist das unmöglich, aber nicht für Gott; denn für Gott ist alles möglich. 28 Da sagte Petrus zu ihm: Du weißt, wir haben alles verlassen und sind dir nachgefolgt. 29 Jesus antwortete: Amen, ich sage euch: Jeder, der um meinetwillen und um des Evangeliums willen Haus oder Brüder, Schwestern, Mutter, Vater, Kinder oder Äcker verlassen hat, 30 wird das Hundertfache dafür empfangen: Jetzt in dieser Zeit wird er Häuser, Brüder, Schwestern, Mütter, Kinder und Äcker erhalten, wenn auch unter Verfolgungen, und in der kommenden Welt das ewige Leben. 31 Viele aber, die jetzt die Ersten sind, werden dann die Letzten sein, und die Letzten werden die Ersten sein. 32 Während sie auf dem Weg hinauf nach Jerusalem waren, ging Jesus voraus. Die Leute wunderten sich über ihn, die Jünger aber hatten Angst.

Rangstreit der Jünger

Da versammelte er die Zwölf wieder um sich und kündigte ihnen an, was ihm bevorstand. 33 Er sagte: Wir gehen jetzt nach Jerusalem hinauf; dort wird der Menschensohn den Hohenpriestern und den Schriftgelehrten ausgeliefert; sie werden ihn zum Tod verurteilen und den Heiden übergeben; 34 sie werden ihn verspotten, anspucken, geißeln und töten. Aber nach drei Tagen wird er auferstehen. 35 Da traten Jakobus und Johannes, die Söhne des Zebedäus, zu ihm und sagten: Meister, wir möchten, daß du uns eine Bitte erfüllst. 36 Er antwortete: Was soll ich für euch tun? 37 Sie sagten zu ihm: Laß in deinem Reich einen von uns rechts und den andern links neben dir sitzen. 38 Jesus erwiderte: Ihr wißt nicht, um was ihr bittet. Könnt ihr den Kelch trinken, den ich trinke, oder die Taufe auf euch nehmen, mit der ich getauft werde? 39 Sie antworteten: Wir können es. Da sagte Jesus zu ihnen: Ihr werdet den Kelch trinken, den ich trinke, und die Taufe empfangen, mit der ich getauft werde. 40 Doch den Platz zu meiner Rechten und zu meiner Linken habe nicht ich zu vergeben; dort werden die sitzen, für die diese Plätze bestimmt sind. 41 Als die zehn anderen Jünger das hörten, wurden sie sehr ärgerlich über Jakobus und Johannes. 42 Da rief Jesus sie zu sich und sagte: Ihr wißt, daß die, die als Herrscher gelten, ihre Völker unterdrücken und die Mächtigen ihre Macht über die Menschen mißbrauchen. 43 Bei euch aber soll es nicht so sein, sondern wer bei euch groß sein will, der soll euer Diener sein, 44 und wer bei euch der Erste sein will, soll der Sklave aller sein. 45 Denn auch der Menschensohn ist nicht gekommen, **um sich dienen zu lassen, sondern um zu dienen** und sein Leben hinzugeben als Lösegeld für viele.

Als Abschluß des Rahmens der Offenbarungen nochmals eine Parallele zum Blindgeborenen; der Blinde Bartimäus

10:46 Sie kamen nach Jericho. Als er mit seinen Jüngern und einer großen Menschenmenge Jericho wieder verließ, saß an der Straße **ein blinder** Bettler, Bartimäus, der Sohn des Timäus. 47 Sobald er hörte, daß es Jesus von Nazaret war, rief er laut: Sohn Davids, Jesus, hab Erbarmen mit mir! 48 Viele wurden ärgerlich und befahlen ihm zu schweigen. Er aber schrie noch viel lauter: Sohn Davids, hab Erbarmen mit mir! 49 Jesus blieb stehen und sagte: Ruft ihn her! Sie riefen den Blinden und sagten zu ihm: Hab nur Mut, steh auf, er ruft dich. 50 Da warf er seinen Mantel weg, sprang auf und lief auf Jesus zu. 51 Und Jesus fragte ihn: Was soll ich dir tun? Der Blinde antwortete: Rabbuni, ich möchte wieder sehen können. 52 Da sagte Jesus zu ihm: Geh! Dein Glaube hat dir geholfen. Im gleichen Augenblick konnte er wieder sehen, und er folgte Jesus auf seinem Weg.

Eine Entsprechung zu Joh 10,1-21 des „Johannesevangeliums" findet sich bei Markus nicht, vermutlich weil dieser Abschnitt erst später in das Hellenistenbuch eingefügt wurde. Im Hellenistenbuch folgt dann die Auferweckung des Lazarus, die Markus übergeht und wahrscheinlich später durch die Endzeitrede substituiert. Im Hellenistenbuch wird der Einzug Jesu in Jerusalem erst nach den Geschehnissen in Betanien berichtet. Markus zieht ihn vor und fügt unmittelbar anschließend die Tempelreinigung vom Anfang des Hellenistenbuches ein. Er formt damit die Einleitung für alles, was er über den Aufenthalt Jesu in und um Jerusalem und über seine Passion und Auferstehung berichten will. Bis zur Gefangennahme Jesu gibt es dann mit Ausnahme der Endzeitrede kaum weitere Bezüge auf den „johanneischen" Text.

Einzug in Jerusalem

11:1 Als sie in die Nähe von Jerusalem kamen, nach Betfage und Betanien am Ölberg, schickte er zwei seiner Jünger voraus. 2 Er sagte zu ihnen: Geht in das Dorf, das vor euch liegt; gleich wenn ihr hineinkommt, werdet ihr einen jungen Esel angebunden finden, auf dem noch nie ein Mensch gesessen hat. Bindet ihn los, und bringt ihn her! 3 Und wenn jemand zu euch sagt: Was tut ihr da?, dann antwortet: Der Herr braucht ihn; er läßt ihn bald wieder zurückbringen. 4 Da machten sie sich auf den Weg und fanden außen an einer Tür an der Straße einen jungen Esel angebunden, und sie banden ihn los. 5 Einige, die dabeistanden, sagten zu ihnen: Wie kommt ihr dazu, den Esel loszubinden? 6 Sie gaben ihnen zur Antwort, was Jesus gesagt hatte, und man ließ sie gewähren. 7 Sie brachten den jungen Esel zu Jesus, legten ihre Kleider auf das Tier, und er setzte sich darauf. 8 Und viele breiteten ihre Kleider auf der Straße aus; andere rissen auf den Feldern Zweige (von den Büschen) ab und streuten sie auf den Weg. 9 Die Leute, die vor ihm hergingen und die ihm folgten, **riefen: Hosanna! Gesegnet sei er, der kommt im Namen des Herrn!** 10 Gesegnet sei das Reich unseres Vaters David, das nun kommt. Hosanna in der Höhe! 11 Und er zog nach Jerusalem hinein, in den Tempel; nachdem er sich alles angesehen hatte, ging er spät am Abend mit den Zwölf nach Betanien hinaus.

Feigenbaum und Tempelreinigung

11,12 Als sie am nächsten Tag Betanien verließen, hatte er Hunger. 13 Da sah er von weitem einen Feigenbaum mit Blättern und ging hin, um nach Früchten zu suchen. Aber er fand an dem Baum nichts als Blätter; denn es war nicht die Zeit der Feigenernte. 14 Da sagte er zu ihm: In Ewigkeit soll niemand mehr eine Frucht von dir essen. Und seine Jünger hörten es. 15 **Dann kamen sie nach Jerusalem.** Jesus ging **in den Tempel** und begann, die **Händler** und Käufer aus dem Tempel **hinauszutreiben; er stieß die Tische der Geldwechsler und die Stände der Taubenhändler um** 16 und ließ nicht zu, daß jemand irgend etwas durch den Tempelbezirk trug. 17 Er belehrte sie und sagte: **Heißt es nicht in der Schrift:** Mein Haus soll ein Haus des Gebetes für alle Völker sein? Ihr aber habt daraus eine Räuberhöhle gemacht. 18 Die Hohenpriester und die Schriftgelehrten hörten davon und suchten nach einer Möglichkeit, ihn umzubringen. Denn sie fürchteten ihn, weil alle Leute von seiner Lehre sehr beeindruckt waren. 19 Als es Abend wurde, verließ Jesus mit seinen Jüngern die Stadt. 20 Als sie am nächsten Morgen an dem Feigenbaum vorbeikamen, sahen sie, daß er bis zu den Wurzeln verdorrt war. 21 Da erinnerte sich Petrus und sagte zu Jesus: Rabbi, sieh doch, der Feigenbaum, den du verflucht hast, ist verdorrt. 22 Jesus sagte zu ihnen: Ihr müßt Glauben an Gott haben. 23 Amen, das sage ich euch: Wenn jemand zu diesem Berg sagt: Heb dich empor, und stürz dich ins Meer!, und wenn er in seinem Herzen nicht zweifelt, sondern glaubt, daß geschieht, was er sagt, dann wird es geschehen. 24 Darum sage ich euch: Alles, worum ihr betet und bittet - glaubt nur, daß ihr es schon erhalten habt, dann wird es euch zuteil. 25 Und wenn ihr beten wollt und ihr habt einem anderen etwas vorzuwerfen, dann vergebt ihm, damit auch euer Vater im Himmel euch eure Verfehlungen vergibt.

Streitgespräche

Im Johannesvangelium geht der Lazarusgeschichte unmittelbar das Tempelweihfest mit einem Streitgespräch über die Gottessohnschaft und Gottheit Jesu voran. Die folgenden Streitgespräche entsprechen sowohl inhaltlich als auch in der Anordnung diesem Vorbild. Die Diskussion über die Steuermünze schließt hier nur lose an. Sie hat ihre formale Parallele im Nikodemusgspräch.

11,26 [] 27 Sie kamen wieder nach Jerusalem. Als er im Tempel umherging, kamen die Hohenpriester, die Schriftgelehrten und die Ältesten zu ihm 28 und fragten ihn: Mit welchem Recht tust du das alles? Wer hat dir die Vollmacht gegeben, das zu tun? 29 Jesus sagte zu ihnen: Zuerst will ich euch eine Frage vorlegen. Antwortet mir, dann werde ich euch sagen, mit welchem Recht ich das tue. 30 Stammte die Taufe des Johannes vom Himmel oder von den Menschen? Antwortet mir! 31 Da überlegten sie und sagten zueinander: Wenn wir antworten: Vom Himmel!, so wird er sagen: Warum habt ihr ihm dann nicht geglaubt? 32 Sollen wir also antworten: Von den Menschen? Sie fürchteten sich aber vor den Leuten; denn alle glaubten, daß Johannes wirklich ein Prophet war. 33 Darum antworteten sie Jesus: Wir wissen es nicht. Jesus erwiderte: Dann sage auch ich euch nicht, mit welchem Recht ich das alles tue. 12:1 Jesus begann zu ihnen (wieder) in Form von Gleichnissen zu reden. (Er sagte:) Ein Mann legte einen Weinberg an, zog ringsherum einen Zaun, hob eine Kelter aus und baute einen Turm. Dann verpachtete er den Weinberg an Winzer und reiste in ein anderes Land. 2 Als nun die Zeit dafür gekommen war, schickte er einen Knecht zu den Winzern, um bei ihnen seinen Anteil an den Früchten des Weinbergs holen zu lassen. 3 Sie aber packten und prügelten ihn und jagten ihn mit leeren Händen fort. 4 Darauf schickte er einen anderen Knecht zu ihnen; auch ihn mißhandelten und beschimpften sie. 5 Als er einen dritten schickte, brachten sie ihn um. Ähnlich ging es vielen anderen; die einen wurden geprügelt, die andern umgebracht. 6 Schließlich blieb ihm nur noch einer: **sein geliebter Sohn**. Ihn sandte er als letzten zu ihnen, denn er dachte: Vor meinem Sohn werden sie Achtung haben. 7 Die Winzer aber sagten zueinander: Das ist der Erbe. Auf, wir wollen ihn töten, dann gehört sein Erbgut uns. 8 Und sie packten ihn und brachten ihn um und warfen ihn aus dem Weinberg hinaus. 9 Was wird nun der Besitzer des Weinbergs tun? Er wird kommen und die Winzer töten und den Weinberg anderen geben. 10 Habt ihr nicht das Schriftwort gelesen: Der Stein, den die Bauleute verworfen haben, er ist zum Eckstein geworden; 11 das hat der Herr vollbracht, vor unseren Augen geschah dieses Wunder? 12 Daraufhin hätten sie Jesus gern verhaften lassen; aber sie fürchteten die Menge. Denn sie hatten gemerkt, daß er mit diesem Gleichnis sie meinte. Da ließen sie ihn stehen und gingen weg.

12,13 Einige **Pharisäer** und einige Anhänger des Herodes wurden zu Jesus geschickt, um ihn mit einer Frage in eine Falle zu locken. 14 **Sie kamen zu ihm und sagten: Meister, wir wissen, daß** du immer die Wahrheit sagst und dabei auf niemand Rücksicht nimmst; denn du siehst nicht auf die Person, sondern lehrst wirklich den Weg Gottes. Ist es erlaubt, dem Kaiser Steuer zu zahlen, oder nicht? Sollen wir sie zahlen oder nicht zahlen? 15 Er aber durchschaute ihre Heuchelei und sagte zu ihnen: Warum stellt ihr mir eine Falle? Bringt mir einen Denar, ich will ihn sehen. 16 Man brachte ihm einen. Da fragte er sie: Wessen Bild und Aufschrift ist das? Sie antworteten ihm: Des Kaisers. 17 Da sagte Jesus zu ihnen: So gebt dem Kaiser, was dem Kaiser gehört, und Gott, was Gott gehört! Und sie waren sehr erstaunt über ihn.

Auferweckung am Jüngsten Tag

Anstelle der mit der Lazarusgeschichte verbundenen Betrachtung über das ewige Leben und die Auferweckung am Jüngsten Tag findet sich bei Markus ein Streitgespräch über Auferstehung und Ehe und später die apokalyptische Rede. Was bei „Johannes" nur uneigentlich im Munde der Maria zur Sprache kommt, nämlich die Auferweckung der Toten, findet sich hier im Munde Jesu selbst.

12,18 Von den Sadduzäern, die behaupten, es gebe keine Auferstehung, kamen einige zu Jesus und fragten ihn: 19 Meister, Mose hat uns vorgeschrieben: Wenn ein Mann, der einen Bruder hat, stirbt und eine Frau hinterläßt, aber kein Kind, dann soll sein Bruder die Frau heiraten und seinem Bruder Nachkommen verschaffen. 20 Es lebten einmal sieben Brüder. Der erste nahm sich eine Frau, und als er starb, hinterließ er keine Nachkommen. 21 Da nahm sie der zweite; auch er starb, ohne Nachkommen zu hinterlassen, und ebenso der dritte. 22 Keiner der sieben hatte Nachkommen. Als letzte von allen starb die Frau. 23 Wessen Frau wird sie nun bei der Auferstehung sein? Alle sieben haben sie doch zur Frau gehabt. 24 Jesus sagte zu ihnen: Ihr irrt euch, ihr kennt weder die Schrift noch die Macht Gottes. 25 **Wenn nämlich die Menschen von den Toten auferstehen, werden sie nicht mehr heiraten, sondern sie werden sein wie die Engel im Himmel. 26 Daß aber die Toten auferstehen, habt ihr das nicht im Buch des Mose gelesen, in der Geschichte vom Dornbusch, in der Gott zu Mose spricht: Ich bin der Gott Abrahams, der Gott Isaaks und der Gott Jakobs? 27 Er ist doch nicht ein Gott von Toten, sondern von Lebenden.** Ihr irrt euch sehr.

Liebesgebot

Ob das Gespräch zum Liebesgebot auf des Motiv der Liebe Jesus zu Lazarus, Maria und Marta Joh 12,5 in der Lazarusperikope Bezug nimmt, läßt sich nicht entscheiden, ist aber möglich. Die Diskussion um den Psalm 110 könnte zu der Aussage der Marta Joh 11,27 assoziiert sein: „Ja, Herr, ich glaube, dass du der Messias bist, der Sohn Gottes, der in die Welt kommt." Selbstverständlich sind aber für diese Streitgespräche eigenständige Traditionen vorauszustzen, die dem Markus zur Verfügung standen. Die Worte über die Pharisäer und das Schärflein der Witwe bleiben ohne Bezug.

28 Ein Schriftgelehrter hatte ihrem Streit zugehört; und da er bemerkt hatte, wie treffend Jesus ihnen antwortete, ging er zu ihm hin und fragte ihn: Welches Gebot ist das erste von allen? 29 Jesus antwortete: Das erste ist: Höre, Israel, der Herr, unser Gott, ist der einzige Herr. 30 Darum sollst du den Herrn, deinen Gott, lieben mit ganzem Herzen und ganzer Seele, mit all deinen Gedanken und all deiner Kraft. 31 Als zweites kommt hinzu: Du sollst deinen Nächsten lieben wie dich selbst. Kein anderes Gebot ist größer als diese beiden. 32 Da sagte der Schriftgelehrte zu ihm: Sehr gut, Meister! Ganz richtig hast du gesagt: Er allein ist der Herr, und es gibt keinen anderen außer ihm, 33 und ihn mit ganzem Herzen, ganzem Verstand und ganzer Kraft zu lieben und den Nächsten zu lieben wie sich selbst, ist weit mehr als alle Brandopfer und anderen Opfer. 34 Jesus sah, daß er mit Verständnis geantwortet hatte, und sagte zu ihm: Du bist nicht fern vom Reich Gottes. Und keiner wagte mehr, Jesus eine Frage zu stellen. 35 Als Jesus im Tempel lehrte, sagte er: Wie können die Schriftgelehrten behaupten, der Messias sei der Sohn Davids? 36 Denn David hat, vom Heiligen Geist erfüllt, selbst gesagt: Der Herr sprach zu meinem Herrn: Setze dich mir zur Rechten, und ich lege dir deine Feinde unter die Füße. 37 38 Er lehrte sie und sagte: Nehmt euch in acht vor den Schriftgelehrten! Sie gehen gern in langen Gewändern umher, lieben es, wenn man sie auf den Straßen und Plätzen grüßt, 39 und sie wollen in der Synagoge die vordersten Sitze und bei jedem Festmahl die Ehrenplätze haben. 40 Sie bringen die Witwen um ihre Häuser und verrichten in ihrer Scheinheiligkeit lange Gebete. Aber um so härter wird das Urteil sein, das sie erwartet. 41 Als Jesus einmal dem Opferkasten gegenübersaß, sah er zu, wie die Leute Geld in den Kasten warfen. Viele Reiche kamen und gaben viel. 42 Da kam auch eine arme Witwe und warf zwei kleine Münzen hinein. 43 Er rief seine Jünger zu sich und sagte: Amen, ich sage euch: Diese arme Witwe hat mehr in den Opferkasten hineingeworfen als alle andern. 44 Denn sie alle haben nur etwas von ihrem Überfluß hergegeben; diese Frau aber, die kaum das Nötigste zum Leben hat, sie hat alles gegeben, was sie besaß, ihren ganzen Lebensunterhalt.

Apokalyptische Rede

Die Apokalyptische Rede ist ohne direkten Hintergrund im Hellenistenbuch. Mit ihr nimmt Markus vermutlich nochmals Bezug auf die Lazarusgeschichte. Die Apokalyptik entspricht der Stimmung der Zeit um den jüdische Krieg. Ob Markus dafür in der Jesustradition einen Anhaltspunkt hatte, ist fraglich bis unwahrscheinlich. Sicher finden sich entsprechende Vorstellungen aber bei Paulus in dessen 1. Brief an die Thessalonicher.

13:1 Als Jesus den Tempel verließ, sagte einer von seinen Jüngern zu ihm: Meister, sieh, was für Steine und was für Bauten! 2 Jesus sagte zu ihm: Siehst du diese großen Bauten? Kein Stein wird auf dem andern bleiben, alles wird niedergerissen. 3 Und als er auf dem Ölberg saß, dem Tempel gegenüber, fragten ihn Petrus, Jakobus, Johannes und Andreas, die mit ihm allein waren: 4 Sag uns, wann wird das geschehen, und an welchem Zeichen wird man erkennen, daß das Ende von all dem bevorsteht? 5 Jesus sagte zu ihnen: Gebt acht, daß euch niemand irreführt! 6 Viele werden unter meinem Namen auftreten und sagen: Ich bin es! Und sie werden viele irreführen. 7 Wenn ihr dann von Kriegen hört und Nachrichten über Kriege euch beunruhigen, laßt euch nicht erschrecken! Das muß geschehen. Es ist aber noch nicht das Ende. 8 Denn ein Volk wird sich gegen das andere erheben und ein Reich gegen das andere. Und an vielen Orten wird es Erdbeben und Hungersnöte geben. Doch das ist erst der Anfang der Wehen. 9 Ihr aber, macht euch darauf gefaßt: Man wird euch um meinetwillen vor die Gerichte bringen, in den Synagogen mißhandeln und vor Statthalter und Könige stellen, damit ihr vor ihnen Zeugnis ablegt. 10 Vor dem Ende aber muß allen Völkern das Evangelium verkündet werden. 11 Und wenn man euch abführt und vor Gericht stellt, dann macht euch nicht im voraus Sorgen, was ihr sagen sollt; sondern was euch in jener Stunde eingegeben wird, das sagt! Denn nicht ihr werdet dann reden, sondern der Heilige Geist. 12 Brüder werden einander dem Tod ausliefern und Väter ihre Kinder, und die Kinder werden sich gegen ihre Eltern auflehnen und sie in den Tod schicken. 13 Und ihr werdet um meines Namens willen von allen gehaßt werden; wer aber bis zum Ende standhaft bleibt, der wird gerettet. 14

Wenn ihr aber den unheilvollen Greuel an dem Ort seht, wo er nicht stehen darf - der Leser begreife -, dann sollen die Bewohner von Judäa in die Berge fliehen; 15 wer gerade auf dem Dach ist, soll nicht hinabsteigen und ins Haus gehen, um etwas mitzunehmen; 16 wer auf dem Feld ist, soll nicht zurückkehren, um seinen Mantel zu holen. 17 Weh aber den Frauen, die in jenen Tagen schwanger sind oder ein Kind stillen. 18 Betet darum, daß dies alles nicht im Winter eintritt. 19 Denn jene Tage werden eine Not bringen, wie es noch nie eine gegeben hat, seit Gott die Welt erschuf, und wie es auch keine mehr geben wird. 20 Und wenn der Herr diese Zeit nicht verkürzen würde, dann würde kein Mensch gerettet; aber um seiner Auserwählten willen hat er diese Zeit verkürzt. 21 Wenn dann jemand zu euch sagt: Seht, hier ist der Messias!, oder: Seht, dort ist er!, so glaubt es nicht! 22 Denn es wird mancher falsche Messias und mancher falsche Prophet auftreten, und sie werden Zeichen und Wunder tun, um, wenn möglich, die Auserwählten irrezuführen. 23 Ihr aber, seht euch vor! Ich habe euch alles vorausgesagt. 24 Aber in jenen Tagen, nach der großen Not, wird sich die Sonne verfinstern, und der Mond wird nicht mehr scheinen; 25 die Sterne werden vom Himmel fallen, und die Kräfte des Himmels werden erschüttert werden. 26 Dann wird man den Menschensohn mit großer Macht und Herrlichkeit auf den Wolken kommen sehen. 27 Und er wird die Engel aussenden und die von ihm Auserwählten aus allen vier Windrichtungen zusammenführen, vom Ende der Erde bis zum Ende des Himmels. 28 Lernt etwas aus dem Vergleich mit dem Feigenbaum! Sobald seine Zweige saftig werden und Blätter treiben, wißt ihr, daß der Sommer nahe ist. 29 Genauso sollt ihr erkennen, wenn ihr (all) das geschehen seht, daß das Ende vor der Tür steht. 30 Amen, ich sage euch: Diese Generation wird nicht vergehen, bis das alles eintrifft. 31 Himmel und Erde werden vergehen, aber meine Worte werden nicht vergehen. 32 Doch jenen Tag und jene Stunde kennt niemand, auch nicht die Engel im Himmel, nicht einmal der Sohn, sondern nur der Vater. 33 Seht euch also vor, und bleibt wach! Denn ihr wißt nicht, wann die Zeit da ist. 34 Es ist wie mit einem Mann, der sein Haus verließ, um auf Reisen zu gehen: Er übertrug alle Verantwortung seinen Dienern, jedem eine bestimmte Aufgabe; dem Türhüter befahl er, wachsam zu sein. 35 Seid also wachsam! Denn ihr wißt nicht, wann der Hausherr kommt, ob am Abend oder um Mitternacht, ob beim Hahnenschrei oder erst am Morgen. 36 Er soll euch, wenn er plötzlich kommt, nicht schlafend antreffen. 37 Was ich aber euch sage, das sage ich allen: Seid wachsam!

Tötungsbeschluss

Der Tötungsbeschluss folgt im Johannesevangelium unmittelbar auf die Auferweckung des Lazarus. Die Anordnung durch Markus nach der Apokalyptischen Rede entspricht dem *mutatis mutandis* Vorbild.

14:1 Es war zwei Tage vor dem Pascha und dem Fest der Ungesäuerten Brote. **Die Hohenpriester und die Schriftgelehrten suchten nach einer Möglichkeit, Jesus mit List in ihre Gewalt zu bringen, um ihn zu töten.** 2 Sie sagten aber: Ja nicht am Fest, damit es im Volk keinen Aufruhr gibt.

Salbung in Betanien

Die Salbungsgeschichte und das Abschiedsmahl hat Markus erst nach dem Einzug in Jerusalem und unmittelbar vor der Ölbergszene und der Gefangennahme angeordnet, um einen möglichst klaren und straffen Handlungsablauf zu erzielen.

14:3 Als Jesus **in Betanien** im Haus Simons des Aussätzigen **bei Tisch war, kam eine Frau mit einem Alabastergefäß voll echtem, kostbarem Nardenöl**, zerbrach es und goß das Öl über sein Haar. 4 Einige aber wurden unwillig und sagten zueinander: **Wozu** diese Verschwendung? 5 **Man hätte das Öl um mehr als dreihundert Denare verkaufen und das Geld den Armen geben können.** Und sie machten der Frau heftige Vorwürfe. 6 **Jesus aber sagte: Hört auf! Warum laßt ihr sie nicht in Ruhe?** Sie hat ein gutes Werk an mir getan. 7 **Denn die Armen habt ihr immer bei euch**, und ihr könnt ihnen Gutes tun, so oft ihr wollt; mich aber habt ihr nicht immer. 8 Sie hat getan, was sie konnte. Sie hat im voraus meinen Leib für das Begräbnis gesalbt. 9 Amen, ich sage euch: Überall auf der Welt, wo das Evangelium verkündet wird, wird man sich an sie erinnern und erzählen, was sie getan hat.

Abschiedsmahl und Verräter

14: 10 Judas Iskariot, einer der Zwölf, ging zu den Hohenpriestern. Er wollte Jesus an sie ausliefern. 11 Als sie das hörten, freuten sie sich und versprachen, ihm Geld dafür zu geben. Von da an suchte er nach einer günstigen Gelegenheit, ihn auszuliefern. 12 Am ersten Tag des Festes der Ungesäuerten Brote, an dem man das Paschalamm schlachtete, sagten die Jünger zu Jesus: Wo sollen wir das Paschamahl für dich vorbereiten? 13 Da schickte er zwei seiner Jünger voraus und sagte zu ihnen: Geht in die Stadt; dort wird euch ein Mann begegnen, der einen Wasserkrug trägt. Folgt ihm, 14 bis er in ein Haus hineingeht; dann sagt zu dem Herrn des Hauses: Der Meister läßt dich fragen: Wo ist der Raum, in dem ich mit meinen Jüngern das Paschalamm essen kann? 15 Und der Hausherr wird euch einen großen Raum im Obergeschoß zeigen, der schon für das Festmahl hergerichtet und mit Polstern ausgestattet ist. Dort bereitet alles für uns vor! 16 Die Jünger machten sich auf den Weg und kamen in die Stadt. Sie fanden alles so, wie er es ihnen gesagt hatte, und bereiteten das Paschamahl vor. 17 Als es Abend wurde, kam Jesus mit den Zwölf. 18 **Während sie nun bei Tisch waren und aßen, sagte er: Amen, ich sage euch: Einer von euch wird mich verraten und ausliefern**, einer von denen, die zusammen mit mir essen. 19 Da wurden sie traurig, und einer nach dem andern fragte ihn: Doch nicht etwa ich? 20 Er sagte zu ihnen: Einer von euch Zwölf, **der mit mir aus derselben Schüssel ißt**. 21 Der Menschensohn muß zwar seinen Weg gehen, wie die Schrift über ihn sagt. Doch weh dem Menschen, durch den der Menschensohn verraten wird. Für ihn wäre es besser, wenn er nie geboren wäre. 22 Während des Mahls **nahm er das Brot** und sprach den Lobpreis; dann brach er das Brot, reichte es ihnen und sagte: Nehmt, das ist mein Leib. 23 Dann nahm er den Kelch, sprach das Dankgebet, reichte ihn den Jüngern, und sie tranken alle daraus. 24 Und er sagte zu ihnen: Das ist mein Blut, das Blut des Bundes, das für viele vergossen wird. 25 Amen, ich sage euch: Ich werde nicht mehr von der Frucht des Weinstocks trinken bis zu dem Tag, an dem ich von neuem davon trinke im Reich Gottes.

Ölberg

Die Ölbergszene ist ohne Vorbild und Ansatzpunkt im Hellenistenbuch. Allenfalls steht sie für die erste Abschiedsrede Joh 14,3-31.

14: 26 Nach dem Lobgesang gingen sie zum Ölberg hinaus. 27 Da sagte Jesus zu ihnen: Ihr werdet alle (an mir) Anstoß nehmen und zu Fall kommen; denn in der Schrift steht: **Ich werde den Hirten erschlagen, dann werden sich die Schafe zerstreuen.** 28 Aber nach meiner Auferstehung werde ich euch nach Galiläa vorausgehen. 29 Da sagte Petrus zu ihm: Auch wenn alle (an dir) Anstoß nehmen - ich nicht! 30 Jesus antwortete ihm: Amen, ich sage dir: Noch heute nacht, ehe der Hahn zweimal kräht, wirst du mich dreimal verleugnen. 31 Petrus aber beteuerte: Und wenn ich mit dir sterben müßte - ich werde dich nie verleugnen. Das gleiche sagten auch alle anderen. 32 Sie kamen zu einem Grundstück, das Getsemani heißt, und er sagte zu seinen Jüngern: Setzt euch und wartet hier, während ich bete. 33 Und er nahm Petrus, Jakobus und Johannes mit sich. Da ergriff ihn Furcht und Angst, 34 und er sagte zu ihnen: Meine Seele ist zu Tode betrübt. Bleibt hier und wacht! 35 Und er ging ein Stück weiter, warf sich auf die Erde nieder und betete, daß die Stunde, wenn möglich, an ihm vorübergehe. 36 Er sprach: Abba, Vater, alles ist dir möglich. Nimm diesen **Kelch** von mir! Aber nicht, was ich will, sondern was du willst (soll geschehen). 37 Und er ging zurück und fand sie schlafend. Da sagte er zu Petrus: Simon, du schläfst? Konntest du nicht einmal eine Stunde wach bleiben? 38 Wacht und betet, damit ihr nicht in Versuchung geratet. Der Geist ist willig, aber das Fleisch ist schwach. 39 Und er ging wieder weg und betete mit den gleichen Worten. 40 Als er zurückkam, fand er sie wieder schlafend, denn die Augen waren ihnen zugefallen; und sie wußten nicht, was sie ihm antworten sollten. 41 Und er kam zum drittenmal und sagte zu ihnen: Schlaft ihr immer noch und ruht euch aus? Es ist genug. Die **Stunde ist gekommen;** jetzt wird der Menschensohn den Sündern ausgeliefert.

Gefangennahme und abgeschlagenes Ohr

14:42 **Steht auf, wir wollen gehen!** Seht, der Verräter, der mich ausliefert, ist da. 43 Noch während er redete, kam Judas, einer der Zwölf, mit einer Schar von Männern, die mit Schwertern und Knüppeln bewaffnet waren; sie waren von den Hohenpriestern, den Schriftgelehrten und den

Ältesten geschickt worden. 44 Der Verräter hatte mit ihnen ein Zeichen vereinbart und gesagt: Der, den ich küssen werde, der ist es. Nehmt ihn fest, führt ihn ab, und laßt ihn nicht entkommen. 45 Und als er kam, ging er sogleich auf Jesus zu und sagte: Rabbi! Und er küßte ihn. 46 Da ergriffen sie ihn und nahmen ihn fest. 47 Einer von denen, die dabeistanden, **zog das Schwert, schlug auf den Diener des Hohenpriesters ein und hieb ihm ein Ohr ab.** 48 Da sagte Jesus zu ihnen: Wie gegen einen Räuber seid ihr mit Schwertern und Knüppeln ausgezogen, um mich festzunehmen. 49 Tag für Tag war ich bei euch im Tempel und lehrte, und ihr habt mich nicht verhaftet; aber (das ist geschehen), damit die Schrift in Erfüllung geht. 50 Da verließen ihn alle und flohen. 51 Ein junger Mann aber, der nur mit einem leinenen Tuch bekleidet war, wollte ihm nachgehen. Da packten sie ihn; 52 er aber ließ das Tuch fallen und lief nackt davon.

Prozeß vor dem Hohen Rat und Verleugnung des Petrus

53 Darauf **führten sie** Jesus **zum Hohenpriester**, und es versammelten sich alle Hohenpriester und Ältesten und Schriftgelehrten. 54 **Petrus aber war** Jesus von weitem bis **in den Hof des hohepriesterlichen Palastes gefolgt**; nun saß er dort bei den Dienern und wärmte sich am Feuer. 55 **Die Hohenpriester** und der ganze Hohe Rat bemühten sich um Zeugenaussagen gegen Jesus, um ihn zum Tod verurteilen zu können; sie fanden aber nichts. 56 Viele machten zwar falsche Aussagen über ihn, aber die Aussagen stimmten nicht überein. 57 Einige der falschen Zeugen, die gegen ihn auftraten, behaupteten: 58 Wir haben ihn sagen hören: **Ich werde diesen von Menschen erbauten Tempel niederreißen und in drei Tagen einen anderen errichten, der nicht von Menschenhand gemacht ist.** 59 Aber auch in diesem Fall stimmten die Aussagen nicht überein. 60 Da stand **der Hohepriester** auf, trat in die Mitte und **fragte Jesus**: Willst du denn nichts sagen zu dem, was diese Leute gegen dich vorbringen? 61 Er aber schwieg und **gab keine Antwort**. Da wandte sich der Hohepriester nochmals an ihn und fragte: Bist du der Messias, der Sohn des Hochgelobten? 62 Jesus sagte: **Ich** bin es. Und ihr werdet den Menschensohn zur Rechten der Macht sitzen und mit den Wolken des Himmels kommen sehen. 63 Da zerriß der Hohepriester sein Gewand und rief: Wozu brauchen wir noch Zeugen? 64 Ihr habt die Gotteslästerung gehört. Was ist eure Meinung? Und sie fällten einstimmig das Urteil: Er ist schuldig und muß sterben. 65 Und einige spuckten ihn an, verhüllten sein Gesicht, schlugen ihn und riefen: Zeig, daß du ein Prophet bist! Auch **die Diener schlugen ihn ins Gesicht.** 66 Als Petrus unten im Hof war, kam **eine von den Mägden** des Hohenpriesters. 67 Sie sah, wie **Petrus sich wärmte**, blickte ihn an und sagte: **Auch du** warst mit diesem Jesus aus Nazaret zusammen. 68 **Doch er leugnete es und sagte**: Ich weiß nicht und verstehe nicht, wovon du redest. Dann ging er in den Vorhof hinaus. 69 Als die Magd ihn dort bemerkte, sagte sie zu denen, die dabeistanden, noch einmal: Der gehört zu ihnen. 70 **Er aber leugnete es wieder ab**. Wenig später sagten die Leute, die dort standen, von neuem zu Petrus: Du gehörst wirklich zu ihnen; du bist doch auch ein Galiläer. 71 Da fing er an zu fluchen und schwor: Ich kenne diesen Menschen nicht, von dem ihr redet. 72 **Gleich darauf krähte der Hahn** zum zweitenmal, und Petrus erinnerte sich, daß Jesus zu ihm gesagt hatte: Ehe der Hahn zweimal kräht, wirst du mich dreimal verleugnen. Und er begann zu weinen.

Prozeß vor Pilatus und Kreuzigung

15:1 Gleich in der Frühe faßten die Hohenpriester, die Ältesten und die Schriftgelehrten, also der ganze Hohe Rat, über Jesus einen Beschluß: Sie ließen ihn fesseln und abführen und lieferten ihn Pilatus aus. 2 **Pilatus fragte ihn: Bist du der König der Juden? Er antwortete ihm: Du sagst es.** 3 **Die Hohenpriester** brachten viele Anklagen gegen ihn vor. 4 **Da wandte sich Pilatus wieder an ihn und fragte: Willst du denn nichts dazu sagen?** Sieh doch, wie viele Anklagen sie gegen dich vorbringen. 5 **Jesus aber gab keine Antwort** mehr, so daß Pilatus sich wunderte. 6 Jeweils zum Fest ließ Pilatus einen Gefangenen frei, den sie sich ausbitten durften. 7 Damals saß gerade ein Mann namens **Barabbas** im Gefängnis, zusammen mit anderen Aufrührern, die bei einem Aufstand einen Mord begangen hatten. 8 Die Volksmenge zog (zu Pilatus) hinauf und bat, ihnen die gleiche Gunst zu gewähren wie sonst. 9 Pilatus fragte sie: Wollt ihr, **daß ich den König der Juden freilasse?** 10 Er merkte nämlich, daß die Hohenpriester nur aus Neid Jesus an ihn ausgeliefert hatten. 11 Die Hohenpriester aber wiegelten die Menge auf, lieber die Freilassung des Barabbas zu fordern. 12 Pilatus wandte sich von neuem an sie und fragte: Was soll ich dann mit dem tun, den ihr **den König der Juden** nennt? 13 **Da schrien sie: Kreuzige ihn!** 14 Pilatus entgegnete: Was hat er denn für ein Verbrechen begangen? Sie schrien noch lauter: Kreuzige ihn! 15 Darauf ließ Pilatus, um die Menge zufriedenzustellen, Barabbas frei und gab den Befehl, **Jesus zu geißeln und zu kreuzigen.** 16 **Die Soldaten** führten ihn in den Palast hinein, das heißt in das Prätorium, und riefen die ganze Kohorte zusammen. 17 Dann legten sie ihm einen **Purpurmantel** um und **flochten einen Dornenkranz**; den setzten sie ihm auf 18 und grüßten ihn: **Heil dir, König der Juden!** 19 Sie schlugen ihm mit einem Stock auf den Kopf und spuckten ihn an, knieten vor ihm nieder und huldigten ihm. 20 21 Einen Mann, der gerade vom Feld kam, Simon von Zyrene, den Vater des Alexander und des Rufus, zwangen sie, sein Kreuz zu tragen. 22 Und sie brachten Jesus **an einen Ort namens Golgota, das heißt übersetzt: Schädelhöhe.** 23 Dort reichten sie ihm Wein, der mit Myrrhe gewürzt war; er aber nahm ihn nicht. 24 **Dann kreuzigten sie ihn. Sie warfen das Los und verteilten seine Kleider unter sich** und gaben jedem, was ihm zufiel. 25 Es war die dritte Stunde, als sie ihn kreuzigten. 26 **Und eine Aufschrift** (auf einer Tafel) **gab** seine Schuld **an: Der König der Juden.** 27 **Zusammen mit ihm kreuzigten sie zwei** Räuber, den einen rechts von ihm, den andern links. 28 [] 29 Die Leute, die vorbeikamen, verhöhnten ihn, schüttelten den Kopf und riefen: Ach, du willst den Tempel niederreißen und in drei Tagen wieder aufbauen? 30 Hilf dir doch selbst, und steig herab vom Kreuz! 31 Auch die Hohenpriester und die Schriftgelehrten verhöhnten ihn und sagten zueinander: Anderen hat er geholfen, sich selbst kann er nicht helfen. 32 Der Messias, der König von Israel! Er soll doch jetzt vom Kreuz herabsteigen, damit wir sehen und glauben. Auch die beiden Männer, die mit ihm zusammen gekreuzigt wurden, beschimpften ihn. 33 Als die sechste Stunde kam, brach über das ganze Land eine Finsternis herein. Sie dauerte bis zur neunten Stunde. 34 Und in der neunten Stunde **rief Jesus** mit lauter Stimme: Eloï, Eloï, lema sabachtani?, das heißt übersetzt: Mein Gott, mein Gott, warum hast du mich verlassen? 35 Einige von denen, die dabeistanden und es hörten, sagten: Hört, er ruft nach Elija! 36 Einer lief hin, **tauchte einen Schwamm in Essig, steckte** ihn auf einen Stock und gab Jesus zu trinken. Dabei sagte er: Laßt uns doch sehen, ob Elija kommt und ihn herabnimmt. 37 **Jesus aber schrie laut auf. Dann hauchte er den Geist aus.** 38 Da riß der Vorhang im Tempel von oben bis unten entzwei. 39 Als der Hauptmann, der Jesus gegenüberstand, ihn auf diese Weise sterben sah, sagte er: Wahrhaftig, dieser Mensch war Gottes Sohn. 40 Auch einige Frauen sahen von weitem zu, darunter **Maria aus Magdala, Maria, die Mutter von** Jakobus dem Kleinen und Joses, sowie Salome; 41 sie waren Jesus schon in Galiläa nachgefolgt und hatten ihm gedient. Noch viele andere Frauen waren dabei, die mit ihm nach Jerusalem hinaufgezogen waren.

Begräbnis und Auferstehung

15: 42 Da es Rüsttag war, der Tag vor dem Sabbat, und es schon Abend wurde, 43 ging **Josef von Arimathäa, ein vornehmer Ratsherr, der auch auf das Reich Gottes wartete,** zu **Pilatus** und **wagte es, um den Leichnam Jesu zu bitten.** 44 **Pilatus** war überrascht, als er hörte, daß Jesus schon tot sei. Er ließ den Hauptmann kommen und fragte ihn, ob Jesus bereits gestorben sei. 45 Als der Hauptmann ihm das bestätigte, überließ er Josef den Leichnam. 46 Josef kaufte ein Leinentuch, nahm Jesus vom Kreuz, wickelte ihn in das Tuch und legte ihn in ein Grab, das in einen Felsen gehauen war. Dann wälzte er einen Stein vor den Eingang des **Grabes.** 47 **Maria aus Magdala** aber und Maria, die Mutter des Joses, beobachteten, wohin der Leichnam gelegt wurde. 16:1 Als **der Sabbat** vorüber war, kauften **Maria aus Magdala**, Maria, die Mutter des Jakobus, und Salome wohlriechende Öle, um damit zum Grab zu gehen und Jesus zu salben. 2 **Am ersten Tag der Woche kamen sie in aller Frühe zum Grab, als eben die Sonne aufging.** 3 Sie sagten zueinander: Wer könnte uns den **Stein** vom Eingang **des Grabes** wegwälzen? 4 **Doch als sie hinblickten**, sahen sie, daß der **Stein** schon weggewälzt war; er war sehr groß. 5 Sie gingen **in das Grab** hinein und **sahen** auf der rechten Seite **einen jungen Mann sitzen**, der mit einem weißen Gewand bekleidet war; da erschraken sie sehr. 6 **Er aber sagte zu ihnen:** Erschreckt nicht! **Ihr sucht Jesus** von Nazaret, den Gekreuzigten. Er ist auferstanden; er ist nicht hier. Seht, da ist die Stelle, **wo man ihn hingelegt hatte.** 7 **Nun aber geht und sagt seinen Jüngern, vor allem Petrus: Er geht euch voraus nach Galiläa; dort werdet ihr ihn sehen, wie er es euch gesagt hat.** 8 Da verließen sie das Grab und flohen; denn Schrecken und Entsetzen hatte sie gepackt. Und sie sagten niemand etwas davon; denn sie fürchteten sich.

3 Die Großsynoptiker mit „Johannes“ gegen Markus

3.1 Textparallelen

● 1. „Prolog“ und Kindheitsgeschichten (B)

Die auffälligste Übereinstimmung der beiden Großsynoptiker gegen Markus sind zweifellos die beiden Geburtsgeschichten. Dass sie über Markus hinweg auf den Logoshymnus des Hellenistenbuches Bezug nehmen, ist nicht auf den ersten Blick zu sehen. Einige Querverbindungen, die ins Auge springen, sollen kurz genannt werden. An erster Stelle ist natürlich überhaupt die Tatsache zu nennen, dass der Taufe Jesu eine Vorgeschichte vorangestellt wird. In der Geburtsgeschichte des Matthäusevangeliums lässt der Stern von Bethlehem an das „wahre Licht“ denken, das „jeden Menschen erleuchtet“ oder auch den „vollkommenen Menschen offenbart, der in die Welt kommt.“

Die Verfolgung durch Herodes, die Flucht nach Ägypten und die Niederlassung in Nazareth in Galiläa assoziiert den Abschnitt Vers 10f des Logosliedes. Denselben Text scheint auch Lukas zu reflektieren, wenn er von der Regierung des Augustus und von der Volkszählung spricht, von der Reise Josefs mit Maria in seine Vaterstadt und diesen Abschnitt mit der Feststellung beendet: „denn in der Herberge war kein Platz für sie“. Bei Lukas und Joh 1,14.18 fallen weiters auf: das „Gloria“ der Engel und die Aussage „Wir haben seine Herrlichkeit gesehen, Herrlichkeit des Eingeborenen vom Vater“ sowie die Korrespondenz des Endes des Hymnus mit dem Ende der Geburtsgeschichte: Der zwölfjährige Jesus im Kreis der Schriftgelehrten „in dem was seines Vaters ist“, erinnert an Joh 1,18: „Der an der Brust des Vaters ist, jener hat berichtet *(– oder besser:)* ausgelegt (ἐξηγήσατο).“

Beide Vorgeschichten sprechen schließlich von der Geburt Jesu aus einer Jungfrau, das ist ihr gemeinsamer Kern. Unter der Voraussetzung der vorredaktionell christologischen Intention des Textes Joh 1,13 scheint diese Aussage „Nicht aus Blut und nicht aus Fleischeswollen (und nicht aus Manneswollen), sondern aus Gott wurde er geboren“ auch die gemeinsame Grundlage und der Ausgangspunkt für beide – im übrigen ganz verschiedenen – Geburtsgeschichten zu sein. Was die Paraphrasen des Logoshymnus mit seiner Auslegung im Hellenistenbuch verbindet, ist die Entchristologisierung des Logosbegriffes. In beiden synoptischen Vorgeschichten begegnet der Logos als Gottes Verheißungswort. Lukas lässt die Hirten sagen: „Kommt, lasst uns sehen das (Wirklichkeit) gewordene Wort!“ und spielt damit wohl auf die Fleischwerdung in Joh 1,14 an. Allerdings hatte das Hellenistenbuch dieses Verständnis des Textes ganz vom Thema des Ursprungs und der Geburt Jesu ausschalten und in der Geburt nicht aus Fleisch und Blut die geistige Wiedergeburt sehen wollen – und in der Fleischwerdung des Wortes die Einwohnung des Wortes in seinen Jüngern. Hier kehren Matthäus und Lukas wieder zur ursprünglichen Intention des Textes zurück.

Der Aufweis der literarischen Beziehung zwischen dem Logoslied an der Spitze des Hellenistenbuches und den beiden Kindheitsgeschichten ist allerdings nicht Teil der hier versuchten Beweisführung der Abhängigkeit der Großsynoptiker insgesamt vom Hellenistenbuch, sondern muss sie bereits voraussetzen. Der Versuch, die Bezogenheit der Kindheitsgeschichten auf den Logoshymnus darzustellen, kann daher erst am Schluss der Untersuchung unternommen werden.

Zuvor sollen die unbestrittenen Übereinstimmungen zwischen den beiden Großsynoptikern und dem Johannesevangelium gegen das Markusevangelium ungeachtet ihrer Zugehörigkeit zum Hellenistenbuch oder zur kirchlichen Redaktion geprüft werden. Dabei wird sich wider Erwarten dieselbe Gefällerichtung vom Hellenistenbuch und der frühesten Schicht seiner Redaktion zu den Großsynoptikern zeigen.

● 2. Der Täufer (B)

Joh 1,19	Mk 1,2	Mt 3,1 Ἐν δὲ ταῖς ἡμέραις ἐκείναις	Lk 3,1 Ἐν ἔτει δὲ πεντεκαιδεκάτῳ τῆς ἡγεμονίας Τι- βερίου Καίσαρος,
Καὶ αὕτη ἐστὶν ἡ μαρτυρία τοῦ **Ἰωάννου**, ὅτε ἀπέστειλαν [πρὸς αὐτὸν] οἱ Ἰουδαῖοι ἐξ Ἱεροσολύμων ἱερεῖς καὶ Λευίτας ἵνα ἐρωτήσωσιν αὐτόν, Σὺ τίς εἶ; ...		παραγίνεται **Ἰωάννης** ὁ βαπτισ- τὴς κηρύσσων ἐν τῇ ἐρήμῳ τῆς Ἰουδαίας 3,2 [καὶ] λέγων, Μετανοεῖτε· ἤγγικεν γὰρ ἡ βα- σιλεία τῶν οὐρα- νῶν.	... ἐγένετο ῥῆμα θεοῦ ἐπὶ **Ἰωάννην** τὸν Ζαχαρίου υἱὸν ἐν τῇ ἐρήμῳ. 3,3 καὶ ἦλθεν εἰς πᾶσαν [τὴν] περίχωρον τοῦ Ἰορδάνου κηρύσ- σων βάπτισμα μετανοίας εἰς ἄφεσιν ἁμαρτιῶν,
1,22 εἶπαν οὖν αὐτῷ, Τίς εἶ; ἵνα ἀπόκρισιν δῶμεν τοῖς πέμψασιν ἡμᾶς· τί λέγεις περὶ σεαυτοῦ;			
	Καθὼς γέγραπται ἐν τῷ *Ἠσαΐᾳ τῷ προφήτῃ,*		3,4 ὡς γέγραπται ἐν βίβλῳ λόγων *Ἠσαΐου τοῦ προφήτου,*

1,23 ἔφη, **Ἐγὼ**		3,3 **οὗτος** γάρ ἐστιν ὁ ῥηθεὶς διὰ *Ἠσαΐου τοῦ προφήτου* λέγοντος,	
1,6 ***Ἐγένετο ἄνθρωπος ἀπεσταλμένος παρὰ θεοῦ***	**Ἰδοὺ ἀποστέλλω τὸν ἄγγελόν μου πρὸ προσώπου σου, ὃς κατασκευάσει τὴν ὁδόν σου·** (vgl. Mal 3,1!)		
φωνὴ βοῶντος ἐν τῇ ἐρήμῳ,	1,3 φωνὴ βοῶντος ἐν τῇ ἐρήμῳ,	Φωνὴ βοῶντος ἐν τῇ ἐρήμῳ·	Φωνὴ βοῶντος ἐν τῇ ἐρήμῳ,
Εὐθύνατε τὴν ὁδὸν κυρίου,	Ἑτοιμάσατε τὴν ὁδὸν κυρίου, εὐθείας ποιεῖτε τὰς τρίβους αὐτοῦ,	Ἑτοιμάσατε τὴν ὁδὸν κυρίου, εὐθείας ποιεῖτε τὰς τρίβους αὐτοῦ.	Ἑτοιμάσατε τὴν ὁδὸν κυρίου, εὐθείας ποιεῖτε τὰς τρίβους αὐτοῦ· 3,5 πᾶσα φάραγξ πληρωθήσεται καὶ πᾶν ὄρος καὶ βουνὸς ταπεινωθήσεται ...
καθὼς εἶπεν *Ἠσαΐας ὁ προφήτης.*			
	1,4 ἐγένετο Ἰωάννης [ὁ] βαπτίζων ἐν τῇ ἐρήμῳ καὶ κηρύσσων βάπτισμα μετανοίας εἰς ἄφεσιν ἁμαρτιῶν.		

So wie das Hellenistenbuch führt Matthäus den Täufer ein, bevor er das Jesajazitat bringt, und nicht erst danach wie Markus. Matthäus zitiert auch gemeinsam mit dem Hellenistenbuch und gegen Markus nur Jes 40,3, nicht aber Mal 3,1. Ein formaler Grund dafür mag darin liegen, dass Jesaja genannt ist, das Maleachizitat aber eben nicht bei Jesaja steht. Aber es lässt sich auch ein theologisches Motiv vermuten. So wie das Hellenistenbuch betrachtet auch Matthäus nicht den Täufer, sondern Jesus selbst als den nach Maleachi 3.1ff erwarteten Propheten, während Markus gerade die Prophetenchristologie als unzureichend ablehnt und Jesus ausschließlich als den Messias verkündet. Ähnlich wie das Hellenistenbuch, aber wieder im Gegensatz zu Markus nimmt Matthäus eine ausdrückliche Identifizierung des Täufers mit der „Stimme“ des Jesajazitates vor. Das Hellenistenbuch lässt den Täufer in direkter Rede sagen: „Ich bin . . .“; Matthäus schreibt: „Dieser ist . . . “

Lukas zeigt im Gegensatz zu Matthäus keinerlei eigenständige Bezugnahme auf das Hellenistenbuch, er benützt hier ausschließlich Markus und Matthäus, deren Vorgaben der Einleitung und des Zitates er auswählt und erweitert.

● 3. Jüngerberufung, Messiasbekenntnis und Petrusname (A)

Joh 1,40 Ἦν Ἀνδρέας ὁ ἀδελφὸς **Σίμωνος** **Πέτρου** εἷς ἐκ τῶν **δύο** τῶν ἀκουσάντων παρὰ Ἰωάννου καὶ ἀκολουθησάντων αὐτῷ·	Mk 1,16 Καὶ παράγων παρὰ τὴν θάλασσαν τῆς Γαλιλαίας **εἶδεν** **Σίμωνα** καὶ Ἀνδρέαν τὸν ἀδελφὸν **Σίμωνος** ἀμφιβάλλοντας ἐν τῇ θαλάσσῃ· ἦσαν γὰρ ἁλιεῖς.	Mt 4.18 Περιπατῶν δὲ παρὰ τὴν θάλασσαν τῆς Γαλιλαίας εἶδεν **δύο** ἀδελφούς, **Σίμωνα τὸν λεγόμενον** **Πέτρον** καὶ Ἀνδρέαν τὸν ἀδελφὸν αὐτοῦ, βάλλοντας ἀμφίβληστρον εἰς τὴν θάλασσαν·
Joh 1,41 εὑρίσκει οὗτος πρῶτον τὸν ἀδελφὸν τὸν ἴδιον **Σίμωνα** καὶ λέγει αὐτῷ, Εὑρήκαμεν τὸν **Μεσσίαν, ὅ ἐστιν μεθερμηνευόμενον Χριστός**· 1,42 ἤγαγεν αὐτὸν πρὸς τὸν Ἰησοῦν. ἐμβλέψας αὐτῷ ὁ Ἰησοῦς εἶπεν, **Σὺ εἶ Σίμων ὁ υἱὸς Ἰωάννου, σὺ κληθήσῃ Κηφᾶς, ὃ ἑρμηνεύεται Πέτρος.**	Mk 8.29 καὶ αὐτὸς ἐπηρώτα αὐτούς, Ὑμεῖς δὲ τίνα με λέγετε εἶναι; ἀποκριθεὶς ὁ **Πέτρος** λέγει αὐτῷ, Σὺ εἶ ὁ **Χριστός**. 8.30 καὶ ἐπετίμησεν αὐτοῖς ἵνα μηδενὶ λέγωσιν περὶ αὐτοῦ.	Mt 16.15 λέγει αὐτοῖς, Ὑμεῖς δὲ τίνα με λέγετε εἶναι; 16.16 ἀποκριθεὶς δὲ **Σίμων Πέτρος** εἶπεν, Σὺ εἶ ὁ **Χριστὸς** ὁ υἱὸς τοῦ θεοῦ τοῦ ζῶντος. 16.17 ἀποκριθεὶς δὲ ὁ Ἰησοῦς εἶπεν αὐτῷ, Μακάριος **εἶ, Σίμων Βαριωνᾶ**, ὅτι σὰρξ καὶ αἷμα οὐκ ἀπεκάλυψέν σοι ἀλλ᾽ ὁ πατήρ μου ὁ ἐν τοῖς οὐρανοῖς. 16.18 κἀγὼ δέ σοι λέγω ὅτι **σὺ εἶ Πέτρος, καὶ ἐπὶ ταύτῃ τῇ πέτρᾳ** οἰκοδομήσω μου τὴν ἐκκλησίαν καὶ πύλαι ᾅδου οὐ κατισχύσουσιν αὐτῆς.

Im Hellenistenbuch ist es Andreas als Erstberufener, der auch als erster erkennt, dass Jesus der Messias ist und dies seinem Bruder Petrus mitteilt. Als Petrus daraufhin zu Jesus kommt, gibt dieser ihm den Namen Kephas, Petrus. Markus lässt stattdessen seinen Helden Petrus die Messiaswürde in Caesarea Philippi gegenüber Jesus bekennen. Woher Petrus darum weiß, bleibt offen. Matthäeus schreibt schließlich die Erkenntnis der Messiaswürde

Petrus selbst zu, trägt aus dem Hellnistenbuch auch das Motiv der Namensverleihung an Petrus nach und stellt nun eine entsprechend neue logische Verbindung der beiden Motive her. Jesus verleiht dem Simon deshalb den Namen Petrus, weil er erkannt hat – oder vielmehr weil ihm Gott geoffenbart hat – dass Jesus der Messias und überdies der Sohn Gottes ist. Gleichzeitig und über seine Vorlagen hinausghend knüpft Matthäus an die Verleihung des Felsennamens die Zusage und den Anspruch der Kirchenführung für Petrus. Die literarische Abhängigkeit vom Hellenistenbuch zusätzlich zu Markus wird nicht nur durch die Parallelität der Motive von Christustitel und Petrusname belegt, sondern zusätzlich durch die Anrede „Simon Sohn des Johannes" bzw. „Simon Barjona", die bei Matthäus sonst nirgends vorkommt, und schließlich noch dadurch dass Matthäus den Petrusnamen auch wieder in die Jüngerberufung einträgt, dort wo er im Hellenistenbuch ursprünglich angesiedelt war und wo ihn Markus einfach weggelassen hatte. Außerdem übernimmt er aus dem Hellenistenbuch auch noch die Zahl „zwei" um Petrus und Andreas damit zusammenzufassen.

● 4. Wiedergeboren oder wie Kinder werden (C)

Joh 3,3 ἀπεκρίθη Ἰησοῦς **καὶ εἶπεν** αὐτῷ, **Ἀμὴν ἀμὴν λέγω σοι, ἐὰν μή** τις **γεννηθῇ ἄνωθεν,** οὐ δύναται ἰδεῖν τὴν βασιλείαν τοῦ θεοῦ.	Mk 10,14 ... Ἄφετε τὰ παιδία ἔρχεσθαι πρός με, μὴ κωλύετε αὐτά, τῶν γὰρ τοιούτων ἐστὶν ἡ βασιλεία τοῦ θεοῦ. 10,15 **ἀμὴν λέγω ὑμῖν,** ὃς **ἂν μὴ** δέξηται τὴν βασιλείαν τοῦ θεοῦ **ὡς παιδίον**,	Mt 18,2 καὶ προσκαλεσάμενος παιδίον ἔστησεν αὐτὸ ἐν μέσῳ αὐτῶν 18,3 **καὶ εἶπεν, Ἀμὴν λέγω ὑμῖν, ἐὰν μὴ** στραφῆτε καὶ **γένησθε ὡς τὰ παιδία,**
3,4 λέγει πρὸς αὐτὸν [ὁ] Νικόδημος, Πῶς δύναται ἄνθρωπος γεννηθῆναι γέρων ὤν; ...		
3,5 ἀπεκρίθη Ἰησοῦς, **Ἀμὴν ἀμὴν λέγω σοι, ἐὰν μή** τις **γεννηθῇ** ἐξ ὕδατος καὶ πνεύματος, **οὐ** δύναται **εἰσελθεῖν εἰς τὴν βασιλείαν τοῦ θεοῦ**.	**οὐ** μὴ **εἰσέλθῃ** εἰς αὐτήν.	**οὐ** μὴ **εἰσέλθητε εἰς τὴν βασιλείαν τῶν οὐρανῶν**.

Die Wortparallelen zwischen den Antworten Jesu auf die Lobrede und die Nachfrage des Nikodemus und der matthäischen Antwort Jesu auf die Frage der Jünger, wer der größte im Himmelreich sei, sind erstaunlich und gehen deutlich über die Markusvorlage des Matthäus hinaus. Es ist daher gut möglich, dass Matthäus ein markinisches Logion nach dem Vorbild des Hellenistenbuches modifiziert und verdeutlicht hat. Eine Entwicklung von Markus zu Matthäus und Johannes ist freilich ebenfalls denkbar. B. Lindars und J.W. Pryor vermuten allerdings bei Matthäus eine von Markus unabhängige und ursprünglichere Tradition (vgl. Neirynck, John and the Synoptics, 29–31).

● 5. Fernheilung in Kafarnaum (A)

Joh 4,46	Mt 8,5	Lk 7,1 Ἐπειδὴ ἐπλήρωσεν πάντα τὰ ῥήματα αὐτοῦ εἰς τὰς ἀκοὰς τοῦ λαοῦ,
Ἦλθεν οὖν πάλιν **εἰς τὴν Κανὰ τῆς Γαλιλαίας**, ὅπου ἐποίησεν τὸ ὕδωρ οἶνον.	Εἰσελθόντος δὲ αὐτοῦ **εἰς *Καφαρναοὺμ*** προσῆλθεν αὐτῷ	εἰσῆλθεν **εἰς *Καφαρναούμ***.
καὶ ἦν **τις βασιλικὸς**	**ἑκατόνταρχος** παρακαλῶν αὐτὸν 8,6 καὶ λέγων,	7,2 **Ἑκατοντάρχου** δέ **τινος**
οὗ **ὁ υἱὸς ἠσθένει** ἐν ***Καφαρναούμ***.	Κύριε, **ὁ παῖς μου βέβληται ἐν τῇ οἰκίᾳ παραλυτικός, δεινῶς βασανιζόμενος.**	**δοῦλος κακῶς ἔχων ἤμελλεν τελευτᾶν**, ὃς ἦν αὐτῷ ἔντιμος.
4,47 οὗτος ἀκούσας ὅτι Ἰησοῦς ἥκει ἐκ τῆς Ἰουδαίας εἰς τὴν Γαλιλαίαν ἀπῆλθεν πρὸς αὐτὸν καὶ		7,3 ἀκούσας δὲ περὶ τοῦ Ἰησοῦ ἀπέστειλεν πρὸς αὐτὸν πρεσβυτέρους τῶν Ἰουδαίων
ἠρώτα ἵνα καταβῇ *καὶ ἰάσηται αὐτοῦ τὸν υἱόν*, ἤμελλεν γὰρ ἀποθνῄσκειν.	8,7 καὶ λέγει αὐτῷ, Ἐγὼ ἐλθὼν θεραπεύσω αὐτόν.	**ἐρωτῶν** αὐτὸν **ὅπως ἐλθὼν διασώσῃ τὸν δοῦλον αὐτοῦ.**
4,48 εἶπεν οὖν ὁ Ἰησοῦς πρὸς αὐτόν, Ἐὰν μὴ σημεῖα καὶ τέρατα ἴδητε, οὐ μὴ ***πιστεύσητε***.	8,8 καὶ ἀποκριθεὶς ὁ ἑκατόνταρχος ἔφη,	7,4 οἱ δὲ παραγενόμενοι πρὸς τὸν Ἰησοῦν παρεκάλουν αὐτὸν σπουδαίως λέγοντες ὅτι
4,49 λέγει πρὸς αὐτὸν ὁ βασιλικός, Κύριε, **κατάβηθι** πρὶν **ἀποθανεῖν τὸ παιδίον μου.**	Κύριε, **οὐκ εἰμὶ ἱκανὸς** ἵνα μου ὑπὸ τὴν στέγην εἰσέλθῃς, ἀλλὰ μόνον ***εἰπὲ λόγῳ, καὶ ἰαθήσεται ὁ παῖς μου.*** 8,9 καὶ γὰρ ἐγὼ ἄνθρωπός εἰμι ὑπὸ ἐξουσίαν,	**Ἄξιός ἐστιν** ᾧ παρέξῃ τοῦτο· 7,5 ἀγαπᾷ γὰρ τὸ ἔθνος ἡμῶν καὶ τὴν συναγωγὴν αὐτὸς ᾠκοδόμησεν ἡμῖν.
4,50 **λέγει αὐτῷ ὁ Ἰησοῦς, Πορεύου,** **ὁ υἱός σου** ζῇ.	ἔχων ὑπ' ἐμαυτὸν στρατιώτας, καὶ **λέγω τούτῳ, Πορεύθητι, καὶ πορεύεται, καὶ ἄλλῳ, Ἔρχου, καὶ ἔρχεται,**	7,6 **ὁ δὲ Ἰησοῦς ἐπορεύετο σὺν αὐτοῖς.**

ἐπίστευσεν ὁ ἄνθρωπος τῷ λόγῳ ὃν εἶπεν αὐτῷ ὁ Ἰησοῦς

καὶ ἐπορεύετο.

4,51 ἤδη δὲ αὐτοῦ **καταβαίνοντος οἱ δοῦλοι αὐτοῦ ὑπήντησαν αὐτῷ λέγοντες ὅτι ὁ παῖς αὐτοῦ** ζῇ. 4,52 ἐπύθετο οὖν τὴν **ὥραν** παρ' αὐτῶν ἐν ᾗ κομψότερον ἔσχεν· εἶπαν οὖν αὐτῷ ὅτι Ἐχθὲς **ὥραν** ἑβδόμην ἀφῆκεν αὐτὸν ὁ πυρετός. 4,53 ἔγνω οὖν ὁ πατὴρ ὅτι **[ἐν] ἐκείνῃ τῇ ὥρᾳ** ἐν ᾗ **εἶπεν αὐτῷ ὁ Ἰησοῦς, Ὁ υἱός σου** ζῇ, καὶ ***ἐπίστευσεν αὐτὸς καὶ ἡ οἰκία αὐτοῦ ὅλη***.

καὶ τῷ δούλῳ μου, Ποίησον τοῦτο, καὶ ποιεῖ. 8,10 ἀκούσας δὲ ὁ Ἰησοῦς ἐθαύμασεν καὶ εἶπεν τοῖς ἀκολουθοῦσιν

Ἀμὴν ***λέγω ὑμῖν, παρ' οὐδενὶ τοσαύτην πίστιν ἐν τῷ Ἰσραὴλ εὗρον.***

8,11 λέγω δὲ ὑμῖν ὅτι πολλοὶ ἀπὸ ἀνατολῶν καὶ δυσμῶν ἥξουσιν καὶ ἀνακλιθήσονται μετὰ Ἀβραὰμ καὶ Ἰσαὰκ καὶ Ἰακὼβ ἐν τῇ βασιλείᾳ τῶν οὐρανῶν, 8,12 οἱ δὲ υἱοὶ τῆς βασιλείας ἐκβληθήσονται εἰς τὸ σκότος τὸ ἐξώτερον· ἐκεῖ ἔσται ὁ κλαυθμὸς καὶ ὁ βρυγμὸς τῶν ὀδόντων.

8,13 καὶ **εἶπεν ὁ Ἰησοῦς** τῷ ἑκατοντάρχῃ, ***Ὕπαγε, ὡς ἐπίστευσας γενηθήτω σοι.*** **καὶ ἰάθη ὁ παῖς [αὐτοῦ] ἐν τῇ ὥρᾳ ἐκείνῃ.**

ἤδη δὲ αὐτοῦ οὐ μακρὰν ἀπέχοντος ἀπὸ τῆς οἰκίας ἔπεμψεν φίλους ὁ ἑκατοντάρχης λέγων αὐτῷ, Κύριε, μὴ σκύλλου, οὐ γὰρ ἱκανός εἰμι ἵνα ὑπὸ τὴν στέγην μου εἰσέλθῃς·

7,7 διὸ οὐδὲ ἐμαυτὸν ἠξίωσα πρὸς σὲ ἐλθεῖν· ἀλλὰ ***εἰπὲ λόγῳ, καὶ ἰαθήτω ὁ παῖς μου***. 7,8 καὶ γὰρ ἐγὼ ἄνθρωπός εἰμι ὑπὸ ἐξουσίαν τασσόμενος ἔχων ὑπ' ἐμαυτὸν στρατιώτας, **καὶ λέγω τούτῳ, Πορεύθητι, καὶ πορεύεται, καὶ ἄλλῳ, Ἔρχου, καὶ ἔρχεται,** καὶ τῷ δούλῳ μου, Ποίησον τοῦτο, καὶ ποιεῖ.

7,9 ἀκούσας δὲ ταῦτα **ὁ Ἰησοῦς** ἐθαύμασεν αὐτὸν καὶ στραφεὶς τῷ ἀκολουθοῦντι αὐτῷ ὄχλῳ **εἶπεν,** ***Λέγω ὑμῖν, οὐδὲ ἐν τῷ Ἰσραὴλ τοσαύτην πίστιν εὗρον.*** 7,10 **καὶ ὑποστρέψαντες εἰς τὸν οἶκον οἱ πεμφθέντες εὗρον τὸν δοῦλον ὑγιαίνοντα.**

4,54 Τοῦτο [δὲ] πάλιν
δεύτερον σημεῖον ἐποίησεν
ὁ Ἰησοῦς ἐλθὼν ἐκ τῆς
Ἰουδαίας εἰς τὴν
Γαλιλαίαν.

Die Erzählung des Johannesevangeliums ist sehr einfach und dient dem Evangelisten dazu, das Thema des Glaubens ins Bild zu bringen: Ein *königlicher* Beamter aus Kafarnaum – wohl ein Jude im Dienste Herodes Agrippas –, dessen Sohn schwer krank ist, kommt zu Jesus und bittet ihn um Heilung. Jesus geht zunächst auf das Ansinnen nicht ein und antwortet im Sinne der johanneischen Forderung nach bedingungslosem Glauben: „Wenn ihr nicht Zeichen und Wunder seht, glaubt ihr nicht." Der Mann insistiert aber auf seiner Bitte, und Jesus fertigt ihn ab: „Geh, dein Sohn lebt!" Der Evangelist kommentiert dazu: „Der Mensch glaubte dem Wort, das Jesus gesagt hatte, und ging." Schon unterwegs kommen ihm seine Sklaven entgegen und berichten ihm, dass sein Kind lebe und das Fieber es eben zu derselben Stunde verlassen habe, als Jesus ihm gesagt hatte: Dein Sohn lebt. Daraufhin wurde er mit seinem ganzen Haus gläubig.

Die Erzählung ist zudem trotz ihrer Einfachheit eine durch wiederkehrende Motive kunstvoll geflochtene und in sich geschlossene literarische Einheit: Je dreimal über den ganzen Text erscheinen die drei Motive καταβαίνειν (hinuntergehen: Joh 4,47c. 49b. 51a), ὁ υἱός (παῖς) σου ζῇ (Dein Sohn [Kind] lebt: Joh 4,50a. 51c. 53a) und πιστεύειεν (glauben: Joh 4,48b. 50b. 53); je zweimal hintereinander die beiden Motive ἀποθνήσκειν (sterben: 4,47d. 449b), πορεύεσθαι (weggehen: Joh 4,50a.b) und dreimal hintereinander ὥρα (Stunde: Joh 4,52a.b. 53a).

Die beiden Großsynoptiker haben die Geschichte je erheblich umgestaltet und problematisiert. Dabei führt der Traditionsweg von „Johannes" zu Matthäus und von beiden zu Lukas. Seit dem Tod des Herodes Agrippa im Jahre 44 stand das ganze Land unter römischer Verwaltung. Unter einem βασιλικός verstand man fortan daher einen *kaiserlichen* Beamten, also einen Römer. Zweck der Umgestaltung der Geschichte scheint es zu sein, der staatlichen Stellung dieses nunmehr *kaiserlichen* Beamten Rechnung zu tragen und dem Eindruck entgegenzuwirken, als ob Jesus sich der Autorität des Bittstellers gegenüber anmaßend verhalten hätte. Als besonders anstößig wurde offensichtlich die Aufforderung „Πορεύου – geh weg!" empfunden. Offenbar war diese Antwort gleichlautend mit einem militärischen Befehl, etwa: „Abtreten!" Die „johanneische" Darstellung konnte daher so missverstanden werden, als hätte sich Jesus, ein Provinzale niederen Standes, ohne Bürgerrecht und öffentliches Ansehen, erfrecht, einem höheren römischen Beamten oder Offizier, der jedenfalls über Sklaven oder Untergebene zu gebieten hatte, auf eine Bitte zynisch ein solches Befehlswort zu erwidern. Und dieser hätte noch dazu gehorcht, statt eine solche Ungeheuerlichkeit sofort mit der bei den Römern üblichen Gewaltanwendung bestrafen zu lassen. Dies könnte auch der Grund dafür sein, dass Markus diese Geschichte nicht übernommen hat.

Das peinliche Bedürfnis nach einer gründlichen Korrektur ist bei Matthäus unmittelbar spürbar. Matthäus greift die vorhandenen Motive auf und ordnet sie mit überschießender Beflissenheit in unanstößige neue Zusammenhänge: die Bitte des Beamten und die Antwort Jesu, den Befehl „Abtreten!" und den Glauben des Beamten an das heilende Wort Jesu.

Der herodianische königliche Beamte des Hellenistenbuches ist nun ein römischer kaiserlicher Offizier, ein Hauptmann, und wie es sich gehört, antwortet Jesus auf dessen Bitte bereitwillig entgegenkommend: „Ich werde kommen und ihn heilen." (Mt 8,7). Der Offizier drückt nun vorauseilend seinen Glauben an das wirksame Wort Jesu (vgl. Joh 4,50), das ja noch gar nicht gesprochen ist, dadurch aus, dass er die Notwendigkeit des Kommens Jesu bestreitet: „Sprich nur mit einem Wort, und mein Knecht wird gesund." In einer Erklärung, die der Offizier für diesen vorauseilenden Glauben gibt, kann Matthäus nun auch den Befehl „Abtreten" in einen ganz neuen und geziemenden Zusammenhang stellen: Der Offizier kennt die Macht des befehlenden Wortes, das er von Jesus erbittet, aus eigener Erfahrung, denn wenn er zu einem Soldaten sagt: „Abtreten!", dann geht dieser und wenn er sagt „Antreten!", dann kommt er. Daraufhin lässt Matthäus Jesus den Glauben dieses römischen Staatsdieners in einzigartiger Weise loben: „Einen solchen Glauben habe ich in Israel bei niemandem gefunden." Gerade den Nichtjuden sei daher das himmlische Gastmahl verheißen: „Viele von Osten und Westen werden kommen und mit Abraham, Isaak und Jakob im Himmelreich zu Tische liegen und die Söhne des Reiches werden hinaus in die Finsternis geworfen werden." Die tatsächliche Heilung ist dann nicht mehr so wichtig und wird am Ende gerade noch erwähnt.

Wichtiger sind für Matthäus einige weitere kleine Korrekturen, die nur auf dem Hintergrund der johanneischen Vorlage verständlich sind: Nach der „johanneischen" Darstellung war der Kranke der Sohn des Beamten. Aus stilistischen Gründen wechselt dort die Bezeichnung zwischen: Sohn (Joh 4,47c), Kindlein (4,49b), wieder Sohn (4,50a), Kind bzw. Knecht (παῖς: 4,51b) und nochmals Sohn (4,35b). Da Soldaten erst nach ihrer Entlassung eine Familie gründen durften, wählt Matthäus im Hinblick auf seinen Hauptmann aus den verfügbaren Begriffen statt Sohn jenen aus, der auch Knecht bedeuten kann (παῖς). Weiters lässt Matthäus den Hauptmann erklären, dass auch er ein Mensch sei, der unter einer Gewalt stehe. Das hat nun mit der Geschichte, wie sie Matthäus erzählt und mit dem vorauseilenden Glauben des Hauptmannes absolut nichts zu tun – es sei denn, dieser wollte sich mit der zu heilenden Krankheit vergleichen –, dafür aber umso mehr mit dem Befehl Jesu gegenüber dem Beamten in der „johanneischen" Vorlage und dessen vermeintlicher Unangemessenheit.

Lukas schreitet auf dem von Matthäus eingeschlagenen Weg der Loyalität und Ehrerbietung gegenüber der römischen Staatsgewalt noch weiter fort.

Aus dem Sohn und Knecht ist jetzt ausdrücklich ein Sklave geworden. Umso bewundernswerter ist die Sorge des Hauptmannes für ihn. Der hohe und übrigens auch bereits gottesfürchtige Bittsteller kommt nicht mehr selbst zu Jesus, das ist wohl unter seiner Würde, er tritt in der gesamten Erzählung nicht mehr selbst auf, sondern er schickt jüdische Älteste zu Jesus und lässt Jesus holen, und Jesus selbst „geht weg" oder „tritt ab" in Richtung zu dessen Haus. Die jüdischen Abgesandten erklären Jesus, dass der Römer sehr wohl der Hilfe würdig ist, noch bevor dessen Wort „Herr . . . ich bin nicht würdig" überhaupt gefallen ist. Dabei wird der Römer sogar zum „Freund des Volkes" erklärt.

Das Wort „ich bin nicht würdig" lässt der Offizier Jesus erst später durch Freunde bestellen, die er ihm auf dem Weg entgegengeschickt hat und die ihm jetzt erst ausrichten, was Matthäus den Offizier gleich und selbst hatte sagen lassen, nämlich dass Jesus eigentlich doch nicht kommen brauche, sondern den Sklaven mit einem bloßen Wort aus der Ferne heilen könne. Darauf folgen die ganze Erklärung mit der militärischen Befehlsgewalt aus Matthäus – noch immer im Munde der Freunde des Hauptmannes – und kurz Jesu Lob für dessen Glauben. Aber auf eben jenes Wort Jesu, das dann die Heilung bewirkt hätte, vergisst Lukas bereits ganz. Er lässt einfach die Abgesandten bei ihrer Rückkehr den Sklaven gesund vorfinden.

Die Logik der Handlung ist bereits empfindlich gestört, und die neu arrangierten Einzelteile der Geschichte passen nicht mehr recht zusammen. Während im Hellenistenbuch der königliche Beamte dem Wort Jesu glaubt und darum für seinen Sohn Heilung erlangt, ist die Grundlage für den Glauben bei Matthäus und vollends bei Lukas nicht mehr ersichtlich. Lukas hat übrigens nicht nur den Stoff aus Matthäus verarbeitet, sondern am Anfang der Geschichte, dort wo Matthäus mit drastischen Bildern den Schrecken der Krankheit ausmalt, wieder teilweise wörtlich auf die sparsame Darstellung des johanneischen Textes zurückgegriffen (Lk 7,1b. 2. 3b; vgl. Joh 4,46b. 47b gegenüber Mt 8,5f).

Aus einer einfachen Wundergeschichte des Hellenistenbuches ist aus nachvollziehbaren Gründen eine komplizierte und durch Inkonsistenzen mehrfach gebrochene Erzählung geworden (Dazu unten, 6.6.2!).

● 6. Fieberheilung in Kafarnaum (A)

Joh 4,46 **Ἦλθεν**	Mk 1,28 καὶ **ἐξῆλθεν**	Mt 8,5 **Εἰσελθόντος**
οὖν πάλιν	ἡ ἀκοὴ αὐτοῦ εὐθὺς	δὲ αὐτοῦ
	πανταχοῦ	
εἰς	**εἰς** ὅλην	
τὴν Κανὰ	**τὴν** περίχωρον	
τῆς Γαλιλαίας, ὅπου	**τῆς Γαλιλαίας**.	
ἐποίησεν τὸ ὕδωρ οἶνον.		

καὶ ἦν τις βασιλικὸς οὗ ὁ υἱὸς ἠσθένει **ἐν Καφαρναούμ**.	1,29 Καὶ εὐθὺς ἐκ τῆς συναγωγῆς ἐξελθόντες ἦλθον **εἰς τὴν οἰκίαν Σίμωνος καὶ Ἀνδρέου** μετὰ Ἰακώβου καὶ Ἰωάννου.	**εἰς Καφαρναοὺμ**
... ...	1,30 ἡ δὲ πενθερὰ Σίμωνος κατέκειτο πυρέσσουσα, καὶ εὐθὺς λέγουσιν αὐτῷ περὶ αὐτῆς.	προσῆλθεν αὐτῷ ἑκατόνταρχος παρακαλῶν αὐτὸν 8,6 καὶ λέγων, Κύριε, ὁ παῖς μου βέβληται ἐν τῇ οἰκίᾳ παραλυτικός, δεινῶς βασανιζόμενος. ... ...
4,52 ἐπύθετο οὖν τὴν ὥραν παρ' αὐτῶν ἐν ᾗ κομψότερον ἔσχεν· εἶπαν οὖν αὐτῷ ὅτι Ἐχθὲς ὥραν ἑβδόμην **ἀφῆκεν αὐτὸν ὁ πυρετός**.	1,31 καὶ προσελθὼν ἤγειρεν αὐτὴν κρατήσας τῆς χειρός· καὶ **ἀφῆκεν αὐτὴν ὁ πυρετός**, καὶ διηκόνει αὐτοῖς.	8,14 Καὶ ἐλθὼν ὁ Ἰησοῦς εἰς τὴν οἰκίαν Πέτρου εἶδεν τὴν πενθερὰν αὐτοῦ βεβλημένην καὶ πυρέσσουσαν· 8,15 καὶ ἥψατο τῆς χειρὸς αὐτῆς, καὶ **ἀφῆκεν αὐτὴν ὁ πυρετός,** καὶ ἠγέρθη καὶ διηκόνει αὐτῷ.

Markus hatte die von Kana her gewirkte Fernheilung eines in Kafarnaum Fiebernden durch die Heilung der Schwiegermutter des Petrus ersetzt, die ebenfalls in Kafarnaum vom Fieber geheilt wurde. Die Formulierung ἀφῆκεν αὐτὸν ὁ πυρετός hatte er wörtlich übernommen. Matthäus addiert nun die beiden Wundererzählungen. Um aber eine Doppelung des Fiebermotives zu vermeiden, lässt er die Krankheit des geheilten Offiziersdieners offen. Außerdem lässt er schon die Begegnung des Hauptmannes mit Jesus in Kafarnaum selbst spielen.

● 7. Maria und Marta (B)

Joh 11,1 Ἦν δέ τις ἀσθενῶν, Λάζαρος ἀπὸ Βηθανίας, ἐκ τῆς κώμης **Μαρίας καὶ Μάρθας τῆς ἀδελφῆς αὐτῆς**.	Lk 10,38 Ἐν δὲ τῷ πορεύεσθαι αὐτοὺς αὐτὸς εἰσῆλθεν εἰς κώμην τινά· γυνὴ δέ τις ὀνόματι **Μάρθα** ὑπεδέξατο αὐτόν.
11,2 **ἦν δὲ Μαριὰμ ἡ ἀλείψασα τὸν κύριον μύρῳ καὶ ἐκμάξασα**	10,39 καὶ τῇδε ἦν ἀδελφὴ καλουμένη **Μαριάμ**, [ἣ] καὶ παρακαθεσθεῖσα **πρὸς**
τοὺς πόδας αὐτοῦ ταῖς θριξὶν αὐτῆς, ἧς ὁ ἀδελφὸς Λάζαρος ἠσθένει.	**τοὺς πόδας τοῦ κυρίου** ἤκουεν τὸν λόγον αὐτοῦ.

12,1 Ὁ οὖν Ἰησοῦς πρὸ ἓξ ἡμερῶν τοῦ πάσχα ἦλθεν εἰς Βηθανίαν, ὅπου ἦν Λάζαρος, ὃν ἤγειρεν ἐκ νεκρῶν Ἰησοῦς.	
12,2 ἐποίησαν οὖν αὐτῷ δεῖπνον ἐκεῖ, **καὶ ἡ Μάρθα διηκόνει,** ὁ δὲ Λάζαρος εἷς ἦν ἐκ τῶν ἀνακειμένων σὺν αὐτῷ.	10,40 **ἡ δὲ Μάρθα** περιεσπᾶτο περὶ πολλὴν **διακονίαν**· ἐπιστᾶσα δὲ εἶπεν, Κύριε, οὐ μέλει σοι ὅτι ἡ ἀδελφή μου μόνην με κατέλιπεν **διακονεῖν**;
12,3 ἡ οὖν Μαριὰμ λαβοῦσα λίτραν μύρου νάρδου πιστικῆς πολυτίμου ἤλειψεν τοὺς **πόδας τοῦ Ἰησοῦ** καὶ ἐξέμαξεν ταῖς θριξὶν αὐτῆς **τοὺς πόδας αὐτοῦ**· ἡ δὲ οἰκία ἐπληρώθη ἐκ τῆς ὀσμῆς τοῦ μύρου.	
12,4 λέγει δὲ Ἰούδας ὁ Ἰσκαριώτης εἷς [ἐκ] τῶν μαθητῶν αὐτοῦ, ὁ μέλλων αὐτὸν παραδιδόναι, 12,5 Διὰ τί τοῦτο τὸ μύρον οὐκ ἐπράθη τριακοσίων δηναρίων καὶ ἐδόθη πτωχοῖς; 12,6 εἶπεν δὲ τοῦτο οὐχ ὅτι περὶ τῶν πτωχῶν ἔμελεν αὐτῷ, ἀλλ' ὅτι κλέπτης ἦν καὶ τὸ γλωσσόκομον ἔχων τὰ βαλλόμενα ἐβάσταζεν.	εἰπὲ οὖν αὐτῇ ἵνα μοι συναντιλάβηται.
12,7 **εἶπεν οὖν ὁ Ἰησοῦς, Ἄφες αὐτήν,** ἵνα εἰς τὴν ἡμέραν τοῦ ἐνταφιασμοῦ μου τηρήσῃ αὐτό· 12,8 τοὺς πτωχοὺς γὰρ πάντοτε ἔχετε μεθ' ἑαυτῶν, ἐμὲ δὲ οὐ πάντοτε ἔχετε.	10,41 ἀποκριθεὶς δὲ **εἶπεν αὐτῇ ὁ κύριος,** Μάρθα Μάρθα, μεριμνᾷς καὶ θορυβάζῃ περὶ πολλά, 10,42 ἑνὸς δέ ἐστιν χρεία· **Μαριὰμ γὰρ τὴν ἀγαθὴν μερίδα ἐξελέξατο** ἥτις οὐκ ἀφαιρεθήσεται αὐτῆς.

Markus hatte die Auferweckung des Lazarus und den gesamten Erzählkomplex um Lazarus, Maria, und Marta übergangen – sofern er diesen Geschwisterkreis schon vorgefunden hat. Nur die Salbungsgeschichte hat er übernommen und für die Darstellung seiner Christologie adaptiert. Lukas übernimmt sowohl nach dem Muster des Markus die Salbungsgeschichte – allerdings mit anderer Aussagerichtung und an anderer Stelle der Erzählung – als auch ganz davon getrennt die im Hellenistenbuch genannten Personen als Motive zur freien Bearbeitung.

Möglicherweise hat der Geschwisterkreis Lazarus, Maria und Marta erst nach der Entstehung des Markusevangeliums im Hellenistenbuch Gestalt angenommen. Als Schwester von Marta und Lazarus erhält die Maria der Salbungsgeschichte eine von Maria Magdalena eindeutig verschiedene Identität. Dies könnte die Hauptintention dieser Bearbeitung gewesen sein. Denn die

Entfernung der Maria Magdalena aus dem Leben Jesu dürfte nach dem Erscheinen des Markusevangeliums ein kirchliches Desiderat geworden sein. Markus hatte sie zwar als Zeugin der Auferstehung übernehmen müssen, aber selbst dort durch ihre Vervielfachung zu einer Gruppe von Frauen relativiert. Eine entsprechende Überarbeitung muss auch das Hellenistenbuch bald erfahren haben. Denn dass Maria Magdalena schon in der ursprünglichen Fassung nach dem Tod Jesu die Hauptrolle spielt, aber in seinem Leben überhaupt nicht vorkommt, ist schwer vorstellbar. Ihrer Entfernung aus der Salbungsgeschichte könnte auch ihre Verfremdung zum Mitglied einer bethanischen Familie dienen. Zur besseren Verklammerung in den vorhandenen Text wurden die „Schwestern" Marta und Maria auch schon in die vorangehende einfache Wundergeschichte von der Auferweckung des Lazarus eingeführt. Die neugeschaffene Figur der Marta hatte dort auch den Zweck, den theologischen Diskurs zum Thema von Tod und Auferstehung zu ermöglichen. Dass die Einführung der „Schwestern" Marta und Maria in die Lazaruserzählung des Hellenistenbuches tatsächlich sekundär und im Hinblick auf die Salbungsgeschichte erfolgt ist, geht aus der Einleitung der Lazarusgeschichte eindeutig hervor (Joh 11,2). Die Maria der nachfolgenden Salbungsgeschichte wird hier im Gegensatz zu Marta als bereits bekannt vorausgesetzt.

Die willkürliche und unhistorische Einführung dieser Personen in einen schon bestehenden Text des Hellenistenbuches könnte Lukas bekannt gewesen sein. Zudem sah er, dass bei Markus alle diese Namen fehlen. Vielleicht hat er sich deshalb zu einer völlig freien Verarbeitung der vorgefundenen Motive entschlossen. Die sekundäre Erzählungsklammer im Hellenistenbuch, dass Marta bei Tisch diente, nimmt Lukas zum Anlass für eine Meditation zum Thema Aktivität und Kontemplation anhand der beiden „Schwestern".

● 8. Lazarus (B)

	Lk 16,19 Ἄνθρωπος **δέ τις ἦν** πλούσιος, καὶ ἐνεδιδύσκετο πορφύραν καὶ βύσσον εὐφραινόμενος καθʼ ἡμέραν λαμπρῶς.
Joh 11,1 **Ἦν δέ τις** ἀσθενῶν, **Λάζαρος** ἀπὸ Βηθανίας, ἐκ τῆς κώμης Μαρίας καὶ Μάρθας τῆς ἀδελφῆς αὐτῆς.	16,20 πτωχὸς **δέ τις** ὀνόματι **Λάζαρος** ἐβέβλητο πρὸς τὸν πυλῶνα αὐτοῦ εἱλκωμένος 16,21 καὶ ἐπιθυμῶν χορτασθῆναι ἀπὸ τῶν πιπτόντων ἀπὸ τῆς τραπέζης τοῦ πλουσίου· ἀλλὰ καὶ οἱ κύνες ἐρχόμενοι ἐπέλειχον τὰ ἕλκη αὐτοῦ.
11,2 ἦν δὲ Μαριὰμ ἡ ἀλείψασα τὸν κύριον μύρῳ καὶ ἐκμάξασα τοὺς πόδας αὐτοῦ ταῖς θριξὶν αὐτῆς, ἧς ὁ ἀδελφὸς **Λάζαρος** ἠσθένει. . .	

11,3 **ἀπέστειλαν** οὖν αἱ ἀδελφαὶ πρὸς αὐτὸν λέγουσαι, Κύριε, ἴδε ὃν φιλεῖς ἀσθενεῖ. 11,4 ἀκούσας δὲ ὁ Ἰησοῦς εἶπεν, Αὕτη ἡ ἀσθένεια **οὐκ ἔστιν πρὸς θάνατον** ἀλλ᾽ ὑπὲρ τῆς δόξης τοῦ θεοῦ, ἵνα δοξασθῇ ὁ υἱὸς τοῦ θεοῦ δι᾽ αὐτῆς.

11,14 τότε οὖν εἶπεν αὐτοῖς ὁ Ἰησοῦς παρρησίᾳ,
Λάζαρος ἀπέθανεν, 11,15 καὶ χαίρω δι᾽ ὑμᾶς ἵνα πιστεύσητε, ὅτι οὐκ ἤμην ἐκεῖ· ἀλλὰ ἄγωμεν πρὸς αὐτόν. 11,16 εἶπεν οὖν Θωμᾶς ὁ λεγόμενος Δίδυμος τοῖς συμμαθηταῖς, Ἄγωμεν καὶ ἡμεῖς ἵνα ἀποθάνωμεν μετ᾽ αὐτοῦ.

11,17 Ἐλθὼν οὖν ὁ Ἰησοῦς εὗρεν αὐτὸν τέσσαρας ἤδη ἡμέρας ἔχοντα ἐν τῷ μνημείῳ.

Μαριὰμ δὲ ἐν τῷ οἴκῳ ἐκαθέζετο.
11,21 εἶπεν οὖν ἡ Μάρθα πρὸς τὸν Ἰησοῦν, Κύριε, εἰ ἦς ὧδε οὐκ ἂν ἀπέθανεν ὁ ἀδελφός μου·
11,22 [ἀλλὰ] καὶ νῦν οἶδα ὅτι
ὅσα ἂν αἰτήσῃ τὸν θεὸν δώσει σοι ὁ θεός.

11,23 λέγει αὐτῇ ὁ Ἰησοῦς,
Ἀναστήσεται ὁ ἀδελφός σου. 11,24
λέγει αὐτῷ ἡ Μάρθα, Οἶδα ὅτι **ἀναστήσεται** ἐν τῇ **ἀναστάσει** ἐν τῇ ἐσχάτῃ ἡμέρᾳ. 11,25 εἶπεν αὐτῇ ὁ Ἰησοῦς, Ἐγώ εἰμι ἡ **ἀνάστασις** καὶ ἡ ζωή· ὁ **πιστεύων** εἰς ἐμὲ κἂν ἀποθάνῃ ζήσεται, 11,37 τινὲς δὲ ἐξ αὐτῶν εἶπαν, Οὐκ ἐδύνατο οὗτος ὁ ἀνοίξας τοὺς ὀφθαλμοὺς τοῦ τυφλοῦ ποιῆσαι ἵνα καὶ οὗτος μὴ ἀποθάνῃ;

11,41 ἦραν οὖν τὸν λίθον. ὁ δὲ Ἰησοῦς ἦρεν τοὺς ὀφθαλμοὺς ἄνω καὶ εἶπεν, ***Πάτερ, εὐχαριστῶ σοι ὅτι ἤκουσάς μου.*** 11,42 ἐγὼ δὲ ᾔδειν ὅτι πάντοτέ μου ἀκούεις, ἀλλὰ διὰ τὸν ὄχλον τὸν περιεστῶτα εἶπον, ἵνα πιστεύσωσιν ὅτι σύ με ἀπέστειλας.
11,43 καὶ ταῦτα εἰπὼν φωνῇ μεγάλῃ ἐκραύγασεν, Λάζαρε, δεῦρο ἔξω.

16,22 ἐγένετο δὲ

ἀποθανεῖν τὸν πτωχὸν καὶ ἀπενεχθῆναι αὐτὸν ὑπὸ τῶν ἀγγέλων εἰς τὸν κόλπον Ἀβραάμ· **ἀπέθανεν** δὲ καὶ ὁ πλούσιος καὶ ἐτάφη. 16,23 καὶ ἐν τῷ ᾅδῃ ἐπάρας τοὺς ὀφθαλμοὺς αὐτοῦ, ὑπάρχων ἐν βασάνοις, ὁρᾷ Ἀβραὰμ ἀπὸ μακρόθεν καὶ **Λάζαρον** ἐν τοῖς κόλποις αὐτοῦ.

16,27 εἶπεν δέ, ***Ἐρωτῶ σε οὖν, πάτερ, ἵνα πέμψῃς αὐτὸν εἰς τὸν οἶκον τοῦ πατρός μου,***
16,28 ἔχω γὰρ πέντε ἀδελφούς, ὅπως διαμαρτύρηται αὐτοῖς, ἵνα μὴ καὶ αὐτοὶ ἔλθωσιν εἰς τὸν τόπον τοῦτον τῆς βασάνου.

16,29 λέγει δὲ Ἀβραάμ, Ἔχουσι Μωϋσέα καὶ τοὺς προφήτας· ἀκουσάτωσαν αὐτῶν.
16,30 ὁ δὲ εἶπεν, Οὐχί, πάτερ Ἀβραάμ, ἀλλ᾽ **ἐάν τις ἀπὸ νεκρῶν πορευθῇ πρὸς αὐτοὺς** μετανοήσουσιν.
16,31 εἶπεν δὲ αὐτῷ, Εἰ Μωϋσέως καὶ τῶν προφητῶν οὐκ ἀκούουσιν, οὐδ᾽ ἐάν **τις ἐκ νεκρῶν ἀναστῇ πεισθήσονται**.

11,45 Πολλοὶ οὖν ἐκ τῶν Ἰουδαίων οἱ
ἐλθόντες **πρὸς τὴν Μαριὰμ** καὶ
θεασάμενοι ἃ ἐποίησεν, **ἐπίστευσαν**
εἰς αὐτόν·

So wie mit Maria und Marta verfährt Lukas auch mit Lazarus. Ganz unabhängig vom ursprünglichen Erzählzusammenhang gestaltet er aus Motiven der Totenerweckung des Hellenistenbuches eine Belehrung über das Leben nach dem Tod und die Auferstehung und führt damit die ursprüngliche Aussageabsicht weiter.

Die lukanische Geschichte schließt an die Aussage an „Wer an mich glaubt wird leben, auch wenn er schon gestorben ist.“ Ihr Zweck scheint es zu sein, diese Aussage zu modifizieren, und zwar im Sinne des lukanischen Unsterblichkeitsglaubens, der ja auch in der Zusage an den rechten Schächer zum Ausdruck kommt: „Heute noch wirst Du bei mir im Paradiese sein.“ Nach Lukas ist das Weiterleben nach dem Tod nicht vom Glauben abhängig, sondern eine objektive Gegebenheit für jeden. Die Qualität dieses Lebens nach dem Tod richtet sich allerdings nach dem Verhalten des Menschen im Diesseits. Der Glaube ist dafür nur insofern relevant, als er zu einer entsprechenden Lebensführung motivieren kann.

In der Erzählung des Lukas bittet der Reiche Abraham er möge den Lazarus in sein, des Reichen, Vaterhaus schicken, um seine Brüder zu warnen – eine deutliche Anspielung an die Auferweckung des Lazarus im Hellenistenbuch. Aber Lukas lässt Abraham antworten, dass die, die Moses und den Propheten nicht glauben, sich auch durch die Auferstehung eines Toten nicht überzeugen lassen.

Offensichtlich hält Lukas die Auferweckung des Lazarus nicht für historisch, nimmt aber die Geschichte zum Anlass, um über seine Sicht der individuellen Zukunft des Menschen zu reden. Ob und in welcher Hinsicht er damit auch seine Auffassung zur Heilsrelevanz der Auferstehung Jesu zum Ausdruck bringen will, muss hier offen bleiben.

● 9. Salbung in Betanien (A)

Joh 12,1	Mk 14,3	Mt 26.6	Lk 7,36	Lk 10,38
Ὁ οὖν **Ἰησοῦς**		Τοῦ δὲ **Ἰησοῦ**	Ἠρώτα δέ τις	Ἐν δὲ τῷ
πρὸ ἓξ ἡμερῶν			αὐτὸν τῶν	πορεύεσθαι
τοῦ πάσχα			Φαρισαίων	αὐτοὺς αὐτὸς
	Καὶ ὄντος		***ἵνα φάγῃ μετ᾽***	
ἦλθεν	αὐτοῦ	γενομένου	***αὐτοῦ***, καὶ	**εἰσῆλθεν**
εἰς Βηθανίαν,	ἐν Βηθανίᾳ	ἐν Βηθανίᾳ	**εἰσελθὼν**	εἰς κώμην
ὅπου ἦν	ἐν τῇ οἰκίᾳ	ἐν οἰκίᾳ	εἰς τὸν οἶκον	τινά·
Λάζαρος,	Σίμωνος	Σίμωνος	τοῦ Φαρισαίου	
ὃν ἤγειρεν ἐκ	τοῦ λεπροῦ,	τοῦ λεπροῦ,	**κατεκλίθη**.	
νεκρῶν				
Ἰησοῦς.				

12,2 ***ἐποίησαν οὖν αὐτῷ δεῖπνον ἐκεῖ,*** καὶ ἡ **Μάρθα** *διηκόνει*, ὁ δὲ Λάζαρος εἷς ἦν ἐκ τῶν ἀνακειμένων σὺν αὐτῷ.	κατακειμένου αὐτοῦ		7,37 καὶ ἰδοὺ **γυνὴ** ἥτις ἦν ἐν τῇ πόλει ἁμαρτωλός, καὶ ἐπιγνοῦσα ὅτι κατάκειται ἐν τῇ οἰκίᾳ τοῦ Φαρισαίου,	**γυνὴ** δέ τις ὀνόματι **Μάρθα** ὑπεδέξατο αὐτόν.
12,3 ἡ οὖν **Μαριὰμ**	ἦλθεν **γυνὴ**	26.7 προσῆλθεν αὐτῷ **γυνὴ**		10,39 καὶ τῇδε ἦν ἀδελφὴ καλουμένη **Μαριάμ,** [ἣ] καὶ
λαβοῦσα λίτραν μύρου νάρδου πιστικῆς **πολυτίμου**	ἔχουσα ἀλάβαστρον μύρου νάρδου **πιστικῆς** πολυτελοῦς,	ἔχουσα ἀλάβαστρον μύρου **βαρυτίμου** καὶ	κομίσασα ἀλάβαστρον μύρου 7,38 καὶ στᾶσα ὀπίσω *παρὰ τοὺς πόδας αὐτοῦ* κλαίουσα τοῖς δάκρυσιν	
ἤλειψεν	συντρίψασα τὴν ἀλάβαστρον κατέχεεν αὐτοῦ	κατέχεεν ἐπὶ	ἤρξατο βρέχειν	παρακαθεσθεῖσα *πρὸς*
τοὺς πόδας τοῦ Ἰησοῦ καὶ	τῆς κεφαλῆς.	τῆς κεφαλῆς αὐτοῦ ἀνακειμένου.	**τοὺς πόδας αὐτοῦ** καὶ	***τοὺς πόδας*** *τοῦ κυρίου* ἤκουεν τὸν λόγον αὐτοῦ.
ἐξέμαξεν ταῖς θριξὶν αὐτῆς			**ταῖς θριξὶν** ***τῆς κεφαλῆς*** **αὐτῆς ἐξέμασσεν** καὶ κατεφίλει	
τοὺς πόδας αὐτοῦ ἡ δὲ οἰκία ἐπληρώθη ἐκ τῆς ὀσμῆς **τοῦ μύρου.**			**τοὺς πόδας αὐτοῦ καὶ** ***ἤλειφεν*** **τῷ μύρῳ.**	
Joh 12,4 λέγει δὲ **Ἰούδας ὁ Ἰσκαριώτης** εἷς [ἐκ] τῶν **μαθητῶν** αὐτοῦ, ὁ μέλλων αὐτὸν παραδιδόναι,	Mk 14,4 ἦσαν δέ **τινες ἀγανακτοῦντες** πρὸς ἑαυτούς,	Mt 26.8 ἰδόντες δὲ **οἱ μαθηταὶ** ἠγανάκτησαν λέγοντες,	Lk 7,39 ἰδὼν δὲ ὁ **Φαρισαῖος** ὁ καλέσας αὐτὸν εἶπεν ἐν ἑαυτῷ λέγων,	Lk 10,40 ἡ δὲ ***Μάρθα*** *περιεσπᾶτο περὶ πολλὴν διακονίαν·* ἐπιστᾶσα δὲ εἶπεν,

12,5 **Διὰ τί** **τοῦτο τὸ μύρον** οὐκ **ἐπράθη τριακοσίων δηναρίων** **καὶ ἐδόθη πτωχοῖς;**	**Εἰς τί** ἡ ἀπώλεια αὕτη τοῦ μύρου γέγονεν; 14,5 ἠδύνατο γὰρ **τοῦτο τὸ μύρον πραθῆναι** ἐπάνω **δηναρίων τριακοσίων καὶ δοθῆναι τοῖς πτωχοῖς·**	**Εἰς τί** ἡ ἀπώλεια αὕτη; 26.9 ἐδύνατο γὰρ τοῦτο πραθῆναι πολλοῦ καὶ δοθῆναι πτωχοῖς.	Οὗτος εἰ ἦν προφήτης, ἐγίνωσκεν ἂν τίς καὶ ποταπὴ ἡ γυνὴ ἥτις ἅπτεται αὐτοῦ, ὅτι ἁμαρτωλός ἐστιν.	Κύριε, οὐ μέλει σοι ὅτι ἡ ἀδελφή μου μόνην με κατέλιπεν *διακονεῖν;* εἰπὲ οὖν αὐτῇ ἵνα μοι συναντιλάβηται.
12,6 εἶπεν δὲ τοῦτο οὐχ ὅτι περὶ τῶν πτωχῶν ἔμελεν αὐτῷ, ἀλλ' ὅτι κλέπτης ἦν καὶ τὸ γλωσσόκομον ἔχων τὰ βαλλόμενα ἐβάσταζεν.	καὶ ἐνεβριμῶντο αὐτῇ.			
Joh 12,7 **εἶπεν οὖν ὁ Ἰησοῦς,** Ἄφες αὐτήν,	Mk 14,6 **ὁ δὲ Ἰησοῦς εἶπεν,** Ἄφετε αὐτήν· τί αὐτῇ κόπους παρέχετε; καλὸν ἔργον ἠργάσατο ἐν ἐμοί.	Mt 26.10 γνοὺς δὲ **ὁ Ἰησοῦς εἶπεν** αὐτοῖς, Τί κόπους παρέχετε τῇ γυναικί; ἔργον γὰρ καλὸν ἠργάσατο εἰς ἐμέ·	Lk 7,40 καὶ ἀποκριθεὶς **ὁ Ἰησοῦς εἶπεν** πρὸς αὐτόν, ***Σίμων***, ἔχω σοί τι εἰπεῖν.	Lk 10,41 ἀποκριθεὶς δὲ **εἶπεν αὐτῇ ὁ κύριος,** Μάρθα Μάρθα, μεριμνᾷς καὶ θορυβάζῃ περὶ πολλά, 10,42 ἑνὸς δέ ἐστιν χρεία·
12,8 τοὺς πτωχοὺς γὰρ πάντοτε ἔχετε μεθ' ἑαυτῶν, ἐμὲ δὲ οὐ πάντοτε ἔχετε.	**14,7 πάντοτε γὰρ τοὺς πτωχοὺς ἔχετε μεθ' ἑαυτῶν** καὶ ὅταν θέλητε δύνασθε αὐτοῖς εὖ ποιῆσαι, **ἐμὲ δὲ οὐ πάντοτε ἔχετε.**	**26.11 πάντοτε γὰρ τοὺς πτωχοὺς ἔχετε μεθ' ἑαυτῶν, ἐμὲ δὲ οὐ πάντοτε ἔχετε·**		

	14,8 ὃ ἔσχεν ἐποίησεν· προέλαβεν μυρίσαι τὸ σῶμά μου *εἰς τὸν ἐνταφιασμόν.*	26.12 βαλοῦσα γὰρ αὕτη τὸ μύρον τοῦτο ἐπὶ τοῦ σώματός μου *πρὸς τὸ ἐνταφιάσαι με ἐποίησεν.*		
	14,9 ἀμὴν δὲ λέγω ὑμῖν, ὅπου ἐὰν κηρυχθῇ τὸ εὐαγγέλιον εἰς ὅλον τὸν κόσμον, καὶ ὃ μνημόσυνον αὐτῆς.	26.13 ἀμὴν λέγω ὑμῖν, ὅπου ἐὰν κηρυχθῇ τὸ εὐαγγέλιον τοῦτο ἐν ὅλῳ τῷ κόσμῳ, λαληθήσεται καὶ ὃ ἐποίησεν αὕτη εἰς μνημόσυνον αὐτῆς.		Μαριὰμ γὰρ τὴν ἀγαθὴν μερίδα ἐξελέξατο ἥτις οὐκ ἀφαιρεθήσεται αὐτῆς.

Matthäus folgt hier im Wesentlichen Markus, den er etwas strafft und glättet. Interessant ist die Vorgangsweise des Lukas, der offensichtlich beide Versionen, die des Hellenistenbuches und die des Markus kennt. Er ist bestrebt, das ihm jeweils Wahrscheinliche aus beiden Darstellungen aufzugreifen, wobei er aber die markinische Änderung zu einer Salbung des Hauptes nicht mitmacht. Er gestaltet den ihm wesentlich erscheinenden Stoff der beiden Varianten zu zwei verschiedenen Geschichten. Den Hausherrn, bei dem sich die Salbung ereignet, bezeichnet er als Pharisäer und gibt ihm nachträglich auch noch den Namen Simon aus dem Markusevangelium. Der die Füße Jesu salbenden Frau gibt er nach dem Vorbild des Markus keinen Namen. Dafür bekommt sie eine neue Qualität: Sie ist eine Sünderin. Und das ist für Lukas die eigentliche Aussage der Geschichte: Jesus lässt es zu, dass eine Sünderin ihm die Füße salbt, worüber sich der Gastgeber nur wundern kann. Die beiden Frauen Marta und Maria behandelt er in einer zweiten Geschichte. Hier dient Marta wie im Hellenistenbuch bei Tisch. Und Maria salbt zwar nicht die Füße Jesu, aber sie sitzt zu seinen Füßen und lauscht seinen Worten. Wie Markus preist auch Lukas diese Frau, allerdings nicht wegen der verborgenen Salbung Jesu zum Messias, sondern als Hörerin der Lehre Jesu.

Für die gemeinsame Abhängigkeit der beiden lukanischen Erzählungen von der Salbungsgeschichte des Hellenistenbuches spricht vor allem das gemeinsame Motiv der Füße Jesu: Die Sünderin salbt seine Füße, und Maria sitzt zu seinen Füßen. Gleichzeitig erwähnt Lukas aber im Hinblick auf Markus auch die Salbung des Hauptes zumindest als eine Unterlassung des Gastgebers. Im Falle der umgekehrten Sicht der Abhängigkeiten bliebe unerklärlich, warum Lukas die christologisch bedeutsame Salbung des Hauptes Jesu bei Markus ohne Anlass in der Tradition dissimiliert hätte. Ebenso unverständlich wäre die Einleitung der Lazarusgeschichte im Johannesevangelium mit der Erwähnung der als bekannt vorausgesetzten Salbung der Füße Jesu durch Maria, da diese Maria doch dann gar nichts mit der aus Lukas bekannten Sünderin gemein hat.

● 10. Tochter Sion (A)

Joh	Mk	Mt
Joh 12,13 ἔλαβον τὰ βαΐα τῶν φοινίκων καὶ ἐξῆλθον εἰς ὑπάντησιν αὐτῷ καὶ *ἐκραύγαζον*, *Ωσαννά·* εὐλογημένος ὁ ἐρχόμενος ἐν ὀνόματι κυρίου, καὶ] ***ὁ βασιλεὺς τοῦ Ἰσραήλ.*** 12,14 **εὑρὼν δὲ ὁ Ἰησοῦς ὀνάριον**	Mk 11,9 καὶ ***οἱ προάγοντες καὶ οἱ ἀκολουθοῦντες*** *ἔκραζον,* ' *Ωσαννά·* εὐλογημένος ὁ ἐρχόμενος ἐν ὀνόματι κυρίου· 11,10 Εὐλογημένη ἡ ἐρχομένη βασιλεία τοῦ πατρὸς ἡμῶν Δαυίδ· Ὡσαννὰ ἐν τοῖς ὑψίστοις.	Mt 21,1 . . . Ἰησοῦς ἀπέστειλεν δύο μαθητὰς 21,2 λέγων αὐτοῖς, Πορεύεσθε εἰς τὴν κώμην τὴν κατέναντι ὑμῶν, καὶ εὐθέως εὑρήσετε **ὄνον δεδεμένην καὶ πῶλον μετ' αὐτῆς·** . . . Mt 21,4 Τοῦτο δὲ γέγονεν ἵνα πληρωθῇ τὸ ῥηθὲν διὰ τοῦ προφήτου λέγοντος, 21,5 **Εἴπατε τῇ θυγατρὶ Σιών, Ἰδοὺ ὁ βασιλεύς σου ἔρχεταί σοι πραῢς καὶ ἐπιβεβηκὼς ἐπὶ ὄνον καὶ ἐπὶ πῶλον υἱὸν ὑποζυγίου.** 21,6 πορευθέντες δὲ οἱ μαθηταὶ καὶ ποιήσαντες καθὼς συνέταξεν αὐτοῖς ὁ Ἰησοῦς 21,7 **ἤγαγον τὴν ὄνον καὶ τὸν πῶλον καὶ ἐπέθηκαν ἐπ' αὐτῶν τὰ ἱμάτια, καὶ ἐπεκάθισεν ἐπάνω αὐτῶν.**
ἐκάθισεν ἐπ' αὐτό, καθώς ἐστιν γεγραμμένον 12,15 **Μὴ φοβοῦ, θυγάτηρ Σιών· ἰδοὺ ὁ βασιλεύς σου ἔρχεται, καθήμενος ἐπὶ πῶλον ὄνου.**		21,8 ὁ δὲ πλεῖστος ὄχλος ἔστρωσαν ἑαυτῶν τὰ ἱμάτια ἐν τῇ ὁδῷ, ἄλλοι δὲ ἔκοπτον κλάδους ἀπὸ τῶν δένδρων καὶ ἐστρώννυον ἐν τῇ ὁδῷ. 21,9 οἱ δὲ ὄχλοι ***οἱ προάγοντες αὐτὸν καὶ οἱ ἀκολουθοῦντες*** *ἔκραζον λέγοντες, Ὡσαννὰ* ***τῷ υἱῷ Δαυίδ·*** Εὐλογημένος ὁ ἐρχόμενος ἐν ὀνόματι κυρίου· Ὡσαννὰ ἐν τοῖς ὑψίστοις.

Matthäus hat das Schriftzitat zu dem im Hellenistenbuch nur nebenbei erwähnten Esel beim Einzug nach Jerusalem zu einem eindrucksvollen Erfüllungszitat ausgebaut und der ganzen Szene vorangestellt. In diesem Interesse hat er die Geschichte so ausgebaut, dass auch das Fohlen der Eselin aus dem Zitat seine Erfüllung in der Realität findet. Dabei lässt er Jesus aber unrealistischerweise auf beiden Tieren zugleich sitzen.

Im Gegensatz zu Matthäus hatte Markus die Bemerkung über den Esel überhaupt weggelassen. Matthäus setzt nun im Anschluss an seinen Midrasch zu dem Erfüllungszitat exakt mit dem Markustext fort.

Die Formulierung des Hosannarufes stellt eine Kombination der Versionen des Hellenistenbuches und des Markusevangeliums dar. Der Ruf richtet sich wie im Hellenistenbuch ganz persönlich an Jesus als König, allerdings unter dem Titel des Davidsohnes – entsprechend der „Herrschaft unsres Vater David“ bei Markus.

● 11. Verhärtung (B)

Joh 12,38 ἵνα ὁ λόγος Ἠσαΐου τοῦ προφήτου πληρωθῇ ὃν εἶπεν,	Mk 4,12 ἵνα	Mt 13,14 καὶ ἀναπληροῦται αὐτοῖς ἡ προφητεία Ἠσαΐου ἡ λέγουσα,
Κύριε, τίς ἐπίστευσεν τῇ ἀκοῇ ἡμῶν; καὶ ὁ βραχίων κυρίου τίνι ἀπεκαλύφθη;		**Ἀκοῇ ἀκούσετε καὶ οὐ μὴ συνῆτε,**
12,39 διὰ τοῦτο οὐκ ἠδύναντο πιστεύειν, ὅτι πάλιν εἶπεν Ἠσαΐας,		
12,40 **Τετύφλωκεν αὐτῶν τοὺς ὀφθαλμοὺς καὶ ἐπώρωσεν αὐτῶν τὴν καρδίαν,**		
ἵνα μὴ ἴδωσιν τοῖς ὀφθαλμοῖς	**βλέποντες βλέπωσιν καὶ μὴ ἴδωσιν,**	**καὶ βλέποντες βλέψετε καὶ οὐ μὴ ἴδητε.**
		13,15 **ἐπαχύνθη γὰρ ἡ καρδία τοῦ λαοῦ τούτου, καὶ τοῖς ὠσὶν βαρέως ἤκουσαν καὶ τοὺς ὀφθαλμοὺς αὐτῶν ἐκάμμυσαν, μήποτε ἴδωσιν τοῖς ὀφθαλμοῖς**
	καὶ ἀκούοντες ἀκούωσιν καὶ μὴ συνιῶσιν,	**καὶ τοῖς ὠσὶν ἀκούσωσιν**
καὶ νοήσωσιν τῇ καρδίᾳ καὶ στραφῶσιν, καὶ ἰάσομαι αὐτούς.	**μήποτε ἐπιστρέψωσιν καὶ ἀφεθῇ αὐτοῖς.**	**καὶ τῇ καρδίᾳ συνῶσιν καὶ ἐπιστρέψωσιν καὶ ἰάσομαι αὐτούς.**

Die beiden aufeinanderfolgenden Zitate des Hellenistenbuches stammen aus zwei weit auseinanderliegenden Stellen bei Jesaja. Nur das erste, kürzere Zitat entspricht dem LXX-Text, das zweite, längere, hingegen nicht. Es handelt sich um eine sehr inhomogene Zitatenkombination. Matthäus zitiert hingegen wie schon Markus (4,12) nur aus der zweiten Stelle, allerdings umfangreicher, ganz nach dem Wortlaut der LXX und beginnend mit dem Schlüsselwort ἀκοῇ, entsprechend dem ersten Zitat des Hellenistenbuches. Das Zitat des Matthäus ist also völlig homogen, somit wohl auch die geglättete und jüngere Version. Dass umgekehrt ein einheitliches und textlich einwandfreies Zitat auf komplizierte Weise dissimiliert wird, ist eher unwahrscheinlich. Die Vorlagen lauten: LXX Jes 53,1: κύριε, τίς ἐπίστευσεν τῇ ἀκοῇ ἡμῶν; καὶ ὁ βραχίων κυρίου τίνι ἀπεκαλύφθη; und LXX Jes 6,9f: 9 καὶ εἶπεν Πορευ–'θητι καὶ εἰπὸν τῷ λαῷ τούτῳ 'Ακοῇ ἀκούσετε καὶ οὐ μὴ συνῆτε καὶ βλέποντες βλέψετε καὶ οὐ μὴ ἴδητε· 10 ἐπαχύνθη γὰρ ἡ καρδία τοῦ λαοῦ τούτου, καὶ τοῖς ὠσὶν αὐτῶν βαρέως ἤκουσαν καὶ τοὺς ὀφθαλμοὺς αυ–'τῶν ἐκάμμυσαν, μήποτε ἴδωσιν τοῖς ὀφθαλμοῖς καὶ τοῖς ὠσὶν ἀκού–σω–σιν καὶ τῇ καρδίᾳ συνῶσιν καὶ ἐπιστρέψωσιν καὶ ἰάσομαι αὐτούς.

Man hat den Eindruck, dass der Verfasser des Hellenistenbuches Jes 6,9f in seiner LXX-Handschrift gesucht, aber nur eine andere Stelle mit dem gesuchten Stichwort ἀκοή gefunden hat, nämlich Jes 53,1. Er schreibt diesen Vers ab und zitiert die Fortsetzung der eigentlich gesuchten Stelle aus dem Gedächtnis – eine Verlegenheitslösung. Dagegen hat Matthäus die gemeinte Stelle richtig identifiziert und wortgetreu aus einer LXX-Handschrift zitiert. Die Parallele der Zitation bei Matthäus zu der im Hellenistenbuch geht über die bei Markus hinaus. In Mk 4,12 findet das „johanneische" Zitat aus Jesaja 53,1 keine Entsprechung. Matthäus trägt ihm dadurch Rechnung, dass er sein Zitat von Jes 6 schon mit ἀκοῇ in Vers 9b beginnen lässt. Dass der Kontext der Zitatverwendung verschieden ist, schließt eine Abhängigkeit der Zitation nicht aus.

● 12. Sklave nicht größer als Herr (A)

Joh 13,16 ἀμὴν ἀμὴν λέγω ὑμῖν, οὐκ ἔστιν **δοῦλος** μείζων **τοῦ κυρίου αὐτοῦ** οὐδὲ **ἀπόστολος** μείζων τοῦ πέμψαντος αὐτόν. 15,20 μνημονεύετε τοῦ λόγου οὗ ἐγὼ εἶπον ὑμῖν, Οὐκ ἔστιν δοῦλος μείζων τοῦ κυρίου αὐτοῦ.	Mt 10,24 Οὐκ ἔστιν **μαθητὴς** ὑπὲρ τὸν διδάσκαλον οὐδὲ **δοῦλος** ὑπὲρ **τὸν κύριον αὐτοῦ**. 10,25 ἀρκετὸν τῷ μαθητῇ ἵνα γένηται ὡς ὁ διδάσκαλος αὐτοῦ καὶ ὁ δοῦλος ὡς ὁ κύριος αὐτοῦ.	Lk 6,40 οὐκ ἔστιν **μαθητὴς** ὑπὲρ τὸν διδάσκαλον· κατηρτισμένος δὲ πᾶς ἔσται ὡς ὁ διδάσκαλος αὐτοῦ.

Die Anordnung des Hellenistenbuches ist logisch. Der Schluss erfolgt vom Allgemeinen auf das Besondere. Zuerst wird das Sprichwort zitiert: „Der Sklave ist nicht größer als sein Herr", und dann die Anwendung auf den Gesandten oder Apostel, wobei offen bleibt, ob Jesus über sich und den Vater oder über den Apostel und sich selbst oder über beides redet. Matthäus stellt die Reihenfolge um und konkretisiert den Ausspruch auf das Verhältnis von Jünger und Meister. Gleichzeitig variiert er im Sinne der Paraphrase das Vokabular; vor allem ersetzt er das „johanneische" Sendungsmotiv. In einer Fortsetzung sagt Matthäus noch, dass es für den Jünger genügt, so zu werden wie der Meister. Dass die Analogie des Verhältnisses von Sklave und Herrn dazu nicht mehr passt, scheint er übersehen zu haben. Einem Sklaven steht es ja keineswegs an, so zu werden wie sein Herr. Lukas scheint diese Inadäquatheit bemerkt zu haben und lässt das Sprichwort vom Sklaven und seinem Herrn einfach weg. Er hängt hier ausschließlich von Matthäus ab. Die Abschiedsreden der kirchlichen Redaktion des Hellenistenbuches, wo das Motiv nochmals aufscheint, greifen auf den vorgegebenen Text zurück.

● 13. Wer euch aufnimmt, nimmt mich auf (C)

Joh 13,20 ἀμὴν ἀμὴν λέγω ὑμῖν, ὁ λαμβάνων ἄν τινα πέμψω ἐμὲ λαμβάνει, ὁ δὲ ἐμὲ λαμβάνων λαμβάνει τὸν πέμψαντά με.	Mt 10,40 Ὁ δεχόμενος ὑμᾶς ἐμὲ δέχεται, καὶ ὁ ἐμὲ δεχόμενος δέχεται τὸν ἀποστείλαντά με.

Der sekundäre Matthäustext ist glatter und konkreter: „Wer euch aufnimmt..." statt: Amen, amen, ich sage euch, wer aufnimmt, wen ich möglicherweise schicke..." Ansonsten entspricht das Abschreibverfahren – wie schon so oft – den Mindestanforderungen der Paraphrase: Statt λαμβάνω δέχομαι und statt πέμπω ἀποστέλλω. Dass das Sendungsmotiv eher vom Hellenistenbuch zu Matthäus gelangt ist als umgekehrt, liegt auf der Hand.

● 14. Das abgeschlagene rechte Ohr (A)

Joh 18,10 **Σίμων οὖν Πέτρος**	Mk 14,47 εἷς δέ [τις] τῶν παρεστηκότων *σπασάμενος* τὴν	Mt 26,51 καὶ ἰδοὺ **εἷς τῶν μετὰ Ἰησοῦ** ἐκτείνας τὴν χεῖρα *ἀπέσπασεν* τὴν	Lk 22,49 ἰδόντες δὲ **οἱ περὶ αὐτὸν** τὸ ἐσόμενον εἶπαν, Κύριε, εἰ *πατάξομεν*
ἔχων μάχαιραν εἵλκυσεν αὐτὴν καὶ ἔπαισεν τὸν τοῦ ἀρχιερέως δοῦλον καὶ ἀπέκοψεν αὐτοῦ τὸ ὠτάριον	μάχαιραν ἔπαισεν τὸν δοῦλον τοῦ ἀρχιερέως καὶ *ἀφεῖλεν* αὐτοῦ τὸ ὠτάριον.	μάχαιραν αὐτοῦ καὶ *πατάξας* τὸν δοῦλον τοῦ ἀρχιερέως *ἀφεῖλεν* αὐτοῦ τὸ ὠτίον.	ἐν μαχαίρῃ; 22,50 καὶ *ἐπάταξεν* **εἷς τις ἐξ αὐτῶν** τοῦ ἀρχιερέως τὸν δοῦλον καὶ *ἀφεῖλεν* τὸ οὖς αὐτοῦ **τὸ δεξιόν**.
τὸ δεξιόν· ἦν δὲ ὄνομα τῷ δούλῳ Μάλχος.			
18,11 **εἶπεν οὖν ὁ Ἰησοῦς τῷ Πέτρῳ, Βάλε τὴν μάχαιραν εἰς τὴν θήκην**·		26,52 τότε **λέγει αὐτῷ ὁ Ἰησοῦς, Ἀπόστρεψον τὴν μάχαιράν σου εἰς τὸν τόπον αὐτῆς**·	22,51 ἀποκριθεὶς δὲ **ὁ Ἰησοῦς εἶπεν**, Ἐᾶτε ἕως τούτου·

τὸ ποτήριον ὃ δέδωκέν μοι ὁ πατὴρ οὐ μὴ πίω αὐτό;	πάντες γὰρ οἱ λαβόντες μάχαιραν ἐν μαχαίρῃ ἀπολοῦνται.	καὶ ἁψάμενος τοῦ ὠτίου ἰάσατο αὐτόν.

Hier stimmen alle drei Synoptiker unabhängig und gegeneinander mit dem Hellenistenbuch überein. Anderenfalls müsste man annehmen, dass „Johannes" alle drei Evangelien nebeneinander liegen gehabt und eklektisch – ein Wort von hier, ein Wort von dort – von ihnen abgeschrieben habe. Markus verschweigt hier den Namen seines Helden Petrus, übrigens auch den des Malchus, dessen Ohr abgeschlagen wurde – vielleicht eines ihm unbekannten Mitgliedes der hellenistischen Gemeinde.

Dass sich „einer der Umstehenden" – wie Markus will –, also ein unbeteiligter Beobachter – mit der Waffe in die Amtshandlung eingemischt hätte, ist äußerst unglaubwürdig. Ebenso unwahrscheinlich ist es, dass der Verfasser des Hellenistenbuches diese Attacke dann dem Petrus in die Schuhe geschoben hätte, nachdem schon die Großsynoptiker daraus einen der Begleiter Jesu gemacht haben. Viel wahrscheinlicher ist die Absicht der Entlastung des Petrus bei Markus und der Kompromisslösung bei den Großsynoptikern.

Matthäus geht vom Text des Markus aus, übernimmt aber aus dem Hellenistenbuch den ersten Teil des Jesuswortes an Petrus, den zweiten Teil ersetzt er durch eine moralische Aussage. Die Übernahmen erfolgen jeweils mit den üblichen paraphrastischen Variationen. Die Verba σπάζω und ἀφαιρέω im ersten Teil der Geschichte verweisen aber direkt von Matthäus auf Markus.

Lukas kennt vermutlich alle drei Varianten: πατάσσω weist auf Matthäus, ἀφαιρέω auf Markus und Matthäus, die Präzisierung auf das rechte Ohr auf das Hellenistenbuch und das anschließende Jesuswort auf das Hellenistenbuch und auf Matthäus. Dennoch scheint der Text des Lukas nicht abgeschrieben, sondern aus dem Gedächtnis erzählt zu sein. Er ist auf Wesentliches reduziert und durch einen positiven Ausgang abgeschlossen: Der nach dem Hellenistenbuch und Matthäus divergente Teil des Jesuswortes ist ersatzlos gestrichen. Statt dessen macht Jesus den am Ohr Verwundeten wieder heil.

● 15. Gefangennahme (C)

Joh 18,12a **Ἡ** οὖν **σπεῖρα καὶ ὁ χιλίαρχος καὶ οἱ ὑπηρέται τῶν Ἰουδαίων**	Lk 22,52 εἶπεν δὲ Ἰησοῦς πρὸς τοὺς παραγενομένους ἐπ' αὐτὸν **ἀρχιερεῖς καὶ στρατηγοὺς τοῦ ἱεροῦ καὶ πρεσβυτέρους**, ...

Zwischen den Erwähnungen von Anwesenden bei der Gefangennahme Jesu im Hellenistenbuch und bei Lukas besteht nur eine thematische Beziehung. Der folgende Text weist auch Gemeinsamkeiten im Wortlaut auf. Die parallele Verwendung des Verbums συλλαμβάνειν gegenüber dem mit Markus gemeinsamen Text ist wesentlich deutlicher.

Joh 18,12b **συνέλαβον** τὸν Ἰησοῦν καὶ ἔδησαν αὐτὸν 18,13 καὶ ἤγαγον **πρὸς** **Ἄνναν** πρῶτον· . . . (Hannas war der Schwiegervater des Kaiphas etc.)	Mk 14,53 Καὶ ἀπήγαγον τὸν Ἰησοῦν **πρὸς τὸν ἀρχιερέα, καὶ συνέρχονται πάντες οἱ ἀρχιερεῖς** καὶ οἱ πρεσβύτεροι καὶ οἱ γραμματεῖς.	Mt 26,57 Οἱ δὲ κρατήσαντες τὸν Ἰησοῦν ἀπήγαγον ***πρὸς Καϊάφαν τὸν ἀρχιερέα***, ὅπου οἱ γραμματεῖς καὶ οἱ πρεσβύτεροι συνήχθησαν.	Lk 22,54 **Συλλαβόντες** δὲ αὐτὸν ἤγαγον καὶ εἰσήγαγον εἰς τὴν οἰκίαν τοῦ ἀρχιερέως·
18,24 ἀπέστειλεν οὖν αὐτὸν ὁ Ἄννας δεδεμένον ***πρὸς Καϊάφαν τὸν ἀρχιερέα***.			

Auffallend ist der Rückgriff auf den Namen des Kaiphas bei Matthäus. Markus hatte die beiden Vorführungen Jesu vor Hannas und Kaiphas zu einer einzigen zusammengefasst und auf die Namen verzichtet. Matthäus greift den zweiten aber wichtigeren Namen des Kaiphas wieder auf.

● 16. Zweite und dritte Verleugnung des Petrus (C)

Joh18,25 Ἦν δὲ Σίμων Πέτρος ἑστὼς καὶ θερμαινόμενος. εἶπον οὖν αὐτῷ, Μὴ **καὶ σὺ ἐκ** τῶν μαθητῶν **αὐτοῦ εἶ;**	Mk 14,69 καὶ ἡ παιδίσκη ἰδοῦσα αὐτὸν ἤρξατο πάλιν λέγειν τοῖς παρεστῶσιν ὅτι Οὗτος ἐξ αὐτῶν ἐστιν.	Mt 26,71 ἐξελθόντα δὲ εἰς τὸν πυλῶνα εἶδεν αὐτὸν ἄλλη καὶ λέγει τοῖς ἐκεῖ, Οὗτος ἦν μετὰ Ἰησοῦ τοῦ Ναζωραίου.	Lk 22,58 καὶ μετὰ βραχὺ ἕτερος ἰδὼν αὐτὸν ἔφη, **Καὶ σὺ ἐξ αὐτῶν εἶ.**
ἠρνήσατο ἐκεῖνος καὶ εἶπεν, **Οὐκ εἰμί.**	14,70 ὁ δὲ πάλιν ἠρνεῖτο.	26,72 καὶ πάλιν **ἠρνήσατο** μετὰ ὅρκου ὅτι Οὐκ οἶδα τὸν ἄνθρωπον. 26,73	ὁ δὲ Πέτρος ἔφη, Ἄνθρωπε, **οὐκ εἰμί.**
	καὶ μετὰ μικρὸν πάλιν	μετὰ μικρὸν δὲ	22,59 καὶ διαστάσης ὡσεὶ ὥρας μιᾶς

18,26 λέγει **εἷς ἐκ τῶν δούλων** **τοῦ ἀρχιερέως,** **συγγενὴς ὢν οὗ** **ἀπέκοψεν Πέτρος** **τὸ ὠτίον,**	οἱ παρεστῶτες ἔλεγον τῷ Πέτρῳ,	προσελθόντες οἱ ἑστῶτες εἶπον τῷ Πέτρῳ,	**ἄλλος τις** διϊσχυρίζετο λέγων,
Οὐκ ἐγώ σε εἶδον ἐν τῷ κήπῳ **μετ' αὐτοῦ**;	Ἀληθῶς ἐξ αὐτῶν εἶ, καὶ γὰρ Γαλιλαῖος εἶ.	Ἀληθῶς ***καὶ σὺ ἐξ αὐτῶν εἶ,*** καὶ γὰρ ἡ λαλιά σου δῆλόν σε ποιεῖ.	Ἐπ' ἀληθείας καὶ οὗτος **μετ' αὐτοῦ** ἦν, καὶ γὰρ Γαλιλαῖός ἐστιν.
18,27 πάλιν οὖν ἠρνήσατο **Πέτρος**,	14,71 ὁ δὲ ἤρξατο ἀναθεματίζειν καὶ ὀμνύναι ὅτι Οὐκ οἶδα τὸν ἄνθρωπον τοῦτον ὃν λέγετε.	26,74 τότε ἤρξατο καταθεματίζειν καὶ ὀμνύειν ὅτι Οὐκ οἶδα τὸν ἄνθρωπον.	22,60 εἶπεν δὲ ὁ **Πέτρος**, Ἄνθρωπε, οὐκ οἶδα ὃ λέγεις.
καὶ **εὐθέως**	14,72 καὶ εὐθὺς **ἐκ δευτέρου**	καὶ **εὐθέως**	καὶ παραχρῆμα ἔτι λαλοῦντος αὐτοῦ
ἀλέκτωρ ἐφώνησεν.	ἀλέκτωρ ἐφώνησεν.	ἀλέκτωρ ἐφώνησεν.	ἐφώνησεν ἀλέκτωρ.

Die Rückgriffe der Großsynoptiker über Markus hinweg auf das Hellenistenbuch sind bei Lukas zahlreicher und deutlicher als bei Matthäus. Matthäus lehnt sich an die Formulierung „Auch du bist einer von seinen Jüngern" an, allerdings an versetzter Stelle. Lukas tut es hingegen an derselben Stelle – bei der ersten Verleugnung –, wo sie auch im Hellenistenbuch zu finden ist. Matthäus hat dann „er leugnete" mit dem Hellenistenbuch gemeinsam, Lukas die Antwort: „Ich bin es nicht". Den Sklaven des Hohenpriesters – einen Verwandten des Malchus – in der dritten Verleugnung hatte Markus zu mehreren „Dabeistehenden" verallgemeinert. Lukas macht daraus zumindest wieder „einen anderen". Außerdem nennt er Petrus hier wieder parallel zum Hellenistenbuch mit dem Namen. Beide Großsynoptiker lassen den Hahn wie schon das Hellenistenbuch nur einmal krähen. In der Formulierung folgt Matthäus dabei wörtlich dem Hellenistenbuch.

● 17. Jesus vor Pilatus (C)

	Mk 15,1 Καὶ εὐθὺς πρωῒ **συμβούλιον** ποιήσαντες οἱ ἀρχιερεῖς . . .,	Mt 27,1 Πρωΐας δὲ γενομένης **συμβούλιον** ἔλαβον πάντες οἱ ἀρχιερεῖς καὶ οἱ πρεσβύτεροι τοῦ λαοῦ κατὰ τοῦ Ἰησοῦ ***ὥστε*** ***θανατῶσαι αὐτόν***·	Lk 23,1

Joh 18,28 **Ἄγουσιν** οὖν τὸν Ἰησοῦν ἀπὸ τοῦ Καϊάφα εἰς τὸ πραιτώριον· ...	δήσαντες τὸν Ἰησοῦν ἀπήνεγκαν καὶ παρέδωκαν Πιλάτῳ.	27,2 καὶ δήσαντες αὐτὸν **ἀπήγαγον** καὶ παρέδωκαν Πιλάτῳ τῷ ἡγεμόνι.	Καὶ ἀναστὰν ἅπαν τὸ πλῆθος αὐτῶν **ἤγαγον** αὐτὸν ἐπὶ τὸν Πιλᾶτον.
18,29 ἐξῆλθεν οὖν ὁ Πιλᾶτος ἔξω πρὸς αὐτοὺς καὶ φησίν, **Τίνα κατηγορίαν φέρετε [κατὰ] τοῦ ἀνθρώπου τούτου;**			23,2 ἤρξαντο δὲ **κατηγορεῖν αὐτοῦ**
18,30 ἀπεκρίθησαν καὶ εἶπαν αὐτῷ,			λέγοντες,
Εἰ μὴ ἦν οὗτος κακὸν ποιῶν, οὐκ ἄν σοι παρεδώκαμεν αὐτόν.			Τοῦτον εὕραμεν διαστρέφοντα τὸ ἔθνος ἡμῶν καὶ κωλύοντα φόρους Καίσαρι διδόναι καὶ λέγοντα ἑαυτὸν Χριστὸν βασιλέα εἶναι.

Joh 18,31 εἶπεν οὖν αὐτοῖς ὁ Πιλᾶτος, Λάβετε αὐτὸν ὑμεῖς καὶ κατὰ τὸν νόμον ὑμῶν κρίνατε αὐτόν. ***εἶπον αὐτῷ οἱ Ἰουδαῖοι, Ἡμῖν οὐκ ἔξεστιν ἀποκτεῖναι οὐδένα·*** 18,32 ἵνα ὁ λόγος τοῦ Ἰησοῦ πληρωθῇ ὃν εἶπεν σημαίνων ποίῳ θανάτῳ ἤμελλεν ἀποθνῄσκειν

Möglicherweise hat die Stelle Joh 18,31 schon auf Markus gewirkt und ihn veranlasst, von einem „Plan“ zu sprechen (Mk 15,1), den die Hohenpriester fassten, als sie Jesus zu Pilatus brachten. Ihnen war es nicht erlaubt, die Todesstrafe zu vollstrecken, dafür sollte Pilatus in Dienst genommen werden. Matthäus verdeutlicht diesen Sachverhalt und setzt zu dem Plan hinzu: „um ihn zu töten“ (Mt 27,1).

Lukas übernimmt aus dem Hellenistenbuch das Motiv der „Anklage“. Beide Großsynoptiker stimmen überdies mit dem Hellenistenbuch gegen Markus in der Verwendung des Verbums ἄγειν überein.

● 18. Todesurteil (C)

Joh 18,38... Καὶ τοῦτο εἰπὼν πάλιν ἐξῆλθεν **πρὸς τοὺς Ἰουδαίους καὶ λέγει αὐτοῖς, Ἐγὼ οὐδεμίαν εὑρίσκω ἐν αὐτῷ αἰτίαν.**

Lk 23,4 ὁ δὲ Πιλᾶτος εἶπεν **πρὸς τοὺς ἀρχιερεῖς καὶ τοὺς ὄχλους, Οὐδὲν εὑρίσκω αἴτιον ἐν τῷ ἀνθρώπῳ τούτῳ.**

23,5 οἱ δὲ ἐπίσχυον λέγοντες ὅτι Ἀνασείει τὸν λαὸν διδάσκων καθ᾽ ὅλης τῆς Ἰουδαίας καὶ ἀρξάμενος ἀπὸ τῆς Γαλιλαίας ἕως ὧδε. ...

23,13 Πιλᾶτος δὲ συγκαλεσάμενος τοὺς ἀρχιερεῖς καὶ τοὺς ἄρχοντας καὶ τὸν λαὸν 23,14 εἶπεν πρὸς αὐτούς, . . . ἰδοὺ ἐγὼ ἐνώπιον ὑμῶν ἀνακρίνας ***οὐθὲν εὗρον ἐν τῷ ἀνθρώπῳ τούτῳ αἴτιον*** ὧν κατηγορεῖτε κατ᾽ αὐτοῦ.

18,39 ἔστιν δὲ **συνήθεια** ὑμῖν ἵνα ἕνα **ἀπολύσω** ὑμῖν ἐν τῷ πάσχα· βούλεσθε οὖν ἀπολύσω ὑμῖν τὸν βασιλέα τῶν Ἰουδαίων;

15,6 Κατὰ δὲ ἑορτὴν **ἀπέλυεν** αὐτοῖς ἕνα δέσμιον ὃν παρῃτοῦντο. 15,7 ἦν δὲ ὁ λεγόμενος Βαραββᾶς μετὰ τῶν στασιαστῶν δεδεμένος οἵτινες ἐν τῇ στάσει φόνον πεποιήκεισαν. 15,8 καὶ ἀναβὰς ὁ ὄχλος ἤρξατο αἰτεῖσθαι καθὼς ἐποίει αὐτοῖς.

27,15 Κατὰ δὲ ἑορτὴν **εἰώθει** ὁ ἡγεμὼν **ἀπολύειν** ἕνα τῷ ὄχλῳ δέσμιον ὃν ἤθελον. 27,16 εἶχον δὲ τότε δέσμιον ἐπίσημον λεγόμενον [Ἰησοῦν] Βαραββᾶν.

	15,9 ὁ δὲ Πιλᾶτος ἀπεκρίθη αὐτοῖς λέγων, Θέλετε ἀπολύσω ὑμῖν τὸν βασιλέα τῶν Ἰουδαίων;	27,17 συνηγμένων οὖν αὐτῶν εἶπεν αὐτοῖς ὁ Πιλᾶτος, Τίνα θέλετε ἀπολύσω ὑμῖν, [Ἰησοῦν τὸν] Βαραββᾶν ἢ Ἰησοῦν τὸν λεγόμενον Χριστόν;	
18,40 **ἐκραύγασαν οὖν πάλιν λέγοντες, Μὴ τοῦτον** ἀλλὰ τὸν Βαραββᾶν. ἦν δὲ ὁ Βαραββᾶς λῃστής.	15,10 ἐγίνωσκεν γὰρ ὅτι διὰ φθόνον παραδεδώκεισαν αὐτὸν οἱ ἀρχιερεῖς.	27,18 ᾔδει γὰρ ὅτι διὰ φθόνον παρέδωκαν αὐτόν.	23,15 ἀλλʼ οὐδὲ Ἡρῴδης, ἀνέπεμψεν γὰρ αὐτὸν πρὸς ἡμᾶς, καὶ ἰδοὺ οὐδὲν ἄξιον θανάτου ἐστὶν πεπραγμένον αὐτῷ· 23,16 παιδεύσας οὖν αὐτὸν ἀπολύσω.
19,13 Ὁ οὖν Πιλᾶτος ἀκούσας τῶν λόγων τούτων ἤγαγεν ἔξω τὸν Ἰησοῦν καὶ **ἐκάθισεν ἐπὶ βήματος** εἰς τόπον λεγόμενον Λιθόστρωτον, Ἑβραϊστὶ δὲ Γαββαθα.		**27,19 Καθημένου δὲ αὐτοῦ ἐπὶ τοῦ βήματος** ἀπέστειλεν πρὸς αὐτὸν ἡ γυνὴ αὐτοῦ λέγουσα, Μηδὲν σοὶ καὶ τῷ δικαίῳ ἐκείνῳ . . .	. . .
19,15 ἐκραύγασαν οὖν ἐκεῖνοι, **Ἆρον ἆρον, σταύρωσον αὐτόν.**	15,11 οἱ δὲ ἀρχιερεῖς ἀνέσεισαν τὸν ὄχλον ἵνα μᾶλλον τὸν Βαραββᾶν ἀπολύσῃ αὐτοῖς.	27,21 ἀποκριθεὶς δὲ ὁ ἡγεμὼν εἶπεν αὐτοῖς, Τίνα θέλετε ἀπὸ τῶν δύο ἀπολύσω ὑμῖν; οἱ δὲ εἶπαν, Τὸν Βαραββᾶν.	**23,18 ἀνέκραγον δὲ παμπληθεὶ λέγοντες, Αἶρε τοῦτον,** ἀπόλυσον δὲ ἡμῖν τὸν Βαραββᾶν·

Lukas greift aus dem Hellenistenbuch die Unschuldsfeststellung durch Pilatus auf, die bei Markus fehlt (Joh 18,38 ‖ Lk 23,4). Im Hellenistenbuch wird sie später noch einmal wiederholt, Lukas wiederholt sie noch zweimal wörtlich (23,14.22; siehe unten!) und dazwischen auch noch sinngemäß im Hinblick auf die von ihm eingefügte Befragung durch Herodes Antipas. Lukas folgt dem Hellenistenbuch auch im Wortlaut des Verurteilungsrufes durch die unbestimmte Menge (23,18). Evident sind die parallelen Ausdrücke ἐκραύγασαν / ἀνέκραγον und Ἆρον ἆρον / Αἶρε. Die Bemerkung des Markus, dass die Hohenpriester das Volk aufwiegelten (Mk 15,11 ‖ Mt 27,20) lässt Lukas nach dem Muster des Hellenistenbuches weg. Im weiteren Textverlauf wird er sich noch stärker an das Hellenistenbuch anlehnen.

Matthäus übernimmt dagegen aus dem Hellenistenbuch über Markus hinaus die Notiz über die gewohnheitsmäßige Freilassung eines Häftlings zu Ostern bzw. am Fest (Mt 27,15). Ebenso übernimmt er das Motiv, dass Pilatus sich auf den Richterstuhl setzt, um das Urteil zu verkünden (27,19).

Joh 19,4 Καὶ ἐξῆλθεν **πάλιν** ἔξω **ὁ Πιλᾶτος** καὶ λέγει αὐτοῖς, Ἴδε ἄγω ὑμῖν αὐτὸν ἔξω, ἵνα γνῶτε ὅτι ***οὐδεμίαν αἰτίαν εὑρίσκω ἐν αὐτῷ***.	Mk 15,12 ὁ δὲ Πιλᾶτος πάλιν ἀποκριθεὶς ἔλεγεν αὐτοῖς, Τί οὖν [θέλετε] ποιήσω [ὃν λέγετε] τὸν βασιλέα τῶν Ἰουδαίων;	Lk 23,20 **πάλιν** δὲ ***ὁ Πιλᾶτος*** προσεφώνησεν αὐτοῖς ***θέλων ἀπολῦσαι τὸν Ἰησοῦν.***
19,6 ὅτε οὖν εἶδον αὐτὸν οἱ ἀρχιερεῖς καὶ οἱ ὑπηρέται ἐκραύγασαν **λέγοντες, Σταύρωσον σταύρωσον.**	15,13 οἱ δὲ πάλιν ἔκραξαν, Σταύρωσον αὐτόν.	23,21 οἱ δὲ ἐπεφώνουν **λέγοντες, Σταύρου σταύρου** αὐτόν.
λέγει αὐτοῖς ὁ Πιλᾶτος, Λάβετε αὐτὸν ὑμεῖς καὶ σταυρώσατε· **ἐγὼ γὰρ οὐχ εὑρίσκω ἐν αὐτῷ αἰτίαν**. 19,7 . . .	15,14 ὁ δὲ Πιλᾶτος ἔλεγεν αὐτοῖς, Τί γὰρ ἐποίησεν κακόν;	23,22 ὁ δὲ τρίτον εἶπεν πρὸς αὐτούς, Τί γὰρ κακὸν ἐποίησεν οὗτος; **οὐδὲν αἴτιον θανάτου εὗρον ἐν αὐτῷ·**
Joh 19,8 Ὅτε οὖν ἤκουσεν ***ὁ Πιλᾶτος*** τοῦτον τὸν λόγον, μᾶλλον ἐφοβήθη, 19,9 καὶ εἰσῆλθεν εἰς τὸ πραιτώριον ***πάλιν*** καὶ λέγει τῷ Ἰησοῦ, Πόθεν εἶ σύ; . . . 19,12 ἐκ τούτου ***ὁ Πιλᾶτος ἐζήτει ἀπολῦσαι αὐτόν·***		παιδεύσας οὖν αὐτὸν **ἀπολύσω**.
οἱ δὲ Ἰουδαῖοι ἐκραύγασαν ***λέγοντες,*** Ἐὰν τοῦτον ἀπολύσῃς, οὐκ εἶ φίλος τοῦ Καίσαρος· πᾶς ὁ βασιλέα ἑαυτὸν ποιῶν ἀντιλέγει τῷ Καίσαρι.	οἱ δὲ περισσῶς ἔκραξαν, Σταύρωσον αὐτόν.	23,23 οἱ δὲ ἐπέκειντο φωναῖς μεγάλαις αἰτούμενοι αὐτὸν σταυρωθῆναι, καὶ κατίσχυον αἱ φωναὶ αὐτῶν.

Matthäus folgt nun ganz Markus und fügt nur die Händewaschung des Pilatus hinzu. Er braucht daher hier nicht mehr eigens ausgewiesen zu werden.

Schon Markus hatte die beiden Phasen der Verhandlung vor Pilatus Joh 19,4ff und Joh 19,8ff zu einer einzigen Mk 15,12 zusammengezogen. Lukas holt zusätzlich die Feststellung, dass Pilatus Jesus freilassen wollte, vom Beginn der zweiten Phase (Joh 19,12) an den Anfang (Lk 23,20). Den Kreuzigungsruf bringt er im Gegensatz zu Markus ebenso wie das Hellenistenbuch in doppelter Form: „Kreuzige, kreuzige!“ Die Unschuldsaussage des Pilatus „Ich finde keine Schuld an ihm“ (Joh 19,6) schwächt Markus zur Frage ab: „Was hat er denn Böses getan?“ (Mk 15,14). Lukas addiert nun die beiden Formen des Pilatuswortes aus dem Hellenistenbuch und dem Markusevangelium und stellt sie hintereinander: „Was hat denn dieser Böses getan? Ich finde keine Schuld an ihm (Lk 23,22).

Markus 15,15 und Matthäus 27,26 bringen anschließend die Freilassung des Barabbas, die Geißelung Jesu und seine Übergabe zur Kreuzigung. Statt der Geißelung und Übergabe zur Kreuzigung schreibt Lukas „Er übergab sie ihrem Willen“ (23,24). Bei Markus und Matthäus folgt dann die Bekleidung mit dem Pupurmantel und die Dornenkrönung. Im Hellenistenbuch stand die Geißelung, Dornenkrönung und Bekleidung mit dem Purpurmantel, gefolgt von der „Ecce homo“-Szene, vor der Verhandlung vor Pilatus.

Joh 19,1 Τότε οὖν ἔλαβεν ὁ Πιλᾶτος τὸν Ἰησοῦν καὶ ἐμαστίγωσεν. 19,2 **καὶ οἱ στρατιῶται**	Mk 15,16 **Οἱ δὲ στρατιῶται** . . . 15,17 καὶ ἐνδιδύσκουσιν αὐτὸν πορφύραν καὶ περιτιθέασιν αὐτῷ	Mt 27,27 Τότε **οἱ στρατιῶται** . . . 27,28 καὶ ἐκδύσαντες αὐτὸν χλαμύδα κοκκίνην περιέθηκαν αὐτῷ, 27,29 καὶ
πλέξαντες στέφανον ἐξ ἀκανθῶν ἐπέθηκαν αὐτοῦ τῇ κεφαλῇ, καὶ ἱμάτιον πορφυροῦν περιέβαλον αὐτόν.	**πλέξαντες ἀκάνθινον στέφανον·**	**πλέξαντες στέφανον ἐξ ἀκανθῶν ἐπέθηκαν ἐπὶ τῆς κεφαλῆς αὐτοῦ** καὶ κάλαμον ἐν τῇ δεξιᾷ αὐτοῦ,

Markus hatte die Dornenkrönung hinter die Bekleidung mit dem Purpurmantel gestellt. Darin folgt ihm auch Matthäus. Matthäus bringt aber aus dem Hellenistenbuch den Zusatz: „(und sie) setzten (sie ihm) auf das Haupt.“

● 19. Kreuzigung (C)

Joh 19,17: καὶ **βαστάζων** ἑαυτῷ τὸν σταυρὸν ἐξῆλθεν	Mk 15,16–21: Verspottung und Simon von Cyrene. 15,22 καὶ φέρουσιν αὐτὸν	Lk 23,26–31: Simon von Cyrene und die weinenden Frauen. 23,32 Ἤγοντο δὲ καὶ ἕτεροι κακοῦργοι δύο σὺν αὐτῷ ἀναιρεθῆναι. 23,33 καὶ ὅτε ἦλθον

εἰς **τὸν λεγόμενον Κρανίου Τόπον**, ὃ λέγεται Ἑβραϊστὶ Γολγοθᾶ,	ἐπὶ τὸν Γολγοθᾶν τόπον, ὅ ἐστιν μεθερμηνευόμενον Κρανίου Τόπος.	ἐπὶ **τὸν τόπον τὸν καλούμενον Κρανίον**,
19,18 ὅπου αὐτὸν ἐσταύρωσαν **καὶ μετ' αὐτοῦ ἄλλους δύο ἐντεῦθεν καὶ ἐντεῦθεν, μέσον δὲ τὸν Ἰησοῦν.**		ἐκεῖ ἐσταύρωσαν αὐτὸν **καὶ τοὺς κακούργους, ὃν μὲν ἐκ δεξιῶν ὃν δὲ ἐξ ἀριστερῶν.**
Joh 19,19 ἔγραψεν δὲ καὶ τίτλον ὁ Πιλᾶτος καὶ ἔθηκεν ἐπὶ τοῦ σταυροῦ· ἦν δὲ γεγραμμένον, Ἰησοῦς ὁ Ναζωραῖος ὁ βασιλεὺς τῶν Ἰουδαίων . . . (über den Titel) 19,23 Οἱ οὖν στρατιῶται ὅτε ἐσταύρωσαν τὸν Ἰησοῦν, ἔλαβον τὰ ἱμάτια αὐτοῦ καὶ ἐποίησαν τέσσαρα μέρη, . . . ἵνα ἡ γραφὴ πληρωθῇ [ἡ λέγουσα],Διεμερίσαντο τὰ ἱμάτιά μου ἑαυτοῖςκαὶ ἐπὶ τὸν ἱματισμόν μου **ἔβαλον κλῆρον**.	Mk 15,23 καὶ ἐδίδουν αὐτῷ ***ἐσμυρνισμένον οἶνον***· ὃς δὲ οὐκ ἔλαβεν. 15,24 καὶ σταυροῦσιν αὐτὸν καὶ διαμερίζονται τὰ ἱμάτια αὐτοῦ, βάλλοντες **κλῆρον** ἐπ' αὐτὰ **τίς τί ἄρῃ.** 15,25 ἦν δὲ ὥρα τρίτη καὶ ἐσταύρωσαν αὐτόν. 15,26 καὶ ἦν ἡ ἐπιγραφὴ τῆς αἰτίας αὐτοῦ ἐπιγεγραμμένη, Ὁ βασιλεὺς τῶν Ἰουδαίων. 15,27 Καὶ σὺν αὐτῷ σταυροῦσιν **δύο λῃστάς, ἕνα ἐκ δεξιῶν καὶ ἕνα ἐξ εὐωνύμων** αὐτοῦ.	Lk 23,34 . . . διαμεριζό– μενοι δὲ τὰ ἱμάτια αὐτοῦ **ἔβαλον κλήρους.** 23,35 καὶ εἱστήκει ὁ λαὸς θεωρῶν. ἐξεμυκτήριζον δὲ καὶ οἱ ἄρχοντες λέγοντες, Ἄλλους ἔσωσεν, σωσάτω ἑαυτόν, εἰ οὗτός ἐστιν ὁ Χριστὸς τοῦ θεοῦ ὁ ἐκλεκτός. ***23,36 ἐνέπαιξαν δὲ αὐτῷ καὶ οἱ στρατιῶται προσερχόμενοι, ὄξος προσφέροντες αὐτῷ*** 23,37 καὶ λέγοντες, Εἰ σὺ εἶ ὁ βασιλεὺς τῶν Ἰουδαίων, σῶσον σεαυτόν. 23,38 ἦν δὲ καὶ ἐπιγραφὴ ἐπ' αὐτῷ, Ὁ βασιλεὺς τῶν Ἰουδαίων οὗτος.

So wie das Hellenistenbuch bringt auch Lukas die Bemerkung über die beiden Mitgekreuzigten gleich zusammen mit der Mitteilung über den Weg auf den Golgotha und die Kreuzigung. Markus hatte vor der Kreuzigung die Verlosung des Gewandes und nach der Kreuzigung die Darreichung von mit Myrrhe vermischtem Wein und den Kreuzestitel eingeschoben. Lukas bringt die Verlosung des Gewandes und den Kreuzestitel wie das Hellenistenbuch erst nach der Mitteilung über die Kreuzigung Jesu und der beiden Schächer. Bei der Abfolge von Verlosung und Kreuzestitel übernimmt er aber entgegen dem Hellenistenbuch die Anordnung des Markus. Dazwischen schiebt er dann anstelle des mit Myrrhe vermischten Weines, den Markus davor eingefügt hatte, den Essig, den er später, beim Tod Jesu aus Gründen der Dezenz weglassen wird. Lukas hat vermutlich die Darreichung von Wein mit Myrrhe und dann von Essig als Dubletten betrachtet und auf ein Ereignis reduziert. Im Wortlaut zeigt Lukas bemerkenswerte Parallelen zum Hellenistenbuch. Bei der Erwähnung des Golgotha nennt das Hellenistenbuch zuerst die griechische Bezeichnung „Kranion“ und bringt dann erst die aramäische Entsprechung Golgotha. Lukas beschränkt sich überhaupt auf die griechische Bezeichnung, während Markus den aramäischen Begriff vorangestellt hat. Bei der Verlosung des Gewandes wählt Lukas parallel zum Hellenistenbuch die Ausdrucksweise „sie warfen das Los“. Markus hatte hingegen das Partizipium verwendet und hinzugefügt „darüber, wer was nehmen soll“. Lukas lässt diese Ergänzung im Gegensatz zu Markus und Matthäus wieder weg. Durch Kürzungen des Traditionsstoffes einerseits, und durch verschiedene eigene Ergänzungen erweist sich Lukas allerdings als selbständiger Schriftsteller.

● 20. Frauen unter dem Kreuz (B)

			Lk 23,48 καὶ πάντες ... θεωρήσαντες τὰ γενόμενα, . . . ὑπέστρεφον. 23,49
Joh 19,25 **εἱστήκεισαν δὲ** παρὰ τῷ σταυρῷ τοῦ Ἰησοῦ	Mk 15,40 Ἦσαν δὲ	Mt 27,55 Ἦσαν δὲ ἐκεῖ	**εἱστήκεισαν δὲ** πάντες οἱ γνωστοὶ αὐτῷ
	καὶ γυναῖκες ἀπὸ μακρόθεν θεωροῦσαι,	γυναῖκες ***πολλαὶ*** ἀπὸ μακρόθεν θεωροῦσαι,	ἀπὸ μακρόθεν καὶ γυναῖκες
ἡ μήτηρ αὐτοῦ καὶ ἡ ἀδελφὴ τῆς μητρὸς αὐτοῦ,		αἵτινες ***ἠκολούθησαν*** τῷ Ἰησοῦ ἀπὸ τῆς Γαλιλαίας διακονοῦσαι αὐτῷ·	αἱ ***συν-ακολουθοῦσαι*** αὐτῷ ἀπὸ τῆς Γαλιλαίας, ὁρῶσαι ταῦτα.
Μαρία ***ἡ τοῦ Κλωπᾶ*** **καὶ Μαρία** ἡ **Μαγδαληνή.**	ἐν αἷς **καὶ Μαρία** ἡ **Μαγδαληνὴ** καὶ **Μαρία** ἡ Ἰακώβου τοῦ μικροῦ καὶ Ἰωσῆτος μήτηρ καὶ Σαλώμη,	27,56 ἐν αἷς ἦν **Μαρία** ἡ **Μαγδαληνὴ** καὶ **Μαρία** ἡ τοῦ Ἰακώβου καὶ Ἰωσὴφ μήτηρ καὶ ἡ μήτηρ τῶν υἱῶν Ζεβεδαίου.	24,18 ἀποκριθεὶς δὲ **εἷς ὀνόματι Κλεοπᾶς** εἶπεν πρὸς αὐτόν, Σὺ μόνος παροικεῖς Ἰερουσαλὴμ καὶ οὐκ ἔγνως . . . ;
19,26 Ἰησοῦς οὖν ἰδὼν τὴν μητέρα καὶ τὸν μαθητὴν παρεστῶτα ὃν ἠγάπα, λέγει τῇ μητρί,Γύναι, ἴδε ὁ υἱός σου.	15,41 αἳ ὅτε ἦν ἐν τῇ Γαλιλαίᾳ ***ἠκολούθουν*** αὐτῷ καὶ διηκόνουν αὐτῷ, ***καὶ ἄλλαι πολλαὶ*** αἱ συναναβᾶσαι αὐτῷ εἰς Ἱεροσόλυμα.		24,22 ἀλλὰ καὶ **γυναῖκές τινες ἐξ ἡμῶν** ἐξέστησαν ἡμᾶς· γενόμεναι ὀρθριναὶ ἐπὶ τὸ μνημεῖον . . .

Matthäus folgt ganz Markus, wobei er nur dessen abschließende Bemerkung, dass auch noch viele andere Frauen dabei gewesen seien, mit dem Adjektiv pollaiv zusammenfassend vorzieht. Lukas greift einerseits mit der Einleitung „Es standen aber dabei . . .“ auf das Hellenistenbuch zurück, andererseits verallgemeinert er, indem er nicht nur von einer unbestimmten Mehrzahl von Frauen spricht, sondern zuvor schon von „(Menschen)massen“ und „Bekannten“. In den Kürzungen hält er sich zunächst an Matthäus.

Die im Hellenistenbuch und bei Markus/Matthäus divergierenden Informationen lässt Lukas einfach weg und verzichtet überhaupt auf die Nennung von Namen bestimmter Frauen. Im Gegensatz zu Markus und Matthäus scheint er aber der Nennung der Mutter Jesu im Hellenistenbuch doch Beachtung zu schenken, wenn er in seiner Vorgeschichte mit der Prophezeiung des greisen Simeon „Deine Seele wird ein Schwert durchbohren.“ (Lk 1,35) auf ihren zukünftigen Schmerz anspielt.

Ob die maskulinen „Bekannten“ bei Lukas und der „Jünger, den Jesus liebte“ in einer wie immer gearteten literarischen Beziehung stehen, kann erwogen werden, einen Anhaltspunkt dafür gibt es kaum. Eine deutliche Beziehung besteht hingegen zwischen der Frau des Klopas im Hellenistenbuch und dem Kloepas des Lukas, einem der beiden Emmausjünger, die von der Kreuzigung Jesu und von der Entdeckung des Leeren Grabes durch „einige von den Frauen bei uns“ berichten (Lk 24,22).

● 21. Der Tod Jesu (A)

ἵνα τελειωθῇ ἡ			Lk 23
γραφή, λέγει,			
Διψῶ. Joh 19,29		Mt 27,48 καὶ εὐ–	
σκεῦος ἔκειτο		θέως δραμὼν εἷς	23,36 ἐνέπαιξαν
ὄξους μεστόν·	Mk 15,36 δραμὼν	ἐξ αὐτῶν καὶ	δὲ αὐτῷ καὶ
σπόγγον οὖν	δέ τις [καὶ] γεμίσας	λαβὼν σπόγγον	οἱ στρατιῶται
μεστὸν τοῦ	σπόγγον	πλήσας τε	προσερχόμενοι,
ὄξους	**ὄξους**	**ὄξους** καὶ	**ὄξος**
ὑσσώπῳ	περιθεὶς καλάμῳ	περιθεὶς καλάμῳ	
περιθέντες	ἐπότιζεν αὐτόν	ἐπότιζεν αὐτόν.	**προσφέροντες**
προσήνεγκαν			**αὐτῷ**
αὐτοῦ τῷ στόματι.			
19,30 ὅτε οὖν	λέγων,	27,49 οἱ δὲ λοιποὶ	23,46 καὶ
ἔλαβεν τὸ ὄξος	῎Αφετε ἴδωμεν	ἔλεγον,	φωνήσας
	εἰ ἔρχεται Ἠλίας	῎Αφες ἴδωμεν	φωνῇ μεγάλῃ
	καθελεῖν αὐτόν.	εἰ ἔρχεται Ἠλίας	
		σώσων αὐτόν.	
[ὁ] Ἰησοῦς	15,37 ὁ δὲ Ἰησοῦς	27,50 ὁ δὲ Ἰησοῦς	ὁ Ἰησοῦς
εἶπεν,	ἀφεὶς	πάλιν κράξας	εἶπεν,
	φωνὴν μεγάλην	φωνῇ μεγάλῃ	Πάτερ,
Τετέλεσται,			εἰς χεῖράς σου
καὶ κλίνας			**παρ**ατίθεμαι
τὴν κεφαλὴν			**τὸ πνεῦμά** μου.
παρέδωκεν		ἀφῆκεν	τοῦτο δὲ εἰπὼν
τὸ πνεῦμα.	***ἐξέπνευσεν***.	**τὸ πνεῦμα.**	***ἐξέπνευσεν***.

Lukas lässt den markinischen Ruf des Gekreuzigten „Mein Gott, mein Gott, warum hast du mich verlassen?“, den auch das Hellenistenbuch nicht kennt, samt allen daran anschließenden Diskussionen wieder weg.

Bei der Darreichung des Essigs gebraucht er im Gegensatz zu Markus und Matthäus dasselbe Verbum wie das Hellenistenbuch: προσφέρειν. Im Ausdruck für den Tod Jesu greifen beide Großsynoptiker über Markus hinweg auf das Hellenistenbuch zurück. Lukas zeigt, dass er mit beiden Quellen gleichermaßen vertraut ist. Er addiert die beiden Ausdrucksweisen des Hellenistenbuches und des Markusevangeliums, wobei er dem Hellenistenbuch übrigens weitergehend folgt als Matthäus.

● 22. Begräbnis (C)

Joh 19,38 Μετὰ δὲ ταῦτα ἠρώτησεν *τὸν Πιλᾶτον*	Mk 15,42 Καὶ ἤδη ὀψίας γενομένης, ἐπεὶ ἦν παρασκευή ὅ ἐστιν προσάββατον,	Mt 27,57 Ὀψίας δὲ γενομένης	Lk 23,50 Καὶ ἰδοὺ
	15,43 ἐλθὼν	ἦλθεν ἄνθρωπος	ἀνὴρ
Ἰωσὴφ [ὁ] ἀπὸ Ἁριμαθαίας,	Ἰωσὴφ [ὁ] ἀπὸ Ἁριμαθαίας	πλούσιος ἀπὸ Ἁριμαθαίας,	
	εὐσχήμων **βουλευτής**,	τοὔνομα Ἰωσήφ,	ὀνόματι Ἰωσὴφ **βουλευτὴς** ὑπάρχων [καὶ] ἀνὴρ ἀγαθὸς καὶ δίκαιος 23,51 – οὗτος οὐκ ἦν συγκατατεθειμένος τῇ βουλῇ καὶ τῇ πράξει αὐτῶν – ἀπὸ Ἁριμαθαίας πόλεως τῶν Ἰουδαίων,
	ὃς καὶ αὐτὸς ἦν **προσδεχόμενος τὴν βασιλείαν τοῦ θεοῦ,**		**ὃς προσεδέχετο τὴν βασιλείαν τοῦ θεοῦ,**
ὢν **μαθητὴς τοῦ Ἰησοῦ** κεκρυμμένος δὲ διὰ τὸν φόβον τῶν Ἰουδαίων,		ὃς καὶ αὐτὸς **ἐμαθητεύθη τῷ Ἰησοῦ·**	
	τολμήσας εἰσῆλθεν πρὸς τὸν Πιλᾶτον	27,58 οὗτος προσελθὼν τῷ Πιλάτῳ	23,52 οὗτος προσελθὼν τῷ Πιλάτω

ἵνα ἄρῃ τὸ σῶμα τοῦ Ἰησοῦ·	καὶ ᾐτήσατο τὸ σῶμα τοῦ Ἰησοῦ.	ᾐτήσατο τὸ σῶμα τοῦ Ἰησοῦ.	ᾐτήσατο τὸ σῶμα τοῦ Ἰησοῦ
καὶ ἐπέτρεψεν ὁ Πιλᾶτος. ἦλθεν οὖν καὶ ἦρεν τὸ σῶμα αὐτοῦ.	15,44 ὁ δὲ Πιλᾶτος ἐθαύμασεν εἰ ἤδη τέθνηκεν καὶ προσκαλεσάμενος τὸν κεντυρίωνα ἐπηρώτησεν αὐτὸν εἰ πάλαι ἀπέθανεν· 15,45 καὶ γνοὺς ἀπὸ τοῦ κεντυρίωνος ἐδωρήσατο τὸ πτῶμα τῷ Ἰωσήφ.	τότε **ὁ Πιλᾶτος ἐκέλευσεν** ἀποδοθῆναι.	
*19.39 ἦλθεν δὲ καὶ **Νικόδημος**, ὁ ἐλθὼν πρὸς αὐτὸν νυκτὸς τὸ πρῶτον, φέρων μίγμα **σμύρνης καὶ ἀλόης** ὡς λίτρας ἑκατόν.*			
19,40 **ἔλαβον οὖν τὸ σῶμα** τοῦ Ἰησοῦ καὶ ἔδησαν αὐτὸ ὀθονίοις μετὰ τῶν ***ἀρωμάτων***, καθὼς ἔθος ἐστὶν τοῖς Ἰουδαίοις ἐνταφιάζειν.	15,46 καὶ ἀγοράσας σινδόνα καθελὼν αὐτὸν ἐνείλησεν τῇ σινδόνι	27,59 καὶ **λαβὼν τὸ σῶμα** ὁ Ἰωσὴφ ἐνετύλιξεν αὐτὸ [ἐν] σινδόνι καθαρᾷ	23,53 καὶ καθελὼν ἐνετύλιξεν αὐτὸ σινδόνι καὶ
19,41 ἦν δὲ ἐν τῷ τόπῳ ὅπου ἐσταυρώθη κῆπος, καὶ ἐν τῷ κήπῳ μνημεῖον **καινὸν ἐν ᾧ οὐδέπω οὐδεὶς ἦν τεθειμένος**· 19,42 ἐκεῖ οὖν **διὰ τὴν παρασκευὴν τῶν Ἰουδαίων**, ὅτι ἐγγὺς ἦν τὸ μνημεῖον, ἔθηκαν τὸν Ἰησοῦν.	καὶ ἔθηκεν αὐτὸν ἐν μνημείῳ ὃ ἦν λελατομημένον ἐκ πέτρας	27,60 καὶ ἔθηκεν αὐτὸ ἐν τῷ **καινῷ** αὐτοῦ μνημείῳ ὃ ἐλατόμησεν ἐν τῇ πέτρᾳ	ἔθηκεν αὐτὸν ἐν μνήματι λαξευτῷ **οὗ οὐκ ἦν οὐδεὶς οὔπω κείμενος.** 23,54 **καὶ ἡμέρα ἦν παρασκευῆς καὶ σάββατον ἐπέφωσκεν.**

καὶ προσεκύλισεν λίθον ἐπὶ τὴν θύραν τοῦ μνημείου.	καὶ προσκυλίσας λίθον μέγαν τῇ θύρᾳ τοῦ μνημείου ἀπῆλθεν.	
Mk 16,1 Καὶ διαγενομένου τοῦ σαββάτου Μαρία ἡ Μαγδαληνὴ καὶ Μαρία ἡ [τοῦ] Ἰακώβου καὶ Σαλώμη ἠγόρασαν ***ἀρώματα*** ἵνα ἐλθοῦσαι ἀλείψωσιν αὐτόν.		*23,55 Κατακολου- θήσασαι δὲ αἱ* ***γυναῖκες****, αἵτινες ἦσαν συνεληλυ- θυῖαι ἐκ τῆς Γαλι- λαίας αὐτῷ, ἐθεά- σαντο τὸ μνημεῖον καὶ ὡς ἐτέθη τὸ σῶμα αὐτοῦ, 23,56 ὑποστρέψασαι δὲ ἡτοίμασαν* ***ἀρώματα καὶ μύρα.***

Die beiden Großsynoptiker greifen unterschiedlich auf Markus und auf das Hellenistenbuch zurück. Interessanterweise folgt Matthäus stärker dem Hellenistenbuch: Er übernimmt von dort die Charakterisierung des Josef von Arimathäa als „Schüler Jesu“ (Joh 19,38 ‖ Mt 27,57), die Wendung des „Nehmens und Bindens des Leibes Jesu“ (Joh 19,40 ‖ Mt 27,59) und die Bezeichnung des Grabes Jesu als „neu“ (Joh 19,41 ‖ Mt 27,60). Lukas hält sich dagegen mehr an Markus. Die Figur des Nikodemus haben Matthäus und Lukas nach dem Beispiel des Markus weggelassen, seine Integration in die Figur des Joseph von Arimathäa hat aber nur Matthäus von Markus übernommen. Dem Hellenistenbuch folgt Lukas aber in der Bemerkung, dass in das Grab noch niemand gelegt worden war (Joh 19,41 ‖ Lk 23,53). Auch die markinische Bemerkung über den Grabstein lässt er im Gegensatz zu Matthäus wieder weg. Weder Matthäus noch Lukas folgt dem Markus in der umständlichen Nachforschung des Pilatus, ob Jesus wirklich schon tot sei, mit der Markus den weggelassenen Lanzenstich suppliert hat. Die „riechenden Salben“ des Nikodemus hat schon Markus auf die Frauen am Grab übertragen. Lukas hat zusätzlich die Myrrhe übernommen (Joh 19,39.40 ‖ Lk 19,56).

● 23. Maria Magdalena vor dem offenen Grab (A)

Mk 16,1 Καὶ διαγενο-
μένου τοῦ σαββάτου
Μαρία ἡ Μαγδαληνὴ καὶ
Μαρία ἡ [τοῦ] Ἰακώβου
καὶ Σαλώμη ἠγόρασαν
ἀρώματα ἵνα ἐλθοῦσαι
ἀλείψωσιν αὐτόν.

Joh 20,1 **Τῇ δὲ μιᾷ τῶν σαββάτων** Μαρία ἡ Μαγδαληνὴ	16,2 καὶ ***λίαν πρωῒ*** **τῇ μιᾷ τῶν σαββάτων**	Lk 24,1 **τῇ δὲ μιᾷ τῶν σαββάτων ὄρθρου βαθέως**
ἔρχεται πρωῒ σκοτίας ἔτι οὔσης **εἰς τὸ μνημεῖον**	**ἔρχονται ἐπὶ τὸ μνημεῖον** ***ἀνατείλαντος τοῦ ἡλίου.*** 16,3 καὶ ἔλεγον πρὸς ἑαυτάς, Τίς ἀποκυλίσει ἡμῖν **τὸν λίθον ἐκ τῆς θύρας τοῦ μνημείου**; 16,4 καὶ ἀναβλέψασαι θεωροῦσιν ὅτι	**ἐπὶ τὸ μνῆμα** ***ἦλθον*** φέρουσαι ἃ ἡτοίμασαν ***ἀρώματα.***
καὶ βλέπει **τὸν λίθον ἠρμένον ἐκ τοῦ μνημείου.**	**ἀποκεκύλισται ὁ λίθος**· ἦν γὰρ μέγας σφόδρα.	24,2 εὗρον δὲ **τὸν λίθον ἀποκεκυλισμένον ἀπὸ τοῦ μνημείου,**

Vorweg muss gesagt werden, dass die synoptische Vorstellung, Frauen würden ein bereits geschlossenes Grab aufsuchen, um es wieder zu öffnen und hineinzuschauen, sehr unwahrscheinlich ist, schon gar, dass sie den bestatteten Leichnam nochmals behandeln wollen. Dazu muss man sich die strengen Reinheitsvorschriften im Judentum vor Augen halten und das Tabu der Totenruhe. Nur die Darstellung des Hellenistenbuches ist wirklich realistisch. Maria Magdalena kommt im Morgengrauen zum Grab, wahrscheinlich um dort in stiller Andacht zu verweilen, und findet es zu ihrem Erschrecken offen. Ursprünglich hat hier Joh 20,11 angeschlossen. Maria bleibt zunächst weinend vor dem Grab stehen, (beugt sich dann hinein und sieht zwei Engel, dort wo Jesus lag,) dreht sich um und sieht Jesus als Gärtner. Dazwischen schiebt sich jetzt die Geschichte vom Grablauf der Jünger, die damit noch vor Maria als die ersten Zeugen des leeren Grabes dargestellt werden sollen.

● 24. Petrus und der/die andere/n Jünger im Grab Scheinbar gegenläufige Abhängigkeit (B)

Johannesevangelium ←	← Hellenistenbuch nach petrinischer Bearbeitung	➔ kürzerer Markusschluss und Lukas
Joh 20,1 ... Μαρία ἡ Μαγδαληνὴ ... 20,2 τρέχει οὖν καὶ ἔρχεται πρὸς Σίμωνα Πέτρον καὶ πρὸς τὸν ἄλλον μαθητὴν **ὃν ἐφίλει ὁ Ἰησοῦς** καὶ λέγει αὐτοῖς, Ἦραν τὸν κύριον ἐκ τοῦ μνημείου, καὶ οὐκ οἴδαμεν ποῦ ἔθηκαν αὐτόν.	*Joh 20,1 ... **Μαρία ἡ Μαγδαληνὴ** ... 20,2 τρέχει οὖν καὶ ἔρχεται **πρὸς Σίμωνα Πέτρον,καὶ πρὸς τοὺς ἄλλους μαθητὰς** **καὶ λέγει αὐτοῖς,** Ἦραν τὸν κύριον ἐκ τοῦ μνημείου, καὶ οὐκ οἴδαμεν ποῦ ἔθηκαν αὐτόν.	Lk 24,9 καὶ ὑποστρέψασαι ἀπὸ τοῦ μνημείου **ἀπήγγειλαν** ταῦτα πάντα **τοῖς ἕνδεκα καὶ πᾶσιν τοῖς λοιποῖς**. 24,10 ἦσαν δὲ **ἡ Μαγδαληνὴ Μαρία** καὶ Ἰωάννα καὶ Μαρία ἡ Ἰακώβου καὶ αἱ λοιπαὶ σὺν αὐταῖς. **ἔλεγον πρὸς τοὺς ἀποστόλους** ταῦτα,

20,3 Ἐξῆλθεν οὖν ὁ Πέτρος καὶ **ὁ ἄλλος μαθητής**, καὶ ἤρχοντο εἰς τὸ μνημεῖον.	20,3 Ἐξῆλθεν οὖν **ὁ Πέτρος** καὶ οἱ ἄλλοι μαθηταί, καὶ ἤρχοντο εἰς τὸ μνημεῖον.	24,11 καὶ ἐφάνησαν ἐνώπιον αὐτῶν ὡσεὶ λῆρος τὰ ῥήματα ταῦτα, καὶ ***ἠπίστουν*** αὐταῖς.
20,4 **ἔτρεχον δὲ οἱ δύο ὁμοῦ· καὶ ὁ ἄλλος μαθητὴς** προέδραμεν τάχιον **τοῦ** Πέτρου καὶ ἦλθεν πρῶτος εἰς τὸ μνημεῖον, 20,5 καὶ παρακύψας βλέπει κείμενα τὰ ὀθόνια,	20,4 καὶ (προ)**έδραμεν** (τάχιον) **ὁ Πέτρος** καὶ ἦλθεν πρῶτος εἰς **τὸ μνημεῖον**, 20,5 καὶ **παρακύψας βλέπει** κείμενα **τὰ ὀθόνια**.	Lk 24,12 **Ὁ δὲ Πέτρος** ἀναστὰς **ἔδραμεν** ἐπὶ **τὸ μνημεῖον** καὶ **παρακύψας βλέπει** **τὰ ὀθόνια** μόνα,
οὐ μέντοι εἰσῆλθεν. 20,6 ἔρχεται οὖν καὶ Σίμων Πέτρος ἀκολουθῶν αὐτῷ καὶ εἰσῆλθεν εἰς τὸ μνημεῖον, καὶ θεωρεῖ τὰ ὀθόνια κείμενα,		Mk Πάντα δὲ τὰ παρηγγελμένα **τοῖς περὶ τὸν Πέτρον** συντόμως **ἐξήγγειλαν**...
20,7 καὶ τὸ σουδάριον, ὃ ἦν ἐπὶ τῆς κεφαλῆς αὐτοῦ, οὐ μετὰ τῶν ὀθονίων κείμενον ἀλλὰ χωρὶς ἐντετυλιγμένον εἰς ἕνα τόπον. 20,8 τότε οὖν εἰσῆλθεν καὶ **ὁ** ἄλλος μαθητὴς **ὁ ἐλθὼν πρῶτος εἰς τὸ μνημεῖον** καὶ εἶδεν καὶ **ἐπίστευσεν**· 20,9 οὐδέπω γὰρ ᾔδεισαν τὴν γραφὴν ὅτι δεῖ αὐτὸν ἐκ νεκρῶν ἀναστῆναι.	20,6; 20,7 καὶ τὸ σουδάριον, ὃ ἦν ἐπὶ τῆς κεφαλῆς αὐτοῦ, οὐ μετὰ **τῶν ὀθονίων** κείμενον ἀλλὰ χωρὶς ἐντετυλιγμένον εἰς ἕνα τόπον. 20,8 τότε οὖν εἰσῆλθον καὶ οἱ ἄλλοι μαθηταὶ καὶ εἶδον καὶ ***ἠπίστευσαν***· 20,9 οὐδέπω γὰρ ᾔδεισαν τὴν γραφὴν ὅτι δεῖ αὐτὸν ἐκ νεκρῶν ἀναστῆναι.	
20,10 **ἀπῆλθον** οὖν **πάλιν** πρὸς **αὐ**τοὺς οἱ μαθηταί.	20,10 **ἀπῆλθον** οὖν θαυμάζοντες πρὸς **ἑαυ**τοὺς οἱ μαθηταί.	Lk 24,12 . . . καὶ **ἀπῆλθεν** πρὸς **ἑαυ**τὸν θαυμάζων τὸ γεγονός.

Auf den ersten Blick scheint das Johannesevangelium in den beiden redaktionellen Texten, die eine Konkurrenz zwischen Petrus und dem Lieblingsjünger zum Inhalt haben, also der Wettlauf zum Grab und das Nachtragskapitel 21. direkt von Lukas abzuhängen. Die weitgehend anerkannte Hypothese, dass die kirchliche Redaktion des „Johannesevangeliums“ für die Gestaltung dieser beiden idealen Szenen das Lukasevangelium benützt hat, ist auch im Zusammenhang der hier vorgelegten Theorie durchaus plausibel und wurde von mir zunächst auch als selbstverständlich vorausgesetzt. Die beiden Texte sind offenbar erst nachträglich, nachdem Markus und Matthäus das Hellenistenbuch bereits benutzt hatten, dort eingefügt worden. Keiner der beiden Vertreter der Petrustradition hätte sich die Geschichte vom Grablauf des Petrus entgehen lassen, wenn er sie schon im Hellenistenbuch lesen konnte.

Eine literarische Beziehung zwischen Lukas und dem „Johannesevangelium" ist in der Grablaufgeschichte wegen der wörtlichen Übereinstimmungen evident. Für Lukas als den Urheber spricht, dass er die einfachere Version nur mit Petrus und ohne den „anderen Jünger" bietet. Dieser wurde natürlich erst von der kirchlichen Redaktion des Johannesevangeliums hineingearbeitet. Für Lukas als Urheber der Petrusgeschichte spricht schließlich, dass er vielleicht als Schüler des Paulus zumindest annähernd dessen Aussage in seinem Bekenntnis im 1. Korintherbrief (15,3) gerecht werden wollte, dass Petrus der erste Zeuge der Auferstehung gewesen sei.

Dennoch ist die Frage, ob der Grablauf des Petrus von Lukas her in das Hellenistenbuch übernommen wurde oder aber vielleicht doch umgekehrt, nicht so leicht zu entscheiden, wie es zunächst scheint.

Stutzig machen die „Binden – τὰ ὀθόνια" bei Lukas. ὀθόνια ist der „johanneische" Ausdruck für das Bestattungstextil, der auch bei der Auferweckung des Lazarus und bei der Grablegung gebraucht wird, den die Synoptiker mit Ausnahme der vorliegenden Lukasstelle nicht kennen und dem in ihren Paralleltexten zur Grablegung σινδών entspricht. Dass Lukas den „johanneischen" Ausdruck „τὰ ὀθόνια" anders als bei der Grablegung hier eben zufällig verwendet hätte, sodass die Redaktion des Hellenistenbuches ihn schon vorfand und einfach abschreiben konnte, ist zwar nicht unmöglich, aber doch unwahrscheinlich. Eher ist damit zu rechnen, dass hier „johanneischer" Sprachgebrauch vorliegt, der von Lukas unkritisch übernommen wurde – also Lukas vom Hellenistenbuch abhängt. Der Grablauf des Petrus müsste dann zuerst in das Hellenistenbuch eingetragen worden sein und zwar vor dessen Benützung durch Lukas. Lukas hat diese Petrusgeschichte im Hellenistenbuch vorgefunden und in vereinfachter Form in sein Evangelium übernommen. Erst danach hat die kirchliche Redaktion des Hellenistenbuches den Lieblingsjünger bzw. „anderen Jünger" als den besseren Läufer eingetragen. Für die Wahrscheinlichkeit dieser Annahme spricht die Parallele im Kapitel 21. Auch dort sind zwei Schichten zu unterscheiden: die Petrusschicht mit dem Fischfang und der Primatsverheißung und sekundär und gegenläufig dazu die Lieblingsjüngerschicht, die den Petrus wieder relativiert. Der ursprüngliche Zweck der Einfügung der Petrusgeschichte an dieser Stelle war wohl, dass nicht Maria Magdalena, sondern Petrus als der erste Zeuge des leeren Grabes erscheinen sollte.

Die erste Hand des Codex Sinaiticus, die den Wettlauf der Jünger (Vers 5b und 6) übergeht, könnte einem Homoioteleuton erlegen sein. Da aber auch in Vers 4 der andere Jünger fehlt, ist der Einfluss der älteren Textgestalt nicht auszuschließen.

● 25. Maria und die Engel im leeren Grab (C)

Joh 20,11 Μαρία δὲ εἱστήκει πρὸς τῷ μνημείῳ ἔξω κλαίουσα. ὡς οὖν ἔκλαιεν, παρέκυψεν **εἰς τὸ μνημεῖον** 20,12 **καὶ θεωρεῖ δύο ἀγγέλους**	Mk 16,5 καὶ εἰσελθοῦσαι **εἰς τὸ μνημεῖον εἶδον νεανίσκον**	Lk 24,3 εἰσελθοῦσαι δὲ οὐχ εὗρον τὸ σῶμα τοῦ κυρίου Ἰησοῦ. 24,4 καὶ ἐγένετο ἐν τῷ ἀπορεῖσθαι αὐτὰς περὶ τούτου **καὶ ἰδοὺ ἄνδρες δύο**
ἐν λευκοῖς καθεζομένους, ἕνα πρὸς τῇ κεφαλῇ καὶ ἕνα πρὸς τοῖς ποσίν, ὅπου ἔκειτο τὸ σῶμα τοῦ Ἰησοῦ.	**καθήμενον** ἐν τοῖς δεξιοῖς περιβεβλημένον **στολὴν λευκήν**, καὶ ἐξεθαμβήθησαν.	ἐπέστησαν αὐταῖς **ἐν ἐσθῆτι ἀστραπτούσῃ**. 24,5 ἐμφόβων δὲ γενομένων αὐτῶν καὶ κλινουσῶν τὰ πρόσωπα εἰς τὴν γῆν
20,13 καὶ **λέγουσιν αὐτῇ** ἐκεῖνοι, ***Γύναι***, τί κλαίεις; λέγει αὐτοῖς ὅτι Ἦραν τὸν κύριόν μου, καὶ οὐκ οἶδα ποῦ ἔθηκαν αὐτόν.	16,6 ὁ δὲ **λέγει αὐταῖς**, Μὴ ἐκθαμβεῖσθε· Ἰησοῦν ζητεῖτε τὸν Ναζαρηνὸν τὸν ἐσταυρωμένον· ἠγέρθη, οὐκ ἔστιν ὧδε· ἴδε ὁ τόπος ὅπου ἔθηκαν αὐτόν. 16,7 ἀλλὰ ὑπάγετε εἴπατε τοῖς μαθηταῖς αὐτοῦ καὶ τῷ Πέτρῳ ὅτι Προάγει ὑμᾶς εἰς τὴν Γαλιλαίαν· ἐκεῖ αὐτὸν ὄψεσθε, καθὼς εἶπεν ὑμῖν. 16,8 καὶ ἐξελθοῦσαι ἔφυγον ἀπὸ τοῦ μνημείου, εἶχεν γὰρ αὐτὰς τρόμος καὶ ἔκστασις· καὶ οὐδενὶ οὐδὲν εἶπαν· ἐφοβοῦντο γάρ.	**εἶπαν πρὸς αὐτάς**, Τί ζητεῖτε τὸν ζῶντα μετὰ τῶν νεκρῶν· 24,6 οὐκ ἔστιν ὧδε, ἀλλὰ ἠγέρθη. μνήσθητε ὡς ἐλάλησεν ὑμῖν ἔτι ὢν ἐν τῇ Γαλιλαίᾳ 24,7 λέγων τὸν υἱὸν τοῦ ἀνθρώπου ὅτι δεῖ παραδοθῆναι εἰς χεῖρας ἀνθρώπων ἁμαρτωλῶν καὶ σταυρωθῆναι καὶ τῇ τρίτῃ ἡμέρᾳ ἀναστῆναι. 24,8 καὶ ἐμνήσθησαν τῶν ῥημάτων αὐτοῦ.

Die Darstellung des Hellenistenbuches ist wieder einfach und realistisch: Maria bleibt zuerst beim Grab stehen und weint, erst später beugt sie sich hinein. Dagegen heißt es bei Markus: Sie, nämlich alle drei zuvor genannten Frauen, gingen hinein. Wie groß ist das Grab wohl hier gedacht? Während die beiden Engel des Hellenistenbuches eigentlich ein inneres Gespräch mit Maria führen – „Frau, warum weinst du?" „Sie haben meinen Herrn genommen, und ich weiß nicht, wohin sie ihn gelegt haben." –, gibt der Engel des Markus den Frauen im Inneren des Grabes eine ausführliche theologische Belehrung und schickt sie dann zu den Jüngern und zu Petrus als der von Markus propagierten Autorität mit der Botschaft, dass Jesus ihnen nach Galiläa vorausgeht, was sie aber aus Furcht nicht weitergeben. Dies alles ändert dann Lukas wieder: Seine Engel, die er als Paar aus dem Hellenistenbuch und nicht aus Markus übernimmt, reden weder von Petrus noch von Galiläa.

● 26. Erscheinung vor Maria Magdalena (B)

Joh 20,14 ταῦτα εἰποῦσα ἐστράφη εἰς τὰ ὀπίσω, **καὶ θεωρεῖ τὸν Ἰησοῦν** ἑστῶτα, καὶ οὐκ ᾔδει ὅτι Ἰησοῦς ἐστιν. 20,15 **λέγει αὐτῇ Ἰησοῦς, *Γύναι,*** τί κλαίεις; τίνα ζητεῖς;		Mt 28,8 καὶ ἀπελθοῦσαι ταχὺ ἀπὸ τοῦ μνημείου μετὰ φόβου καὶ χαρᾶς μεγάλης ἔδραμον ἀπαγγεῖλαι τοῖς μαθηταῖς αὐτοῦ. 28,9 **καὶ ἰδοὺ Ἰησοῦς** ὑπήντησεν **αὐταῖς λέγων**, Χαίρετε.
ἐκείνη δοκοῦσα ὅτι ὁ κηπουρός ἐστιν λέγει αὐτῷ, Κύριε, εἰ σὺ ἐβάστασας αὐτόν, εἰπέ μοι ποῦ ἔθηκας αὐτόν, κἀγὼ αὐτὸν ἀρῶ. 20,16 **λέγει αὐτῇ Ἰησοῦς**, Μαριάμ. στραφεῖσα ἐκείνη λέγει αὐτῷ Ἑβραϊστί, Ραββουνι (ὃ λέγεται Διδάσκαλε).		αἱ δὲ προσελθοῦσαι
		ἐκράτησαν αὐτοῦ τοὺς πόδας καὶ προσεκύνησαν αὐτῷ. 28,10 τότε **λέγει αὐταῖς ὁ Ἰησοῦς, Μὴ** φοβεῖσθε·
20,17 **λέγει αὐτῇ Ἰησοῦς, Μή *μου ἅπτου*,** οὔπω γὰρ ἀναβέβηκα πρὸς τὸν πατέρα· **πορεύου δὲ πρὸς τοὺς ἀδελφούς μου καὶ εἰπὲ αὐτοῖς, Ἀναβαίνω πρὸς τὸν πατέρα μου καὶ πατέρα ὑμῶν καὶ θεόν μου καὶ θεὸν ὑμῶν.**	Mk 16,7 ἀλλὰ **ὑπάγετε εἴπατε τοῖς μαθηταῖς αὐτοῦ καὶ τῷ Πέτρῳ ὅτι Προάγει ὑμᾶς εἰς τὴν Γαλιλαίαν· ἐκεῖ αὐτὸν ὄψεσθε**, καθὼς εἶπεν ὑμῖν.	**ὑπάγετε ἀπαγγείλατε τοῖς ἀδελφοῖς μου ἵνα ἀπέλθωσιν εἰς τὴν Γαλιλαίαν, κἀκεῖ με ὄψονται.**
20,18 ἔρχεται Μαριὰμ ἡ Μαγδαληνὴ ἀγγέλλουσα τοῖς μαθηταῖς ὅτι Ἑώρακα τὸν κύριον, καὶ ταῦτα εἶπεν αὐτῇ.	16,8 καὶ ἐξελθοῦσαι ἔφυγον ἀπὸ τοῦ μνημείου, εἶχεν γὰρ αὐτὰς τρόμος καὶ ἔκστασις· καὶ οὐδενὶ οὐδὲν εἶπαν· ἐφοβοῦντο γάρ.	

Das Hellenistenbuch berichtet ursprünglich anschließend an den Gang Maria Magdalenas zum Grab von den Engeln im Grab und der Erscheinung Jesu, bei der er ihr aufträgt, zu den Jüngern zu gehen und ihnen mitzuteilen, dass er zu Gott dem Vater geht. Demgegenüber berichtet Markus von keiner Erscheinung Jesu, sondern lässt den Engel den Frauen die schon besprochene Belehrung geben. Statt zu Gott geht Jesus den Jüngern voraus nach Galiläa. Matthäus lässt in Anlehnung an das Hellenistenbuch auch wieder den Auferstandenen selbst den Frauen erscheinen, die ihn nun sogar anfassen können, bevor er nun sagt: „Fürchtet euch nicht!" statt „Rühr mich nicht an!", und denen er wie dort aufträgt, zu den Brüdern – nicht zu den Jüngern – zu gehen. Er lässt diese dann aber wie bei Markus nach Galiläa bescheiden, wo sie ihn sehen würden. Diese Erscheinung führt Matthäus dann anders als Markus auch tatsächlich zum Abschluss seines Evangeliums in einer kurzen idealen Szene aus. In nur vier Versen erscheint der Auferstandene in Galiläa und sendet die Jünger hinaus in alle Welt zur Belehrung und zur Taufe aller Völker.

Mit aller Wahrscheinlichkeit hat das Hellenistenbuch zur Zeit der Benützung durch Markus und durch Matthäus hier mit der Erscheinung Jesu vor Maria Magdalena geendet. Die Erscheinung Jesu in Galiläa hat nur die Ankündigung des Engels im Markusevangelium zur Grundlage.

Die Erscheinungen in Jerusalem einerseits und die Erscheinung am See Tiberias andererseits scheinen aus gegenläufigen Interessen erst nach der Benützung durch Matthäus dem Hellenistenbuch angefügt worden zu sein. Beide Erscheinungsgeschichten sind als Reaktionen auf Markus und Matthäus verständlich. Die Erscheinungen in Jerusalem verteidigen die antipetrinische Linie des Hellenistenbuches.

● 27. Erscheinung vor den Jüngern in Jerusalem (A)

Joh 20,19 Οὔσης οὖν ὀψίας τῇ ἡμέρᾳ ἐκείνῃ τῇ μιᾷ σαββάτων καὶ τῶν θυρῶν κεκλεισμένων ὅπου ἦσαν οἱ μαθηταὶ διὰ τὸν φόβον τῶν Ἰουδαίων,	Lk 24,36 Ταῦτα δὲ αὐτῶν λαλούντων αὐτὸς
ἦλθεν ὁ Ἰησοῦς καὶ **ἔστη εἰς τὸ μέσον** **καὶ λέγει αὐτοῖς,** **Εἰρήνη ὑμῖν**.	**ἔστη ἐν μέσῳ αὐτῶν** **καὶ λέγει αὐτοῖς,** **Εἰρήνη ὑμῖν**. 24,37 πτοηθέντες δὲ καὶ ἔμφοβοι γενόμενοι ἐδόκουν πνεῦμα θεωρεῖν.
20,20 **καὶ** τοῦτο **εἰπὼν**	24,38 **καὶ εἶπεν** αὐτοῖς, Τί τεταραγμένοι ἐστέ, καὶ διὰ τί διαλογισμοὶ ἀναβαίνουσιν ἐν τῇ καρδίᾳ ὑμῶν; 24,39
ἔδειξεν τὰς χεῖρας **καὶ τὴν πλευρὰν αὐτοῖς**.	**ἴδετε τὰς χεῖράς μου** **καὶ τοὺς πόδας μου** ὅτι ἐγώ εἰμι αὐτός·

ἐχάρησαν οὖν οἱ μαθηταὶ ἰδόντες τὸν κύριον.		ψηλαφήσατέ με καὶ ἴδετε, ὅτι πνεῦμα σάρκα καὶ ὀστέα οὐκ ἔχει καθὼς ἐμὲ θεωρεῖτε ἔχοντα. 24,40 καὶ τοῦτο εἰπὼν **ἔδειξεν αὐτοῖς τὰς χεῖρας** **καὶ τοὺς πόδας**. 24,41 ἔτι δὲ ἀπιστούντων αὐτῶν ἀπὸ τῆς **χαρᾶς** καὶ θαυμαζόντων . . .
20,21 εἶπεν οὖν αὐτοῖς [ὁ Ἰησοῦς] πάλιν, Εἰρήνη ὑμῖν· καθὼς **ἀπέσταλκέν με ὁ πατήρ,** **κἀγὼ πέμπω ὑμᾶς**.	Mt 28,18 (in Galiläa) καὶ προσελθὼν ὁ Ἰησοῦς ἐλάλησεν αὐτοῖς λέγων, Ἐδόθη μοι πᾶσα ἐξουσία ἐν οὐρανῷ καὶ ἐπὶ [τῆς] γῆς. 28,19 πορευθέντες οὖν μαθητεύσατε *πάντα τὰ ἔθνη*,...	. . . 24,47 καὶ κηρυχθῆναι ἐπὶ τῷ ὀνόματι αὐτοῦ μετάνοιαν εἰς ***ἄφεσιν ἁμαρτιῶν*** εἰς *πάντα τὰ ἔθνη*. ἀρξάμενοι ἀπὸ Ἰερουσαλὴμ 24,48 ὑμεῖς μάρτυρες τούτων. 24,49 καὶ [ἰδοὺ] **ἐγὼ ἀποστέλλω τὴν** **ἐπαγγελίαν τοῦ πατρός** **μου ἐφ' ὑμᾶς**·
20,22 καὶ τοῦτο εἰπὼν ἐνεφύσησεν καὶ λέγει αὐτοῖς, Λάβετε πνεῦμα ἅγιον· 20,23 ἄν τινων ***ἀφῆτε τὰς ἁμαρτίας*** ἀφέωνται αὐτοῖς, ἄν τινων κρατῆτε κεκράτηνται.		ὑμεῖς δὲ καθίσατε ἐν τῇ πόλει ἕως οὗ ἐνδύσησθε ἐξ ὕψους δύναμιν.

Wahrscheinlich ist diese Geschichte der Erscheinung Jesu vor den Jüngern erst nach der Benützung des Hellenistenbuches durch Markus und Matthäus und auch durch den kürzeren Markusschluss, aber vor jener durch Lukas hinzugefügt worden.

Nicht nur die literarische Abhängigkeit des Lukas ist hier evident, sondern ebenso seine massive Polemik gegen seine hellenistische Vorlage. Im Interesse einer körperlich-materiellen Auferstehung des Toten bekämpft er die hellenistische Geist- und Visionsvorstellung, die sich im Hellenistenbuch spiegelt. Konsequenterweise streicht er die verschlossenen Türen, durch die Jesus eintritt; statt dessen lässt er den Auferstandenen auch nochmals selbst ausdrücklich die Geist-Vorstellung verwerfen und auf sein Fleisch und seine Knochen hinweisen. Da Lukas nach dem Vorbild des Markus keinen Lanzenstich berichtet, ist auch der Hinweis auf die Seite Jesu in einen solchen auf seine Füße geändert. Das Zeigen der Wundmale ist bei Lukas auf einen zusätzlichen Beweis für die körperlich-materielle Identität hin abgezweckt.

Aus dem Hellenistenbuch übernommen sind die Grunddaten: der Ort Jerusalem, der Gruß Jesu „Friede sei mit euch!", das Zeigen der Wundmale und die Freude der Jünger. Die Reihenfolge der Sendung der Jünger und des Befehls zum Nachlass der Sünden ist vertauscht. Das Motiv der „Sendung" stammt offensichtlich aus dem Hellenistenbuch, Lukas hat aber nur die Sendung der Jünger aufgegriffen, nicht das hellenistische Theologumenon der Sendung Jesu durch den Vater. Diese „johanneische“ Analogie der Sendung hat hingegen Matthäus unter Umschreibung der „johanneischen“ Begriffe an das Ende seines Buches gestellt.

● 28. Kapitel 21
Scheinbar gegenläufige Abhängigkeit (B)

Joh 21,1 Μετὰ ταῦτα ἐφανέρωσεν ἑαυτὸν πάλιν ὁ Ἰησοῦς τοῖς μαθηταῖς **ἐπὶ τῆς θαλάσσης τῆς Τιβεριάδος**· ἐφανέρωσεν δὲ οὕτως.	Lk 5,1 Ἐγένετο δὲ ἐν τῷ τὸν ὄχλον ἐπικεῖσθαι αὐτῷ καὶ ἀκούειν τὸν λόγον τοῦ θεοῦ καὶ αὐτὸς ἦν ἑστὼς **παρὰ τὴν λίμνην Γεννησαρέτ**
21,2 ἦσαν ὁμοῦ **Σίμων Πέτρος** καὶ Θωμᾶς ὁ λεγόμενος Δίδυμος καὶ Ναθαναὴλ ὁ ἀπὸ Κανὰ τῆς Γαλιλαίας καὶ ***οἱ τοῦ Ζεβεδαίου*** καὶ ἄλλοι ἐκ τῶν μαθητῶν αὐτοῦ δύο. 21,3 λέγει αὐτοῖς **Σίμων Πέτρος**, Ὑπάγω ἁλιεύειν. λέγουσιν αὐτῷ, Ἐρχόμεθα καὶ ἡμεῖς σὺν σοί.	5,2 καὶ εἶδεν δύο πλοῖα ἑστῶτα παρὰ τὴν λίμνην· οἱ δὲ ἁλιεῖς ἀπ᾽ αὐτῶν ἀποβάντες ἔπλυνον τὰ δίκτυα. 5,3 ἐμβὰς δὲ εἰς ἓν τῶν πλοίων, ὃ ἦν **Σίμωνος**, ἠρώτησεν αὐτὸν ἀπὸ τῆς γῆς ἐπαναγαγεῖν ὀλίγον,
ἐξῆλθον καὶ ἐνέβησαν εἰς τὸ **πλοῖον**, καὶ ***ἐν ἐκείνῃ τῇ νυκτὶ ἐπίασαν οὐδέν***.	
21,4 πρωΐας δὲ ἤδη γενομένης ἔστη Ἰησοῦς εἰς τὸν αἰγιαλόν, οὐ μέντοι ᾔδεισαν οἱ μαθηταὶ ὅτι Ἰησοῦς ἐστιν. 21,5 λέγει οὖν αὐτοῖς [ὁ] Ἰησοῦς, Παιδία, μή τι προσφάγιον ἔχετε; ἀπεκρίθησαν αὐτῷ, Οὔ.	
21,6 ὁ δὲ **εἶπεν** αὐτοῖς, **Βάλετε εἰς τὰ δεξιὰ μέρη τοῦ πλοίου τὸ δίκτυον, καὶ εὑρήσετε.**	**εἶπεν** πρὸς τὸν Σίμωνα, **Ἐπανάγαγε εἰς τὸ βάθος καὶ χαλάσατε τὰ δίκτυα ὑμῶν εἰς ἄγραν.**
ἔβαλον οὖν, καὶ οὐκέτι αὐτὸ ἑλκύσαι ἴσχυον ἀπὸ τοῦ **πλήθους τῶν ἰχθύων**.	5,5 καὶ ἀποκριθεὶς Σίμων εἶπεν, Ἐπιστάτα, ***δι᾽ ὅλης νυκτὸς κοπιάσαντες οὐδὲν ἐλάβομεν***· ἐπὶ δὲ τῷ ῥήματί σου χαλάσω τὰ δίκτυα. 5,6 καὶ τοῦτο ποιήσαντες συνέκλεισαν **πλῆθος ἰχθύων** πολύ, διερρήσσετο δὲ τὰ δίκτυα αὐτῶν. 5,7 καὶ
21,7 λέγει οὖν ὁ μαθητὴς ἐκεῖνος ὃν ἠγάπα ὁ Ἰησοῦς τῷ Πέτρῳ, **Ὁ κύριός ἐστιν**.	κατένευσαν τοῖς μετόχοις ἐν τῷ ἑτέρῳ πλοίῳ τοῦ ἐλθόντας συλλαβέσθαι αὐτοῖς· καὶ ἦλθον καὶ ἔπλησαν ἀμφότερα τὰ πλοῖα ὥστε βυθίζεσθαι αὐτά.

Σίμων οὖν Πέτρος ἀκούσας ὅτι **ὁ κύριός ἐστιν** τὸν ἐπενδύτην διεζώσατο, ἦν γὰρ γυμνός, καὶ ἔβαλεν ἑαυτὸν εἰς τὴν θάλασσαν, 21,8 οἱ δὲ ἄλλοι μαθηταὶ τῷ πλοιαρίῳ ἦλθον, οὐ γὰρ ἦσαν μακρὰν ἀπὸ τῆς γῆς ἀλλὰ ὡς ἀπὸ πηχῶν διακοσίων, σύροντες τὸ δίκτυον τῶν ἰχθύων. 21,9 ὡς οὖν ἀπέβησαν εἰς τὴν γῆν βλέπουσιν ἀνθρακιὰν κειμένην καὶ ὀψάριον ἐπικείμενον καὶ ἄρτον.

5,8 ἰδὼν δὲ **Σίμων Πέτρος** προσέπεσεν τοῖς γόνασιν Ἰησοῦ λέγων, Ἔξελθε ἀπ' ἐμοῦ, ὅτι ἀνὴρ ἁμαρτωλός εἰμι, ***κύριε.*** 5,9 θάμβος γὰρ περιέσχεν αὐτὸν καὶ πάντας τοὺς σὺν αὐτῷ ἐπὶ τῇ ἄγρᾳ τῶν ἰχθύων ὧν συνέλαβον, 5,10 ὁμοίως δὲ ***καὶ Ἰάκωβον καὶ Ἰωάννην υἱοὺς Ζεβεδαίου,*** **οἳ ἦσαν κοινωνοὶ τῷ Σίμωνι.**

21,10 λέγει αὐτοῖς ὁ Ἰησοῦς, Ἐνέγκατε ἀπὸ τῶν ὀψαρίων ὧν ἐπιάσατε νῦν. 21,11 ἀνέβη οὖν **Σίμων Πέτρος** καὶ εἵλκυσεν τὸ δίκτυον εἰς τὴν γῆν μεστὸν ἰχθύων μεγάλων **ἑκατὸν πεντήκοντα** τριῶν· καὶ τοσούτων ὄντων οὐκ ἐσχίσθη τὸ δίκτυον. οὐδεὶς δὲ ἐτόλμα τῶν μαθητῶν ἐξετάσαι αὐτόν, Σὺ τίς εἶ; εἰδότες ὅτι **ὁ κύριός ἐστιν**.

καὶ εἶπεν
πρὸς
τὸν **Σίμωνα** ὁ Ἰησοῦς, Μὴ φοβοῦ· ἀπὸ τοῦ νῦν ἀνθρώπους ἔσῃ ζωγρῶν. 5,11 καὶ καταγαγόντες τὰ πλοῖα ἐπὶ τὴν γῆν ἀφέντες πάντα ἠκολούθησαν αὐτῷ.

Joh 21,13 ἔρχεται Ἰησοῦς καὶ

λαμβάνει τὸν ἄρτον ***καὶ*** **δίδωσιν αὐτοῖς**, καὶ τὸ ὀψάριον ὁμοίως. 21,14 τοῦτο ἤδη τρίτον ἐφανερώθη Ἰησοῦς τοῖς μαθηταῖς ἐγερθεὶς ἐκ νεκρῶν.

Lk 24,30 καὶ ἐγένετο ἐν τῷ κατακλιθῆναι αὐτὸν μετ' αὐτῶν **λαβὼν τὸν ἄρτον** εὐλόγησεν ***καὶ*** κλάσας **ἐπεδίδου αὐτοῖς**· 24,31 αὐτῶν δὲ διηνοίχθησαν οἱ ὀφθαλμοὶ καὶ ἐπέγνωσαν αὐτόν·

Nach allgemeiner Überzeugung, der ich bisher selbstverständlich zugestimmt habe, ist für das Nachtragskapitel 21 des Johannesevangeliums die lukanische Perikope vom reichen Fischfang verarbeitet worden. Allerdings habe ich schon in einer früheren Untersuchung zu dieser Frage bemerkt, dass gerade der Text der Petrusschicht des Kapitels 21 Begriffe enthält, die sich sonst weder bei „Johannes" noch auch bei Lukas finden. Damals habe ich nur für die Primatsworte das Postulat einer von Lukas verschiedenen unbekannten Quelle geäußert.[38] Ich möchte diese Quelle nun auch auf die Fischfanggeschichte ausdehnen und vermuten, dass die gesamte Petrusschicht des Nachtragskapitels zugleich mit dem Grablauf des Petrus in das Hellenistenevangelium eingetragen worden ist. Zweck der Aktion war wohl die Akkordierung des Hellenistenbuches mit den bis dahin entstandenen petrinischen Evangelien nach Markus und Matthäus. Lukas hat diese petrinischen Erweiterungen des Hellenistenbuches bereits vorgefunden und in sein Evangelium eingearbeitet. Da er nur Erscheinungen in Jerusalem berichten wollte, verlegte er die Fischfanggeschichte am See Tiberias in das Wirken des vorösterlichen Jesus.

---

[38] Johannes 21 im Makrotext des Vierten Evangeliums, in: ThG 81 (1991) 302–322: 318.

Dass Lukas in der Emmausjüngergeschichte – ebenso wie das Hellenistenbuch im Nachtragskapitel – dem Auferstandenen eine Eucharistiefeier zuschreibt, und zwar in ganz ähnlicher und von der synoptischen Einsetzung beim Abendmahl verschiedener Weise, ist wohl kein Zufall. Während das Brotbrechen und das Austeilen des Fisches ganz der hellenistischen („johanneischen") Aitiologie der Eucharistie in der Brotvermehrung entspricht, würde man bei Lukas eine der Einsetzung beim Abendmahl entsprechende Form erwarten. Dies ist jedoch nicht der Fall. Vielmehr lehnt sich der entscheidende Text wörtlich an das hellenistische Vorbild an.

Schließlich ist die Namensform „Simon Petrus" eine „johanneische" Eigenheit. Sie kommt im „Johannesevangelium" insgesamt achtmal vor (6,68; 13,24; 13,9; 13,36; 18,5; 18,25; 20,6 und 21,2). Dagegen findet sie sich bei Markus überhaupt nicht und bei Lukas nur ein einziges Mal, und zwar genau hier, in der Geschichte vom reichen Fischfang. Für die Abhängigkeitsrichtung von der redaktionellen Petrusschicht des Hellenistenbuches zu Lukas ist dieser einfache Sachverhalt ein Indiz, das schwer zu entkräften sein dürfte. Auch ich habe allerdings bisher die gegenläufige Abhängigkeit als selbstverständlich vorausgesetzt.

3.2 Ergebnisse

Großsynoptiker und kirchliche Redaktion

Untersucht wurden Parallelen zum Johannesevangelium bei Matthäus und Lukas, in denen einer oder beide im Gegensatz zu Markus oder besser als dieser mit „Johannes“ übereinstimmen und daher nicht durch Markus vermittelt sein können. Die große Überraschung war, dass sich auch diese außermarkinischen Parallelen zwischen „Johannes“ und den beiden Großsynoptikern in jenen johanneischen Texten finden, die dem „Evangelisten“ zugeschrieben werden, und nur ausnahmsweise bei Lukas auch in Texten der kirchlichen Redaktion.

Für Matthäus bedeutet dies: Da er eigenständige Beziehungen zum vorredaktionellen Hellenistenbuch aufweist, aber keine zur kirchlichen Redaktion, scheint er außer Markus und die Logienquelle dieselbe Schrift wie Markus selbst benützt zu haben, nämlich das noch unbearbeitete Hellenistenbuch. Die umgekehrte Abhängigkeit würde das Paradox implizieren, dass Matthäus zwar zusätzlich zu Markus vom gnostisierenden „Evangelisten“ benützt worden wäre – oft für ganz unwesentliche Details –, aber ebensowenig wie jener von der kirchlichen Redaktion.

Bei Lukas ist die Sache etwas komplizierter. Hier gibt es über Markus und Matthäus hinaus Parallelen sowohl zum vorredaktionellen Textbestand als auch zur kirchlichen Redaktion des „Johannesevangeliums“. Alle diese Parallelen wurden bisher meist als deutliche Indizien für die Abhängigkeit des Johannesevangeliums von Lukas betrachtet. Vor allem dann, wenn das Johannesevangelium als Werk aus einem Guss und jüngstes Evangelium angesehen wird, legt sich diese Auffassung nahe. Sobald man aber mit einer literarischen Entwicklung rechnet, ergeben sich Schwierigkeiten, denen nur mit neuen Hypothesen begegnet werden kann. Entweder Lukas wurde sowohl bereits vom Evangelisten als auch später wieder von der Redaktion herangezogen. Der für eine nachlukanische Entstehung und Überarbeitung des vierten Evangeliums verfügbare Zeitraum ist dann aber viel zu kurz. Oder alle Parallelen zu Lukas müssen allein der Redaktion zugeschrieben werden – auch Maria und Marta und die Lazarusgeschichte –, was wieder zu neuen Schwierigkeiten führt.

Unsere Untersuchung hat einen anderen Sachverhalt wahrscheinlich gemacht. Ähnlich wie Matthäus hat Lukas zusätzlich zu Markus und zur Logienquelle auch wieder das Hellenistenbuch verwendet, allerdings nicht mehr in seiner ursprünglichen Form, sondern schon in einer ersten Überarbeitung, deren Absicht es war, die Autorität des Petrus in der Hellenistenschrift zu verankern. Erst nach der Benützung des Hellenistenbuches durch Lukas in dieser ersten redaktionellen Bearbeitung hat eine neuerliche Redaktion die Gestalt des Lieblingsjüngers eingeführt, um im Interesse der hellenistischen

Tradition und Unabhängigkeit diesen Petrus wieder zu relativieren.[39] Die Untersuchung der einzelnen Paralleltexte hat gezeigt, dass sowohl Matthäus als auch Lukas das Hellenistenbuch benützt haben und nicht umgekehrt. Darüber hinaus gibt es Indizien, dass Lukas später als Matthäus an die Arbeit gegangen ist und dass er das Werk des Matthäus und sein Verfahren kannte.

Verteilung der Wahrscheinlichkeitsbewertungen

Das Verhältnis der Einstufungen A:B:C:D betrug 10:9:9:0. Dies ist auch hinsichtlich der über Markus hinausgehenden selbständigen Abhängigkeit der Großsynoptiker vom Hellenistenbuch ein so eindeutiges Votum für die Tragfähigkeit der Argumentation, dass auch abweichende Beurteilungen in Einzelfällen den Gesamtbefund nicht völlig umstoßen.

Die Note A, evidente Abhängigkeit vom Hellenistenbuch, Pfeiler der Theorie, wurde neunmal vergeben:

4. Jüngerberufung, Christustitel und Petrusname
5. Fernheilung in Kafarnaum
6. Fieberheilung in Kafarnaum
9. Salbung in Betanien
10. Tochter Sion
12. Sklave nicht größer als Herr
14. Das abgeschlagene rechte Ohr
21. Der Tod Jesu
23. Maria Magdalena vor dem offenen Grab
27. Erscheinung vor den Jüngern in Jerusalem

Die Note B, deutliche Abhängigkeit vom Hellenistenbuch bei entsprechendem Vorverständnis, kam ebenfalls in neun Fällen zur Anwendung:

1. „Prolog" und Kindheitsgeschichten
2. Der Täufer
7. Maria und Marta
8. Lazarus
11. Verhärtung
20. Frauen unter dem Kreuz
24. Petrus und der/die andere/n Jünger im Grab: Scheinbar gegenläufige Abhängigkeit
26. Erscheinung vor Maria Magdalena
28. Kapitel 21: Scheinbar gegenläufige Abhängigkeit

[39] Für die Existenz einer solchen Petrusschicht vor der Lieblingsjüngerschicht verweise ich auf meine frühere Untersuchung in anderem Zusammenhang: Joh 21 im Makrotext des Vierten Evangeliums. In: Theologie und Glaube 81 (1991) 302–322.

Die Note C, Abhängigkeitsrichtung schwer zu entscheiden, erscheint auch wiederum neunmal:

3. Wiedergeboren oder wie Kinder werden
14. Wer euch aufnimmt, nimmt mich auf
15. Gefangennahme
16. Zweite und dritte Verleugnung des Petrus
17. Jesus vor Pilatus
18. Todesurteil
19. Kreuzigung
22. Begräbnis
25. Maria und die Engel im leeren Grab

Die Note D, gegenläufiges Abhängigkeitsgefälle, wurde hier nicht vergeben.

Zur Beurteilung der Passionsgeschichte

Die Parallelen der Passionsgeschichte erhielten hinsichtlich der Deutlichkeit eines Abhängigkeitsgefälles von „Johannes" zu den beiden Großsynoptikern fast durchwegs die Beurteilung „C", das heißt, eine Sicherheit hinsichtlich der Gefällerichtung ist aus dem Text allein kaum zu gewinnen. Dennoch liegt gerade für die Passionsgeschichte ein solches Urteil auf breiterer Basis bereits vor. Anton Dauer hat in der Zusammenfassung seiner großen Untersuchung über „Die Passionsgeschichte im Johannesevangelium" zu den Parallelen mit den Synoptikern festgestellt:

„Diese bisweilen recht deutlichen Ähnlichkeiten legen natürlich die Vermutung nahe, dass Johannes die Synoptiker gekannt und als Vorlage benützt hat. Man fühlt sich umso mehr zu diesem Schluss gedrängt, als die Parallelen zu Mt und Lk gerade auch in den Punkten vorliegen, an denen man redaktionelle Änderungen des 1. und 3. Evangelisten an ihrer Mk-Vorlage vermuten kann, bei denen also Sondertradition kaum anzunehmen ist. Trotzdem scheidet wohl eine direkte literarische Abhängigkeit des Johannes von den Synoptikern aus, da sonst die zum Teil sehr beträchtlichen Unterschiede, die zwischen der johanneische Vorlage und den Synoptikern bestehen, unverständlich blieben."[40]

Dauer nahm daher seine Zuflucht zu einer Sonderquelle des Johannes und einem nicht näher bestimmten „Ineinanderfließen von mündlicher und schriftlicher Tradition". Eine wesentlich einfachere Erklärung dafür, dass die Parallelen zu Johannes gerade auch an den redaktionellen Stellen der Großsynoptiker zu beobachten sind, ist doch, dass diese beiden Evangelisten eben bei ihrer Redaktionsarbeit das „Johannesevangelium" benützt haben.

---

[40] A. Dauer, Die Passionsgeschichte im Johannesevangelium. Eine traditionsgeschichtliche und theologische Untersuchung zu Joh 18,1 – 19,30 (StANT 30), München 1972, 335.

Drei bzw. vier Vorlagen statt zwei Quellen

Die Untersuchung der von Markus unabhängigen Parallelen zwischen Johannes und den Großsynoptikern hat zu einem Ergebnis geführt, das man im Gegensatz zur „Zwei-Quellen-Theorie" mit Vorbehalt auch als „Drei-Quellen-Theorie" bezeichnen könnte. Sowohl Matthäus als auch Lukas haben für ihre Arbeit nicht nur das Markusevangelium und die Logienquelle, sondern auch wieder das schon von Markus verarbeitete Hellenistenbuch benützt. Außerdem hat Lukas aber auch das Matthäusevangelium gekannt. Für die Benützung des Matthäusevangeliums durch Lukas treten im Hinblick auf die „Minor Agreements" unter anderen Michael D. Goulder und Robert H. Gundry ein.[41] Sofern damit nicht die Existenz der Logienquelle bestritten wird,[42] ist dies wohl die einzig plausible Lösung. Offensichtlich hat jeder der Evangelisten alle seine Vorgängerschriften für die Arbeit herangezogen, wie das realistischerweise ja auch zu erwarten ist. Die klassische Zwei-Quellen-Theorie mit der Auffassung, dass Matthäus und Lukas ihre beiden Schriften je unter Verwendung von Markus und der Logienquelle aber ohne die geringste Ahnung voneinander erstellt hätten, beruht auf der romantischen Voraussetzung eines kommunikationsarmen und stillen Wachstums der urchristlichen Gemeinden. Tatsächlich ist aber gerade die Frühzeit der Jesusbewegung von dichtem Informationsaustausch und von heftigen Richtungskämpfen geprägt, wie schon die Paulusbriefe zeigen. Für die absichtslose Muße und beschauliche Abgeschiedenheit selbstgenügsamer Schriftstellerei fehlten da alle Voraussetzungen.

In diesem neuen Licht der Benützung jeweils aller Vorgängerschriften wird schließlich auch die Affinität zwischen dem „Prolog des Johannesevangeliums" oder besser dem zu Beginn des Hellenistenbuches zitierten Logos-Hymnus und den synoptischen Kindheitsgeschichten zu betrachten sein.

---

41 M. D. Goulder, Luke's Knowledge of Matthew. In G. Strecker (Hg.) Minor Agreements. Symposion Göttingen 1991 (GTA 50), Göttingen 1993, 143–160. R. H. Gundry, Matthean Foreign Bodies in Agreement of Luke with Matthew against Mark Evidence that Luke Used Matthew. In: F. Van Segbroeck u. a. (Hgg.), The Four Gospels 1992 (FS F. Neirynck, BETL 100), Vol. II, Leuven 1992, 1467–1495.

42 B. Shellard distanziert sich in diesem Punkt von Goulder, ohne sich andererseits ausdrücklich zur Logienquelle zu bekennen: „Though it is not especially relevant to my argument, I agree with E. P. Sanders, J. Drury, R. Morgan, E. J. Franklin, J. Muddyman, and M. D. Goulder that Luke knew Matthew's Gospel; although (against M. D. Goulder) I believe there may also be evidence of independent knowledge of some of the material shared by Matthew." (Relationship, JTS 46 [1995] 71, Anm. 1). Für die Existenz der Logienquelle sprechen aber so starke innere Gründe, dass sie auch unabhängig von der klassischen Zwei-Quellen-Theorie als gesichert gelten kann.

3.3 Vergleichsmaterial zu den Parallelen zwischen „Johannes“ und den Großsynoptikern

3.3.1 „Minor Agreements“ von Mt und Lk mit „Joh“ gegen Mk

Die gemeinsamen Übereinstimmungen der beiden Großsynoptiker mit dem Hellenistenbuch gegen Markus, dort wo beide grundsätzlich dem Markustext folgen, sind wie die „Minor Agreements“ insgesamt viel zu zahlreich, als dass sie sich durch zufällige parallele Redaktionen von Matthäus und Lukas erklären ließen. Die einfachste Lösung ist – wie überhaupt für die „Minor Agreements“ –, dass Lukas zusätzlich zu seinen übrigen Quellen das Matthäusevangelium mitbenützt hat. Dort wo die „Minor Agreements“ mit „Johannes“ übereinstimmen, hat also schon Matthäus auf das Hellenistenbuch zurückgegriffen, und Lukas ist ihm darin gefolgt. Die folgende Liste ist aus dem Vergleich der von Neirynck zusammengestellten Agreements von Matthäus und Lukas gegenüber Markus mit den Paralleltexten zwischen Johannes und Markus entstanden:

1. Joh 1,23 || Mt 3,3 || Lk 3,4: – <> Mk 1,2: Siehe, ich sende meinen Boten vor deinem Angesicht, damit er dir den Weg bereite (Mal 3,1) (Joh/Mk, Nr. 2: Der Gesandte; Neirynck § 1,5).

2: Joh 1,27 || Mt 3,11 || Lk 3,16: – <> Mk 1,7: κύψας (Joh/Mk, Nr. 3: Täuferzeugnis und Taufe Jesu; Neirynck § 2,4).

3. Joh 1,26 || Mt 3,11 || Lk 3,16: βαπτίζω <> Mk 1,8: ἐβάπτισα (Joh/Mk, Nr. 3: Täuferzeugnis und Taufe Jesu; Neirynck § 2,5).

4. Joh 1,32 || Mt 3,16 || Lk 3,22: καταβαῖνον ὡς περιστερὰν . . . ἐπ’ αὐτόν <> Mk 1,10 ὡς περιστερὰν καταβαῖνον εἰς αὐτόν (Joh/Mk, Nr. 3: Täuferzeugnis und Taufe Jesu; Neirynck § 2,6).

5. Joh 6,2 || Mt 14,13 || Lk 9,10: ἠκολούθει δὲ αὐτῷ ὄχλος πολύς οἱ (δὲ: Lk) ὄχλοι (γνόντες: Lk) ἠκολούθησαν αὐτῷ <> Mk 6,33: ἐπέγνωσαν πολλοὶ καὶ (. . .) συνέδραμον ἐκεῖ καὶ προῆλθον αὐτούς (Joh/Mk, Nr 12: Brotvermehrung; Neirynck §38,5).

6. Joh 6,12 || Mt 14,20 || Lk 9,17: τὰ περισσεύσαντα κλάσματα . . . δώδεκα κοφινοὺς κλασμάτων || τὸ περισσεύον . . . κλασμάτων δώδεκα κοφινούς (κοφινοὺς δώδεκα: Lk) <> Mk 9,43: κλάσματα δώδεκα κοφινῶν (Joh/Mk, Nr 12: Brotvermehrung; Neirynck § 38, 25).

7. Joh 6,67 || Mt 16,16 || Lk 9,20: ὁ ἅγιος τοῦ θεοῦ || ὁ χρίστος (ὁ υἱὸς: Mt) τοῦ θεοῦ (τοῦ ζῶντος: Mt) <> Mk 8,29: ὁ χρίστος – (Joh/ Mk, Nr 15: Petrusbekenntnis; Neirynck § 48, 7).

8. Joh 8,51 || Mt 16,29 || Lk 9,27: – <> Mk 9,1: Καὶ ἔλεγεν αὐτοῖς (Joh/Mk, Nr 16: Den Tod nicht kosten; Neirynck § 50, 8)

9. Joh 12,3 || Mt 27,7 || Lk 7,38 – <> Mk 14,3: συντρίψασα τὴν ἀλάβαστρον (Joh/Mk, Nr 20: Betanien; Neirynck § 90,3).

10. Joh 12,5 || Mt 26,10 || Lk 7,40 – <> Mk 14,5: ἐνεβριμῶντο αὐτῃ (Joh/Mk, Nr 20: Betanien; Neirynck § 90,5).

11. Joh 12,8 || Mt 26,12 || Lk 7,46 – <> Mk 14,8: ὃ ἔσχεν ἐποίησεν (Joh/Mk, Nr 20: Betanien; Neirynck § 90,6).

12. Joh 12,27 || Mt 26,39 || Lk 22,42: Πάτερ <> Mk 14,35: Αββα ὁ πατήρ (Joh/Mk, Nr 24: Todesangst; Neirynck § 96,4).

13. Joh 13,26 || Mt 26,23 || Lk 22,21 – <> Mk 14,20: Εἷς τῶν δώδεκα (Joh/Mk Nr 28: Abschiedsmahl und Verräter; Neirynck § 93,4)

14. Joh 13,37 || Mt 26,33 || Lk 22,33: λέγει αὐτῷ <> Mk 14,29: ἔφη αὐτῷ (Joh/Mk, Nr 29: Vorhersage der Verleugnung des Petrus; Neirynck § 95,1).

15. Joh 13,38 || Mt 26,34 || Lk 22,34: – <> Mk 14,29: σύ . . . ἢ δίς (Joh/Mk, Nr 29: Vorhersage der Verleugnung des Petrus; Neirynck § 95,2).

16. Joh 18,11 || Mt 26,52 || Lk 22,51: Es folgt ein Jesuswort. <> Mk 14,47: – (Joh/Mk, Nr 33: Gefangennahme; Neirynck § 97,7).

17. Joh 18,15 || Mt 26,58 || Lk 22,54: ἠκολούθει <> Mk 14,54: ἠκολούθησεν (Joh/Mk, Nr 33: Verleugnung des Petrus 1; Neirynck § 98,3).

18. Joh 18,26 || Mt 26,71 || Lk 22,58: εἷς ἐκ τῶν δούλων τοῦ ἀρχιερέως, συγγενὴς ὢν οὗ ἀπέκοψεν Πέτρος τὸ ὠτίον / ἄλλη / ἕτερος <> Mk 14,69: ἡ παιδίσκη (. . .) ἤρξατο πάλιν (Joh/Mk, Nr 37: Verleugnung des Petrus 2; Neirynck § 100,6).

19. Joh 18,27 || Mt 26,74 || Lk 22,60: – <> Mk 14,69: ἐκ δευτέρου (Joh/Mk, Nr 37: Verleugnung des Petrus 2; Neirynck § 100,12).

20. Joh 19,3 || Mt 27,29 || Lk 23,37: καὶ ἔλεγον / λέγοντες <> Mk 15,18: ἤρξαντο ἀσπάζεσθαι αὐτόν (Joh/Mk, Nr. 40: Geißelung und Dornenkrönung; Neirynck § 104,2).

21. Joh 19,9 || Mt 27,14 || (Lk 23,9): ἀπόκρισιν οὐκ ἔδωκεν αὐτῷ / οὐκ ἀπεκρίθη αὐτῷ / οὐδὲν ἀπεκρίνατο αὐτῷ <> Mk 15,5: οὐκέτι οὐδὲν ἀπεκρίθη – (Joh/Mk, Nr. 41: Freigabe zur Kreuzigung; Neirynck § 102,5).

22. Joh 19,24 || Mt/Lk – <> Mk 15,24: ἐπ' αὐτὸν τίς ἄρῃ (Joh/Mk, Nr. 39. Verteilung der Kleider; Neirynck § 106).

23. Joh 19,30 || Mt 27,50 || Lk 23,46: παρέδωκεν / ἀφῆκεν / παρατίθεμαι τὸ πνεῦμα <> Mk 15,37: ἐξέπνευσεν (Joh/Mk, Nr 45: Essig und Tod Jesu; Neirynck § 107,3).

24. Joh 19,38 || Mt 27,58 || Lk 23,52: – <> Mk 15,44/45: ἐθαύμασεν bis κεντουρίωνος (Joh/Mk, Nr 46: Josef von Arimathäa; Neirynck § 108,6).

25. Joh 19,40 || Mt 27,59 || Lk 23, 53: – <> Mk 15,46: ἀγοράσας σινδόνα (Joh/Mk, Nr 47: Grablegung; Neirynck § 108,7).

26. Joh 20,1 || Mt 28,1 || Lk 24,1: – <> Mk 16,1: ἠγόρασαν ἀρώματα (Joh/Mk, Nr 48: Frauen beim Grab; Neirynck § 109,3).

27. Joh 20,1 || Mt 28,2 || Lk 24,2: – <> Mk 16,3: Und sie sagten zueinander: Wer wird uns den Stein von der Tür des Grabes wälzen? (Joh/Mk, Nr 48: Frauen beim Grab; Neirynck § 109,6).

28. Joh 20,18 || Mt 28,8 || Lk 24,9: ἔρχεται ἀγγελλοῦσα / ἔδραμον ἀπαγγεῖλαι / ἀπήγγειλαν <> Mk 16,3: καὶ οὐδενὶ εἶπεν οὐδέν (Joh/Mk, Nr. 50: Erscheinung von Engeln und Jesus; Neirynck § 109,17).

An den oben aufgelisteten Stellen hat Matthäus zwar den Text des Markusevangeliums übernommen, ist aber in manchen Details doch dem dahinter liegenden Hellenistenbuch gefolgt. Lukas hat an diesen Stellen entweder die matthäische Redaktion übernommen oder vielleicht auch manchmal zufällig die gleiche Entscheidung getroffen. Es gibt aber auch eine Reihe von Stellen, an denen entweder nur Matthäus oder nur Lukas dem Hellenistenbuch gegenüber Markus den Vorzug gegeben haben.

3.3.2 Agreements nur von Mt mit „Joh" gegen Mk

Die Parallelen zwischen Johannes und Matthäus und zwischen Johannes und Lukas, die bisher im Bereich der Passionsgeschichte beobachtet worden sind, hat Neirynck in seinem Forschungsbericht „John and the Synoptics 1965–1990" zusammengestellt.[43] Die Grundlage seiner Listen ist die Arbeit von Anton Dauer. Dazu sind weitere Autoren ergänzt.[44] Die Listen von Neirynck sind hier vor allem mit Angaben zu Parallelen außerhalb der Passionsgeschichte ergänzt. Die griechischen Paralleltexte sind durch kurze Inhaltsangaben ersetzt. Die erste Ziffer in der Liste ist jeweils die laufende Nummer, die zweite Ziffer ist die Nummer der Parallele in unserer eigenen Synopse.

1	**4**	Joh 3,3 || Mt 18,3: Wiedergeburt / Wenn ihr nicht werdet wie die Kinder (Lindars, Pryor)
2	**5/6**	Joh 4,50-52 || Mt 8,13.15: Fernheilung in Kafarnaum (Dauer: Johohannes und Lukas, Boismard)
3	**-**	Joh 5,29 || ?: Auferstehung des Lebens und des Gerichts (de Solages)
4		Joh 6,3 || ?: Jesus steigt auf einen Berg (de Solages)
5	**-**	Joh 11,53; 18,13.14.24.28 || Mt 26,4: Tötungsbeschluss (Bénoit)
6	**10**	Joh 12,15 || Mt 21,5: Tochter Sion (Blinzler, Freed, Smith, Menken)

43 F. Neirynck, John and the Synoptics 1965-1990. In: BETL 101, 3-62: 16f, Anm. 69; 18, Anm 74; 20, Anm 81; 21f; 21, Anm 90; 26-28; 29-31.

44 Zu den Literaturangaben: a.a.O 16, Anm 74: „Detailed references to these lists and to the commentary (cf.) are added here within brackets. The names of N.A. Dahl (1955, p. 32) and P. Borgen (1959) refer to their lists of John-Matthew agreements."

7	**12**	Joh 13,16 ǁ Mt 10,24-25a (Markus: nicht größer als) (Sparks, Dodd, Brown, Schnackenburg, Lindars)
8	**13**	Joh 13,20 ǁ Mt 10,40: Wer euch aufnimmt, nimmt mich auf. (Brown, Schnackenburg)
9	–	Joh 15,18-21 ǁ Mt 10,22-25: Wenn die Welt euch hasst . . . (Blinzler, Sparks 61)
10	–	Joh 16,2 ǁ Mt 24,9: Aus den Synagogen ausstoßen . . . (Brown)
11	-	Joh 18,2 ǁ Mt 26,25 (cf. 27,3): Judas wusste den Ort . . . (Dauer 50, cf. 25; Dahl)
12	**14**	Joh 18,10-11 ǁ Mt 26 51-54: Ohr (Klauck, BZ 35 [1991] 271)
13	**14**	Joh 18,11a ǁ Mt 26,52a: Stecke das Schwert in die Scheide – an seinen Ort! (Dauer [51, cf. 47] Dahl, Borgen 249 [cf. 250!], de Solages 105)
14	**14**	Joh 18,11b ǁ Mt 26,39: Kelch (Dauer 52, cf. 48; Dahl, Borgen 249, de Solages 106)
15	–	Joh 18,13.14.24.28 ǁ Mt 26,4: Tötungsbeschluss (Bénoit)
16	–	Joh 18,15 ǁ Mt 26,58: und er kam (mit) herein (in den Hof) (Dauer 96, cf. 73)
17	**15**	Joh 18,24 Cf. 18,13b-14 ǁ Mt 26,57 (cf. 26,3): zu Kaiphas, dem Hohen-priester (Dauer [96, cf. 70] Dahl, Borgen 256, de Solages 100)
18	**16**	Joh 18,25 (second denial) ǁ Mt 26,72: ἠρνήσατο (Dauer 96, cf. 89; Borgen 256)
19	**16**	Joh 18,27 ǁ Mt 26,74: und sogleich . . . (Dauer [97, cf. 90] Borgen 256)
20	**17**	Joh 18,31b ǁ Mt 27,1: Plan zur Tötung (Boismard)
21	**18**	Joh 18,39 ǁ Mt 27,15: συνήθεια ὑμῖν ἵνα ἕνα ἀπολύσω / εἰώθει . . . ἀ-πολύειν ἕνα (Dauer 154, cf. 124; Borgen 254 Boismard)
22	**18**	Joh 19,2 ǁ Mt 27,27 ... 29: Die Soldaten flochten einen Dornenkranz und setzten ihn auf sein Haupt (Dauer 154, cf. 126; Dahl, Borgen 250 (cf. 252!), de Solages, 100 Boismard)
23	–	Joh 19,9b-10 ǁ Mt 27,12b-13: das Schweigen Jesu (Boismard)
22	**18**	Joh 19,13 ǁ Mt 27,19: Pilatus setzte sich auf den Richterstuhl (Dauer 155, cf. 129; Borgen 254, Bénoit)
23	–	Joh 19,16a ǁ Mt 27,16b: Barabbas ??? (Boismard)

24 – Joh 19,17 II Mt 27,32 . . . 33 : Kreuzweg
(Dauer 217, cf.170; Boismard)

25 – Joh 19,19 II Mt 27,37 . . . Kreuzestitel – γεγραμμένον . . .᾿Ιησοῦς
(Dauer 221, cf. 176; Dahl, Borgen 253, de Solages 101, Boismard)

26 **21** Joh 19,30 II Mt 27,50: Jesus gibt den Geist auf
(Dauer 222, cf. 215; Borgen 253, Boismard)

27 **22** Joh 19,38 II Mt 27,57: Joseph von Arimathäa Jünger Jesu
(Dahl, Borgen 248(!), de Solages 101-103)

28 **26** Joh 20,14-17 II Mt 28,8-10: Erscheinung vor Maria Magdalena / den Frauen
(Solages)

26 Jn 20,14-18 II Mt 28,9-10: Erscheinung vor Maria Magdalena / den Frauen
(Bénoit)

29 **26** Joh 20,17 II Mt 28,9: Halt mich nicht fest . . . geh zu meinen Brüdern . . .
/ sie umfassten seine Füße . . . Geht und sagt meinen Brüdern . . .
(Dahl, Borgen 258, de Solages 107, 109.)

30 – Joh 20,23 II Mt 16,19: Binde- und Lösegewalt
(Blinzler, Solages, Dodd)

31 – Joh 21,7b II Mt 14,29: Petrus springt/steigt aus dem Boot und kommt
Jesus im/auf dem Wasser entgegen. (Goulder)

Die hier aufgelisteten Parallelen zwischen „Johannes" und Matthäus und unsere eigene Synopse decken sich nicht vollständig. Die Parallelen, mit denen auch Lukas übereinstimmt – die Minor Agreements – sind in dieser Liste deshalb nicht enthalten, weil hier meist Indizien für eine Abhängigkeit des Johannesevangeliums von Matthäus gesucht wurden und daher Lukas gerade ausgeklammert werden musste. Nach unserer Auffassung ist Lukas der Redaktion des Matthäus am Markustext an diesen Stellen nicht gefolgt. Sie kommen als Indizien für eine Abhängigkeit des Matthäusevangeliums vom Hellenistenbuch zu den mit „Johannes" übereinstimmenden Minor Agreements noch hinzu.

Manche der hier ausgewiesenen Parallelen wurden in unserer eigenen Untersuchung nicht behandelt, weil sie für einen unmittelbaren Textvergleich zuwenig deutlich sind; andere, die behandelt wurden, kommen in dieser Liste noch nicht vor – wie die Nummern 1, 9 (Verhärtung), 18 (19,29 II 23,36 Essig) und 20 (19,40 II 27,51: Begräbnis).

Meist wurde zwar die Gefällerichtung von Matthäus zu Johannes vorausgesetzt, aber schon P. Bénoit und A. Dauer beobachteten ohne eine entsprechende Theorie im Hintergrund eine gegenteilige Richtung.

P. Benoit meinte schon 1960, dass eine Reihe von Parallelen zwischen Johannes und Matthäus nicht durch Abhängigkeit des Johannesevangeliums von Matthäus erklärbar sind, sondern umgekehrt ihren Ursprung bei Johannes haben, und führte dafür folgende Beispiele an: Mt 26,4, vgl. Joh 11,53;

18,13.14.24.28; Mt 27,19, vgl. Joh 19,13; und Mt 28,9-10, vgl. Joh 20,14-18."[45]

Anton Dauer stellte in der johanneischen Passionsgeschichte Joh 18,1-19,30 Parallelen zu redaktionellen Passagen des Matthäusevangeliums fest, also zu Texten, in denen Matthäus vom Markusevangelium abweicht: Joh 18,2.11a.11b.15.24.25.27.39 und Joh 19,2.13.17.19.30.[46] Gerade dieser Sachverhalt spricht aber für den Rückgriff der matthäischen Redaktion auf das Hellenistenbuch.

Interessant für die Redaktionsgeschichte ist die Beobachtung einer Parallele zwischen der matthäischen Erweiterung der Seewandelgeschichte durch den Gang des Petrus über das Wasser und der Erscheinungsgeschichte im Kapitel 21 des Johannesevangeliums, wo Petrus ins Wasser springt und Jesus entgegenschwimmt. Aufgrund anderer Indizien haben wir geschlossen, dass die Petrusschicht des Kapitels 21 zwischen den Benützungen des Hellenistenbuches durch Matthäus und durch Lukas entstanden sein muss. Das Kapitel 21 könnte unter dieser Voraussetzung durch das Matthäusevangelium angeregt worden sein, und zwar in sehr freier Kombination der Erscheinung Jesu in Galiläa Mt 28,16-28 mit der Petrus-Erweiterung bei der Seewandelgeschichte Mt 14,28-32.

3.3.3 Agreements nur von Lk mit „Joh" gegen Mk

Auch die folgende Liste beruht im Wesentlichen auf Neirynck, der die im Bereich der Passionsgeschichte von Dauer beobachteten Parallelen zwischen Johannes und Lukas zusammengestellt und dazu weitere Autoren namhaft gemacht hat: Baum-Bodenbender, Dauer, Boismard, Boismard-Lamouille. Die Liste wurde hier ergänzt durch die Parallelen vor und nach der Passionsgeschichte, die von Neirynck an anderen Stellen desselben Beitrages angeführt werden und durch die Beobachtungen von Cribbs und durch Dauers Monographie zu Joh 4,46-54 || Lk 7,1-10; Joh 12,1-8 || Lk 7,36-50: 10,38-42 und Joh 20, 19-29 || Lk 24,36-49.

Cribbs listete neun auffallende Übereinstimmungen zwischen Lukas und Johannes gegenüber Markus und Matthäus auf.[47] Auch sieben Auslassungen, in denen Lukas mit Johannes gegen Markus und Matthäus stimmt, stellte Cribbs zusammen:[48] Obwohl Cribbs schon die Auffassung vertrat, dass Lu-

---

[45] P. Bénoit, Marie-Madeleine et les disciples au tombeau selon Joh 20 1-18, in: W. Eltester (Hg.), Judentum, Urchristentum, Kirche. FS J. Jeremias (BZNW 26) Berlin 1960, 141-152 (= ders., Exégèse et théologie, Bd. 3, Paris 1968, 270-283): 145, Anm. 15 (= 274), Anm. 3) [nach Neirynck, 1975, 91: „Ce ne sont là que quelques exemples."]

[46] Die Passionsgeschichte, 50-53 (Joh 18,1-11), 96-97 (Joh 18,12-27), 154-155 (Joh 18,28-19,16a), 217-222 (Joh 19,16b-30). Dazu Neirynck, 1992, 16

[47] Cribbs, Tradition, 423f.

[48] Cribbs, Tradition, 429-431.

kas von Johannes abhängt, finden seine Beobachtungen in unserer Untersuchung zum Teil dann keine Entsprechung, wenn sie eher inhaltlicher als textlicher Natur sind und sich nicht zum Textvergleich eignen. Gleiches gilt auch für die zusätzlichen Beobachtungen von Shellard.

1 – Joh 1,20 || Lk 3,15: Der Täufer könnte der Messias sein (Cribbs)

2 – Joh 2,1-11 || Lk 4,14-16 gegen Mt 4, 12-22 || Mk 1,16-20: Beginn der Wirksamkeit im Hügelland bei Nazareth (Cribbs)

4 **5** Joh 4,46-54 || Lk 7,1-10: Fernheilung in Kafarnaum (Dauer, Johannes und Lukas)

4 – Joh 10,24.36 || Lk 22,67.70 gegen Mt 26,63 || Mk 14,61: Doppelfrage zu Messianität und Gottessohnschaft (Cribbs)

5 **7/9** Joh 12,1-8 || Lk 7,36-50: 10,38-42: Maria und Marta, Salbung (Dauer, Johannes und Lukas)

6 – Joh 13,36-38 || Lk 22,31-34 gegen Mt 26,30-35 || Mk 14,26-30: Vorhersage der Verleugnung des Petrus im Obergemach statt am Weg zum Ölberg (Cribbs)

7 – Joh 18,1a || Lk 22,39: Gang zum Ölberg (Dauer 53; Boismard 404a)

8 – Joh 18,1b om. Gethsemane || Lk 22,40 om. (Dauer 54; Boismard 404 a; Cribbs)

9 – Joh 18,2 || Lk 22,39: Gang zum Ölberg (Dauer 55, Boismard 404b)

10 – Joh 18,3 || Lk 22,47: Ankunft des Judas (Dauer 56)

11 – Joh 18,4 || Lk 22,47 om. Mk 14,44: Judaskuss (Dauer 59)

12 **14** Joh 18,10 || Lk 22,50: das abgeschlagene rechte Ohr (Dauer 57; Borgen 250; Boismard 404a; Shellard 73)

13 **14** Joh 18,10-11 before the arrest (v. 12) || Lk 22,49-53 before the arrest (v. 54a) (Dauer 58; Boismard 404a)

14 **15** Joh 18,12a || Lk 22,52: Militärpersonen (Dauer 58, cf. 28)

15 **15** Joh 18,12b || Lk 22,54: Sie ergriffen Jesus und führten ihn. . . (Dauer 97; Borgen 256; Boismard 409b)

16 – Joh 18,18 || Lk 22,55: (Kohlen)feuer (Dauer 98; Boismard 409b)

17 **16** Joh 18,25 || Lk 22,58: Bist nicht auch du einer von. . . Ich bin es nicht. (Dauer 97; Borgen 256, Boismard 411a)

18 **16** Joh 18,26 || Lk 22,59: ein Knecht des Hohenpriesters / ein anderer (Dauer 98, cf. 89)

19 **16** Joh 18,27 om (Mk 14,71) || Lk 22,60: Fluchen des Petrus (Dauer 98)

20 **16** Joh 18,28 || Lk 23,1: Sie führen Jesu ins Prätorium / zu Pilatus
(Baum-Bodenbender 200?)

21 - Joh 18,30 || Lk 23,22: Böses tun
(Dauer 147; Boismard 417b; Baum-Bodenbender 407

22 **18** Joh 18,38-19,6 || Lk 23,4.13-22 gegen Mt 27,22f || Mk 15,13f Pilatus bezeugt dreimal die Unschuld Jesu und zweimal erfolgt der Ruf: Kreuzige! (Cribbs; Shellard 75)

23 **18** Joh 19,1-3 || Lk 23, 10-16 gegen Mt 27,24-31 || 15,15-20: Verspottung Jesu vor der Verurteilung durch Pilatus statt danach (Cribbs)

24 **18** Joh 18,38b || Lk 23,4 , aber auch 14: Ich finde keine Schuld an ihm.
(Dauer 156; Borgen 254; Boismard 417a; Baum-Bodenbender 198(?)

25 - Joh 18,39 || Lk 23,16: Ich werde freilassen (Dauer cf. 124f)

26 **18** Joh 18,40 || Lk 23,18-19: Sie schrien . . . den Barabbas. Barabbas aber war . . . (Dauer 157; Boismard 417b; Baum-Bodenbender 191)

27 **18** Joh 19,4 (18,38; 19,6) || Lk 23,22: Ich finde keine Schuld an ihm.
(Dauer 158-160; Boismard 423b)

28 **18** Joh 19,6a || Lk 23,21: Kreuzige! Kreuzige!
(Dauer 160; Boismard 418a, 425b; Baum-Bodenbender 196)

29 **18** Joh 19,6b (18,38; 19,4) || Lk 23,22: Ich finde keine Schuld an ihm.
(Dauer 160, cf. 128; Boismard 418a, 423b)

30 **18** Joh 19,12a || Lk 23,20: Pilatus . . . freilassen
(Dauer 162; Boismard 418a; Baum-Bodenbender 212)

31 - Joh 19,12c || Lk 23,2: König
(Dauer 162, Boismard 417b; Baum-Bodenbender 213(?)

32 - Joh 19,15 || Lk 23,18: Sie schrien: Hinweg(, hinweg) (mit diesem)!
(Dauer 163; Baum-Bodenbender 215)

33 **19** Joh 19,18 || Lk 23,33: Die zwei Mitgekreuzigten
(Dauer 222; Borgen 253; Boismard 437ab)

34 **19** Joh 19,18 || Lk 23,33 om Mk 15,23: mit Myrrhe vermischter Wein
(Dauer 223, Boismard 437a)

35 **20** Joh 19,25 || Lk 23, 39: Es standen aber beim Kreuz. . .
(Dauer 220; Boismard 438a)

36 **21** Joh 19,29 || Lk 23,36: Darreichung des Essigs
(Dauer 224; Boismard 438a, 440a)

37	– (10)	Lk 19,38 ‖ Joh 12,13 gegen Mt 21,9 ‖ Mk 11,10: Keine Bezugnahme auf David beim Einzug in Jerusalem (Cribbs)
38	**24**	Joh 20,3-8 ‖ Lk 24,12: Grablauf des Petrus (Shellard 74)
39	**25**	Joh 20,12 ‖ Lk 24,4 gegen Mt 28,2-4 ‖ Mk 15,5: Zwei Engel statt einem (Cribbs; Shellard 75)
40	**25-27**	Joh 20,11ff ‖ Lk 24,13ff: Erscheinungen in Jerusalem (Cribbs)
41	**27**	Joh 20,19-29 ‖ Lk 24,36-49 (Dauer: Johannes und Lukas; Shellard 74)

Gemeinsame Auslassungen und inhaltliche Gemeinsamkeiten gegenüber Markus, die sich allerdings im Textvergleich nicht unmittelbar darstellen lassen, wurden von Cribbs und Shellard bereits im Hinblick auf eine Abhängigkeit des Lukas von Johannes beobachtet:

42	–	Joh 1,29-34 ‖ Lk 3,18-22: Keine ausführliche Beschreibung der Taufe Jesu (Cribbs)
43	–	Lk (4,22-24) ‖ Joh gegen Mt 13,55 ‖ Mk 6,3: Brüder Jesu werden nicht genannt (Cribbs)
44	–	Joh 6,14 ‖ Lk 9,10-17: Nur eine Brotvermehrung (Cribbs)
45	(**14**) –	Joh 18,11 no flight of the disciples ‖ Lk 22,53 om. Mk 15,50 (Dauer 60)
46		Lk ‖ Joh gegen z.B. Mt 15,1f; 19,1-9 ‖ Mk 19,10,1-9: Keine Abwertung des Gesetzes (Cribbs)
47		Lk ‖ Joh gegen Mt 16,13 ‖ Mk 8,27: Auslassung des Namens Cäsarea Philippi (Cribbs)
48		Lk ‖ Joh gegen Mt 26,59-61 ‖ Mk 14,56-59: Falsche Zeugen (Cribbs)
49		Lk ‖ Joh gegen Mt 26:65-66 ‖ Mk 14,63f: Zorn des Hohenpriesters (Cribbs)

Die Aufstellungen von Shellard lassen sich in die obigen Listen nur teilweise integrieren und seien daher separat referiert:

Sie nennt 13 positive Übereinstimmungen,[49] von denen ihre Nummern 4, 7, 8, 10 und 11 auch bereits in unserer Liste berücksichtigt sind: 1. eine Abschiedsrede (Lk 22,14-38; Joh 13,31-17,26). 2. der Satan/Teufel in Verbindung mit Judas (Lk 22,3; Joh 13,2.27). 3. Jesu kontrolliertes Verhalten bei der Gefangennahme (Lk 22,49; Joh 18,8). 4. das rechte Ohr und die Form ὤτιον, obwohl Lukas das mk-joh ὠτάριον beim ersten Vorkommen schon zu οὖς verbessert hat (Lk 22,50; Joh 18,10). 5. Die Bezugnahme in Lk 22,53 auf die „Stunde“ (die Johannes beständig auf die Passion bezieht) und auf

[49] Shellard, Relationship, JTS 46 (1995) 73f.

„die Macht der Finsternis" (die der johanneischen Symbolik entspricht, vgl. Joh 13,30). 6. Judas ist bei der Gefangennahme Jesu aktiv. Bei Johannes hat er eine Abteilung Sodaten und jüdische Hilfskräfte besorgt (Joh 18,3); bei Lukas führt er das Arretierungskommando, wie das Verbum προέρχομαι zeigt (gegenüber Mk παραγίνομαι oder Mt ἔρχομαι). 7. Die dreimalige Erklärung der Unschuld Jesu durch Pilatus (Lk 23,4.15.22; Joh 18,38; 19,4.6). 8. zweier Engel im Grab (Lk 24,4; Joh 20,12). 9. Mehr als ein Jünger überprüft den Bericht der Frau(en) (Lk 24,24; Joh 20,3–8). 10. Die Umstände des Besuches von Petrus beim Grab (Lk 24,12; Joh 20,3-8). 11. Die Jerusalemer Erscheinungen des Auferstandenen und das Vorzeigen seiner Wunden gegenüber den Jüngern (Lk 24,36ff; Joh 20,19ff). 12. Die Sendung des Hl. Geistes (Joh 20,22; Apg 2,3).13. Die Himmelfahrt (auf die Joh 20,17 Bezug nimmt und die in Lk 24,50–51 und Apg 1,9–10 erzählt wird).

Außerdem nennt Shellard ohne Stellenangaben 17 gemeinsame Auslassungen: 1. das Zitat von Sach 13,7; 2. die Worte Jesu zu Petrus, Jakobus und Johannes, nachdem er sie verlassen hat und in den Garten Gethsemane zurückgekehrt ist; 3. die Abmachung des Judas, der Abteilung ein Zeichen zu geben; 4. die Ergreifung Jesu durch die Abteilung, bevor die Jünger zu seiner Verteidigung ausholen; 5. die Flucht der Jünger; 6. das Nachtverhör durch das Synedrium und die falschen Zeugen, die über das Tempelwort Jesu berichten; 7. die Aufforderung des Hohenpriesters zu antworten, und das Schweigen Jesu; 8. das Wort vom Kommen Jesu auf oder mit den Wolken des Himmels; 9. die Feststellung, Jesus hätte gelästert und das einstimmige Todesurteil durch den Hohen Rat; 10. die Selbstverfluchung des Petrus; 11. die Anklage durch die Hohenpriester vor Pilatus; 12. Pilatus fordert Jesus auf, zu antworten, und Jesus schweigt; der Ruf der Menge, Pilatus solle ihnen einen Gefangenen freilasssen; 13. Pilatus bietet Jesu an und die Hohenpriester wiegeln die Menge auf, Barabbas zu verlangen; 14. die Verspottung Jesu durch die Zuschauer mit einer Wiederholung des Vorwurfs wegen des Tempels und der Aufforderung, vom Kreuz herabzusteigen; 15. die undifferenzierte Feststellung, dass die Mitgekreuzigten ihn ebenfalls verspotteten; 16. der Verlassenheitsruf und seine Missdeutung durch die Menge; 17. die Nennung der Frauen, die gesehen haben, wo Jesus begraben wurde.[50]

Wiederum deckt sich unsere eigene Synopse der Parallelen nicht vollständig mit den obigen Listen und Aufstellungen der bisherigen Beobachtungen. Wie in den bisherigen Aufstellungen der Parallelen mit Matthäus fehlen auch hier die „Minor Agreements", die daher wiederum hinzuzuzählen sind, außerdem einzelne weitere Beobachtungen wie etwa Joh 18,29 || Mt 23,2 aus Joh/Mt/Lk Nr. 16.

---

50 Shellard, Relationship, JTS 46 (1995) 72f.

3.3.4 Die Reihenfolge der Parallelen:

Matthäus

Nummer	Bewertung	Joh	Mt	
1	(B)	1,1-18	1 - 2	
2	(B)	1,19-23	3,1-4	
3	(A)	1,40-43	4,18	
4	(C)	3,3-5		
5	(A)	4,46-54	8,5-13	
6	(A)	4,46.52	8,5.14	
9	(A)	12,1-8		
10	(A)	12,13-15		
11	(B)	12,38-40		
12	(A)	13,16; 15,20	10,24	
13	(C)	13,20	10,40	
			16,15-18	(3)
			13.14f	(11)
			18,2f	(4)
			21,1-9	(10)
			26,6-13	(9)
14	(A)	18,10f	26,51f	
15	(C)	18,12; 18,24	26,57	
16	(C)	18,25-27	26,71-74	
17	(C)	18,28.31	27,1.2	
18a	(C)	18,38-40.19,13	27,15-19	
18b		19,1f	27,27-29	
20	(B)	19,25f		
21	(A)	19,28-30	27,48-50	
			27,55f	(20)
22	(C)	19,38-42	27,57-60	
26	(B)	20,14-16	28,8f	

Lukas

Nummer	Bewertung	Joh	Lk	
1	(B)	1,1-18	1 - 2	
2	(B)	1,19-23	5,1-11.	(28)
			6,40	(12)
5	(A)	4,46-54	7,1-10	
			7,36--40	(9a)
			3,1-5	(2)
7	(B)	11,1; 12,1-7	10,38-41	
8	(B)	11,1-3.14-45		
9a	(A)	12,1-8		
9b		12,1-8	10,38-42	
			16,19-31	(8)
12	(A)	13,16; 15,20		
14	(A)	18,10f	22,49-51	
15	(C)	18,12f.24	22,52.54	
16	(C)	18,25-27	22,58-60	
17	(C)	18,28-30	23,1f	
18	(C)	18,38-19,15	23,4-1-27	
19	(C)	19,17-23	23,26-38	
20	(B)	19,25f	23,48f.18	
21	(A)	19,28-30	23,36.46	
22	(C)	19,38-42	23,50-55	
			24,3-5	(25)
23	(A)	20,1	24,1f	
24	(B)	20,1-10	24,9-12	
25	(C)	20,11-13		
27	(A)	20,19-22	24,36-49	
28	(B)	21,1-14	24,30f	

Die Großsynoptiker haben jeweils nur in bestimmten Textpassagen auf das Hellenistenbuch zurückgegriffen, beide jedoch insbesondere im Bereich der Passionsgeschichte.

Die Übereinstimmungen in der Passionsgeschichte sind mehrfach untersucht worden. Eine eingehende Auseinandersetzung mit den verschiedenen Argumentationen für und wider die Abhängigkeit des „Johannesevangeliums" von Matthäus und Lukas wäre sehr aufwendig und würde zu der hier vertretenen Lösung wenig beitragen. Interessanter ist die Tradition der Fernheilung von Kafarnaum.

3.3.5 Zur Traditionsgeschichte der Fernheilung von Kafarnaum

In einer knappen, aber äußerst minuziösen Studie hat Stephan Landis 1994 „Das Verhältnis des Johannesevangeliums zu den Synoptikern – Am Beispiel von Mt 8,5; Lk 7,1–10; Joh 4,46–54" untersucht.[51] Der Verfasser will sich damit gezielt in die aktuelle Debatte um die literarische Abhängigkeit oder Unabhängigkeit des Johannesevangeliums von den Synoptikern einschalten. Das Ergebnis seiner Arbeit lautet: „Bei der Perikope von der Heilung eines Knaben in Kafarnaum fehlen im Johannesevangelium jene Elemente, die von Mt und Lk redaktionell eingefügt wurden. Es besteht hier demnach keine literarische Abhängigkeit zwischen Johannes und den Synoptikern (Mt/Lk)." Landis fährt in seiner Zusammenfassung fort: „Die joh Version bleibt nicht nur in formaler, sondern auch in inhaltlicher Hinsicht viel enger an die ursprüngliche Wundererzählung gebunden als die synoptischen Varianten."[52]

Diesem Ergebnis kann hier nur entschieden zugestimmt werden. Da aber die Möglichkeit einer Abhängigkeit der Synoptiker von „Johannes" gänzlich außerhalb des Horizonts des Verfassers bleibt, muss er drei von einander unabhängige Traditionsstränge ein und derselben Geschichte postulieren: in der johanneischen Semeiaquelle, in der Logienquelle Q und im Sondergut des Lukas. Dass die Heilung des Knechtes des Hauptmanns von Kafarnaum vor der Aufnahme durch Matthäus und Lukas Bestandteil der Logienquelle war, setzt Landis als selbstverständlich voraus, was ihm nicht anzulasten ist. Er hält sich damit nur an den Forschungskonsens, der die „Major Agreements" zwischen Matthäus und Lukas mechanisch der Logienquelle zurechnet, obwohl diese Wundergeschichte in der Spruchsammlung Q ein absolutes Unikum darstellen würde. Die starken Abweichungen der lukanischen Fassung von Matthäus will Landis dann durch die Existenz einer dritten Version der Geschichte im Sondergut des Lukas erklären.

---

51 S. Landis, Das Verhältnis des Johannesevangeliums zu den Synoptikern – Am Beispiel von Mt 8,5; Lk 7,1–10; Joh 4,46–54 (BZNW 74), Berlin – New York 1994.

52 Landis, Verhältnis, 71. 72.

Die Untersuchung von Landis verdient insgesamt Beachtung und hohes Lob. Sie zeigt aber auch sehr deutlich die Aporie der üblichen Chronologie der Evangelienentstehung. Das Vorurteil, dass das Johannesevangelium das jüngste ist, erlaubt letztlich nur ein quasi tautologisches Ergebnis: Wenn Johannes nicht von den Synoptikern abhängt, dann müssen die drei Versionen dieser Geschichte eben auf drei verschiedene und voneinander unabhängige Traditionen zurückgeführt werden.

Sehr wertvoll ist der Hinweis von Landis auf den Bedeutungswandel von βασιλεῦς. Die Bezeichnung mag zur Zeit Jesu inoffiziell für Herodes Antipas verwendet worden sein. Später verstand man unter basileu''' nur mehr den Kaiser, sodass die Rede vom βασιλικός missverständlich wurde. Die Änderung in einen römischen Hauptmann scheint dieser gewandelten Bedeutung Rechnung zu tragen.[53]

Man kann die Verwertung dieses Argumentes für die Priorität der johanneischen Version der Erzählung auch noch etwas weiter treiben als Landis. Die jüdische Herrschaft in Galiläa dauerte mit Herodes Agrippa bis zum Jahr 44. Erst einige Zeit danach und aus größerer geographischer Entfernung kann die Bezeichnung βασιλικός missverständlich geworden sein. Beides trifft auf alle drei Synoptiker zu. Die Absenz der Geschichte im Markusevangelium, das wohl in nächster zeitlicher Nähe zum jüdischen Krieg und im lateinischen Milieu anzusetzen ist, erkärt sich möglicherweise aus einer verständlichen Verlegenheit und Angst vor antijüdischen Affekten seiner Adressaten. Die Umgestaltungen der Geschichte im Matthäusevangelium und durch Lukas passen hingegen in die Zeit der konsolidierten Römerherrschaft und der etablierten nachpaulinischen Heidenmission ein Jahrzehnt nach dem jüdischen Krieg. Die Logienquelle, die ja doch schon einige Zeit vor den Großsynoptikern entstanden sein muss und an der Heidenmission noch nicht interessiert ist, liegt dafür zu früh. Auf sie kann hier verzichtet werden. Es genügt die Annahme, dass Matthäus die „johanneische“ Erzählung des Hellenistenbuches gekannt und entsprechend adaptiert hat. Lukas scheint hingegen nur die matthäische Version weiter entwickelt zu haben.[54]

Schließlich möchte ich dazu noch drei Beobachtungen meines Schülers Wolfgang Machreich anführen:

1. Bei den Synoptikern könnte man von einer Fernheilung aufgrund der Unwürdigkeit und des Berufes bzw. der Anregung aus dem Berufsleben des Bittstellers sprechen. Bei Joh ergibt sich die Fernheilung aus dem Unwillen

[53] Landis, Verhältnis, 47–50.

[54] Aus vagen Tendenzen des Sprachgebrauches („selten“, „oft“, „fast nur“ „Vorzugswort“) lassen sich bei Lukas keine hinreichenden Argumente für eine Textscheidung zwischen Redaktion und Sondergut gewinnen (entgegen Landis, Verhältnis, 20–27). In der Überdehnung der Möglichkeit stilistischer Zuweisungen liegt denn auch ganz allgemein die Problematik der Arbeit von Landis.

Jesu mit dem Königlichen mitzugehen und weil ihm dessen Bitte als Glaubensbeweis genügt. Erklärungsbedürftig scheint dabei der Umstand zu sein, dass ein so berühmtes und wirkträchtiges Wort, wie das des heidnischen Hauptmanns, bei Joh keine bzw. nur halbherzige (V 48) Erwähnung findet, vor allem deswegen, weil Joh „das Thema des Glaubens" beschäftigt (Schnackenburg, HThk 4/1, 504). Gerade aber das synoptische Wort des Hauptmanns wäre für diese Absicht des Joh ideal gewesen. Das Fehlen dieses Glaubenssatzes lässt eigentlich nur den Schluss zu, dass dieser ursprünglich nicht da war. In diesem Zusammenhang möchte ich noch auf einen Gedanken von Robinson (Priority, 304) hinweisen, der meint, dass Jesus schwerlich vorstellbar „went round peppering his auditors with pellets of disconnected apophthegms". Diese Annahme erscheint in unserem Fall auch für den "Königlichen" angebracht und spricht für die einfache joh. Redesituation.

2. Nach Joh ist der Kranke in Lebensgefahr (4,47) und leidet an einem Fieber (4,52); bei Mt ist der Kranke aufgrund einer Lähmung bettlägrig und arg gequält (8,6); Lk erwähnt nur die Todesnähe des Kranken (7,2). Die joh Charakterisierung der Krankheit passt besser zur akuten Lebensgefahr, von der auch Lk spricht und gibt der ganzen Episode erst die Dringlichkeit und Eile, die ihr anhaftet (vgl. Schnackenburg, HThk 4/1, 505).

3. Nach allen drei Berichten befindet sich der Kranke in Kafarnaum. Jesus ist bei Joh in Kana, bei den Synoptikern in Kafarnaum. Für die meisten Kommentare ist die Nennung Kanas redaktioneller Zusatz, um einen Zusammenhang mit dem joh. Weinwunder zu erhalten. Es fällt jedoch auch auf, dass erst durch diesen Umstand die Fernheilung eine wirkliche Fernheilung ist. Die synoptische Heilung über wenige Straßenzüge hinweg scheint im Gegensatz zur joh Version unmotiviert, ja unnötig, sieht man von der gekünstelt wirkenden Abwehr eines Hausbesuches Jesu von seiten des synoptischen Hauptmanns ab.

Der joh Bericht zeigt aber auch die Vertrautheit des Autors mit den geographischen Verhältnissen. So bezieht er sich in seinem Bericht auf den Höhenunterschied zwischen Kana und Kafarnaum und auch im ganzen Duktus der Erzählung ergibt sich ein sinnvoller Reiseweg (vgl. Heekerens, Zeichen-Quelle, 96).

4 Das Hellenistenbuch und die Kindheitsgeschichten

Die Bezogenheit der synoptischen Kindheitsgeschichten auf das Hellenistenbuch und insbesondere auf den sogenannten Prolog behandle ich deshalb zuletzt, weil ihre Darstellung keine unmittelbare Beweislast tragen soll. Zur direkten Beweisführung eignen sich die Kindheitsgeschichten nicht, weil deren literarische Abhängigkeit vom Hellenistenbuch aus den vorhandenen Texten vielfach nicht unmittelbar evident ist, sondern auf mehreren zusätzlichen Voraussetzungen beruht.

1. Die unmittelbare Herkunft Jesu aus Nazaret, den Namen seines menschlichen Vaters Josef, die Abstammung des erwarteten Messias von David und seine Geburt in Betlehem konnten Matthäus und Lukas bereits aus dem Hellenistenbuch entnehmen. Den Namen der Mutter Jesu erfuhren sie aus dem Markusevangelium. Auch dass die wahre Herkunft des Messias unbekannt, also geheimnisvoll sei, konnten sie im Hellenistenbuch lesen. Nicht der Evangelist Johannes hat die synoptischen Kindheitsgeschichten gekannt und darüber einige vage Andeutungen gemacht, sondern umgekehrt, die beiden Großsynoptiker fanden im Hellenistenbuch und in ihren Vorgängerschriften bereits alle wichtigen Personen- und Ortsnamen vor, um eine Geschichte der Geburt Jesu zu schreiben. Einige zusätzlichen Motive fanden sie im Alten Testament. Als literarische Grundlage für ihre midraschartigen Erzählungen bot sich der zu Beginn des Hellenistenbuches zitierte hymnische Text

2. Im Prolog des kanonischen „Johannes"-Evangeliums, verbirgt sich ein Bekenntnishymnus der frühen hellenistischen Jesusbewegung. Die Verse 6f und 13 bezogen sich in dem zunächst selbständigen Hymnus und auch noch im Prolog des Hellenistenbuches auf Jesus und nicht auf den Täufer bzw. auf die Gläubigen: Der „Mensch, von Gott gesandt, damit er Zeugnis gebe für das Licht" ist ursprünglich Jesus. Und über ihn heißt es auch ursprünglich, dass er „nicht aus Blut und nicht aus Fleischeswollen (und nicht aus Manneswollen), sondern aus Gott geboren wurde". Grammatikalische Unbestimmtheiten machten später dogmatisch wünschenswerte Korrekturen zunächst in der Interpretation und dann durch Ergänzung im Text möglich. Sie sind im Zusammenhang der Abwehr von Prophetenchristologie und Doketismus zu vermuten. Die johanneische Sendungschristologie und die synoptischen Kindheitsgeschichten spiegeln aber im Wesentlichen noch den urspünglichen Wortlaut.

Im Folgenden sollen zunächst die Herkunftsmotive synoptisch untersucht werden. In einem zweiten Arbeitsgang werden dann die Kindheitsgeschichten als Midraschim zum Logoshymnus präsentiert.

4.1 Die Frage nach der Herkunft Jesu

Der paradoxe Ansatzpunkt für alle späteren Spekulationen über eine geheimnisvolle Herkunft Jesu findet sich im Hellenistenbuch in Joh 7,27: ἀλλὰ τοῦτον οἴδαμεν πόθεν ἐστίν· ὁ δὲ Χριστὸς ὅταν ἔρχηται οὐδεὶς γινώσκει πόθεν ἐστίν – „Aber von diesem wissen wir, woher er ist; wenn aber der Messias kommt, erkennt keiner, woher er ist." Allerdings ist das Hellenistenbuch scheinbar in sich widersprüchlich. Schon Philippus erzählt dem Nathanael in Joh 1,45, dass er den Messias gefunden habe, Jesus, den Sohn Josefs, aus Nazaret, und macht damit ganz konkrete Angaben über das Woher Jesu. In Joh 6,42 wird Jesus wieder Sohn Josefs genannt und behaupten die Leute, seinen Vater und seine Mutter zu kennen. An einer weiteren Stelle wenden die Juden gegen die Messianität Jesus ein, dass der Messias doch aus dem Samen Davids und aus Betlehem, der Stadt Davids, kommen müsse. Nimmt man noch die Bezeichnung Jesu als Sohn der Maria bei Markus (6,3) hinzu, so liegt das Material bereit, das natürlich dazu herausfordert, eine Harmonisierung und Lösung der Ungereimtheiten und Widersprüche zu finden.

Geht man von der zuletzt im Hellenistenbuch, Joh 7,27, genannten Auffassung von der unerkannten Herkunft des Messias aus, dann gibt es zwei logische Möglichkeiten: Entweder besteht der Widerspruch zwischen der tatsächlich bekannten menschlichen Herkunft Jesu und seiner verborgene Gottheit und Gottessohnschaft als Messias nur für die Ungläubigen und ist in der evidenten Erkenntnis des Glaubenden aufgehoben. Dies ist die Sicht des Verfassers der Hellenistenschrift. Philippus antwortet auf den Einwand des Nathanael gegen die Herkunft Jesu aus Nazaret: einfach: „Komm und sieh!" Oder das, was die Leute über die menschliche Herkunft Jesu zu wissen meinten, muss in Wirklichkeit eben falsch gewesen sein. Entgegen allgemeiner Überzeugung waren die wahren Umstände der Geburt Jesu eben doch unbekannt. Sein tatsächlicher Ursprung muss auf geheimnisvolle Weise doch den traditionellen Erwartungen entsprochen haben; auf welche Weise, ist ein zwar Rätsel. Seine Lösung liegt im Offenbarungswillen Gottes. Dieser Aufgabe haben sich Matthäus und nach ihm Lukas verschrieben.

Markus teilt zwar grundsätzlich noch die Auffassung des Hellenistenbuches, dass die Gottessohnschaft Jesu auf einer anderen Ebene angesiedelt ist als seine menschliche Herkunft und eine Interferenz gar nicht möglich ist. Aber es widerstrebt ihm auch, die Gegensätze nebeneinander stehen zu lassen. Er betitelt seine Schrift: „Evangelium Jesu des Messias, des Sohnes Gottes". Dass Jesus der Sohn Gottes ist, verträgt sich für Markus schlecht mit menschlichen Sohnschaften. Markus nennt Jesus nie einen Sohn Josefs. Er lässt Jesus zwar von zwei Hilfesuchenden Sohn Davids nennen, Jesus selbst widerlegt aber auf der Grundlage von Psalm 110 auch die Theorie, dass der Messias ein Sohn oder Nachkomme Davids sei. Die geniale Lösung, aus Josef einfach einen Daviden zu machen, bleibt Matthäus vorbehalten. Matthäus lässt in seiner Kindheitsgeschichte Josef die Hauptrolle spielen. Aber trotz des ausführlichen Stammbaumes, mit dem Matthäus sein Evangelium beginnt, und trotz des Kunstgriffes, Josef vom Verkündigungsengel audrücklich als Davidsohn anreden zu lassen, kommt Matthäus in letzter Konsequenz auch nicht weiter als Markus: Da der wunderbar gezeugte Gottessohn nicht wirklich der Sohn Josefs ist, ist er folglich auch nicht Davidsohn, auch wenn Matthäus gerade darauf größten Wert legt, und der Messias Jesus entspricht somit eben gerade nicht der biblischen Erwartung, ἐκ τοῦ σπέρματος Δαυίδ zu sein. Lukas trägt dieser nüchternen Einsicht Rechnung. Er übernimmt zwar die davidische Abkunft des Josef, sagt aber einschränkend, dass Jesus, „wie man meinte“, ein Sohn Josefs war und führt den Stammbaum Jesu nicht auf David sondern auf Adam und Gott selbst zurück. Josef reduziert er auf eine Nebenrolle.

● 1. Der Sohn Josefs

Joh 1,45 εὑρίσκει Φίλιππος τὸν Ναθαναὴλ καὶ λέγει αὐτῷ, Ὃν ἔγραψεν Μωϋσῆς ἐν τῷ νόμῳ καὶ οἱ προφῆται εὑρήκαμεν, Ἰησοῦν **υἱὸν τοῦ Ἰωσὴφ** τὸν ἀπὸ Ναζαρέτ.

Joh 6,42 καὶ ἔλεγον, Οὐχ οὗτός ἐστιν Ἰησοῦς **ὁ υἱὸς Ἰωσήφ**, οὗ ἡμεῖς οἴδαμεν τὸν πατέρα καὶ τὴν μητέρα; πῶς νῦν λέγει ὅτι Ἐκ τοῦ οὐρανοῦ καταβέβηκα;

Joh 8,48 Ἀπεκρίθησαν οἱ Ἰουδαῖοι καὶ εἶπαν αὐτῷ, Οὐ καλῶς λέγομεν ἡμεῖς ὅτι **Σαμαρίτης εἶ σὺ** καὶ δαιμόνιον ἔχεις;

Mt 1,16 Ἰακὼβ δὲ ἐγέννησεν **τὸν Ἰωσὴφ τὸν ἄνδρα Μαρίας**, ἐξ ἧς ἐγεννήθη Ἰησοῦς ὁ λεγόμενος Χριστός.

Mt 1,18 Τοῦ δὲ Ἰησοῦ Χριστοῦ ἡ γένεσις οὕτως ἦν. μνηστευθείσης τῆς μητρὸς αὐτοῦ Μαρίας **τῷ Ἰωσήφ**, πρὶν ἢ συνελθεῖν αὐτοὺς εὑρέθη ἐν γαστρὶ ἔχουσα ἐκ πνεύματος ἁγίου.

Mt 1,19 **Ἰωσὴφ** δὲ ὁ ἀνὴρ αὐτῆς, δίκαιος ὢν καὶ μὴ θέλων αὐτὴν δειγματίσαι, ἐβουλήθη λάθρᾳ ἀπολῦσαι αὐτήν.

Mt 1,20 ταῦτα δὲ αὐτοῦ ἐνθυμηθέντος ἰδοὺ ἄγγελος κυρίου κατ᾽ ὄναρ ἐφάνη αὐτῷ λέγων, **Ἰωσὴφ υἱὸς Δαυίδ**, μὴ φοβηθῇς παραλαβεῖν Μαριὰμ τὴν γυναῖκά σου, τὸ γὰρ ἐν αὐτῇ γεννηθὲν ἐκ πνεύματός ἐστιν ἁγίου·

Mt 1,24; 2,13; 2,19

Lk 1,27 πρὸς παρθένον ἐμνηστευμένην ἀνδρὶ ᾧ ὄνομα **Ἰωσὴφ** ἐξ οἴκου **Δαυίδ**, καὶ τὸ ὄνομα τῆς παρθένου Μαριάμ.

Lk 2,4 Ἀνέβη δὲ καὶ **Ἰωσὴφ** ἀπὸ τῆς Γαλιλαίας ἐκ πόλεως Ναζαρὲθ εἰς τὴν Ἰουδαίαν εἰς πόλιν Δαυὶδ ἥτις καλεῖται Βηθλέεμ, διὰ τὸ εἶναι αὐτὸν ἐξ οἴκου καὶ πατριᾶς Δαυίδ,

Lk 2,16 καὶ ἦλθαν σπεύσαντες καὶ ἀνεῦραν τήν τε Μαριὰμ καὶ τὸν **Ἰωσὴφ** καὶ τὸ βρέφος κείμενον ἐν τῇ φάτνῃ·

Lk 3,23 Καὶ αὐτὸς ἦν Ἰησοῦς ἀρχόμενος ὡσεὶ ἐτῶν τριάκοντα, ὢν υἱός, ὡς ἐνομίζετο, **Ἰωσὴφ** τοῦ Ἠλὶ

Die Bezeichnung Jesu als Sohn Josefs hat vielleicht auch noch einen anderen Aspekt. Als Nachkommen des ägyptischen Josef und seiner beiden Söhne Efraim und Manasse galten die Samaritaner. Tatsächlich wird Jesus im Hellenistenbuch, Joh 8,48, verdächtigt, ein Samaritaner zu sein. Er pflegt freundlichen Umgang mit Samaritanern und findet bei ihnen Glauben (Kapitel 4). Und er zieht sich schließlich mit seinen Jüngern in eine Stadt mit dem Namen Efraim zurück (Joh 11,54). In diesen Zusammenhang fällt auf, dass Markus jede Erwähnung von Samaria und Samaritanern vermeidet und Jesus auch nie einen Sohn Josefs nennt. Dagegen tut dies aber sehr wohl wiederum der samaritanerfreundliche Lukas, dem wir das Gleichnis vom barmherzigen Samariter verdanken. In diesem Zusammenhang ist auch die Joseftypologie der vielleicht doch aus der hellenistischen Jesusbewegung stammenden Schrift Josef und Asenet zu erwähnen. Sie wurde von der neutestamentlichen Kirche nicht rezipiert.

● 2. Ist dieser nicht der Sohn ... ?

Joh 6,42 **καὶ ἔλεγον, Οὐχ οὗτός ἐστιν** Ἰησοῦς **ὁ υἱὸς Ἰωσήφ**, οὗ ἡμεῖς οἴδαμεν τὸν πατέρα καὶ τὴν μητέρα; πῶς νῦν λέγει ὅτι Ἐκ τοῦ οὐρανοῦ καταβέβηκα;	Mk 6,3 **οὐχ οὗτός ἐστιν** ὁ τέκτων, **ὁ υἱὸς** τῆς Μαρίας καὶ ἀδελφὸς Ἰακώβου καὶ Ἰωσῆτος καὶ Ἰούδα καὶ Σίμωνος; καὶ οὐκ εἰσὶν αἱ ἀδελφαὶ αὐτοῦ ὧδε πρὸς ἡμᾶς; καὶ ἐσκανδαλίζοντο ἐν αὐτῷ.	Mt 12,23 καὶ ἐξίσταντο πάντες οἱ ὄχλοι καὶ ἔλεγον, **Μήτι οὗτός ἐστιν ὁ υἱὸς Δαυίδ;** Mt 13,55 **οὐχ οὗτός ἐστιν ὁ** τοῦ τέκτονος **υἱός**; οὐχ ἡ μήτηρ αὐτοῦ λέγεται Μαριὰμ καὶ οἱ ἀδελφοὶ αὐτοῦ Ἰάκωβος καὶ Ἰωσὴφ καὶ Σίμων καὶ Ἰούδας;	Lk 4,22 Καὶ πάντες ἐμαρτύρουν αὐτῷ καὶ ἐθαύμαζον ἐπὶ τοῖς λόγοις τῆς χάριτος τοῖς ἐκπορευομένοις ἐκ τοῦ στόματος αὐτοῦ, **καὶ ἔλεγον, Οὐχὶ υἱός ἐστιν Ἰωσὴφ οὗτος**;

Die vier Parallelen sind gekennzeichnet durch die identsche Fragestellung. Sie sind wohl kaum voneinander unabhängig. Die johanneische Version ist völlig neutral formuliert und setzt auch nicht voraus, dass der Verfasser selbst um die Eltern Jesu Bescheid weiß. Die Version des Markus ist absichtsvoll formuliert und lässt verschiedene Erklärungen zu. Entweder Markus hat schon dieselbe Vorstellung von der gottgewirkten Erzeugung Jesu wie Matthäus und Lukas und nennt deshalb Jesus Sohn Marias statt Sohn Josefs. Oder er legt im Sinne seiner üblichen Dramaturgie den unwissenden Leuten eine Falschmeinung in den Mund. In beiden Fällen wird aber Jesus erstmals als Sohn einer Maria bezeichnet. Matthäus übernimmt die markinische Version, ergänzt aber durch einen kleinen Kunstgriff den dort fehlenden Vater. Eine entsprechende Fragestellung auch im Hinblick auf die Davidsohnschaft Jesu liegt in seinem schon oben erwähnten Interesse. Lukas kehrt – wie so oft – wieder partiell zu der ursprünglichen Version des Hellenistenbuches zurück und nennt Jesus in der entsprechenden Frage wieder einfach Sohn des Josef.

● 3. Der Sohn Davids

Joh 7,42 οὐχ ἡ γραφὴ εἶπεν ὅτι ἐκ τοῦ σπέρματος Δαυίδ, καὶ ἀπὸ Βηθλέεμ τῆς κώμης ὅπου ἦν Δαυίδ, ἔρχεται ὁ Χριστὸς;	Mk 10,47 καὶ ἀκούσας ὅτι Ἰησοῦς ὁ Ναζαρηνός ἐστιν ἤρξατο κράζειν καὶ λέγειν, Υἱὲ Δαυὶδ Ἰησοῦ, ἐλέησόν με.	Mt 1,1 Βίβλος γενέσεως Ἰησοῦ Χριστοῦ υἱοῦ Δαυὶδ υἱοῦ Ἀβραάμ.	Lk 18,38 καὶ ἐβόησεν λέγων, Ἰησοῦ, υἱὲ Δαυίδ, ἐλέησόν με.
	Mk 10,48 καὶ ἐπετίμων αὐτῷ πολλοὶ ἵνα σιωπήσῃ· ὁ δὲ πολλῷ μᾶλλον ἔκραζεν, Υἱὲ Δαυίδ, ἐλέησόν με.	Mt 1,20 ταῦτα δὲ αὐτοῦ ἐνθυμηθέντος ἰδοὺ ἄγγελος κυρίου κατ' ὄναρ ἐφάνη αὐτῷ λέγων, Ἰωσὴφ υἱὸς Δαυίδ, μὴ φοβηθῇς παραλαβεῖν Μαριὰμ τὴν γυναῖκά σου, τὸ γὰρ ἐν αὐτῇ γεννηθὲν ἐκ πνεύματός ἐστιν ἁγίου·	Lk 18,39 καὶ οἱ προάγοντες ἐπετίμων αὐτῷ ἵνα σιγήσῃ· αὐτὸς δὲ πολλῷ μᾶλλον ἔκραζεν, Υἱὲ Δαυίδ, ἐλέησόν με.
	Mk 12,35 Καὶ ἀποκριθεὶς ὁ Ἰησοῦς ἔλεγεν διδάσκων ἐν τῷ ἱερῷ, Πῶς λέγουσιν οἱ γραμματεῖς ὅτι ὁ Χριστὸς υἱὸς Δαυίδ ἐστιν;	Mt 9:27; 12:23; 15:22; 20:30; 20:31; 20:30; 20:31; 21:9; 21:15; 22:42; 22:43; 22:45	Lk 20,41 Εἶπεν δὲ πρὸς αὐτούς, Πῶς λέγουσιν τὸν Χριστὸν εἶναι Δαυὶδ υἱόν; 42 αὐτὸς γὰρ Δαυὶδ λέγει ἐν βίβλῳ ψαλμῶν, Εἶπεν κύριος τῷ κυρίῳ μου, Κάθου ἐκ δεξιῶν μου ... 44 Δαυὶδ οὖν κύριον αὐτὸν καλεῖ, καὶ πῶς αὐτοῦ υἱός ἐστιν;

Wie bereits erwähnt, relativiert Markus die biblische Messiasdogmatik. Es gehört zu seiner Dramaturgie, falsche Auffassungen unwissenden Leuten in den Mund zu legen, die richtige Lehre aber von Jesus selbst verkünden zu lassen: Der Messias ist nicht Sohn Davids. Matthäus will im Gegensatz zu Markus Jesus sehr wohl als Davidsohn darstellen. Lukas kehrt wieder zur Nüchternheit des Markus zurück.

Ähnliche redaktionsgeschichtliche Beobachtungen wie zu der Spannung zwischen dem Vater Joseph und der erwarteten Davisohnschaft des Messias lassen sich auch zum Heimatort Jesu machen. Auchhier stehen die bekannte Heimat Jesu, Nazaret, und die erwartete Geburt des Messias in der Davidstadt Betlehem in Spannung.

● 4. Nazaret

Joh 1,45 εὑρίσκει Φίλιππος τὸν Ναθαναὴλ καὶ λέγει αὐτῷ, Ὃν ἔγραψεν Μωϋσῆς ἐν τῷ νόμῳ καὶ οἱ προφῆται εὑρήκαμεν, Ἰησοῦν υἱὸν τοῦ Ἰωσὴφ τὸν **ἀπὸ Ναζαρέτ**. 1,46 καὶ εἶπεν αὐτῷ Ναθαναήλ, **Ἐκ Ναζαρὲτ** δύναταί τι ἀγαθὸν εἶναι; λέγει αὐτῷ [ὁ] Φίλιππος, Ἔρχου καὶ ἴδε.

Mk 1,9 Καὶ ἐγένετο ἐν ἐκείναις ταῖς ἡμέραις ἦλθεν Ἰησοῦς **ἀπὸ Ναζαρὲτ** τῆς Γαλιλαίας καὶ ἐβαπτίσθη εἰς τὸν Ἰορδάνην ὑπὸ Ἰωάννου.

Mt 2,23 καὶ ἐλθὼν κατῴκησεν εἰς πόλιν λεγομένην **Ναζαρέτ**, ὅπως πληρωθῇ τὸ ῥηθὲν διὰ τῶν προφητῶν ὅτι Ναζωραῖος κληθήσεται.

Mt 21,11 οἱ δὲ ὄχλοι ἔλεγον, Οὗτός ἐστιν ὁ προφήτης Ἰησοῦς **ὁ ἀπὸ Ναζαρὲθ** τῆς Γαλιλαίας.

Lk 1,26 Ἐν δὲ τῷ μηνὶ τῷ ἕκτῳ ἀπεστάλη ὁ ἄγγελος Γαβριὴλ ἀπὸ τοῦ θεοῦ εἰς πόλιν τῆς Γαλιλαίας ᾗ ὄνομα **Ναζαρὲθ**

Lk 2,4 Ἀνέβη δὲ καὶ Ἰωσὴφ ἀπὸ τῆς Γαλιλαίας ἐκ πόλεως **Ναζαρὲθ** εἰς τὴν Ἰουδαίαν εἰς πόλιν Δαυὶδ ἥτις καλεῖται Βηθλέεμ, διὰ τὸ εἶναι αὐτὸν ἐξ οἴκου καὶ πατριᾶς Δαυίδ,

Lk 2,39 Καὶ ὡς ἐτέλεσαν πάντα τὰ κατὰ τὸν νόμον κυρίου, ἐπέστρεψαν εἰς τὴν Γαλιλαίαν εἰς πόλιν ἑαυτῶν **Ναζαρέθ**.

Lk 2,51

An der Herkunft Jesu aus Nazaret gibt es keinen Zweifel. Sie wird vom Hellenistenbuch vorgegeben und gleich als Stein des Anstoßes eingeführt. Markus übernimmt diese Herkunftsangabe zusammen mit der Taufsituation und im Wortlaut. Er legt sie niemandem in den Mund sondern referiert sie als objektiver Erzähler. Für ihn ist die biblische Messiasdogmatik, der Messias müsse aus dem Stamm und der Stadt Davids, nämlich aus Betlehem, kommen, ebenso wie für den Verfasser des Hellenistenbuches irrelvant. Matthäus und Lukas versuchen hingegen dieser Messiasdogmatik dennoch zu entsprechen und lassen Jesus in Betlehem geboren sein. Dass Jesus dann dennoch in Nazaret beheimatet war, muss daher erklärt werden. Nach Matthäus hätte sich die Familie Jesu erst nach der Flucht nach Ägypten in Nazaret niedergelassen. Aber warum gerade in Nazaret? Damit eine Weissagung der Propheten erfüllt werde: Er werde „Nazoräer" genannt werden. Was Matthäus meint, lässt sich nachvollziehen. Aber Matthäus muss ein wenig mogeln, denn eine solche Weissagung gibt es bekanntlich nicht. Jesus als Prophet aus Nazaret zu bezeichnen, überlässt Matthäus der Menge. Lukas löst das Problem eleganter: Jesus wird nur durch eine besondere Fügung in Betlehem geboren. Die Familie ist in Nazaret ansässig und begibt sich nur wegen einer Volkszählung nach Betlehem, um danach wieder nach Hausa zurückzukehren.

● 5. Der Nazarener

Joh 18,5 ἀπεκρίθησαν αὐτῷ, Ἰησοῦν τὸν **Ναζωραῖον**. λέγει αὐτοῖς, Ἐγώ εἰμι. εἱστήκει δὲ καὶ Ἰούδας ὁ παραδιδοὺς αὐτὸν μετ᾽ αὐτῶν.

Joh 18,7 πάλιν οὖν ἐπηρώτησεν αὐτούς, Τίνα ζητεῖτε; οἱ δὲ εἶπαν, Ἰησοῦν τὸν **Ναζωραῖον**.

Joh 19,19 ἔγραψεν δὲ καὶ τίτλον ὁ Πιλᾶτος καὶ ἔθηκεν ἐπὶ τοῦ σταυροῦ· ἦν δὲ γεγραμμένον, Ἰησοῦς ὁ **Ναζωραῖος** ὁ βασιλεὺς τῶν Ἰουδαίων.

Mk 1,24 λέγων, Τί ἡμῖν καὶ σοί, Ἰησοῦ **Ναζαρηνέ**; ἦλθες ἀπολέσαι ἡμᾶς; οἶδά σε τίς εἶ, ὁ ἅγιος τοῦ θεοῦ.

Mk 10,47 καὶ ἀκούσας ὅτι Ἰησοῦς ὁ **Ναζαρηνός** ἐστιν ἤρξατο κράζειν καὶ λέγειν, Υἱὲ Δαυὶδ Ἰησοῦ, ἐλέησόν με.

Mk 14,67 καὶ ἰδοῦσα τὸν Πέτρον θερμαινόμενον ἐμβλέψασα αὐτῷ λέγει, Καὶ σὺ μετὰ τοῦ **Ναζαρηνοῦ** ἦσθα τοῦ Ἰησοῦ.

Mk 16,6 ὁ δὲ λέγει αὐταῖς, Μὴ ἐκθαμβεῖσθε· Ἰησοῦν ζητεῖτε τὸν **Ναζαρηνὸν** τὸν ἐσταυρωμένον· ἠγέρθη, οὐκ ἔστιν ὧδε· ἴδε ὁ τόπος ὅπου ἔθηκαν αὐτόν.

Mt 2,23 καὶ ἐλθὼν κατῴκησεν εἰς πόλιν λεγομένην Ναζαρέτ, ὅπως πληρωθῇ τὸ ῥηθὲν διὰ τῶν προφητῶν ὅτι **Ναζωραῖος** κληθήσεται.

Mt 26,71 ἐξελθόντα δὲ εἰς τὸν πυλῶνα εἶδεν αὐτὸν ἄλλη καὶ λέγει τοῖς ἐκεῖ, Οὗτος ἦν μετὰ Ἰησοῦ τοῦ **Ναζωραίου**.

Lk 4,34 Ἔα, τί ἡμῖν καὶ σοί, Ἰησοῦ **Ναζαρηνέ**; ἦλθες ἀπολέσαι ἡμᾶς; οἶδά σε τίς εἶ, ὁ ἅγιος τοῦ θεοῦ.

Lk 18,37 ἀπήγγειλαν δὲ αὐτῷ ὅτι Ἰησοῦς ὁ **Ναζωραῖος** παρέρχεται.

Lk 24,19 καὶ εἶπεν αὐτοῖς, Ποῖα; οἱ δὲ εἶπαν αὐτῷ, Τὰ περὶ Ἰησοῦ τοῦ **Ναζαρηνοῦ**, ὃς ἐγένετο ἀνὴρ προφήτης δυνατὸς ἐν ἔργῳ καὶ λόγῳ ἐναντίον τοῦ θεοῦ καὶ παντὸς τοῦ λαοῦ,

Apg 2,22; 3,6; 4,10; 6,14; 10,38; 22,8; 24,5; 26,9: **Ναζωραῖος**

Merkwürdigerweise verwendet das Hellenistenbuch als Beinamen Jesu die Bezeichnung „Nazoraios". Sie erscheint sogar auf dem von Pilatus verfassten offiziellen Kreuzestitel. Als Adjektiv zu dem Ortsnamen Nazaret ist diese Wortbildung nicht plausibel; als griechische Verschriftung von hebräisch Nazir – Asket eigentlich nicht. In jedem Fall stört das O-Mega. Markus hat die befremdliche Form daher konsequent in „Nazarenos" geändert. Matthäus geht hier nicht mit, sondern deutet „Nazoraios" als Bezeichnung für jemanden, der das Naziräatsgelübte geleistet hat, verbindet den Ausdruck aber andererseits doch mit dem Ortsnamen „Nazaret“ und gestaltet daraus ein Erfüllungszitat: Die Familie Jesu musste sich in Nazaret niederlassen, damit Jesus ein Nazoräer genannt wird und damit etwa dem Typos des Propheten Samuel entspricht (1Sam 1,11). Konsequenterwesie bleibt Matthäus dann bei der Form „Nazoraios“. Lukas kann sich zwischen dem Hellenistenbuch und Matthäus einerseits und Markus andererseits nicht entscheiden und verwendet in seinem Evangelium beide Formen nebeneinander. Erst in der Apostelgeschichte bleibt auch er bei „Nazoraios“.

6. Betlehem

Joh 7,42 οὐχ ἡ γραφὴ εἶπεν ὅτι ἐκ τοῦ σπέρματος Δαυίδ, καὶ ἀπὸ **Βηθλέεμ** τῆς κώμης ὅπου ἦν **Δαυίδ**, ἔρχεται ὁ Χριστός;

Mt 2,1 Τοῦ δὲ Ἰησοῦ γεννηθέντος ἐν **Βηθλέεμ** τῆς Ἰουδαίας ἐν ἡμέραις Ἡρῴδου τοῦ βασιλέως, ἰδοὺ μάγοι ἀπὸ ἀνατολῶν παρεγένοντο εἰς Ἱεροσόλυμα

Mt 2,5 οἱ δὲ εἶπαν αὐτῷ, Ἐν **Βηθλέεμ** τῆς Ἰουδαίας· οὕτως γὰρ γέγραπται διὰ τοῦ προφήτου· 2,6 Καὶ σύ, **Βηθλέεμ** γῆ Ἰούδα, οὐδαμῶς ἐλαχίστη εἶ ἐν τοῖς ἡγεμόσιν Ἰούδα· ἐκ σοῦ γὰρ ἐξελεύσεται ἡγούμενος, ὅστις ποιμανεῖ τὸν λαόν μου τὸν Ἰσραήλ.

Mt 2,8; 2,16

Lk 2,4 Ἀνέβη δὲ καὶ Ἰωσὴφ ἀπὸ τῆς Γαλιλαίας ἐκ πόλεως **Ναζαρὲθ** εἰς τὴν Ἰουδαίαν εἰς πόλιν Δαυὶδ ἥτις καλεῖται **Βηθλέεμ**, διὰ τὸ εἶναι αὐτὸν ἐξ οἴκου καὶ πατριᾶς **Δαυίδ**,

Lk 2,15 Καὶ ἐγένετο ὡς ἀπῆλθον ἀπ᾿ αὐτῶν εἰς τὸν οὐρανὸν οἱ ἄγγελοι, οἱ ποιμένες ἐλάλουν πρὸς ἀλλήλους, Διέλθωμεν δὴ ἕως **Βηθλέεμ** καὶ ἴδωμεν τὸ ῥῆμα τοῦτο τὸ γεγονὸς ὃ ὁ κύριος ἐγνώρισεν ἡμῖν.

Zu Betlehem als den aus der Bibel erschlossenen Geburtsort des Messias ist das Nötige bereits oben gesagt worden. Das Hellenistenbuch referiert diese Messiasdogmatik als irrelevanten Einwand gegen Jesus. Markus geht darauf erst gar nicht ein. Matthäus aber will doch glauben und glauben machen, dass Jesus die Weissagungen der Schrift erfüllt hat. Die Erfüllungszitate sind ein Leitmotiv seiner Kindheitsgeschichte. Er zitiert nicht nur die Weissagung über Betlehem im ganzen Wortlaut, sondern auch eine Reihe weiterer Stellen, die seine Erzählung jeweils als von den Propheten vorhergesagt belegen sollen. Das Modell dafür lieferte aber schon das Hellenistenbuch mit seiner Passionsgeschichte. Schon die „Johannespassion“ sagt immer wieder, dass etwas geschehen ist, damit die Schrift erfüllt werde. Es ist nur konsequent, davon auszugehen, dass nicht nur der Tod, sondern auch die Geburt des Messias Jesu den Weissagungen der Schrift entsprochen haben müssen.

Die sieben Herkunftsmotive, die hier synoptisch auf ihre Beziehung zum Hellenistenbuch untersucht wurden, wurden oben im Zusammenhang der markinischen und großsynoptischen Parallelen nicht berücksichtigt. Um eine eigentliche Parallele handelt es sich nur im Falle der Nummer 2: „Ist dieser nicht der Sohn ... ?" Diese Frageeinleitung beruht mit hoher Wahrscheinlichkeit auf literarischer Abhängigkeit. Dennoch sind auch bei den anderen Motiven literarische Beziehungen deutlich genug zu erkennen.

Natürlich wird man auch künftig die traditionelle Auffassung vertreten können, dass Johannes eben die synoptischen Geburts- und Kindheitsgeschichten gekannt hat und diese Kenntnis mit verschiedenen Anspielungen durchblicken lässt. Wesentlich plausibler ist es aber, dass eben gerade diese spärlichen und widersprüchlichen Angaben des Hellenistenbuches die einzige Informationsbasis für eine deduktive Erschließung der geheimnisvollen Geburt Jesu darstellten. Auf diesen Grundlagen bauen Matthäus und Lukas ihre Geburtsgeschichten auf. Zusätzliche Motive gewinnen sie aus messianischen und anderen prophetisch gedeuteten biblischen Texten. Das Verfahren lässt sich als deduktive Geschichtsschreibung begreifen.

4.2 Der gnostische Auslegungsmythos zum Logoshymnus

Die zweite Grundlage für diese deduktive Eröffnung der Geschichte der Geburt und Kindheit Jesu war der Logoshymnus, den das Hellenistenbuch an seinem Beginn zitiert und dessen kirchliche Interpretation es sich zur Aufgabe gemacht hatte. Schon aus formalen Gründen konnte dieser Text, der sich auch als Prolog oder Vorgeschichte verstehen lässt, als Modell für die Vorgeschichten von Matthäus und Lukas dienen. Vor allem scheint dieser Text aber hohe Autorität und Offenbarungsqualität gehabt zu haben. Der noch selbständige hellenistische Bekenntnishymnus diente schon vor der Entstehung des Hellenistenbuches als Grundlage uferloser gnostischer Spekulationen. Das Hellenistenbuch reagiert schon auf diese Fehlentwicklung.

Während sich der Verfasser des Hellenistenbuches von den Auslegungsmustern konsequent fernhält und nicht einmal polemische oder antithetische Spuren der gnostischen Auslegungsgeschichte erkennen lässt, übernehmen Matthäus und Lukas auch manche Motive und Strukturen aus der Auslegungstradition ihrer Gegner, um ihnen ihre Antithesen entgegenzusetzen. Die Methode der Paraphrase ist den Gnostikern und Verfassern der Kindheitsgeschichten dabei gemeinsam.

Die lukanische Kindheitsgeschichte setzt die matthäische voraus. Lukas übernimmt das Konzept als solches und manche Motive, verbessert aber das Verfahren. Sein Midrasch zum „Prolog" des Hellenistenbuches ist wesentlich plausibler und folgt genauer dem Text.

Bevor wir uns mit den synoptischen Geburtsgeschichten selbst befassen, müssen wir uns ein wenig näher mit der fremdartigen Welt der gnostischen Auslegungsmythen zum Logoshymnus vertraut machen. Denn nur vor diesem Kontrasthintergrund wird die Arbeit der Evangelisten verständlich.

Die ersten Gnostiker lasen den im Hinblick auf Jesus geschaffenen Hymnus noch ohne das Evangelium und interpretierten ihn auf dem Hintergrund der Schöpfungsgeschichte in den ersten beiden Kapiteln der Genesis, zumal der Auftakt „Im Anfang war das Wort" bzw. „. . . schuf Gott Himmel und Erde" diese Assoziation nahelegt. Zusätzliche Interpretationsfolien bildeten der Schöpfungsmythos des platonischen Dialogs Timaios,[55] die mittelplatonische Dreischichtigkeit von Welt und Mensch, sowie die ägyptischen Motive der ramessidischen Reichstrias, der Göttertriaden und der mannweiblichen Emanationsreihen in den Kosmogonien von Heliopolis und Hermupolis.[56]

Die folgende Zusammenfassung gnostischer Interpretamente des Hymnus entnehme ich teilweise meinem Buch über den Prolog.[57] Der gesamte Text mit Alternativ- und Mehrfachdeutungen aufgrund von Gen 1 und 2 wird kurz vorgestellt, ohne dass die Belege hier dokumentiert werden können. Dafür muss ich auf das genannte Buch verweisen. Die Bezüge in der gnostischen Literatur und in den Referaten der Häresiologen sind aber vielfach evident.

Zu Vers 1f:

„Im Anfang war das Wort und das Wort war bei Gott und Gott war das Wort. Dieses war im Anfang bei Gott."

Auf dem Hintergrund des 1. Kapitels der Genesis und etwa Ps 103,2: „Alles schuf er in Weisheit ..." lässt sich die Arché mit der Weisheit identifizieren und der Logos mit dem von Gott gesprochenen Schöpfungswort als dem die Weisheit befruchtenden göttlichen Samen. Der Logos kann allerdings auch als der in der Arché-Sophia verborgene und von ihr hervorgebrachte Weltschöpfer gelten. Schließlich ist der Logos aber auch das gesprochene Wort des fakultativ mit dem Gott von Joh 1,1f identifizierten „frechen" (αὐθάδης) aber unwissenden Weltschöpfers, als dessen Paraphrase der folgende Vers 3 dann aufgefasst werden kann: Er sei der einzige Gott, und außer ihm existiere kein anderer.

---

55 Hier ist der Logos die Seele des eingeborenen Sohnes, der Welt. Platon unterscheidet zwischen den ungeschaffenen Göttern des Fixsternhimmels und den niederen geschaffenen Planetengöttern. Außerdem spricht er von Fall und Wiederaufstieg der Seelen.

56 Dementsprechend werden die Schlüsselbegriffe des Logoshymnus zu Triaden oder zu mannweiblichen Emanationsreihen zusammengestellt: Gott, Arché, Logos = Vater, Mutter, Sohn, bzw. Reihen wie: Gott–Arché (Sophia), Logos–Zoé, Mensch–„Kirche", usw.

57 Im Anfang war der „Johannesprolog". Das urchristliche Logosbekenntnis – die Basis neutestamentlicher und gnostischer Theologie (BU 17), Regensburg 1986, 200–207.

Zu Vers 3:

„Alles ist durch es (das Wort – oder: durch ihn – <den> Gott) geworden und ohne es (oder: ihn) wurde nichts.“

Nach gnostischer Auffassung bedeutet „πάντα“ zunächst das „All“ im Sinne der („ganzen“=) vollkommenen Welt. Diese vollkommene Welt wurde entweder von Gott selbst oder aber von der Weisheit durch den Samen des göttlichen Schöpfungswortes hervorgebracht. Ohne das göttliche Wort oder ohne Gott, ihren Paargenossen, brachte die Weisheit hingegen das Nichts hervor: „. . . und ohne es (ihn) wurde (nichts=) das Nichts.“ Dieses Nichts, das die Weisheit (=Arché) aus sich allein hervorbrachte, ist im Gegensatz zum All und der Welt des Pleromas die nichtige Welt der Finsternis.

Zu Vers 4f:

„Was geworden ist, in ihm war Leben, und das Leben war das Licht der Menschen, und das Licht leuchtet in der Finsternis und die Finsternis hat es nicht ergriffen.“

Das Leben und Licht der Menschen, das die Finsternis nicht ergriffen hat und das ein von Gott gesandter Mensch wurde, ist der Erlöser. Insofern das Leben in dem war, was geworden ist, nämlich im „All(es)“, und gleichzeitig das Licht der Menschen (=der Äonen) war, ist der Erlöser daher aus den Lichtteilen der Äonen des Pleromas gebildet. Weiters ist die Zoé auch jene Licht-Eva, die aufgrund von Vers 9 Adam als den „ganzen Menschen erleuchtet".

Andererseits lässt sich das, „was geworden ist", worin „das Leben war", auch als das „Nichts" von Vers 3 verstehen. Dann ist dieses negativ besetzte „Leben" der böse Finsternisherrscher, „Zoé“ wird dann nicht nur als „Eva – חַוָּה“, sondern auch als „חַיָּה – Tier“ gedeutet – und somit als die Paradiesesschlange, die sich hin und her bewegt. Die „Menschen", deren Licht dieser Finsternisherrscher war, sind dann die Archonten, die er sich geschaffen hat. Weiters ist die im „Nichts" – dem Chaos – befindliche „Zoé“ und das in der Finsternis leuchtende Licht auch der vor der Schöpfung über dem Wasser schwebende Geist des Schöpfergottes (Gen 1,3): die in der Gnosis negativ besetzte Ruah (oder auch Sophia-Zoé).[58]

Schließlich lässt sich Vers 3c-4a auch als drittes Glied parallel zu Vers 3a und Vers 3b verstehen: „Das All ist *durch ihn* (den Logos oder Gott) geworden, und *ohne ihn* wurde das Nichts. Was *in ihm* geworden ist, war Le-

[58] Zum Finsternisherrscher „Ur“ als im Finsterniswasser zappelndem Wurm vgl. Kurt Rudolph, Theogonie, Kosmogonie und Anthropogonie in den mandäischen Schriften (FRLANT 88), Göttingen 1965. 85f; ähnlich im Traktat über die Weltschöpfung, NHC (Nag Hammadi Codex) 2,5: 100,1–3, bes. 10bf: „When Pistis Sophia saw him moving in the depth of the waters, she said to him . . . ‚Yaldabaoth‘.“ Auch im Manichäismus ist der auf die Zoé bezogene „Lebendige Geist" der Demiurg der unteren Welt.

ben."[59] Leben und Licht ist dann entweder nach valentinianischer Interpretation die Erlöserqualität des Logos für die nichtige Welt oder aber nach der älteren Gnosis das eigentliche Wesen Gottes selbst.

*Zu Vers *6f:*

„Es wurde ein Mensch, von Gott gesandt, um Zeugnis zu geben für das Licht, damit alle durch ihn (es) glauben"

Der Mensch, Gesandte, Zeuge für das Licht und Glaubensbote von *Joh 1,6f erscheint in der gnostischen Paraphrase als der „Dritte Gesandte" des Manichäismus, der „Erste Gesandte", Hibil oder Gabriel der Mandäer, als der hermetische Poimandres oder als die Barbelo, „Stimme" oder Pistis – in jedem Fall als der eigentliche Offenbarer. Die Barbelo oder Sophia gibt Zeugnis für das Licht, d.h. sie berichtet dem nichtigen (οὐδέν) Demiurgen von der Existenz des vollkommenen (πάντα) Licht-Menschen (siehe unter V 9). Weil die Sophia die Welt der Finsternis zum Glauben bringen soll, heißt sie auch Pistis (= der Glaube) oder Pistis Sophia. Da der V 6 auch als Parallele zu V 1ff gelesen wurde, ist die Pistis auch die Arché.

Zu Joh 1,9:

„Das wahre Licht, das jeden Menschen erleuchtet, kam in die Welt." Oder: „Er war das wahre Licht, das jeden Menschen, der in die Welt kommt, erleuchtet."

Der Satz wird einerseits im Sinn einer *coniugatio periphrastica* aufgefasst: ἦν τὸ φῶς . . . ἐρχόμενον = das Licht kam. Der Mittelteil: „ὃ φωτίζει πάντα ἄνθρωπον" hat nach gnostischem Verständis auch die Bedeutung: „(Licht), . . . das den (ganzen=) vollkommenen Menschen (leuchtet=) offenbart". Dieses Licht, das als Offenbarung des vollkommenen Menschen in die Welt kam, wird übrigens meist als Lichtfunken paraphrasiert. Im Gang der Erzählung heißt es daher im Sinne von V 9 weiter, dass sich nun der vollkommene Mensch (=Christus) als Lichtfunke dem Demiurgen geoffenbart hat.

Lässt man andererseits *V 9 an *V 6.7 anschließen, dann war der gottgesandte Mensch selbst dieses Licht, das den ganzen Menschen oder den Menschen, der das All ist (πάντα ἄνθρωπον), erleuchtet, sodass dieser durch seine Erleuchtung in Ordnung (εἰς τὸν κόσμον) kommt.

Nun wird auch wieder V 4b aus dem ersten Prologabschnitt parallel und ergänzend dazu gelesen: „Und das Leben war das Licht der Menschen": Die vom Demiurgen nach dem Bild des vollkommenen Lichtmenschen geschaffenen Menschen waren zunächst unbelebt und wurden erst durch die Zoé, die „Epinoia des Lichtes", lebendig.

---

59 So im Tractatus Tripartitus (NHC 1,5).

Zu Vers 10:

„Er war in der Welt, und die Welt ist durch ihn geworden, und die Welt erkannte ihn nicht."

Dass die Welt durch ihn (den wahren Lichtmenschen von V 9) geworden ist, wird so interpretiert, dass der Demiurg aufgrund der Offenbarung des Lichtmenschen seine Welt erschaffen hat: vor allem den Menschen, dann aber auch die übrige geschöpfliche Welt. V 10a: „Er war in der Welt" wird auch so gedeutet, dass der Lichtmensch in der Welt eine Zeit lang festgehalten wurde, dass er in der Welt ausgespannt war und dass aus ihm die Welt gestaltet, er in die Welt eingeschaffen wurde. Dennoch hat die Welt (=der Demiurg) ihn nicht erkannt.

Zu Vers 11f:

„Er kam in sein Eigentum und die Eigenen nahmen ihn nicht auf. Allen aber, die ihn aufnahmen, gab er die Macht, Kinder Gottes zu werden (denen die an seinen Namen glauben)."

Die Eigenen oder Seinen sind die Gnostiker. Das Motiv des Nicht-Aufgenommen-Werdens bleibt in diesem Zusammenhang allerdings ausgeblendet. Der Schluss des zweiten Prologabschnittes wird bereits soteriologisch gedeutet: der Lichtmensch gibt sich den nach seinem Bild vom Demiurgen geschaffenen Menschen zu erkennen und bildet aus den Gläubigen seine Kirche.

*Zu Vers *13:*

„Nicht aus Blut und nicht aus Fleischeswollen, sondern aus Gott wurde (er / -n sie) geboren." (ohne Relativum im Singular oder neutralen Plural)

Hier scheint die gesamte sexuelle Thematik der gnostischen Spekulationen ihre Grundlage zu haben. In positiver Umkehrung impliziert der Text den Hervorgang der unerlösten Welt und Menschheit „aus Blut(fluss) und Fleischeswollen" der Sophia. Im Zusammenhang mit Vers 3 ist dies die Quelle des Sophiamythos. Das „Fleischeswollen" wird dabei als die „Begierde" und „Lüsternheit" der Sophia nach ihrem göttlichen Ehepartner interpretiert.

Zu Vers 14acd:

„Und das Wort ist Fleisch geworden, und wir haben seine Herrlichkeit gesehen, Herrlichkeit des Monogenen vom Vater her"

Die Fleischwerdung des Logos wird – wie übrigens auch in der frühen Kirche – ausschließlich als Fleischannahme gedeutet. Das Fleisch des Logos ist die Kirche. Das Fleisch des Logos kann aber auch als ein eigener, von der Sophia emanierter Äon bezeichnet werden (NHC 11,1: 12,32f).

Der Begriff des Monogenés wird unterschiedlich rezipiert. Er wird mit dem „wahren Licht" von V 9, mit dem Logos oder auch mit dem ersten Hervorgang gleichgesetzt. In etymologischer Korrelation wird Gott als „Monas" bezeichnet. Meist wird im Interesse der Bedeutung „aus einem Einzigen hervorgegangen“ der Äquivalentbegriff „Autogenés – Selbsterzeugter“ verwendet. In Analogie dazu erscheinen die Begriffe „Ungezeugter“ und „Gezeugter”; auch die Bildungen „Allogenés” und „Logogenés” sind in diesem Zusammenhang zu sehen. Vielfach fehlt aber der gesamte etymologische Motivkomplex, und der Begriff des Logosbekenntnisses wird nur durch das Motiv der „Einheit“ vertreten.

Zu dem erst nachträglich eingschobenen Text Vers 14be.16f:

„Und er zeltete in uns voll Gnade und Wahrheit, denn aus seiner Fülle haben wir empfangen Gnade um Gnade. Denn das Gesetz wurde durch Mose gegeben, die Gnade und Wahrheit kam durch Jesus Christus.”

Die Rezeption dieses Einschubs in das Logosbekenntnis beschränkt sich auf die sogenannte „christliche“ Gnosis (allerdings mit Einschluss der sethianischen oder Barbelognosis) und ist auch dort uneinheitlich. Im Allgemeinen findet sich der Begriff „Gnade“ auch hier nur in dekorativen Gottesprädikationen. Der Begriff „Pleroma“ wird häufig als Synonym für das „All – πάντα“ der göttlichen Welt gebraucht. In der „Dreigestaltigen Protennoia“ (NHC 13,1: 47,14f) wird ausnahmsweise auch das Motiv des „Zeltens“ des Logos aufgegriffen.

Zu Vers 18:

„Niemand hat Gott je gesehen; der monogene Gott, der an der Brust des Vaters ist, jener hat berichtet.“

Das Motiv der Unsichtbarkeit und Unerkennbarkeit des durch den Erlöser geoffenbarten wahren Gottes gehört zum Grundbestand der gnostischen Theologie. Ein direkter Textbezug findet sich etwa im Zweiten Traktat des Großen Seth (NHC 7,2: 70,5f).

Die eine Konstante der gnostischen Interpretation des Logoshymnus ist der Anthropos-Mythos: Der von Gott gesandte Mensch aus *Joh 1,6 ist die Textgrundlage für die jeweils dominierende gnostische Hypostase „Gesandter“, „Hibil“, „Poimandres“, „Barbelo“, „Pistis“ oder „Stimme“. Davon zu unterscheiden ist der aus dem „ganzen Menschen” von Joh 1,9 abgeleitete Urmensch und Offenbarer. Eine zweite Konstante ist der Sophia-Mythos vom Ursprung der geschaffenen Welt aus einem Sündenfall der göttlichen Weisheit. Darüber hinaus wurde der gesamte Text des Logosliedes verarbeitet. Obwohl unsere Quellen schon aus unterschiedlichen Sonderentwicklungen des zweiten und dritten Jahrhunderts stammen, reichen die gemeinsamen Anfänge dieser Spekulationen in die vorevangelische Zeit der Kirche zurück. Gegen diese ausufernden gnostischen Spekulationen wandte sich zunächst das Hellenistenbuch oder vorredaktionelle Johannesevangelium mit seiner konsequenten Interpretation des ganzen Textes auf den irdischen Jesus. Auch die synoptischen Geburtsgeschichten folgen nochmals demselben Prinzip.

4.3 Logoslied und Vorgeschichte des Matthäus

● 1. Genealogie

Joh 1,1 Ἐν **ἀρχῇ** ἦν
ὁ **λόγος**, καὶ ὁ λόγος ἦν
πρὸς τὸν **θεόν**, καὶ θεὸς
ἦν ὁ λόγος. 1,2 οὗτος ἦν
ἐν ἀρχῇ πρὸς τὸν θεόν.
1,3 **πάντα δι᾽ αὐτοῦ**
ἐγένετο, καὶ χωρὶς αὐτοῦ
ἐγένετο οὐδὲ ἕν.
ὃ ***γέγονεν*** 1,4 ἐν αὐτῷ **ζωὴ**
ἦν, καὶ ἡ ζωὴ ἦν τὸ φῶς
τῶν ἀνθρώπων· 1,5 καὶ
τὸ φῶς ἐν τῇ σκοτίᾳ
φαίνει, καὶ ἡ σκοτία
αὐτὸ οὐ κατέλαβεν.
1,6 ***Ἐγένετο ἄνθρωπος***
ἀπεσταλμένος παρὰ θεοῦ,
. . . 1,12 ὅσοι δὲ ἔλαβον
αὐτόν, ἔδωκεν αὐτοῖς
ἐξουσίαν **τέκνα θεοῦ**
γενέσθαι, τοῖς πιστεύ-
ουσιν εἰς τὸ ὄνομα αὐτοῦ,
1,13 (οἳ) ***οὐκ ἐξ αἱμάτων***
οὐδὲ ἐκ θελήματος
σαρκὸς οὐδὲ ἐκ θελή-
ματος ἀνδρὸς ἀλλ᾽
ἐκ θεοῦ ἐγεννήθη(σαν).

Gnostischer Mythos
Pleroma:
1. Θεὸς – Ἀρχή
2. Λόγος – **– Ζωή**
und weitere Äonen
3. ἄνθρωπος – **– Ἐκκλησία**
und weitere Äonen

Mt 1,1 **Βίβλος** ***γενέσεως***
Ἰησοῦ Χριστοῦ **υἱοῦ Δαυὶδ**
υἱοῦ Ἀβραάμ.
1,2 Ἀβραὰμ ***ἐγέννησεν***
τὸν Ἰσαάκ, . . .
1,16 Ἰακὼβ δὲ ***ἐγέννησεν***
τὸν Ἰωσὴφ ***τὸν ἄνδρα***
Μαρίας, ἐξ ἧς ἐγεννήθη
Ἰησοῦς
ὁ λεγόμενος Χριστός.

1,17 **Πᾶσαι οὖν αἱ γενεαὶ**
ἀπὸ Ἀβραὰμ ἕως Δαυὶδ

(1.) **γενεαὶ δεκατέσσαρες**,
καὶ ἀπὸ Δαυὶδ ἕως τῆς
μετοικεσίας Βαβυλῶνος

(2.) **γενεαὶ δεκατέσσαρες**
καὶ ἀπὸ τῆς μετοικεσίας
Βαβυλῶνος ἕως τοῦ
Χριστοῦ

(3.) γενεαὶ δεκατέσσαρες

Der Titel des Matthäusevangeliums „Buch der Genesis Jesu Christi, des Sohnes Davids, des Sohnes Abrahams" meint die gesamte Geschichte Jesu einschließlich der Vorgeschichte seiner Herkunft und Geburt. Sie nimmt Bezug auf das Buch Genesis und über diese Brücke vermutlich auch auf den zur Genesis parallelen Beginn des Logoshymnus „Im Anfang". Das Matthäusevangelium charakterisiert diese neue Genesis als die Genese Jesu. Dass Jesus hier nicht wie bei Markus als Sohn Gottes, sondern als Sohn Davids und Sohn Abrahams bezeichnet wird, ist wohl theologische Absicht. Markus wollte wie schon die Hellenistenschrift nur vom irdischen Jesus sprechen. Matthäus will auch seine Herkunft ganz im irdischen Bereich halten.

Eine Bezugnahme der Vorgeschichte des Matthäusevangeliums auf den Logoshymnus springt keinesfalls ins Auge, ja sie ist ohne die Kenntnis des gnostischen und neutestamentlichen Umfeldes gar nicht zu vermuten. Wir müssen uns wieder in Erinnerung rufen, dass wohl schon das Hellenistenbuch auf die gnostische Mythenbildung aufgrund des Logoshymnus reagiert. Während sich die Gnostiker bei der Interpretation des Logoshymnus in immer abenteuerlichere Spekulationen über die vorweltliche Entfaltung der himmlischen Welt verstiegen, unternahm es der Verfasser des Hellenistenbuches, den gesamten Text des Logoshymnus auf den irdischen Jesus zu deuten. Er interpretierte den „Anfang“ auf sein Auftreten, das „Wort“ als seine Verkündigung und den „Gott“, bei dem dieses Wort im Anfang war, als den historischen Jesus selbst. Matthäus scheint nun dasselbe Problem nochmals auf andere Weise in seiner Vorgeschichte aufzugreifen. Den von den Gnostikern aufgrund des Logosliedes konstruierten Emanationsreihen himmlischer Wesen, an deren Ende Jesus steht, setzt er nun eine ausschließlich irdische Genealogie Jesu entgegen. Statt der drei Hauptäonen Gott, Logos und Mensch mit ihren weiblichen Aspekten und ihren jeweiligen Hervorbringungen, spricht Matthäus von dreimal 14 Geschlechtern. Er scheint damit auf den Sophiamythos anzuspielen und ihn zu kontrastieren. Analog zu der gefallenen Sophia und den mit ihr verbundenen weiblichen Hypostasen Arché, Zoé und Kirche, erwähnt Matthäus vier kompromittierte Frauengestalten der biblischen Geschichte im Stammbaum Jesu, nämlich Thamar, Rahab, Ruth, und die Frau des Uria. Die dreimal vierzehn ergeben die apokalyptische Zahl 42 und kontrastieren mit anderen Symbolzahlen der Gnostiker.

● 2. Geburt

	Mt 1,18 Τοῦ δὲ Ἰησοῦ Χριστοῦ ἡ **γένεσις** οὕτως ἦν. **μνηστευθείσης τῆς μητρὸς αὐτοῦ Μαρίας τῷ Ἰωσήφ,**
Joh 1,13 (οἳ) **οὐκ ἐξ αἱμάτων** οὐδὲ ἐκ θελήματος σαρκὸς οὐδὲ ἐκ θελήματος ἀνδρὸς	**πρὶν ἢ συνελθεῖν αὐτοὺς εὑρέθη ἐν γαστρὶ ἔχουσα ἐκ πνεύματος ἁγίου.** 1.19 Ἰωσὴφ δὲ ὁ ἀνὴρ αὐτῆς, δίκαιος ὢν καὶ μὴ θέλων αὐτὴν δειγματίσαι, ἐβουλήθη λάθρᾳ ἀπολῦσαι αὐτήν. 1.20 ταῦτα δὲ αὐτοῦ ἐνθυμηθέντος ἰδοὺ ἄγγελος κυρίου κατ᾽ ὄναρ ἐφάνη αὐτῷ λέγων, Ἰωσὴφ υἱὸς Δαυίδ, μὴ φοβηθῇς παραλαβεῖν Μαριὰμ τὴν
ἀλλ᾽ ἐκ θεοῦ ἐγεννήθη(σαν).	γυναῖκά σου· τὸ γὰρ ἐν αὐτῇ **γεννηθὲν ἐκ πνεύματός ἐστιν ἁγίου**. 1.21 τέξεται δὲ υἱὸν, καὶ καλέσεις τὸ ὄνομα αὐτοῦ Ἰησοῦν· αὐτὸς γὰρ σώσει τὸν λαὸν αὐτοῦ ἀπὸ τῶν ἁμαρτιῶν αὐτῶν.
1.3 **πάντα δι᾽ αὐτοῦ ἐγένετο**, καὶ χωρὶς αὐτοῦ ἐγένετο οὐδὲ ἕν.	1.22 **Τοῦτο δὲ ὅλον γέγονεν**
1.14 Καὶ **ὁ λόγος σὰρξ ἐγένετο**	**ἵνα πληρωθῇ τὸ ῥηθὲν ὑπὸ κυρίου διὰ τοῦ προφήτου λέγοντος,** 1.23 **Ἰδοὺ ἡ παρθένος ἐν γαστρὶ ἕξει καὶ τέξεται υἱόν,**

καὶ ἐσκήνωσεν **ἐν ἡμῖν**,
καὶ **ἐθεασάμεθα** τὴν δόξαν αὐτοῦ,
δόξαν ὡς **μονογενοῦς παρὰ πατρός**

καὶ καλέσουσιν τὸ ὄνομα αὐτοῦ
Ἐμμανουήλ, ὅ ἐστιν μεθερμηνευόμενον
Μεθ' ἡμῶν ὁ θεός. 1,24 ἐγερθεὶς δὲ
ὁ Ἰωσὴφ ἀπὸ τοῦ ὕπνου ἐποίησεν ὡς
προσέταξεν αὐτῷ ὁ ἄγγελος κυρίου καὶ
παρέλαβεν τὴν γυναῖκα αὐτοῦ, 1,25 καὶ
οὐκ ἐγίνωσκεν αὐτὴν ἕως οὗ ἔτεκεν υἱόν·
καὶ ἐκάλεσεν τὸ ὄνομα αὐτοῦ Ἰησοῦν.

Matthäus folgt in seiner Interpretation nicht dem Textverlauf des Logoshymnus selbst, sondern eher dem von dessen gnostischen Paraphrasen. Nach der umfangreichen Kontrastanspielung auf die gnostische Exegese von *Joh 1,1-6 im Sinne zahlreicher Emanationen springt er zur Auslegung von *Joh 1,13, um zu erzählen, wie es sich mit der Geburt Jesu „nicht aus Blut und nicht aus Fleischeswollen (und nicht aus Manneswollen), sondern aus Gott" tatsächlich verhielt. Die Geburt „nicht aus Blut und nicht aus Fleischeswollen" konnte interpretiert werden als die Geburt aus einer „Jungfrau" im engeren Sinn, einer Betulah oder Naarah, einem Mädchen zwischen 12 und 12 1/2 Jahren an der Schwelle zur Geschlechtsreife, das zwar schon ehemündig, aber noch nicht ehefähig war und dessen erste Regel vor der Heimführung abgewartet werden musste. Maria wurde vor ihrer Reife schwanger, noch bevor ihre Ehe vollzogen werden konnte (Vgl. Hofrichter, Im Anfang, zur Stelle)

Das Wort, das sich hier in leiblicher Realität erfüllt hat und somit „Fleisch geworden" ist, ist das Wort des Propheten Jesaja: „Siehe die Jungfrau wird empfangen und einen Sohn gebären, und sein Name wird sein Emmanuel, das heißt: Mit uns ist Gott." Damit kommt einerseits unser Schauen seiner göttlichen Herrlichkeit aus Vers 14c in den Blick: „Und wir haben seine Herrlichkeit gesehen", andererseits aber auch Vers 3 des Logoshymnus: „*Alles* ist durch es", das Wort Gottes, oder um des Wortes Gottes willen „geworden" oder geschehen: Matthäus schreibt „Dies *alles* ist geschehen, damit sich das von Gott durch den Propheten Gesagte erfülle." Diese Erfüllungsformel im Hinblick auf das Wort Gottes wird zum Refrain der folgenden Darstellung.

● 3. Magier

Bezogen auf das Weltall und den Planetenhimmel:
Joh 1,3 πάντα δι' αὐτοῦ ἐγένετο,... ὃ γέγονεν 1,4 ἐν αὐτῷ ζωὴ ἦν, καὶ ἡ ζωὴ ἦν τὸ φῶς τῶν ἀνθρώ–πων· 1,5 καὶ **τὸ φῶς ἐν τῇ σκοτίᾳ** φαίνει...

1,6 **Ἐγένετο ἄνθρωπος** ἀπεσταλμένος παρὰ θεοῦ, (... 1,7 ...)

Gnostischer Mythos

Mt 2,1 Τοῦ δὲ Ἰησοῦ γεννηθέντος ἐν Βηθλέεμ τῆς Ἰουδαίας ἐν ἡμέραις **Ἡρῴδου τοῦ βασιλέως**, ἰδοὺ

μάγοι ἀπὸ ἀνατολῶν **παρεγένοντο** εἰς Ἱεροσόλυμα

2,2 λέγοντες, Ποῦ ἐστιν
ὁ τεχθεὶς βασιλεὺς
τῶν Ἰουδαίων;

**ἵνα μαρτυρήσῃ
περὶ τοῦ φωτός,
ἵνα πάντες πιστεύσωσιν
δι' αὐτοῦ**. (. . .)

**εἴδομεν γὰρ αὐτοῦ τὸν
ἀστέρα ἐν τῇ ἀνατολῇ**
καὶ ἤλθομεν προσκυνῆσαι
αὐτῷ.

Im gnostischen Mythos erschrickt der Demiurg Jaldabaoth bei der Offenbarung des Licht-Menschen.

2,3 ἀκούσας δὲ **ὁ βασιλεὺς
Ἡρῴδης ἐταράχθη
καὶ πᾶσα Ἱεροσόλυμα
μετ' αὐτοῦ,**

2,4 καὶ συναγαγὼν
πάντας τοὺς **ἀρχιερεῖς
καὶ γραμματεῖς** τοῦ λαοῦ
ἐπυνθάνετο παρ' αὐτῶν
ποῦ ὁ Χριστὸς γεννᾶται.
2,5 οἱ δὲ εἶπαν αὐτῷ,
Ἐν Βηθλέεμ τῆς Ἰουδαί–
ας· **οὕτως γὰρ γέγραπται
διὰ τοῦ προφήτου**·
2,6 Καὶ σύ Βηθλέεμ, γῆ
Ἰούδα, οὐδαμῶς ἐλαχίστη
εἶ ἐν τοῖς ἡγεμόσιν Ἰούδα·
ἐκ σοῦ γὰρ ἐξελεύσεται
ἡγούμενος, ὅστις ποιμανεῖ
τὸν λαόν μου τὸν Ἰσραήλ.

1,9 **Ἦν τὸ φῶς
τὸ ἀληθινόν, ὃ φωτίζει
πάντα ἄνθρωπον,
ἐρχόμενον εἰς τὸν κόσμον**.

Lichtfunke, Licht aus der Höhe, das den vollkommenen Menschen offenbart.

2,9 . . . καὶ **ἰδοὺ ὁ ἀστὴρ,
ὃν εἶδον ἐν τῇ ἀνατολῇ,**
προῆγεν αὐτοὺς,
ἕως ἐλθὼν **ἐστάθη ἐπάνω
οὗ ἦν τὸ παιδίον**.

1,10 ἐν τῷ κόσμῳ ἦν, καὶ
ὁ κόσμος δι' αὐτοῦ
ἐγένετο, **καὶ ὁ κόσμος
αὐτὸν οὐκ ἔγνω**. 1,11 εἰς
τὰ ἴδια ἦλθεν, καὶ οἱ ἴδιοι
αὐτὸν οὐ παρέλαβον.

Archigenitor erkennt den wahren Gott nicht: Ich bin der einzige Gott und über mir ist keiner.

2,10 ἰδόντες δὲ τὸν ἀστέρα
ἐχάρησαν χαρὰν μεγάλην
σφόδρα. 2,11 καὶ ἐλθόν–
τες εἰς τὴν οἰκίαν εἶδον
τὸ παιδίον μετὰ Μαρίας
τῆς μητρὸς αὐτοῦ, καὶ
πεσόντες **προσεκύνησαν**
αὐτῷ

1,12 ὅσοι δὲ ἔλαβον
αὐτόν, ἔδωκεν αὐτοῖς
ἐξουσίαν τέκνα θεοῦ
γενέσθαι,
τοῖς **πιστεύουσιν**
εἰς τὸ ὄνομα αὐτοῦ,

1,1 Ἐν ἀρχῇ ἦν ὁ **λόγος**, καὶ ὁ λόγος ἦν πρὸς τὸν **θεόν** . . . 1,6 Ἐγένετο **ἄνθρωπος** . . .	Irenäus: Gold für den König, Weihrauch für die Gottheit und Myrrhe für den Menschen.	καὶ ἀνοίξαντες τοὺς θησαυροὺς αὐτῶν προσήνεγκαν αὐτῷ δῶρα, **χρυσὸν** καὶ **λίβανον** καὶ **σμύρναν**.
	Archigenitor erkennt den wahren Gott nicht.	2,12 καὶ χρηματισθέντες κατ' ὄναρ **μὴ ἀνακάμψαι πρὸς Ἡρῴδην**, δι' ἄλλης ὁδοῦ ἀνεχώρησαν εἰς τὴν χώραν αὐτῶν.

Mit der Magiergeschichte setzt Matthäus dann wieder fort bei der gnostischen Auslegung von Joh 1,6.9: Die Pistis Sophia, die Barbelo oder der erste Mensch oder (dritte) Gesandte offenbart dem Weltschöpfer, Demiurgen oder Archigenitor, dass es einen höheren Gott gibt als ihn. Dieser erschrickt über die Stimme aus der Höhe und ihr Zeugnis, denn er hält sich für den einzigen Gott. Dann erscheint ein Lichtfunken oder Lichtbild, das einen vollkommenen Menschen offenbart. Die Assoziationen der Gnostiker sind dabei folgende: Der „Mensch, von Gott gesandt, damit er Zeugnis gebe für das Licht“ am Beginn des zweiten Textabschnittes des Logoshymnus wird hier verstanden als Engel oder himmlisches Wesen und für identisch gehalten mit der Arché-Sophia am Beginn des ersten Textabschnittes. Sie gibt gegenüber dem Demiurgen, dem Finsternisherrscher, dem – beschränkten – Licht, das in der Finsternis leuchtet von Joh 1,4f, Zeugnis für das wahre Licht. Dieses wahre Licht, das den ganzen, vollkommenen, mannweiblichen Menschen leuchtet, kommt daraufhin in die Welt. Im gnostischen Mythos folgt darauf die Erschaffung des irdischen Menschen durch die Archonten nach dem Himmelsbild, das sie gesehen haben (vgl. Hofrichter, im Anfang, zu den zitierten Stellen und Traktaten).

Matthäus transponiert diese gnostisch-urgeschichtliche Paraphrase des Logoshymnus in die zeitgeschichtlichen Geburtsumstände Jesu. Aus dem Finsternisherrscher oder Archigenitor nach Joh 1,4f. wird der König Herodes. Der Mensch, von Gott gesandt, damit er Zeugnis gebe für das Licht, sind nun die Weisen aus dem Morgenland. Das wahre Licht, das den ganzen oder vollkommenen Menschen, der in die Welt kommt, offenbart, ist der Stern von Betlehem. Herodes „erschrickt“ mit dem gleichen Wort wie der gnostische Archigenitor: ἐταράχθη.

Die drei Magiergeschenke Weihrauch, Gold und Myrrhe nehmen Bezug auf die drei Dimensionen Jesu als Gott, Allherrscher und Mensch, sie tun das aber in der gleichen verschobenen Reihenfolge wie die Begriffe Gott, Logos und Mensch im Logoshymnus auftreten, nämlich mit dem Gold für den König analog dem Logos an erster Stelle.

● 4. Wort Gottes

Joh 1,1 Ἐν ἀρχῇ ἦν **ὁ λόγος**, καὶ ὁ
λόγος ἦν **πρὸς τὸν θεόν** . . .
1,3 **πάντα δι' αὐτοῦ ἐγένετο**, καὶ χωρὶς
αὐτοῦ ἐγένετο οὐδὲ ἕν.

1,14 Καὶ **ὁ λόγος σὰρξ ἐγένετο**

Mt 1,22 **Τοῦτο δὲ ὅλον γέγονεν ἵνα
πληρωθῇ τὸ ῥηθὲν ὑπὸ κυρίου**
διὰ τοῦ προφήτου λέγοντος,
1,23 Ἰδοὺ ἡ παρθένος ἐν γαστρὶ ἕξει
καὶ τέξεται υἱόν, καὶ καλέσουσιν
τὸ ὄνομα αὐτοῦ Ἐμμανουήλ, ὅ ἐστιν
μεθερμηνευόμενον Μεθ' ἡμῶν ὁ θεός.

2,5 οἱ δὲ εἶπαν αὐτῷ, Ἐν Βηθλέεμ
τῆς Ἰουδαίας· **οὕτως γὰρ γέγραπται**
διὰ τοῦ προφήτου· 2.6 Καὶ σύ Βηθ–
λέεμ, γῆ Ἰούδα, οὐδαμῶς ἐλαχίστη εἶ
ἐν τοῖς ἡγεμόσιν Ἰούδα· ἐκ σοῦ γὰρ
ἐξελεύσεται ἡγούμενος, ὅστις ποιμανεῖ
τὸν λαόν μου τὸν Ἰσραήλ.

2,14 ὁ δὲ ἐγερθεὶς παρέλαβεν
τὸ παιδίον καὶ τὴν μητέρα αὐτοῦ
νυκτὸς καὶ ἀνεχώρησεν εἰς Αἴγυπτον,
2.15 καὶ ἦν ἐκεῖ ἕως τῆς τελευτῆς
Ἡρῴδου· ἵνα **πληρωθῇ τὸ ῥηθὲν ὑπὸ
κυρίου** διὰ τοῦ προφήτου λέγοντος,
Ἐξ Αἰγύπτου ἐκάλεσα τὸν υἱόν μου.

2,17 τότε **ἐπληρώθη τὸ ῥηθὲν**
διὰ Ἰερεμίου τοῦ προφήτου λέγοντος,
2,18 Φωνὴ ἐν Ῥαμὰ ἠκούσθη,
κλαυθμὸς καὶ ὀδυρμὸς πολύς· Ῥαχὴλ
κλαίουσα τὰ τέκνα αὐτῆς, καὶ οὐκ
ἤθελεν παρακληθῆναι, ὅτι οὐκ εἰσίν.

2,22 ἀκούσας δὲ ὅτι Ἀρχέλαος
βασιλεύει τῆς Ἰουδαίας ἀντὶ τοῦ
πατρὸς αὐτοῦ Ἡρῴδου ἐφοβήθη ἐκεῖ
ἀπελθεῖν· χρηματισθεὶς δὲ κατ' ὄναρ
ἀνεχώρησεν εἰς τὰ μέρη τῆς Γαλιλαίας,
2,23 καὶ ἐλθὼν κατῴκησεν εἰς πόλιν
λεγομένην Ναζαρέτ· ὅπως **πληρωθῇ
τὸ ῥηθὲν** διὰ τῶν προφητῶν ὅτι
Ναζωραῖος κληθήσεται.

Das Leitmotiv der gesamten matthäischen Vorgeschichte beruht auf dem Beginn des Logoshymnus in den Versen 1 – 3: „Im Anfang war das Wort, und das Wort war bei Gott , und Gott war das Wort. Dieses war im Anfang bei Gott; alles ist durch es geworden, und ohne es wurde nichts.“ Das „Wort“ wurde schon im Hellenistenbuch entchristologisiert und als jenes Offenbarungswort gedeutet, das Jesus vom Vater hört und zu den Menschen redet.

Bei Markus ist es das „Evangelium“: Er beginnt seine Schrift in Anlehnung an den Logoshymnus der Hellenistenschrift mit den Worten: Anfang des Evangeliums Jesu Christi, des Sohnes Gottes. Matthäus modifiziert diese Deutung des „Wortes“ im Logoshymnus nochmals und versteht darunter das Wort Gottes als prophetisches Schriftwort. „Alles ist durch es“, das Wort Gottes, „geworden“ heißt dann, dass alle Geschehnisse rund um die Geburt Jesu sich aufgrund der Weissagungen des Gotteswortes in der Heiligen Schrift so und nicht anders zugetragen haben. Ganz entsprechend den klassischen Regeln der Paraphrase wird kein Wort des paraphrasierten Textes übernommen, sondern konsequent alles in eine andere Ausdrucksweise umgesetzt: Statt πάντα schreibt er Τοῦτο δὲ ὅλον. Für ὁ λόγος setzt er τὸ ῥηθὲν ὑπὸ κυρίου. Und δι᾽ αὐτοῦ ἐγένετο paraphrasiert er mit γέγονεν ἵνα πληρωθῇ (Mt 1,22). Partiell wird diese Ausdrucksweise bei allen vier weiteren Erfüllungszitaten wiederholt.

● 5. Engel

Joh 1,6 Ἐγένετο ἄνθρωπος
ἀπεσταλμένος παρὰ θεοῦ,
(. . . 1,7 . . .)
ἵνα μαρτυρήσῃ περὶ τοῦ φωτός,
ἵνα πάντες πιστεύσωσιν δι᾽ αὐτοῦ.
(. . .)

Mt 1,20 ταῦτα δὲ αὐτοῦ ἐνθυμηθέντος
ἰδοὺ **ἄγγελος κυρίου** κατ᾽ ὄναρ ἐφάνη
αὐτῷ **λέγων**, Ἰωσὴφ υἱὸς Δαυίδ, μὴ
φοβηθῇς παραλαβεῖν Μαριὰμ τὴν
γυναῖκά σου· τὸ γὰρ ἐν αὐτῇ γεννηθὲν
ἐκ πνεύματός ἐστιν ἁγίου. 1,21 τέξεται
δὲ υἱόν, καὶ καλέσεις τὸ ὄνομα αὐτοῦ
Ἰησοῦν· αὐτὸς γὰρ σώσει τὸν λαὸν
αὐτοῦ ἀπὸ τῶν ἁμαρτιῶν αὐτῶν.

2,13 Ἀναχωρησάντων δὲ αὐτῶν ἰδοὺ
ἄγγελος κυρίου φαίνεται κατ᾽ ὄναρ τῷ
Ἰωσὴφ **λέγων**, Ἐγερθεὶς παράλαβε τὸ
παιδίον καὶ τὴν μητέρα αὐτοῦ καὶ
φεῦγε εἰς Αἴγυπτον καὶ ἴσθι ἐκεῖ ἕως
ἂν εἴπω σοι· μέλλει γὰρ Ἡρῴδης
ζητεῖν τὸ παιδίον τοῦ ἀπολέσαι αὐτό.

2,19 Τελευτήσαντος δὲ τοῦ Ἡρῴδου
ἰδοὺ **ἄγγελος κυρίου** φαίνεται κατ᾽ ὄναρ
τῷ Ἰωσὴφ ἐν Αἰγύπτῳ 2,20 **λέγων**,
Ἐγερθεὶς παράλαβε τὸ παιδίον καὶ τὴν
μητέρα αὐτοῦ καὶ πορεύου εἰς γῆν
Ἰσραήλ· τεθνήκασιν γὰρ οἱ ζητοῦντες
τὴν ψυχὴν τοῦ παιδίου.

Zu dem „von Gott gesandten Menschen“ von Joh 1,6 finden sich außer der Paraphrase der Magier auch noch zwei weitere Interpretamente, das des Engels und das der Stimme. Beide Motive sind durch ältere Interpretationen vermittelt. Der Engel ist vermittelt durch die zunächst christologische Deutung von Maleachi 3,1: „Siehe, ich sende meinen Engel vor mir her, damit er mir den Weg bereite". Sobald Jesus mit Jahwe selbst gleichgesetzt wird, wird der „Engel" und Zeuge für das göttliche Licht Jesu jemand anderer als er, nämlich entweder der Täufer oder aber ein Engel im übernatürlichen Sinn. Zum ersten Mal tritt ein solcher Engel bei Markus beim leeren Grab auf und gibt in der Finsternis der Nacht und des Grabes Zeugnis für das Licht des Auferstandenen. Bei Matthäus ist dieses Motiv in die Geburtsgeschichte integriert. Der Engel gibt nun dem Josef in der Finsternis seiner Unwissenheit Zeugnis für das Jesuskind.

● 6. Kindermord

Joh 1,6 Ἐγένετο ἄνθρωπος ἀπεσταλμένος παρὰ θεοῦ, (. . . 1,7 . . .) **ἵνα μαρτυρήσῃ** περὶ τοῦ φωτός. . .	Markus: Mk 1,3 **φωνὴ** βοῶντος ἐν τῇ ἐρήμῳ, Ἑτοιμάσατε τὴν ὁδὸν κυρίου. . . 1,11 καὶ ***φωνὴ*** *ἐγένετο* *ἐκ τῶν οὐρανῶν,* Σὺ εἶ ὁ υἱός μου ὁ ἀγαπη- τός, ἐν σοὶ εὐδόκησα.	Mt 2,17 τότε ἐπληρώθη τὸ ῥηθὲν διὰ Ἰερεμίου τοῦ προφή- του λέγοντος, 2,18 **Φωνὴ** ἐν Ῥαμὰ ἠκούσθη, κλαυθμὸς καὶ ὀδυρμὸς πολύς· Ῥαχὴλ κλαίουσα τὰ τέκνα αὐτῆς, καὶ οὐκ ἤθελεν παρακληθῆναι, ὅτι οὐκ εἰσίν.
Joh 1,6 Ἐγένετο ἄνθρωπος ἀπεσταλμένος παρὰ θεοῦ, (. . . 1,7 . . .) **ἵνα μαρτυρήσῃ** περὶ τοῦ φωτός. . .	ApJoh (NHC 2,14,13f): *Die himmlische Stimme der Barbelo gibt dem Demiurgen Jaldabaoth Zeugnis für die Existenz des wahren Gottes und seines Sohnes:* „Und eine **Stimme** kam von der Höhe der erhabenen Äonen: Der *Mensch* existiert und der *Sohn des Menschen*"	

Ähnlich wie der Demiurg oder Archigenitor nicht weiß, dass die Sophia-Zoé den aus Lehm gebildeten Urmenschen belebt und erleuchtet, weiß Josef nichts vom Heiligen Geist, der das göttliche Kind, den vollkommenen Licht-Menschen im Schoß Marias erzeugt hat. Beide Motive sind über die Gleichsetzung der Zoé von Vers 4 des Logoshymnus mit dem Heiligen Geist verbunden. Schließlich ist auch die Stimme eine Anspielung auf ein gnostisches Interpretament des „von Gott gesandten Menschen". Setzt man die Reihe Gott, von ihm gesandter Mensch und von diesem bezeugtes Licht von *Joh 1,6f gleich mit der Reihe Gott, Arché, Logos aus Joh 1,1f, und versteht man unter der Arché, in der das Wort bei Gott war, die Stimme Gottes, aus der das Wort hervorgegangen ist, dann ist diese Stimme auch der Mensch und Engel von *Joh 1,6. An diese Spekulation hat sich dann auch die Stelle Jes

40,3 angelagert, die wohl zunächst noch christologisch verstanden, aber schon im Hellenistenbuch mit dem Täufer verbunden worden ist. Bei Matthäus 2,18 ist es die klagende Stimme der unschuldigen kindlichen Märtyrer und ihrer Mütter, die Zeugnis gibt für Jesus, das Licht.

4.4 Logoslied und Vorgeschichte des Lukas

● 1. Vorspruch

	Lk 1,1 Ἐπειδήπερ πολλοὶ ἐπεχείρησαν ἀνατάξασθαι διήγησιν περὶ τῶν πεπληροφορημένων ἐν ἡμῖν πραγμάτων, 1,2 καθὼς παρέδοσαν ἡμῖν
Joh 1,1 **Ἐν ἀρχῇ** ἦν **ὁ λόγος**, καὶ ὁ λόγος ἦν πρὸς τὸν θεόν, καὶ θεὸς ἦν ὁ λόγος.	οἱ **ἀπ' ἀρχῆς** αὐτόπται καὶ ὑπηρέται γενόμενοι **τοῦ λόγου**,
1,2 οὗτος ἦν ἐν ἀρχῇ **πρὸς τὸν *θεόν***. 1,3 **πάντα** δι' αὐτοῦ ἐγένετο, καὶ χωρὶς αὐτοῦ ἐγένετο οὐδὲ ἕν.	1,3 ἔδοξε κἀμοὶ παρηκολουθηκότι ἄνωθεν **πᾶσιν** ἀκριβῶς καθεξῆς σοι γράψαι, κράτιστε ***Θεόφιλε***, 1,4 ἵνα ἐπιγνῷς περὶ ὧν κατηχήθης λόγων τὴν ἀσφάλειαν.

Die literarisch und stilistisch anspruchsvolle Widmung des Lukasevangeliums greift scheinbar spielerisch die Motive vom Beginn des Logoshymnus auf und transponiert sie ebenso, wie das implizit schon das Hellenistenbuch und später der 1. Johannesbrief (1,1-3) getan hat, in den Kontext des irdischen Lebens Jesu. So wie schon dort wird auch der Logos nicht auf Jesus selbst bezogen, sondern als sein Verkündigungswort gedeutet. Die „Augenzeugen von ***Anfang*** an", die Lukas in seiner Widmung nennt, waren keineswegs bei der Schöpfung zugegen, sondern haben die jünst vergangene Offenbarung Jesu erlebt, und unter den „Dienern des ***Wortes***" meint Lukas nicht Handlanger der Person Jesu, sondern die Verkünder der von ihm begründeten Heilsbotschaft. Dieses ganz spezielle Verständnis des absolut gebrauchten Begriffes „Logos" als Verkündigung wäre ohne vorausliegende urkirchliche Interpretationsgeschichte ganz unbegreiflich. Schon das Hellenistenbuch versteht unter dem Logos nicht Jesus selbst, sondern das Wort, das Jesus vom Vater hört und zu den Menschen redet. Ebenso trägt auch im nächsten Satz der Gebrauch von *„**alles**"* den Stempel der urkirchlichen Exegesegeschichte. Dieses *„**Alles**"*, dem Lukas nachgegangen sein will, ist keinesfalls das vor der Zeit durch den Logos geschaffene Universum, sondern das Heilswerk des irdischen Jesus, von dem schon das Hellenistenbuch sagen kann: „Nachdem Jesus ***alles*** vollbracht hatte . . ." (Joh 19,28). Der fiktive oder auch echte Namen ***Theo***philus rundet das Begriffsinventar durch den darin enthaltenen Begiff „Gott" ab. Wir erinnern uns nun wieder an die ältere Anspielung des Markus auf den Beginn des Logosliedes: „***Anfang*** des ***Evangeliums*** Jesu Christi, des ***Sohnes Gottes***“ (Mk 1,1). Lukas wird die Motive nochmals im Vorspruch der Apostelgeschichte aufgreifen und auf sein eigenes Evangelium beziehen: Τὸν μὲν πρῶτον ***λόγον*** ἐποιησάμην περὶ ***πάντων***, ὦ ***Θεό***φιλε, ὧν ***ἤρξατο*** ὁ Ἰησοῦς ποιεῖν τε καὶ διδάσκειν (Apg 1,1).

● 2. Licht und Leben und das Opfer im Tempel

Joh 1,3 . . . ὃ γέγονεν
1.4 ἐν αὐτῷ **ζωὴ** ἦν,
καὶ ἡ **ζωὴ** ἦν τὸ **φῶς**
τῶν ἀνθρώπων·
1,5 καὶ τὸ **φῶς** ἐν τῇ
σκοτίᾳ φαίνει,
καὶ ἡ σκοτία αὐτὸ
οὐ κατέλαβεν.

Ps 26/27,1 Τοῦ Δαυιδ·
πρὸ τοῦ χρισθῆναι.

Κύριος φωτισμός μου
καὶ σωτήρ μου·
τίνα φοβηθήσομαι;
κύριος ὑπερασπιστὴς
τῆς ζωῆς μου·
ἀπὸ τίνος δειλιάσω; . . .

4 μίαν ᾐτησάμην παρὰ
κυρίου, ταύτην ἐκζητήσω·
τοῦ **κατοικεῖν με**
ἐν οἴκῳ κυρίου πάσας
τὰς ἡμέρας τῆς ζωῆς μου,
τοῦ θεωρεῖν με
τὴν τερπνότητα τοῦ κυρίου
καὶ **ἐπισκέπτεσθαι**
τὸν ναὸν αὐτοῦ.

5 ὅτι ἔκρυψέν με ἐν σκηνῇ
ἐν ἡμέρᾳ κακῶν μου·
ἐσκέπασέν με
ἐν ἀποκρύφῳ
τῆς σκηνῆς αὐτοῦ,
ἐν πέτρᾳ ὕψωσέν με·

6 καὶ νῦν ἰδοὺ ὕψωσεν
τὴν κεφαλήν μου
ἐπ' ἐχθρούς μου·
ἐκύκλωσα καὶ **ἔθυσα ἐν**
τῇ σκηνῇ αὐτοῦ θυσίαν
ἀλαλαγμοῦ, ᾄσομαι
καὶ ψαλῶ τῷ κυρίῳ.

Lk 1,5 Ἐγένετο
ἐν ταῖς ἡμέραις Ἡρῴδου
βασιλέως τῆς Ἰουδαίας
ἱερεύς τις ὀνόματι
Ζαχαρίας ἐξ ἐφημερίας
Ἀβιά, καὶ γυνὴ αὐτῷ
ἐκ τῶν θυγατέρων Ἀαρών
καὶ τὸ ὄνομα αὐτῆς
Ἐλισάβετ. . .

1,9 κατὰ τὸ ἔθος
τῆς ἱερατείας ἔλαχε
τοῦ θυμιᾶσαι εἰσελθὼν
εἰς τὸν ναὸν τοῦ κυρίου,
1,10 καὶ πᾶν τὸ πλῆθος
ἦν τοῦ λαοῦ προσευχό–
μενον ἔξω τῇ ὥρᾳ
τοῦ **θυμιάματος**.

Die midraschartige Entfaltung von Vers 4f des Logoshymnus zu einer Erzählung über das Rauchopfer des Priesters Zacharias ist angeregt und vermittelt durch den Opferpsalm 27 (26) und die dort beheimatete Thematisierung der Begriffe Licht und Leben: „Der Herr ist mein Licht und mein Heil, wen soll ich fürchten! Der Herr ist der Hort meines Lebens, vor wem sollt' ich bangen!“ In den jüdischen Midraschim knüpfen sich an den ersten Vers dieses

Psalms umfangreiche theologische Reflexionen über die beiden Begriffe Licht und Leben. Inhaltlich handelt der Psalm vom Opfer im Tempel und stand daher nach unserer Kenntnis auch im entsprechenden liturgischen Gebrauch: Er wurde regelmäßig zum täglichen Opfer gesungen. Die Assoziation des Opfers im Tempel drängte sich daher zu den Stichworten Licht und Leben auf. Ort und Anlass des Folgenden, nämlich des Auftretens eines gottgesandten „Menschen", war damit gegeben. Dieses Szenarium fügt sich gleichzeitig zu der in der Interpretation des Hymnusverses 6 schon im Hellenistenbuch und bei Markus herangezogenen Stelle aus Maleachi, dem letzten Propheten der Bibel: „Siehe ich sende meinen Boten, dass er mir den Weg bereite, und plötzlich kommt dann in seinen Tempel der Herr, nach dem ihr euch sehnt und der Bote des Bundes, nach dem ihr verlangt" (Mal 3,1).

● 3. Der Verkündigungsengel

Joh 1,6 **Ἐγένετο**
ἄνθρωπος ἀπεσταλμένος
παρὰ θεοῦ,
(. . . 1,7 . . .)
ἵνα μαρτυρήσῃ περὶ τοῦ
φωτός,

Mt 2,1 **μάγοι ἀπὸ**
ἀνατολῶν παρεγένοντο
εἰς Ἱεροσόλυμα 2,2
λέγοντες, Ποῦ ἐστιν
ὁ τεχθεὶς βασιλεὺς
τῶν Ἰουδαίων;
εἴδομεν γὰρ αὐτοῦ
τὸν ἀστέρα ἐν τῇ ἀνατολῇ
καὶ ἤλθομεν προσκυνῆσαι
αὐτῷ. 2,3 ἀκούσας δὲ
ὁ βασιλεὺς Ἡρῴδης
ἐταράχθη καὶ πᾶσα
Ἱεροσόλυμα μετ' αὐτοῦ,

Mal 3,1 ἰδοὺ ἐγὼ
ἐξαποστέλλω τὸν ἄγγελόν
μου, καὶ ἐπιβλέψεται ὁδὸν
πρὸ προσώπου μου,
καὶ ἐξαίφνης **ἥξει εἰς τὸν**
ναὸν ἑαυτοῦ κύριος, ὃν
ὑμεῖς ζητεῖτε, καὶ ὁ
ἄγγελος τῆς διαθήκης, ὃν
ὑμεῖς θέλετε . . .

Lk 1,11 ὤφθη δὲ αὐτῷ
ἄγγελος κυρίου
ἑστὼς ἐκ δεξιῶν
τοῦ **θυσιαστηρίου**
τοῦ θυμιάματος.
1,12 καὶ ***ἐταράχθη***
Ζαχαρίας ἰδών καὶ φόβος
ἐπέπεσεν ἐπ' αὐτόν.
1,13 εἶπεν δὲ πρὸς αὐτὸν
ὁ ἄγγελος, Μὴ φοβοῦ,
Ζαχαρία, διότι
εἰσηκούσθη ἡ δέησίς σου,
καὶ ἡ γυνή σου Ἐλισάβετ
γεννήσει υἱόν σοι
καὶ καλέσεις τὸ ὄνομα
αὐτοῦ Ἰωάννην.

1,19 καὶ ἀποκριθεὶς
ὁ **ἄγγελος** εἶπεν αὐτῷ,
Ἐγώ εἰμι Γαβριὴλ
ὁ παρεστηκὼς ἐνώπιον
τοῦ θεοῦ καὶ **ἀπεστάλην**
λαλῆσαι πρὸς σὲ
καὶ εὐαγγελίσασθαί σοι
ταῦτα·

Lk 1,26 Ἐν δὲ τῷ μηνὶ τῷ
ἕκτῳ **ἀπεστάλη ὁ ἄγγελος**
Γαβριὴλ **ἀπὸ τοῦ θεοῦ**
εἰς πόλιν τῆς Γαλιλαίας
ᾗ ὄνομα Ναζαρὲθ
1,27 πρὸς παρθένον
ἐμνηστευμένην ἀνδρὶ
ᾧ ὄνομα Ἰωσὴφ ἐξ οἴκου
Δαυίδ, καὶ τὸ ὄνομα
τῆς παρθένου Μαριάμ.

1,28 καὶ εἰσελθὼν
πρὸς αὐτὴν εἶπεν,
Χαῖρε, κεχαριτωμένη,
ὁ κύριος μετὰ σοῦ.
1,29 ἡ δὲ ἐπὶ τῷ λόγῳ
διεταράχθη καὶ
διελογίζετο ποταπὸς εἴη
ὁ ἀσπασμὸς οὗτος.

1,30 καὶ εἶπεν ὁ ἄγγελος
αὐτῇ, Μὴ φοβοῦ, Μαριάμ,
εὗρες γὰρ χάριν
παρὰ τῷ θεῷ.
1,31 καὶ ἰδοὺ συλλήμψῃ
ἐν γαστρὶ καὶ τέξῃ υἱόν
καὶ καλέσεις τὸ ὄνομα
αὐτοῦ Ἰησοῦν.

Mal 3,3 . . . καὶ ἔσονται τῷ κυρίῳ προσάγοντες **θυσίαν** ἐν δικαιοσύνῃ. 3,4 καὶ ἀρέσει τῷ κυρίῳ **θυσία** Ιουδα καὶ Ιερουσαλημ καθὼς αἱ ἡμέραι τοῦ αἰῶνος καὶ καθὼς τὰ ἔτη τὰ ἔμπροσθεν.	1,21 Καὶ ἦν ὁ λαὸς προσδοκῶν τὸν Ζαχαρίαν καὶ ἐθαύμαζον ἐν τῷ χρονίζειν **ἐν τῷ ναῷ** αὐτόν.

2,9 καὶ ἄγγελος κυρίου ἐπέστη αὐτοῖς καὶ δόξα κυρίου περιέλαμψεν αὐτούς, καὶ ἐφοβήθησαν φόβον μέγαν. 2,10 καὶ εἶπεν αὐτοῖς ὁ ἄγγελος, Μὴ φοβεῖσθε, ἰδοὺ γὰρ εὐαγγελίζομαι ὑμῖν χαρὰν μεγάλην ἥτις ἔσται παντὶ τῷ λαῷ, 2,11 ὅτι ἐτέχθη ὑμῖν σήμερον σωτὴρ ὅς ἐστιν Χριστὸς κύριος ἐν πόλει Δαυίδ. 2,12 καὶ τοῦτο ὑμῖν τὸ σημεῖον, εὑρήσετε βρέφος ἐσπαργανωμένον καὶ κείμενον ἐν φάτνῃ.

Für die Frage, auf wen der „gottgesandte Mensch" in Vers 6 des Logosliedes (vor der Interpolation von Vers 6b.7a.8) zu deuten sei, auf Jesus oder auf Johannes den Täufer oder auf beide nacheinander, wie das Hellenistenbuch interpretiert hatte, oder aber nach dem Vorschlag des Matthäus auf einen in Träumen erscheinenden Schutzengel, bietet Lukas eine ganz neue und originelle Lösung an, die auf allen bisherigen Deutungen aufbaut und sie miteinander verbindet und versöhnt: Der gottgesandte Mensch ist jener Offenbarungsengel, der nacheinander sowohl die Geburt des Täufers als auch die Geburt Jesu ankündigt.

Als Vorbilder für diese Engelsgestalt dienen Lukas sowohl die biblischen Engel Rafael und Gabriel (Tob 12,14–18 und Dan 12,9,21–23; 10,5–12) als auch die homerische Iris, die Botin des Zeus in der Ilias. Mehrere Motive der lukanischen Verkündigung, die im AT keine Grundlage haben, finden sich bei Homer in der Ilias:[60]

24,143 Die *Iris aber drängte der Zeus ins heilige Troja*: Geh, geh schnell, verlass den Sitz des Olymp, bring Botschaft (ἄγγειλον) dem mutigen *Priamos* nach Troja hinein! . . .

24,159 Wie er gesprochen, eilte davon die sturmfüßige Iris und gelangte mit der Botschaft (ἀγγελέουσα) zu *Priamos*. . .

24,169 Es *trat* (στῆ) aber zu Priamos der *Engel des Zeus* (Διὸς ἄγγελος), und so sprach sie kaum redend, den Greis aber ergriff Zittern. . .

24,171 Fasse Mut (Θάρσει), *Dardanos' Sohn Priamos*, im Herzen hab keinerlei Angst!

24,172 Keineswegs *nämlich* (γάρ) komme ich Böses zu künden hierher,

24,173 sondern Gutes hab ich im Sinn. Und fürwahr, ein Engel von Zeus *bin ich* (Διὸς δέ τοι ἄγγελός εἰμι),

24,174 der ferne ist und sehr für dich sorgt und sich deiner erbarmt . . .

60 Dazu ausführlich: Parallelen zum 24. Gesang der Ilias in den Engelerscheinungen des lukanischen Doppelwerkes, Protokolle zur Bibel 2 (1993) 60–76.

24,188 So nun also sprechend, ging weg (ἀπέβη) die schnellfüßige Iris. Aus dem biblischen und homerischen Material gestaltet Lukas sein „Diptychon“ der Verkündigungen an Zacharias und Maria.

● 4. Der Mensch und die Stimme geben Zeugnis

Joh 1,6 **Ἐγένετο ἄνθρωπος ἀπεσταλμένος παρὰ θεοῦ,** [1,6a.7b] **ἵνα μαρτυρήσῃ** περὶ τοῦ φωτός, ἵνα πάντες **πιστεύσωσιν** δι᾽ αὐτοῦ.	Mk 1,3 . . . **φωνὴ βοῶντος** ἐν τῇ ἐρήμῳ, Ἑτοιμάσατε τὴν ὁδὸν κυρίου . . .	Lk 1,43 καὶ πόθεν μοι τοῦτο ἵνα **ἔλθῃ ἡ μήτηρ τοῦ κυρίου** μου πρὸς ἐμέ; 1.44 ἰδοὺ γὰρ ὡς ἐγένετο ἡ **φωνὴ τοῦ ἀσπασμοῦ** σου εἰς τὰ ὦτά μου, ἐσκίρτησεν ἐν ἀγαλλιάσει τὸ βρέφος ἐν τῇ κοιλίᾳ μου. 1.45 καὶ μακαρία ἡ **πιστεύσασα** ὅτι ἔσται τελείωσις τοῖς λελαλημένοις αὐτῇ παρὰ κυρίου.

Der „gottgesandte Mensch“ oder Engel wird bei Markus als die himmlische „Stimme“ von Jes 40,1 gedeutet, die die Ankunft Jahwes ankündigt. Als offenbarende „Stimme“ findet sich dieser „Mensch“ wieder in der weiblichen Gestalt der Barbelo des gnostischen Mythos. Sie ist gleichzeitig als die Arché von Vers 1 des Logosliedes die Mutter, aus der der Logos hervorgeht. Lukas zeigt möglicherweise, dass er solche Traditionen kennt, wenn er Elisabet zu Maria sagen lässt: „Siehe, wie drang die *Stimme* deines Grußes an meine Ohren!“ Wenn er Maria gleichzeitig als Glaubende bezeichnet, kennt er möglicherweise auch die gnostische Deutung des „gottgesandten Menschen“ als „Pistis“, den personifizierten Glauben, der den Glauben bewirkt. Beweisen lässt sich das alles nicht, aber unter der Voraussetzung des Gesamtzusammenhanges sind solche Assoziationen sehr wahrscheinlich.

● 5. Er war das wahre Licht, das jeden Menschen erleuchtet

Joh 1,9 Ἦν τὸ **φῶς** τὸ ἀληθινόν, ὃ **φωτίζει πάντα ἄνθρωπον,** ἐρχόμενον εἰς τὸν κόσμον.	Mt 2,2 λέγοντες . . . **εἴδομεν** γὰρ αὐτοῦ τὸν **ἀστέρα ἐν τῇ ἀνατολῇ**. . .	Lk 1,78 διὰ σπλάγχνα ἐλέους θεοῦ ἡμῶν, ἐν οἷς **ἐπισκέψεται ἡμᾶς ἀνατολὴ ἐξ ὕψους,**
(1.5 καὶ τὸ φῶς **ἐν τῇ σκοτίᾳ φαίνει,** καὶ ἡ σκοτία αὐτὸ οὐ κατέλαβεν.)		1,79 **ἐπιφᾶναι** τοῖς **ἐν σκότει** καὶ σκιᾷ θανάτου καθημένοις, τοῦ κατευθῦναι τοὺς πόδας ἡμῶν εἰς ὁδὸν εἰρήνης.

Gnostische Vermittlung ist auch in der Thematisierung des strahlenden Lichtes im Hymnus des Zacharias möglich. Notwendig ist sie allerdings nicht. Das Licht, das nach Vers 9 des Logosliedes jeden Menschen erleuchtet oder auch Jesus als den vollkommenen Menschen offenbart, ist nach dem gnostischen Mythos ein mit dem Erlöser identischer göttlicher Lichtblitz, der in die finstere Welt einschlägt. Nach Matthäus ist es der Stern von Betlehem und nach Lukas Jesus als das Licht, das nach Jesaja wie ein aufgehender Stern über unserer Finsternis aufstrahlt.

● 6. Er war in der Welt

Joh 1,10 **ἐν τῷ κόσμῳ ἦν,**
καὶ ὁ κόσμος δι' αὐτοῦ ἐγένετο,
καὶ **ὁ κόσμος αὐτὸν οὐκ ἔγνω.**

Lk 2,1 Ἐγένετο δὲ ἐν ταῖς ἡμέραις
ἐκείναις ἐξῆλθεν δόγμα
παρὰ Καίσαρος Αὐγούστου
ἀπογράφεσθαι πᾶσαν τὴν οἰκουμένην.
2,2 αὕτη ἀπογραφὴ πρώτη ἐγένετο
ἡγεμονεύοντος τῆς Συρίας Κυρηνίου.

Dass Jesus in dieser Welt war, dass diese Welt ihn aber nicht erkannt hat, obwohl sie durch ihn, wegen ihm und auf ihn hin existiert, bringt Lukas mit der Erwähnung des Römischen Reiches und seiner Verwaltung ins Bild. Als Repräsentant der gottfernen Welt wird Kaiser Augustus genannt, der den ganzen Erdkreis aufschreiben lässt, aber dennoch die wichtigste Information nicht erhält, nämlich die menschliche Geburt des Heilandes, des Urhebers dieser Welt: Die Welt erkannte ihn nicht.

● 7. Er kam in sein Eigentum

Joh 1,11
εἰς τὰ ἴδια ἦλθεν,

(Mt 2,1 Τοῦ δὲ Ἰησοῦ γεννηθέντος
ἐν **Βηθλέεμ**
τῆς Ἰουδαίας
ἐν ἡμέραις Ἡρῴδου τοῦ βασιλέως . . .)

Joh 1,11 . . .
καὶ οἱ ἴδιοι αὐτὸν οὐ παρέλαβον.

Lk 2,3 καὶ ἐπορεύοντο πάντες
ἀπογράφεσθαι, ἕκαστος
εἰς τὴν ἑαυτοῦ πόλιν.
2,4 Ἀνέβη δὲ καὶ Ἰωσὴφ ἀπὸ τῆς
Γαλιλαίας ἐκ πόλεως Ναζαρὲθ
εἰς τὴν Ἰουδαίαν εἰς πόλιν Δαυὶδ
ἥτις καλεῖται Βηθλέεμ,
διὰ τὸ εἶναι αὐτὸν ἐξ οἴκου καὶ
πατριᾶς Δαυίδ,
2,5 ἀπογράψασθαι σὺν Μαριὰμ
τῇ ἐμνηστευμένῃ αὐτῷ, οὔσῃ ἐγκύῳ.
2,6 ἐγένετο δὲ ἐν τῷ εἶναι αὐτοὺς ἐκεῖ
ἐπλήσθησαν αἱ ἡμέραι τοῦ τεκεῖν
αὐτήν, 2,7 καὶ ἔτεκεν τὸν υἱὸν αὐτῆς
τὸν πρωτότοκον, καὶ ἐσπαργάνωσεν
αὐτὸν καὶ **ἀνέκλινεν αὐτὸν ἐν φάτνῃ,**
διότι οὐκ ἦν αὐτοῖς τόπος
ἐν τῷ καταλύματι.

Das Bestreben des Weltherrschers Augustus, sein Reich zu kennen, treibt die Handlung aber weiter zur Paraphrase des nächsten Verses: „Er kam in sein Eigentum, und die Eigenen nahmen ihn nicht auf.“ Das Logoslied meint mit dem „Eigentum“, in das Jesus „kam“, das Volk und Land der Juden als das besondere Eigentum Gottes. Lukas fasst den Begriff enger und deutet ihn konkreter. Da Jesus als Messias von davidischer Abkunft ist, stammt sein menschlicher Vater aus Betlehem, der Stadt Davids, und ist dort wohl auch begütert. Er muss also zum Zwecke der von Augustus verordneten Steuerveranlagung seine Vaterstadt aufsuchen. Mit ihm und seiner Verlobten kommt auch der noch ungeborene Heiland „in sein Eigentum.“ Das Schicksal, dass „ihn die Eigenen nicht aufnahmen“ verdichtet Lukas in die Geburtsumstände. Diese Nicht-Aufnahme bildet in der Konkretisierung des Platzmangels in der Herberge von Betlehem die Grundlage und den Kern des Krippenmotivs. In sparsamen und zurückhaltenden Worten bringt Lukas die Aussage von Vers 11 des Logosliedes ins Bild: „Maria gebar ihren erstgeborenen Sohn, wikkelte ihn in Windeln und legte ihn in eine Futterkrippe, denn in der Herberge war kein Platz für sie.“

● 8. Allen aber, die ihn aufnahmen . . .

Joh 1,12 ὅσοι δὲ ἔλαβον
αὐτόν, ἔδωκεν αὐτοῖς
ἐξουσίαν τέκνα θεοῦ
γενέσθαι,
τοῖς πιστεύουσιν
εἰς τὸ ὄνομα αὐτοῦ,

Ps 130,6 Meine Seele
wartet auf den Herrn wie der
Wächter auf das Morgenrot.
Wie der Wächter
auf das Morgenrot
wartet Israel auf Jahwe.

Lk 2,8 Καὶ ποιμένες
ἦσαν ἐν τῇ χώρᾳ τῇ αὐτῇ
ἀγραυλοῦντες
καὶ φυλάσσοντες
φυλακὰς τῆς νυκτὸς
ἐπὶ τὴν ποίμνην αὐτῶν.

Diejenigen aber, die Jesus aufnahmen, die an seinen Namen glaubten, und darum mit der Gotteskindschaft begnadet wurden, waren nach Lukas Hirten, die auf dem Felde Nachtwache hielten. Dieses Hirten-Motiv könnte bei oberflächicher Betrachtung aus der bukolischen Dichtung vermittelt sein. Tatsächlich stützt sich Lukas auf alttestamentliche Bilder und Assoziationen. Der entsprechende biblische Begriff ist „shomer“, der Beschützer, Wächter und Hirte. Das Verbum „shamar“ findet sich in der Verwendung: „Warum hast du nicht *acht gegeben* auf den Herrn, deinen König“ (1 Sam 26,15) und „. . . *hab acht* auf den Frommen, denn dem Mann des Friedens erwächst ein neues Geschlecht“ (Ps 37,37). Dem „shomer“ gilt der Ruf des Jesaja: „*Wächter*, wie weit ist es in der Nacht?“ (Jes 21,11). Und auf den „shomer“ hin heißt es im Psalm 130: „Meine Seele wartet auf den Herrn, mehr als der *Wächter* auf das Morgenrot. Ja, mehr als der *Wächter* auf das Morgenrot, wartet Israel auf Jahwe! Denn bei Jahwe ist Erbarmen, bei ihm ist reiche Erlösung. Er selber wird Israel erlösen von allen seinen Sünden.“ (Ps 130,6f).

● 9. Die wunderbare Zeugung in den Botschaften des Engels

Joh 1,13	Lk 1,18 Καὶ εἶπεν Ζαχα-	Lk 1,34 εἶπεν δὲ Μαριὰμ
(οἳ) **οὐκ ἐξ αἱμάτων**	ρίας πρὸς τὸν ἄγγελον,	πρὸς τὸν ἄγγελον,
οὐδὲ ἐκ θελήματος σαρκὸς	Κατὰ τί γνώσομαι τοῦτο;	Πῶς ἔσται τοῦτο,
οὐδὲ ἐκ θελήματος ἀνδρὸς	ἐγὼ γάρ εἰμι πρεσβύτης	ἐπεὶ ἄνδρα οὐ γινώσκω;
ἀλλ' ἐκ θεοῦ	καὶ ἡ γυνή μου προβεβη-	
ἐγεννήθη(σαν).	κυῖα ἐν ταῖς ἡμέραις	
	αὐτῆς.	
	1,36 καὶ ἰδοὺ Ἐλισάβετ	1,35 καὶ ἀποκριθεὶς
	ἡ συγγενίς σου	ὁ ἄγγελος εἶπεν αὐτῇ,
	καὶ αὐτὴ συνείληφεν υἱὸν	Πνεῦμα ἅγιον
	ἐν γήρει αὐτῆς	ἐπελεύσεται ἐπὶ σέ
	καὶ οὗτος μὴν ἕκτος ἐστὶν	καὶ δύναμις ὑψίστου
	αὐτῇ τῇ καλουμένῃ στείρᾳ·	ἐπισκιάσει σοι· διὸ καὶ
	1,37 ὅτι οὐκ ἀδυνατήσει	τὸ γεννώμενον ἅγιον
	παρὰ τοῦ θεοῦ πᾶν ῥῆμα.	κληθήσεται υἱὸς θεοῦ.

Die doppelte Verkündigung in Bezug auf den Täufer und in Bezug auf Jesus mit der Lukas die konkurrierenden Auslegungsvarianten zu *Joh 1,6 (vor der Interpolation von Vers 6b.7a und 8) vereinigt, verlangt auch eine entsprechende Verdoppelung der Geburt „nicht aus Blut und nicht aus Fleischeswollen (und nicht aus Manneswollen), sondern aus Gott". Lukas lässt daher beide Männer auf wunderbare Weise ins Leben treten, allerdings auf unterschiedliche Weise. Die Geburt nicht aus Blut paraphrasiert er im Falle des Johannes nach alttestamentlichem Vorbild. Wie Abraham und Sara sind auch Zacharias und Elisabet alt, und Elisabet ist unfruchtbar. Im Falle Jesu ist das Wunder aber noch größer: Maria ist eine Jungfrau, verlobt, aber noch ohne geschlechtliche Beziehung; sie erwidert daher dem Verkündigungsengel: „Wie wird das sein, da ich doch keinen Mann erkenne?"

● 10. Fleischwerdung des Wortes und Herrlichkeit

Joh 1,14 *καὶ ἐθεασάμεθα*	
τὴν δόξαν αὐτοῦ,	
δόξαν *ὡς* ***μονογενοῦς παρὰ πατρός,***	Lk 2,9 . . . **δόξα κυρίου** περιέλαμψεν
	αὐτούς. . .
	2,13 καὶ ἐξαίφνης ἐγένετο σὺν
	τῷ ἀγγέλῳ πλῆθος στρατιᾶς οὐρανίου
	αἰνούντων τὸν θεὸν καὶ λεγόντων,
	2,14 **Δόξα ἐν ὑψίστοις θεῷ** καὶ
	ἐπὶ γῆς εἰρήνη ἐν ἀνθρώποις εὐδοκίας.
	2,15 Καὶ ἐγένετο ὡς ἀπῆλθον
	ἀπ' αὐτῶν εἰς τὸν οὐρανὸν οἱ ἄγγελοι,
	οἱ ποιμένες ἐλάλουν πρὸς ἀλλήλους,
	Διέλθωμεν δὴ ἕως Βηθλέεμ

1,14 Καὶ
ὁ λόγος
σὰρξ ἐγένετο
(καὶ ἐσκήνωσεν ἐν ἡμῖν)
καὶ ***ἐθεασάμεθα***

τὴν δόξαν αὐτοῦ,
δόξαν ὡς **μονογενοῦς παρὰ πατρός**,

καὶ ***ἴδωμεν***
τὸ ῥῆμα
τοῦτο τὸ γεγονὸς
ὃ ὁ κύριος ἐγνώρισεν ἡμῖν.

2,20 καὶ ὑπέστρεψαν οἱ ποιμένες
δοξάζοντες καὶ αἰνοῦντες τὸν **θεὸν**
ἐπὶ πᾶσιν οἷς ἤκουσαν καὶ εἶδον
καθὼς ἐλαλήθη πρὸς αὐτούς.

1,14 *Καὶ* ***ὁ λόγος*** *σὰρξ ἐγένετο*
(καὶ ἐσκήνωσεν ἐν ἡμῖν)
καὶ
ἐθεασάμεθα

τὴν δόξαν αὐτοῦ,
δόξαν ὡς μονογενοῦς *παρὰ πατρός,*

2,29 Νῦν ἀπολύεις τὸν δοῦλόν σου,
δέσποτα, ***κατὰ τὸ ῥῆμά σου*** ἐν εἰρήνῃ·
(im Tempel!)
2,30 ὅτι
***εἶδον* οἱ ὀφθαλμοί μου τὸ σωτήριόν σου**,
2.31 ὃ ἡτοίμασας κατὰ πρόσωπον
πάντων τῶν λαῶν,
2.32 φῶς εἰς ἀποκάλυψιν ἐθνῶν καὶ
***δόξαν* λαοῦ σου Ἰσραήλ**.

Lukas dissimiliert die Logoschristologie ebenso wie dies schon vor ihm der Verfasser des Hellenistenbuches, Markus und Matthäus getan haben. Die Fleischwerdung des Logos will Lukas verstanden wissen als die Verwirklichung und Erfüllung des Verheißungswortes: Die Hirten sagen daher nach der Engelerscheinung: „Gehen wir nach Betlehem und sehen wir dieses (Wirklichkeit) gewordene Wort." Und der greise Simeon, dem geoffenbart worden war, dass er nicht sterben werde, bevor er den Messias, den Herrn gesehen habe, sagt in dem Hymnus „Nunc dimittis": „Nun entlässt du deinen Diener, o Herr, gemäß deinem Wort in Frieden." In der Paraphrase von Joh 1,14a im Munde der Hirten hat Lukas nur das Element Fleisch weggelassen. Die Benützung des Synonyms ῥῆμα für λόγος gehört zur Technik der Paraphrase und findet sich alternativ schon in den Reflexionen des Hellenistenbuches.

Das Schauen der göttlichen Herrlichkeit des Eingeborenen thematisiert Lukas mehrfach, vor allem in der Engelerscheinung vor den Hirten, die von der Herrlichkeit des Herrn umstrahlt werden. Die Herrlichkeit findet sich nochmals im Engelsgesang, dann wieder in der „Verherrlichung" Gottes durch die Hirten, nachdem sie das Christkind gesehen haben. Der greise Simeon, dessen „Nunc dimittis" den Vers 14 des Logosliedes reflektiert, spricht von der Herrlichkeit des Gottesvolkes nach der Ankunft des Messias.

● 11. Im Zelt des Tempels, Gesetz und Gnade

Lk 2,25 Καὶ ἰδοὺ
ἄνθρωπος ἦν
ἐν Ἰερουσαλὴμ
ᾧ ὄνομα **Συμεών** . . .

Joh 1,14 . . . καὶ **ἐσκήνωσεν** ἐν ἡμῖν, . . . ***πλήρης χάριτος*** ***καὶ ἀληθείας.***		2,27 καὶ ἦλθεν ἐν τῷ πνεύματι **εἰς τὸ ἱερόν·**	
. . . 1,16 ὅτι ἐκ τοῦ **πληρώματος** αὐτοῦ ἡμεῖς πάντες ἐλάβομεν καὶ χάριν ἀντὶ χάριτος·	Lk 2,22 Καὶ ὅτε **ἐπλήσθησαν** αἱ ἡμέραι τοῦ καθαρισμοῦ αὐτῶν	καὶ ἐν τῷ εἰσαγα– γεῖν τοὺς γονεῖς τὸ παιδίον Ἰησοῦν **τοῦ ποιῆσαι** αὐτοὺς	Lk 2,39 Καὶ ὡς **ἐτέλεσαν** πάντα τὰ
1,17 ὅτι **ὁ νόμος** **διὰ Μωϋσέως** ἐδόθη,	**κατὰ τὸν νόμον** **Μωϋσέως**, ἀνήγαγον αὐτὸν εἰς Ἱεροσόλυμα παραστῆσαι τῷ κυρίῳ, 2,23 καθὼς γέγραπται **ἐν νόμῳ κυρίου** ὅτι Πᾶν ἄρσεν διανοῖγον μήτραν ἅγιον τῷ κυρίῳ κληθήσεται, 2,24 καὶ τοῦ δοῦναι θυσίαν κατὰ τὸ εἰρημένον	**κατὰ τὸ εἰθισ–** **μένον τοῦ νόμου** περὶ αὐτοῦ	**κατὰ τὸν νόμον** **κυρίου**,
	ἐν τῷ νόμῳ κυρίου, ζεῦγος τρυγόνων ἢ δύο νοσσοὺς περιστερῶν.		ἐπέστρεψαν εἰς τὴν Γαλιλαίαν εἰς πόλιν ἑαυτῶν Ναζαρέθ.
. . . ἡ **χάρις** **καὶ ἡ** **ἀλήθεια διὰ Ἰησοῦ** **Χριστοῦ** ἐγένετο. ***. . . πλήρης*** ***χάριτος*** ***καὶ ἀληθείας***		Καὶ ἦν **Ἅννα** **προφῆτις**, θυγάτηρ Φανουήλ, ἐκ φυλῆς Ἀσήρ· αὕτη προβεβηκυῖα ἐν ἡμέραις πολλαῖς, ζήσασα μετὰ ἀνδρὸς ἔτη ἑπτὰ ἀπὸ τῆς παρθενίας αὐτῆς 2,37 καὶ αὐτὴ χήρα ἕως ἐτῶν ὀγδοήκο– ντα τεσσάρων,	2,40 Τὸ δὲ παιδίον ηὔξανεν καὶ ἐκραταιοῦτο **πληρούμενον** **σοφίᾳ,** **καὶ χάρις θεοῦ ἦν** **ἐπ' αὐτό**. *2,52 Καὶ Ἰησοῦς* *προέκοπτεν [ἐν τῇ]* ***σοφίᾳ*** *καὶ ἡλικίᾳ* ***καὶ χάριτι*** *παρὰ θεῷ* *καὶ ἀνθρώποις.*
*καὶ **ἐσκήνωσεν*** *ἐν ἡμῖν . . .*		ἢ **οὐκ ἀφίστατο** **τοῦ ἱεροῦ** νηστείαις καὶ δεήσεσιν λατρεύουσα νύκτα καὶ ἡμέραν. . .	

Lukas hat den „Prolog“ im Hellenistenbuch offenbar schon zusammen mit dem Einschub Joh 1,14be.16f gelesen: „Und er zeltete unter uns, voll Gnade und Wahrheit. Denn aus seiner Fülle haben wir alle empfangen Gnade um Gnade. Denn das Gesetz wurde durch Mose gegeben, die Gnade und Wahrheit kam durch Jesus Christus.“ Die Begriffe der Gnade, des Gesetzes und des Pleroma finden sich nämlich bei ihm wieder. Er könnte auch um die Zugehörigkeit von Vers 14b „und er zeltete unter uns“ zu diesem Text gewusst haben. Denn seine Midraschim um die Begriffe des Einschubs kreisen um den Tempel, das „Zelt“ Gottes. Die Inszenierung erfolgt unter dem Thema der vom Gesetz vorgeschriebenen Beschneidung des Neugeborenen, und zwar im Tempel zu Jerusalem.

Dem greisen Simeon legt Lukas im „Nunc dimittis“ eine Reminiszenz von Vers 14 in den Mund. Mit dem Auftritt der Hanna (=Gnade) stellt er den Begriff der Gnade in den Mittelpunkt. Hanna scheint mit der Zahl sieben gleichzeitig die gnostische Sophia und die gottferne Welt zu symbolisieren. Lukas schreibt, dass sie 7 Jahre verheiratet war und 12 mal 7 Jahre gelebt hat. Auch wenn die Zahlensymbolik keine sichere Deutung zulässt, sind doch die Motive der Weltschöpfung und der Buße zu vermuten.

Die Bezeichnung des Menschgewordenen im Logoslied als „*voll* Gnade und Wahrheit“ (Joh 14,d) zitiert Lukas in umgekehrter Reihenfolge fast wörtlich: „Das Kind aber wuchs zu und erstarkte, *erfüllt* von Weisheit, und die Gnade Gottes war auf ihm“ (Lk 2,40). Und noch ein zweites Mal wiederholt Lukas die Motive der Weisheit und Gnade: „Und Jesus nahm zu an Weisheit und Alter und Gnade vor Gott und den Menschen“ (Lk 2,52).

● 12. Der zwölfjährige Jesus im Tempel

Joh 1,18 θεὸν οὐδεὶς ἑώρακεν πώποτε· μονογενὴς θεὸς **ὁ ὢν εἰς τὸν κόλπον τοῦ πατρὸς**	Lk 2,46 καὶ ἐγένετο μετὰ ἡμέρας τρεῖς εὗρον αὐτὸν **ἐν τῷ ἱερῷ** καθεζόμενον ἐν μέσῳ τῶν διδασκάλων καὶ ἀκούοντα αὐτῶν καὶ ἐπερωτῶντα αὐτούς·
ἐκεῖνος **ἐξηγήσατο**.	2,47 **ἐξίσταντο δὲ πάντες οἱ ἀκούοντες αὐτοῦ ἐπὶ τῇ συνέσει καὶ ταῖς ἀποκρί- σεσιν αὐτοῦ**. 2,48 καὶ ἰδόντες αὐτὸν ἐξεπλάγησαν, καὶ εἶπεν πρὸς αὐτὸν ἡ μήτηρ αὐτοῦ, Τέκνον, τί ἐποίησας ἡμῖν οὕτως; ἰδοὺ ὁ πατήρ σου κἀγὼ ὀδυνώμενοι ἐζητοῦμέν σε. 2,49 καὶ εἶπεν πρὸς αὐτούς, Τί ὅτι ἐζητεῖτέ με; **οὐκ ᾔδειτε ὅτι** ***ἐν τοῖς τοῦ πατρός μου δεῖ εἶναί με***; 2,50 καὶ αὐτοὶ οὐ συνῆκαν τὸ ῥῆμα ὃ ἐλάλησεν αὐτοῖς.

Mt 2,23 καὶ **ἐλθὼν** κατῴκησεν **εἰς πόλιν** λεγομένην **Ναζαρέτ**· ὅπως πληρωθῇ τὸ ῥηθὲν διὰ τῶν προ- φητῶν ὅτι Ναζωραῖος κληθήσεται.	2,51 καὶ κατέβη μετ᾽ αὐτῶν καὶ **ἦλθεν εἰς Ναζαρέθ** καὶ ἦν ὑποτασσόμενος αὐτοῖς.

Dem Eindruck, dass sich der letzte Vers des Logosliedes im Schluss der Kindheitsgeschichte des Lukas spiegelt, kann man sich kaum entziehen. Lukas paraphrasiert das Sein des Eingeborenen an der Brust des Vaters mit dem Verweilen des zwölfjährigen Jesus im Tempel von Jerusalem. Die „Exegese“, mit der der Eingeborene von dem unsichtbaren Gott Kunde gibt, bringt Jesus in das Bild des Lehrgespräches des zwölfjährigen und somit erwachsenen Jesus mit den Schriftgelehrten. Den Begriff des Eingborenen Gottes erklärt Lukas in dem anschließenden Dialog Jesu mit seinen Eltern: „Wusstet ihr nicht, dass ich in dem sein muss, was meines Vaters ist“: Jesu wirklicher Vater ist Gott. Die Bemerkung über die Rückkehr der Familie nach Nazaret, mit der Lukas seine Kindheitgeschichte beendet, entspricht dem Abschluss der Kindheitsgeschichte des Matthäus, die Lukas wohl gekannt haben muss.

Auch die Idee eines Stammbaumes übernimmt er von Matthäus. Er stellt ihn aber nicht an den Anfang seines Evangeliums, sondern lässt ihn auf die Taufstimme folgen: „Du bist mein geliebter Sohn, an dir habe ich Wohlgefallen.“ Folgerichtig beginnt der lukanische Stammbaum auch nicht auf Erden mit Abraham, sondern er endet rückläufig in Gott.

4.5 Zur Wirkungsgeschichte des Logoshymnus

Die folgenden fünf Übersichten zur Interpretationsgeschichte des Logoshymnus sollen zum Verständnis der nicht behandelten Implikationen der vorliegenden Untersuchung beitragen und die Argumentation zur Entstehung der synoptischen Kindheitsgeschichten ergänzen:

1. Die Entstehung des Logosliedes auf Jesus aus philonischen Prämissen, 2. die gnostische Interpretation, 3. die Interpretation durch das Hellenistenbuch, 4. die midraschartige Paraphrase durch die lukanische Kindheitsgeschichte und schließlich 5. eine Übersicht über alle Texterweiterungen auf dem Weg vom Logoshymnus zum kanonischen „Johannesprolog“.

Die dort durch Pfeile und dicke Linien gekennzeichneten Interpolationen zur Entchristologisierung des „Menschen, von Gott gesandt“ und seiner Geburt „nicht aus Blut und Fleischeswollen, sondern aus Gott“ sind erst durch die letzte Redaktion des „Johannesevangeliums“ erfolgt. Zur Argumentation siehe mein Buch „Im Anfang war der Johannesprolog . . .“. Geändert habe ich meine Auffassung zu dem Abschnitt Vers 10–12. Im Vers 10 scheint mir nun doch nur die Zeile b „Und die Welt ist durch ihn geworden“ antignostisch interpoliert zu sein, während das Motiv der „Erkenntnis“ in Zeile c für das

Verständnis der Wirkungsgeschichte unverzichtbar ist. In der Wirkungsgeschichte ist andererseits Vers 12cd kaum präsent, zudem ist auch dieser Text betont kirchlich geprägt und sprachlich äußerst sperrig, sodass er wohl als ein früher Zusatz gelten kann. Der verbleibende Vierzeiler bildet eine harmonische Einheit. Letzte Sicherheit gibt es in diesem Bereich freilich nicht.

Zum Verständnis der Darstellungen sind betreffend die wichtigsten gnostischen Interpretamente und die kirchlichen Erweiterungen des Logoshymnus noch einige ergänzende Bemerkungen angebracht.

Der alte bekenntnisartige Text von hoher Autorität existierte auch neben dem Hellenistenbuch und Johannesevangelium selbständig weiter. Deutliche Indizien dafür finden sich außer in den gnostischen Traktaten etwa bei Justin dem Märtyrer und indirekt noch bei Augustinus. Die Entwicklung der gnostischen Interpretation, die ihren Ort ja zunächst in der hellenistischen Jesusgemeinde selbst hatte, und die fortgesetzte gegenläufige „kirchliche“ Ergänzung des Textes korrespondieren miteinander. Es scheint, dass in die kanonische Letzgestalt des Johannesevangeliums alle existierenden Zusätze aufgenommen wurden. Einem Zwischenstadium entspricht etwa die Vorgeschichte des Lukasevangeliums, die zwar den Einschub um die Motive „Gnade und Wahrheit“, aber noch nicht die Täufereinschübe oder die Entchristologisierung des Prologverses 13 reflektiert.

Die Wandlung vom Logoshymnus zum kanonischen Johannesprolog vollzog sich als die immer konsequenter durchgesetzte Gesamtdeutung des Textes auf das Wirken des irdischen Jesus. Ausgangspunkt ist die Neudeutung des Logos in Vers 1f als das geschichtliche Verkündigungswort und Evangelium des in Jesus erschienenen Gottes. Blieben in der Interpretation des Hellenistenbuches die Auftakte des zweiten und dritten Abschnittes in den Versen *6f und *13f noch für ein doppeltes Verständnis offen, so schrieb die kirchliche Letztredaktion die fortlaufende biographische Gesamtdeutung textlich endgültig fest. Nun erscheint der gottgesandte Zeuge für das Licht eben ausschließlich als der Täufer auf dem Lebensweg Jesu, und die Geburt aus Gott, die Fleischwerdung und Einwohnung des Gotteswortes in uns, beschreibt ausschließlich die Genese der Gotteskindschaft derer, die den irdischen Jesus aufgenommen haben und an seine Gottheit glauben.

Dass dann Joh 1,14ab im Kampf gegen den gnostischen Doketismus des 2. Jahrhunderts doch wieder christologisch in Dienst genommen wurde und in diesem Verständnis für alle Zukunft in die Dogmengeschichte einging, erscheint uns heute als selbstverständlich, war aber damals wiederum mit einem gewaltsamen Bruch in der Auslegung erkauft.

Vom Logos des Philon zur Deutekategorie für Jesus

„Der erstgeborene Logos, der älteste der Engel oder Erzengel ist vielnamig: Er wird nämlich *Anfang* und *Namen Gottes* und *Logos* und der bildhafte *Mensch* und der *Sehende*, Israel, genannt." (De confusione linguarum 146; CW = Cohn-Wendland 2,257,3-5)

Der „göttliche Logos" oder „Logos Gottes" wird im uneigentlichen Sinn auch „Gott" genannt, ohne und auch mit Artikel (3,254,1-3; 3,218,13). Er ist Gottes „erstgeborener Sohn" (2, 106,1) und sein „erstgeborener Logos" (CW 2,257,3f; 1,257, 4) „ältester Logos" (CW 1,277,4). Gott „erschafft durch den Logos" das „All" und die „Welt" (CW 1,205,12; 330,7). „Durch ihn wurde der ganze Kosmos gebildet" (CW 5,21,9).

„Eines besonderen Vorzugs wurden der Geist (πνεῦμα) und das Licht gewürdigt. Jenen nannte er (Geist) Gottes, weil der Geist ganz l e b e n schaffend und Gott der Urheber des *Lebens* ist; vom *Licht* aber sagt er, dass es ‚außerordentlich schön' war (Gen 1,4); denn das geistige *Licht* ist um soviel heller und strahlender als das sichtbare, wie die Sonne sich unterscheidet von der *Finsternis* und der Tag von der Nacht und der Verstand als Führer der ganzen Seele von den Augen des Leibes. Jenes unsichtbare und geistige *Licht des göttlichen Logos wurde ein Bild dessen, der seine Entstehung erklärt.* Und es ist ein überhimmlischer S t e r n . . ." (De opificio mundi 30f: CW 1,9,10-17).

„Dem *Erzengel* aber, dem ältesten Logos, gab der Vater, der das All erzeugt hat, als besondere Gabe, dass er auf der Grenze stehend das Gewordene vom Schöpfer scheide. Er selbst aber ist *Fürsprecher des stets besorgten Sterblichen bei dem Unvergänglichen und Gesandter* (πρεσβευτής) *des Herrschers* zu dem Untergebenen. Er prunkt mit dieser Gabe und würdigt sich mit ihr und erkärt ausdrücklich: ‚Und ich stand zwischen Gott und euch' (Deut 5,5), weder ungezeugt wie Gott noch gezeugt wie ihr, sondern zwischen den Extremen, beiden als Unterpfand, dem Schöpfer zum Vertrauen (πίστιν, auch: *Glauben*), dass sich das Geschöpf nicht einstmals ganz auflehnt, abfällt und Unordnung statt Ordnung (κόσμος) wählt . . ." (Quis rerum divinarum heres 205f: CW 3,47).

„Daher gibt es zwei Arten von Menschen: die eine der durch *das Göttliche Pneuma, den Logismos*, Lebenden, die andere der durch *Blut und Fleischeslust* Lebenden, Diese Art ist ein Erdgebilde, jene aber eine treue *Ausformung des göttlichen Bildes*." (Quis rerum divinarum heres 57: CW 3,14,7-10)

Die „*blut*verhaftete Seele" wird nun mit dem Leben der „*logos*losen" Wesen und dem „mütterlichen Geschlecht der *Frauen*" in Zusammenhang gebracht und davon das männliche Geschlecht unterschieden.

Sara beansprucht dagegen als Sinnbild der Tugend nur das, was den Männern eigen ist, denn sie ist als die „*mutterlose* Arché *von Gott, dem Vater des Alls, alleine erzeug*t" (Quis rerum divinarum heres 61f; CW 3,15,8-13)

(Mose spricht:) „Durch deine Unterweisungen (ὑφηγήσεσιν) bin ich überzeugt, dass ich den klaren Anblick deiner Erscheinung nicht fassen könnte. Ich flehe aber, wenigstens die *Herrlichkeit* um dich herum zu *schauen* (δόξαν θεάσασθαι)." (De spec. leg. 1,45: CW 5,11,17-19). Philo paraphrasiert hier Ex 33,18 (hebr.), wo Mose sagt: „Lass mich schauen deine Herrlichkeit"; nach der der LXX: „Zeige mir deine Herrlichkeit." Dies wird dem Mose aber nicht gewährt.

Im Anfang war das Wort ,
und das Wort war bei Gott,
und Gott war das Wort.

Dieses war im Anfang bei Gott.
Alles ist durch es gerworden,
und ohne es wurde nichts.

Was geworden ist, darin war Leben,
und das Leben war das Licht der Menschen,
und das Licht leuchtet in der Finsternis,
und die Finsternis hat es nicht ergriffen

• • •

Es wurde ein Mensch,
von Gott gesandt,
damit er Zeugnis gebe für das Licht.

Er war das wahre Licht,
das jeden Menschen erleuchtet,
der in die Welt kommt.

Er war in der Welt,
und die Welt erkannte ihn nicht;
er kam in sein Eigentum,
und die Seinen nahmen ihn nicht auf.

• • •

Nicht aus Blut,
und nicht aus Fleischeswollen,
sondern aus Gott wurde er geboren.

Und das Wort wurde Fleisch,
und wir haben seine Herrlichkeit geschaut,
Herrlichkeit wie alleinerzeugt vom Vater.

Niemand hat Gott je gesehen,
der alleinerzeugte Gott,
der an der Brust des Vater ist,
jener hat berichtet (ἐξηγήσατο).

Vom Logoslied zum gnostischen Mythos

Im Anfang war das Wort ,
und das Wort war bei Gott,
und Gott war das Wort.

Dieses war im Anfang bei Gott.
Alles ist durch es geworden,
und ohne es wurde nichts.

Was geworden ist, darin war Leben,
und das Leben war das Licht der Menschen,
und das Licht leuchtet in der Finsternis,
und die Finsternis hat es nicht ergriffen

• • •

Es wurde ein Mensch,
von Gott gesandt,
damit er Zeugnis gebe für das Licht.
damit alle durch ihn glauben.

Er war das wahre Licht,
das jeden Menschen erleuchtet,
der in die Welt kommt.

Er war in der Welt,
und die Welt erkannte ihn nicht;
er kam in sein Eigentum,
und die Seinen nahmen ihn nicht auf,.
allen aber, die ihn aufnahmen,
gab er die Macht, Kinder Gottes zu werden.
denen, die an seinen Namen glauben.

• • •

Nicht aus Blut,
und nicht aus Fleischeswollen,
sondern aus Gott wurde er geboren.

Und das Wort wurde Fleisch,
und wir haben seine Herrlichkeit geschaut,
Herrlichkeit wie alleinerzeugt vom Vater.

Niemand hat Gott je gesehen,
der alleinerzeugte Gott,
der an der Brust des Vater ist,
jener hat berichtet (ἐξηγήσατο).

Gott ***Arché***, Sophia
(1. Gesandter, 1. Mensch,
Barbelo, Stimme, Monogenes) ***Logos***

durch den / wegen dem Logos: himmlische Welt
ohne den Logos: nichtige Welt

Leben und **Licht** *in der vollkommenen Welt*
bzw. in der Finsternis der nichtigen Welt:
1. der wahre Gott (Mandäer!)
2. Lichtfunke, Christus, Erlöser (in ihm: *im Logos*)
3. Licht-Eva (Leben: auch Eva!), Sophia-Zoé
4. Demiurg oder Oberarchon

Mensch, Enos, (1., 3.) Gesandter,
Zeuge (ⲡⲙⲛ̄ⲧⲣⲉ), Stimme
Barbelo, (Pistis Sophia) Zeugnis gegenüber den Archonten

Lichtfunke, Christus, Erlöser
„(er)leuchtet" (projiziert!) den vollkommenen **Menschen**
Licht-Eva erleuchtet den Adam

Die materielle Schöpfung ist wegen des
Lichtmenschen entstanden (Trakt ü.d.Weltsch.)

„Gnosis"
Die Archonten *erkennen* nicht:
1. das göttliche Licht in Adam.
2. den durch die Spären absteigenden Erlöser.

Doketische Christologie
Gnostiker sind von göttlichem Ursprung: ***Kirche***
Die nichtige Welt ist aus dem Blut der Sophia
entstanden.

Logos sühnt im Fleisch
für die von ihm verschuldete
nichtige Welt. (tract.trip)

...als Logos
in ihren Zelten

Vater – Monogenes – Logos
Gnade – Wahrheit

Offenbarung des Auferstandenen

Vom Logoslied zum Hellenistenbuch

Im Anfang war das Wort ,
und das Wort war bei Gott,
und Gott war das Wort.

Dieses war im Anfang bei Gott.
Alles ist durch es geworden,
und ohne es wurde nichts.

Was geworden ist, darin war Leben,
und das Leben war das Licht der Menschen,
und das Licht leuchtet in der Finsternis,
und die Finsternis hat es nicht ergriffen

• • •

Es wurde ein Mensch,
von Gott gesandt,
damit er Zeugnis gebe für das Licht.
damit alle durch ihn glauben.

Er war das wahre Licht,
das jeden Menschen erleuchtet,
der in die Welt kommt.

Er war in der Welt,
und die Welt erkannte ihn nicht;
er kam in sein Eigentum,
und die Seinen nahmen ihn nicht auf,
allen aber, die ihn aufnahmen,
gab er die Macht, Kinder Gottes zu werden.
denen, die an seinen Namen glauben.

• • •

Nicht aus Blut,
und nicht aus Fleischeswollen,
sondern aus Gott wurde er geboren.

Und das Wort wurde Fleisch,
und wir haben seine Herrlichkeit geschaut,
Herrlichkeit wie alleinerzeugt vom Vater.

Niemand hat Gott je gesehen,
der alleinerzeugte Gott,
der an der Brust des Vater ist,
jener hat berichtet (ἐξηγήσατο).

Diesen Anfang der Zeichen machte Jesus in Kana in Galiläa
(2,11; vgl. 6,64; 15,28; 16,4; 1Joh 1,1-3; 2,24).
„Mein Herr und Mein Gott!" (20,28) Ich bin es! (18,6-8)
Jesus redet das Wort, das er vom Vater hört. (5,38; 8,55; 14,23f; 17,14).

Alles: Zeichen, Werke, Lehre (4,45; 5,20f; 14,26; 15,15),
der gemeinsame Besitz von Vater und Sohn (3,35; 13,3; 17,10),
am Kreuz: Weil er wusste, dass alles vollbracht war (19,28),
Ohne mich könnt ihr nichts tun. (15,5).

Wie der Vater Leben in sich selbst hat, so hat er auch dem Sohn gegeben... (5,21.26).
... Du hast Worte des ewigen Lebens (6,63.68).
Ich bin die Auferstehung und das Leben (11,25).
...dass das Licht in die Welt gekommen, und die Menschen die Finsternis mehr liebten als das Licht (3,19; vgl. 8,12;11,9; 12,35.46; 20,1).
Es war aber Nacht (13,30; vgl 9,4).

Täufer: Mensch (1mal: 5,34); gesandt (2mal: 1,33;3,28);
er gibt Zeugnis für Jesus (1,19-34; 5,33f).
Jesus: Mensch (17mal); vom Vater gesandt (etwa 50mal);
dieser, der Vater, gibt Zeugnis für Jesus (5,31-37) – oder auch Jesus selbst:
Ich bin das Licht der Welt... Du gibst Zeugnis für dich selbst...
Auch wenn ich Zeugnis für mich selbst gebe... (8,12-18).
Er gibt Zeugnis für was er gesehen (3,11), für die Wahrheit (18,37).
glauben durch Jesus Worte und Werke (4,41f; 14,10).

Täufer ist nur kurzfristig scheinende Lampe (5,33.35),
Jesus ist das Licht der Welt (8,12; 9,5.35; 12,46),
... in die Welt gekommen (6,14; 9,39;11,27;16,28;17,18).

in der Welt (13,1; 17,13); nicht aus dieser Welt (8,23);
dass in mir der Vater und ich im Vater bin (10,38).
Wer Jesus nicht erkennt, hat den Vater nicht erkannt (8,55; vgl. 8,29; 14,7; 17,3); dass Jesus der Heilige Gottes (6,69), Messias, der „Ich bin" ist (7,26).
Vater, die Welt hat dich nicht erkannt... (17,25).

Ein Prophet gilt nichts in seiner eigenen Vaterstadt (4,44).
Ich kenne die Eigenen und die Eigenen kennen mich (10,4.19).
Wer aber mich aufnimmt, nimmt den auf, der... (13,20).
Glaubt an das Licht, damit ihr Söhne des Lichtes werdet (12,36).

Wenn einer nicht von oben / nochmals geboren wird... (3,3),
in den Schoß seiner Mutter zurückkehren... (3,4),
was aus Fleisch... was aus Geist geboren ist... (3,6);
aus Gott, aus dem Vater des Teufels... (8,37- 47);
Dazu bin ich geboren und in die Welt gekommen... (18,37).

Brot – Lehre – Fleisch (6,45-51.63);
Herrlichkeit des einzigen Gottes (5,44),
Anfang seiner Werke... offenbart seine Herrlichkeit (2,11),
nicht eigene Herrlichkeit, sondern des Sendenden (7,18; 17,4f).
Die Verherrlichung Jesu ist seine Passion (12,23; 17,5).
Eingeborener: So sehr hat Gott die Welt geliebt... (3,16).

Den Vater hat niemand gesehen, nur der aus Gott ist... (6,46; vgl. 5,37b).
Wer mich sieht, sieht den Vater (3,11.32; 12,45; 14,9; 19,35).
Ich und der Vater sind eins (10,30). Lieblingsjünger an der Brust Jesu (13,23).
Jesus selbst ist der Exeget dieses Textes.

Die Vorgeschichte des Lk-Ev ein Midrasch zum Logoshymnus des Hellenistenbuches

Im Anfang war das Wort ,
und das Wort war bei Gott,
und Gott war das Wort.

Dieses war im Anfang bei Gott.
Alles ist durch es geworden,
und ohne es wurde nichts.

Was geworden ist, darin war Leben,
und das Leben war das Licht der Menschen,
und das Licht leuchtet in der Finsternis,
und die Finsternis hat es nicht ergriffen

• • •

Es wurde ein Mensch,
von Gott gesandt,
damit er Zeugnis gebe für das Licht.
damit alle durch ihn glauben.

Er war das wahre Licht,
das jeden Menschen erleuchtet,
der in die Welt (κόσμος) kommt.

Er war in der Welt,
und die Welt erkannte ihn nicht;
er kam in sein Eigentum,
und die Seinen nahmen ihn nicht auf,
allen aber, die ihn aufnahmen,
gab er die Macht, Kinder Gottes zu werden.
denen, die an seinen Namen glauben.

• • •

Nicht aus Blut,
und nicht aus Fleischeswollen,
sondern aus Gott wurde er geboren.

Und das Wort wurde Fleisch,
und zeltete unter uns,
und wir haben seine Herrlichkeit geschaut,
Herrlichkeit wie alleinerzeugt vom Vater.
voll Gnade und Wahrheit,

denn aus seiner Fülle haben wir alle empfangen Gnade um Gnade,
denn das Gesetz wurde durch Mose gegeben,
die Gnade und Wahrheit kam durch Jesus Christus.

Niemand hat Gott je gesehen,
der alleinerzeugte Gott,
der an der Brust des Vater ist,
jener hat berichtet (ἐξηγήσατο).

Schon viele haben es unternommen, einen Bericht zu verfassen, über das, was sich unter uns erfüllt hat. Dabei hielten sie sich an die Überlieferung derer, die **vom Anfang an** Augenzeugen und
Diener des Wortes waren. Nun habe auch ich mich entschlossen,
allem von Grund auf sorgfältig nachzugehen, um es für Dich,
hochverehrter Theophilus – Gottesfreund –
der Reihe nach aufzuschreiben. (1,1-3).

Zacharias hatte im **Tempel** das **Rauchopfer** darzubringen, vgl.
Opferpsalm:
„Jahwe ist mein **Licht** und mein Heil, wen soll ich fürchten. Jahwe ist der Hort meines **Lebens**, vor wem sollt ich bangen" (Ps 27 [26],1f. 6).

Reinigung
(2,22-24)

„Siehe, ich **sende meinen Boten** vor mir her, er soll den Weg für mich bahnen. Dann kommt plötzlich zu seinem **Tempel**
der Herr, den ihr sucht und **der Bote des Bundes**..." (Mal 3,1).

Simeon
(2,25-35)

Nicht Jesus und nicht Johannes, sondern
der apokalyptische **Engel Gabriel** (Dan 8,16; 9,21):
Er **gibt Zeugnis für den Täufer (1,19) und für Jesus (1,26)**.
Beim Besuch Marias bei Elisabet zeugt **auch der Täufer** für Jesus.

Durch die barmherzige Liebe unseres Gottes wird uns besuchen
das aufstrahlende Licht aus der Höhe, um allen zu leuchten ... (1,78f).

In jenen Tagen erließ **Kaiser Augustus** den Befehl,
alle Bewohner des Reiches eintragen zu lassen... (2,1ff).

so zog auch Josef ... **nach Judäa in die Stadt Davids**, die Betlehem heißt,
denn er war aus dem Haus und Geschlecht Davids...
...weil **in der Herberge kein Platz für sie** war.
In jener Gegend lagerten **Hirten und hielten Nachtwache** (2,7bf; 1Sam 26,15; Ps 37,37; 130,6; Jes 21,11).
...der Heiland geboren, Christus, der Herr (2,11).

Sie hatten keine Kinder, denn **Elisabet war unfruchtbar** und beide waren schon in vorgerücktem Alter (1,7; vgl. 1,18).

... zu einer **Jungfrau**... mit ... Josef verlobt... ... keinen Mann erkenne? Heiliger Geist... und die **Kraft des Höchsten** (1,27-35).

Sie **gebar** ihren Sohn... Heute ist... der Retter **geboren** (2,7-11).

Hanna
(2,36-38)

Da trat ein Engel des Herrn zu ihnen, und die **Herrlichkeit des Herrn umstrahlte sie**....der Engel aber sagte zu ihnen ... ein großes himmlisches Heer... „**Ehre** – Herrlichkeit – ist Gott in der Höhe und auf Erden Frieden den Menschen..." (2,9-13) ...Kommt wir gehen nach Betlehem,
um **das gewordene Wort zu sehen**, das der Herr uns verkünden ließ (2,15).

Das Kind wuchs ... **voll Weisheit, und die Gnade** Gottes war mit ihm (2,40).
Und Jesus **nahm zu an Weisheit**, Alter und **Gnade** ... (2,52).

Nach drei Tagen fanden sie ihn im Tempel; er saß mitten unter den Lehrern, hörte ihnen zu und stellte Fragen. **Alle die ihn hörten, waren erstaunt über sein Verständnis und über seine Antworten**.... Wusstet ihr nicht, **dass ich in demsein muss, was meines Vater ist**? (2,46f.49).

Vom Logoslied
zum kanonischen Johannesprolog

Im Anfang war das Wort,
und das Wort war bei Gott,
und Gott war das Wort.

Im Anfang des Evangeliums
Das Offenbarungswort
des irdischen Jesus

Dieses war im Anfang bei Gott;
alles ist durch es (ihn) geworden,
und ohne es (ihn) wurde nichts. ← ... nicht eines, das geworden ist.

alles = Jesu Erlösungswerk

Was geworden ist, in ihm war Leben,
und das Leben war das Licht der Menschen,
und das Licht leuchtet in der Finsternis,
und die Finsternis hat es nicht ergriffen.

In ihm (Jesus)...

Sein Name war Johannes:
dieser kam zum Zeugnis!

Ein Mensch trat auf,
gesandt von Gott,
damit er Zeugnis gebe für das Licht. ☞ damit alle durch ihn glauben.

Nicht war jener das Licht, sondern:
„damit er Zeugnis gebe für das Licht".

Er war das wahre Licht,
das jeden Menschen erleuchtet,
der (das) in die Welt kommt.

Das wahre... kam...

Er war in der Welt, ← und die Welt ist durch ihn geworden,
und die Welt erkannte ihn nicht;
er kam in sein Eigentum,
und die Eigenen nahmen ihn nicht auf.

Allen aber, die ihn aufnahmen,
gab er Macht, Kinder Gottes zu werden.
☞ denen, die an seinen Namen glauben.

← Diese (wurden)

Nicht aus Blut
und nicht aus Fleischeswollen, ☞ und nicht aus Manneswollen
sondern aus Gott wurde (er) geboren.

Und das Wort wurde Fleisch, ☞ und (er) zeltete unter (in) uns,
und wir sahen seine Herrlichkeit,
Herrlichkeit des Monogenen vom Vater.
☞ voll Gnade und Wahrheit,

Johannes gibt Zeugnis über ihn und hat gerufen: Dieser ist es, über den ich sagte: Der nach mir kommt, ist mir voraus geworden, weil er vor mir war.

Niemand hat Gott je gesehen;
der monogene Gott,
der an der Brust des Vaters ist,
jener hat berichtet.

Denn aus seiner Fülle haben wir
alle empfangen Gnade um Gnade,
denn das Gesetz wurde durch Mose gegeben,
die Gnade und Wahrheit kam durch Jes. Chr.

4.6 Ergebnisse

Wie die gnostischen Traktate und in anderer Weise das Hellenistenbuch sind auch die synoptischen Vorgeschichten midraschartige Paraphrasen zu dem Text des Logosliedes, mit dessen Zitation das Hellenistenbuch begann. Matthäus und Lukas haben für ihre Arbeiten nicht nur das Markusevangelium benützt, sondern auch das Hellenistenbuch und die bei Markus leer gebliebene Stelle des Logosliedes an dessen Beginn durch Paraphrasen dieses Textes ausgefüllt. Dabei verhält sich die lukanische Vorgeschichte zur matthäischen ähnlich wie das Markusevangelium zum Hellenistenbuch: Die Idee wird aufgegriffen, aber auf andere und „bessere" Weise durchgeführt. Ein vitaler Grund für die Paraphrasierung des Logosliedes durch die Kindheitsgeschichten könnte gewesen sein, dass die Intention des Hellenistenbuches, das Logosbekenntnis im Gegensatz zur Gnosis ausschließlich auf den irdischen Jesus zu beziehen, nicht deutlich genug zum Ausdruck kam und anstelle des interpretierenden bald ein additives Verständnis um sich griff. Die revolutionäre Tat des Verfassers war für alle jene, die mit dem gnostischen Mythos nicht vertraut waren, weder erkennbar noch interessant. Sie lasen den hellenistischen Bekenntnishymnus am Beginn des Buches wie alle Nachgeborenen bis in unsere Zeit nicht mehr als umstrittene und interpretationsbedürftige Textvorgabe, sondern als Prolog im Himmel zur Geschichte Jesu. Damit trat aber das ein, was gerade verhindert werden sollte: Die Identifizierung Jesu mit dem vorweltlichen Logos fand durch das Hellenistenbuch noch größere Verbreitung und drohte auch in die antignostische und messianische Jesusbewegung einzudringen.

Dagegen stellten Matthäus und Lukas an den Anfang ihrer Schriften nun nochmals eine spezielle Paraphrase des problematischen Textes, mit denselben Intentionen, die schon das Hellenistenbuch und Markus verfolgt hatten: dessen Aussagen vom Himmel auf die Erde und von der Ewigkeit in die Geschichte zu ziehen.

Matthäus eröffnete daher seine Schrift mit dem irdischen Stammbaum Jesu und Lukas in Anlehnung an den Text selbst und an dessen Deutung im Titel des Markusevangeliums mit seinem Buchprolog. Die weitere Erzählung handelt jeweils von der Geburt und Kindheit Jesu. Wie weit in diese midraschartigen Paraphrasen auch historische Reminiszenzen eingeflossen sein können, muss dahingestellt bleiben. Wie in der Auswertung des Markusevangeliums versucht Lukas auch in der Paraphrase des Logoshymnus seiner Vorlage wesentlich treuer zu folgen als Matthäus. Der Zweck der kunstvoll komponierten und in ihrem poetischen Charme einzigartigen Erzählungen war jedenfalls nicht die Mitteilung biographischer Informationen, sondern die korrigierende Einflussnahme auf die dogmatische Entwicklung der Jesusbewegung im letzten Viertel des ersten Jahrhunderts.

5 Konsequenzen

Es ist immer problematisch, darauf aufmerksam zu machen, welche weitreichenden Folgerungen sich aus einer begrenzten Untersuchung ergeben können. Der Leser wird dadurch verleitet, sein Vorurteil zu fassen, je nach dem, ob ihm diese Konsequenzen sympathisch sind, ob er sie mit anderen Perspektiven, die ihm wertvoll sind, vereinbaren kann, oder ob sie ihm wünschenswert oder gefährlich erscheinen, und sich für berechtigt zu halten, auf die sorgfältige Prüfung der Sachargumente zu verzichten. Zudem ist es fraglich, ob diese mitgelieferten Aussichten die einzig möglichen sind und nicht vielmehr den freien Blick auf anderes und Wichtigeres verstellen. Aus diesen Gründen würde es sich empfehlen, der Wiedergabe des Untersuchungsverfahrens und seiner Ergebnisse nichts hinzuzufügen. Andererseits ist es aber auch notwendig, Missverständnissen vorzubeugen. Ich möchte daher im folgenden einige sachlogische Aspekte nochmals kurz zusammenfassen, die aus der Textuntersuchung selbst ersichtlich sind und meist auch dort schon aufgezeigt wurden.

Die Drei- bzw. Vier-Vorlagen-Theorie

Die „Zwei Quellen Theorie" zur Lösung des synoptischen Problems ist zu erweitern. Die Zwei-Quellen-Theorie nach Wisse und Weiße aus der ersten Hälfte des 19. Jahrhunderts besagt, dass beide Großsynoptiker das Markusevangelium als Quelle benützt haben und außerdem noch eine zweite – allerdings verloren gegangene – Schrift, die sogenannte Spruchquelle. Diese heute fast allgemein anerkannte Theorie ist nun insofern zu ergänzen, als alle drei synoptischen Evangelien unabhängig voneinander auf eine dritte Quelle zurückgreifen, nämlich das vorredaktionelle Johannesevangelium oder Hellenistenbuch. Ein beachtlicher Teil der Übereinstimmungen zwischen Matthäus und Lukas gegen Markus erklärt sich aus dem Rückgriff auf das Hellenistenbuch und braucht nicht der Spruchquelle angelastet werden. Allerdings hat Lukas das Hellenistenbuch wahrscheinlich schon in dessen erster Erweiterung im Interesse der Petrustradition benützt. Außerdem hat er die Arbeit des Matthäus bereits gekannt und auf sie reagiert. Matthäus konnte sich somit auf drei, Lukas auf vier Vorlagen stützen.

Der Originalität des „Johannesevangeliums"

Was schon Dodd erkannte und Robinson vertieft hat, ist richtig. Das Johannesevangelium steht der Geschichte Jesu näher als Markus und die Synoptiker insgesamt. Zahlreiche topographische und erzähllogische Indizien weisen in diese Richtung. Dieser Sachverhalt lässt sich jetzt noch deutlicher beschreiben und begründen. „Johannes" hat nicht nur die besseren topographischen und chronologischen Informationen. Die größere Authentizität erklärt sich aus der literarischen Priorität des Textes. Das vorredaktionelle Johannesevangelium diente Markus und den übrigen beiden Synoptikern als Quelle zur freien Bearbeitung. Mehr und Besseres an historischen Informationen zum Wirken Jesu, als das „Johannesevangelium" bieten kann, ist von den Synoptikern nicht zu erwarten. Der Wert der synoptischen Tradition liegt in authentischen aber anekdotenhaften Wort- und Tatüberlieferungen, die in den vereinfachten äußeren Rahmen des Hellenistenbuches einfügt wurden.

Die Konstruiertheit des Markusevangeliums

Das Markusevangelium ist gerade nicht, was zu sein es vorgibt, eine treue und nüchterne erste Darstellung des Wirkens Jesu, sondern eine im Dienst einer bestimmten Richtung des Urchristentums gekonnt erstellte Tendenz- und Gegenschrift. Die Einsichten von William Wrede werden bestätigt und erweitert. In zahlreichen Einzelheiten verändert Markus in großer Freiheit seine Vorlage, um seine kirchenpolitischen und theologischen Interessen zur Geltung zu bringen. Das sind vor allem die Vorrangstellung des Petrus und der Zebedäiden, die Verkündigung Jesu als Messias und das Endgericht. Anstelle der Zeichen und fiktiven Reden des Hellenistenbuches verwendet Markus authentisches Traditionsmaterial, das er mit idealen Szenen im Interesse seiner Christologie und Kirchenpolitik kombiniert. Markus ist nicht der Verfasser des ersten „Evangeliums". Begriff und Sache im Sinne der Botschaft des Verkündigers finden sich bereits bei Paulus, und hinsichtlich der Gattung der kanonischen Evangelien ist Markus ein genialer Epigone des Hellenistenbuches, das ihm Vorbild und Quelle für den äußeren Rahmen ist.

Markus und Paulus

Das Markusevangelium reagiert nicht nur auf das Hellenistenbuch, sondern auch auf Paulus und dessen „Evangelium" von der Rechtfertigung aus dem Glauben allein, das sich nur auf den Auferstandenen, aber nicht auf den irdischen Jesus beruft. Ihm setzt er das Evangelium Jesu selbst entgegen. Mit Paulus teilt Markus aber auch eine Reihe von theologischen Positionen: Petrus ist auch für ihn der wichtigste Glaubenszeuge, wie Paulus spricht auch er vom Kreis der Zwölf und von der Führungsgruppe der drei „Säulen" Petrus, Jakobus und Johannes (obwohl Jakobus darin nicht identisch ist), auch er begründet die Eucharistie mit ihrer Einsetzung beim Abschiedsmahl Jesu mit seinen Jüngern und auch er erwartet die baldige Wiederkunft Jesu zum Gericht. Dagegen hält er sich von allen Prä- und Postexistezaussagen für Jesus fern.

Die Kindheits- und Erscheinungsgeschichten

Wenn Matthäus und Lukas das Hellenistenbuch benützt haben, dann gewinnt auch die Bezogenheit ihrer Vorgeschichten auf den Logoshymnus an zusätzlicher Plausibilität. Der Zweck der synoptischen Vorgeschichten wiederholt die Intention des Hellenistenbuches. Es gilt durch nochmalige und nun auf den Ursprung Jesu beschränkte Paraphrasen des Logoshymnus dessen Präexistenzaussagen vom Himmel auf die Erde und von der Ewigkeit in die Geschichte zu holen. Die Kindheitsgeschichten vertreten die Stelle des Prologs im Hellenistenbuch, aber sie bringen statt des Textes selbst je eine midraschartige Deutung und Nacherzählung.

Gegenüber Markus stellen nicht nur die Kindheitsgeschichten, sondern auch die Erscheinungsgeschichten bei Matthäus und Lukas einen zusätzlichen Rückgriff auf das Hellenistenbuch dar. Auch sie dienen der positiven Korrektur. Maria Magdalena wird als Zeugin der Auferstehung durch zusätzliche Frauen, aber vor allem durch die Jünger relativiert. Lukas kann sich dafür auch schon auf eine erste Überarbeitung des Hellenistenbuches selbst stützen.

Die Abwehr von Logos- und Präexistenzchristologie

Die Logos-Spekulation in der Jesusdeutung, die zuerst in der gnosistischen Jesusbewegung, dann bei den Apologeten und schließlich in der Vätertheologie alle anderen Ansätze der Christologie überwuchert hat, geht mit dem Logos-Hymnus auf die früheste Zeit der Jesusbewegung zurück und wurde schon in vorneutestamentlicher Zeit in ihrer Gefährlichkeit erkannt.

Schon das Hellenistenbuch will durch eine Neuinterpretation des Bekenntnishymnus der Logos-Spekulation den Boden entziehen. Im Rückblick auf zwei Jahrtausende Dogmengeschichte ist freilich evident, dass dieser Zweck verfehlt wurde. Nicht die Umdeutung des problematischen Textes im Kontrast zum gnostischen Mythos, sondern das Faktum seiner Mitteilung hat Geschichte gemacht. Was der Verfasser verhindern wollte, gerade das hat er bewirkt: Er wird für alle Zukunft zum Kronzeugen der Logoschristologie.

Seine Intention wurde auch deshalb bald verkannt, weil er zwar den vorweltlichen Logos durch Umdeutung zum Offenbarungswort Jesu verschwinden lassen wollte, aber an der Präexistenz Jesu festhielt: In der Aktionseinheit des Sohnes mit dem Vater sei Jesus der eine und ewige Gott selbst. Sobald der Frontalangriff des Hellenistenbuches auf den gnostischen Mythos aus dem Bewusstsein schwand, ging auch das Verständnis für diesen Unterschied verloren. Die Spannung zwischen These und Antithese, zwischen Prolog und Evangelium spaltete aber noch Subordinatianer und Modalisten, Arianer und Nizäner.

Paulus, das Hellenistenbuch und die Synoptiker

Einen etwas anderen Weg der Gnosisabwehr als das Hellenistenbuch hat Paulus beschritten. Er hält grundsätzlich an der Logosidee für Jesus fest, vermeidet aber das belastete Wort und verlagert das gnostische Interesse für die Präexistenz auf die Postexistenz des Auferstandenen. Der irdische Jesus bleibt wie bei den Gnostikern im Hintergrund. Dennoch ist die theologische Vergleichbarkeit von „Johannes" und Paulus wiederholt festgestellt worden.[61] Die bekannten Gemeinsamkeiten werden verständlich, wenn die Entstehung der paulinischen Briefe und des Hellenistenbuches zeitlich nicht zu weit auseinanderliegen. Erst die Synoptiker waren konsequent. Sie unterdrücken mit der Logosspekulation auch jede Präexistenzaussage.

Die Logoschristologie war daher nicht der krönende Abschluss, sondern Voraussetzung und Katalysator der neutestamentlichen Theologie. Dass sie am Anfang steht, zeigt die Parallele des vorpaulinischen Philipperbriefhymnus. Die neuestamentliche Theologie beginnt aus dem Gegensatz zur gnostischen Spekulation mit ihrer Abwehr. Deren zunehmende Konsequenz lässt auf eine zeitliche Abfolge von Paulus, Hellenistenbuch und Synoptikern schließen. Die gnostisierenden Deuteropaulinen haben diese Entwicklung wieder verdunkelt.

Die Literarkritik des Johannesevangeliums

Die Literarkritik des Johannesevangeliums nach den Ansätzen von R. Bultmann hat sich im Spiegel der synoptischen Evangelien nochmals glänzend bewährt – allerdings in einem neuen Gesamtzusammenhang. Aus theologischen Gründen wären die engsten Beziehungen zwischen den Synoptikern und den der kirchlichen Redaktion zugewiesenen Texten des Johannesevangeliums zu erwarten gewesen. Dies ist aber – außer marginal bei Lukas – gerade nicht der Fall. Die synoptischen Parallelen finden sich ausschließlich zum vorredaktionellen Bestand. Bei einer Abhängigkeit des Johannesevangeliums von den Synoptikern wäre es aber wenig einsichtig, warum der gnostisierende Evangelist in breitester Weise alle drei Synoptiker benützt haben sollte, die synoptisierende kirchliche Redaktion aber die Benützung der synoptischen Evangelien vermieden hätte. Dagegen wenn umgekehrt Markus und Matthäus nur den gnosisnahen Evangelisten benützt haben aber nicht die kirchliche Redaktion, dann eben deshalb, weil ihnen eben noch nicht mehr vorlag. Matthäus und vor allem Lukas als der letzte Benützer des Hellenistenbuches konnten die „petrinische" erste Schicht der joanneischen Redaktion bereits verarbeiten.

Der grobe äußere Umfang des Hellenistenbuches wird durch dessen Benützung durch Markus sehr deutlich definiert. Das Hellenistenbuch, wie es

---

[61] Ich erinnere mich etwa an die eindrucksvolle Antrittsvorlesung von Dieter Zeller 1982 in Mainz zu diesem Thema.

Markus benützt hat, enthielt nicht nur keine Abschiedsreden, sondern auch keine Erscheinungsgeschichten vor den Jüngern. Es endete mit der Erscheinung vor Maria von Magdala. Die später angefügten Erscheinungen in Jerusalem oder aber am See Tiberias standen zunächst zueinander in Konkurrenz, wie die jeweiligen Abschlussformeln noch zeigen. Schließlich wurden die beiden alternativen Erweiterungen samt den mit ihnen verbundenen Evangelienschlüssen addiert. Der innere Umfang des Hellenistenbuches ist aus den direkten und wörtlichen Parallelen bei Markus allein nicht zu erschließen, weil auch mit der Substitution von ganzen Perikopen durch anderes Material und mit auch Auslassungen aus verschiedenen Motiven gerechnet werden muss. Ein Beispiel dafür ist die Fernheilung von Kafarnaum.

Die Logienquelle und die „Agreements"

Aufgrund der Zuweisung einer Reihe von Agreements zwischen Matthäus und Lukas an das Hellenistenbuch und aufgrund der Wahrscheinlichkeit einer Kenntnis und Mitbenützung auch des Matthäusevangeliums durch Lukas reduziert sich die hypothetische Logienquelle tatsächlich auf eine Spruchsammlung nach der Art des Thomasevangeliums. Weder die Täufertexte noch die Fernheilung von Kafarnaum brauchen ihr zugerechnet werden. Die „Agreements" zwischen Matthäus und Lukas gegen Markus verteilen sich auf das Hellenistenbuch, die Matthäusbenützung durch Lukas und die hypothetische Logienquelle.

Die Messianisierung der Jesusbewegung

Während die Logienquelle, das Thomasevangelium, der Logoshymnus, die ältesten Richtungen der Gnosis und wahrscheinlich der Grundbestand der Didaché, die den Messiastitel für Jesus nicht kennen, noch jene „vor- und außerchristliche" Jesusbewegung bezeugen, die Lukas in der Apostelgeschichte als den „Weg" bezeichnet, stehen alle neutestamentlichen Schriften im Dienste der Deutung Jesu als Messias. Den Anfang machen auf unterschiedliche Weise Paulus und das Hellenistenbuch. Über den Umschwung in Antiochien sind wir durch die Apostelgeschichte unterrichtet. Paulus beruft sich für seine Glaubenstradition auf Petrus. Das Hellenistenbuch steht der Petrusrichtung jedoch reserviert gegenüber. Seine Autoritäten sind Andreas und Philippus, und es lehnt die messianische Apokalyptik ab. Vorkämpfer der Petrusrichtung ist Markus. In seiner Gegenschrift stellt er Petrus als den Kronzeugen des Messiasbekenntnisses dar und lässt Jesus selbst das Weltende voraussagen. Die erweiterte Auflage, das Matthäusevangelium, erklärt Petrus schließlich zum Grundstein der Kirche. Nun muss sich auch das Hellenistenbuch eine petrinische Bearbeitung gefallen lassen, die Lukas bereits vorfindet. In der Thomas-Erweiterung und in der Lieblingsjünger-Redaktion versuchen sich die Hellenisten noch einmal gegen die Dominanz der Petriner abzugrenzen.

Die „vielen" Vorgänger des Lukas

Lukas beginnt sein Evangelium mit der Feststellung: „Schon viele haben es unternommen, einen Bericht über all das abzufassen, was sich unter uns ereignet hat." Unter der Voraussetzung der Zwei-Quellen-Theorie wäre dies eine leere Formel. Es handelt sich aber um eine wohl begründete Sachaussage. Tatsächlich hat Lukas zumindest vier Vorgängerschriften gekannt und verwertet, nämlich Markus, die Logienquelle, das Matthäusevangelium und das Hellenistenbuch. Ob er für die als Sondergut verbleibenden lukanischen Gleichnisse noch eine weitere und damit fünfte schriftliche Quelle benützt hat, darf dann allerdings bezweifelt werden.

Konvergenz der konträren Forschungsrichtungen

Die in Deutschland beheimatete religionsgeschichtliche Forschung und Literarkritik und die in England traditionelle philologisch-historische Quellenkritik schienen einander auszuschließen. Ein größerer Gegensatz als der zwischen Bultmann und Robinson ist kaum denkbar. Beide Ansätze sind jedoch richtig und müssen einander letztlich korrigieren und ergänzen. Weder ist das Johannesevangelium die christliche Aneignung von jüdisch-heterodoxem Material, noch ist es die treue Niederschrift eines Jesusbegleiters und Augenzeugen. Der gnostische Hintergrund des Johannesevangeliums und seine redaktionelle Verkirchlichung ist mit Bultmann und seiner Schule festzuhalten, allerdings insofern die Gnosis zur nicht-messianischen Jesusbewegung gehört und ihr Ursprung zwar als vorchristlich aber nicht als vorjesuanisch gelten kann. In ähnlicher Weise ist die Priorität des Johannesevangeliums gegenüber der synoptischen Darstellung richtig beobachtet, ja sie ist noch weiter zu konkretisieren, allerdings sofern damit nicht zugleich die lange Bearbeitungsgeschichte dieser Schrift ausgeschlossen wird. Das in seinem Grundbestand als das erste Evangelium ausgewiesene bleibt dennoch in seiner Endgestalt auch wieder das letzte.

Unschätzbar ist der Beitrag von Frans Neyrinck zur Erforschung der literarischen Abhängigkeit zwischen den Synoptikern und Johannes. Auch wenn er für die Benützung der Synoptiker durch Johannes keinen Konsens erreichen konnte, hat er doch das Vorhandensein einer Beziehung als unbestreitbar ins Bewusstsein gehoben. Aber auch die Argumente für die Selbständigkeit des „Johannesevangeliums" sind in diesem Zusammenhang immer deutlicher zur Sprache gebracht worden. Die Umkehr des Abhängigkeitsverhältnisses kann als die Synthese der beiden Befunde betrachtet werden.

Erstmals beginnt sich ein stimmiges Bild der Entwicklung der „johanneischen Tradition", ihres Zusammenhanges mit der Gnosis und den Synoptikern und damit auch des Urchristentums insgesamt abzuzeichnen.

Anhang

Der Schluss des Johannesevangeliums

Die problematischen Abschnitte in den letzten drei Kapiteln des Johannesevangeliums wurden im Laufe der Untersuchung mehrfach behandelt: Es sind die Szene unter dem Kreuz, der Grablauf der Jünger, die Erscheinung des Engels im leeren Grab, der doppelte Schluss des Evangeliums und die Zweistufigkeit des Kapitels 21. Der Lösungsvorschlag dazu soll hier nochmals in einer Textübersicht präsentiert werden. Links ist jeweils der ursprüngliche Textbestand angeordnet, etwas eingerückt und rechts jeweils die redaktionellen Erweiterungen.

19 23 Nachdem die Soldaten Jesus gekreuzigt hatten, nahmen sie seine Kleider und teilten sie in
vier Teile, für jeden Soldaten einen Teil; dazu kam noch der Leibrock. Der Leibrock war ohne
Naht, von oben bis unten aus einem Stück gewoben. 19 24 Da sagten sie zueinander: „Wir wollen
ihn nicht zerschneiden, sondern darum losen, wem er gehören soll." So sollte sich das
Schriftwort erfüllen: „Sie teilen meine Kleider unter sich Und werfen über mein Gewand das Los."
So taten die Soldaten.

19 25 Bei dem Kreuze Jesu stand

Maria

19 26
Als Jesus, die
er liebte, dastehen sah, sprach er:
„Frau, siehe da deinen Sohn!"

en
seine Mutter ... (und)
die Schwester seiner Mutter ...,
... die Frau des Kleophas, (und)
... Magdalena.

seine Mutter und den Jünger, den ...
... zu seiner Mutter
... 19 27
Dann sprach er zu dem Jünger: „Siehe da, deine Mutter!"
Von jener Stunde an nahm der Jünger sie in sein Haus.

19 28 Jesus wußte, daß nunmehr alles vollbracht war. Darum sprach er, damit die Schrift erfüllt
würde: „Mich dürstet." 19 29 Ein Gefäß voll Essig stand da. Man füllte nun einen Schwamm mit
Essig, steckte ihn auf einen Hysopstengel und hielt ihn an seinen Mund. 19 30 Als Jesus den Es-
sig genommen hatte, sprach er: „Es ist vollbracht." Dann neigte er das Haupt und gab seinen
Geist auf. 19 31 Es war Rüsttag. Da baten die Juden Pilatus, er möge den Gekreuzigten die Beine
zerschlagen und sie vom Kreuze abnehmen lassen, damit sie nicht den Sabbat über am Kreuze
blieben. Jener Sabbat nämlich war ein hoher Festtag. 19 32 So kamen denn die Soldaten und zer-
schlugen dem einen wie dem anderen der Mitgekreuzigten die Beine. 19 33 Als sie aber zu Jesus
kamen, sahen sie, daß er schon tot war. 19 34 Darum zerschlugen sie ihm die Beine nicht, son-
dern einer der Soldaten durchbohrte seine Seite mit einer Lanze, und sogleich floß Blut und Wasser
heraus. 19 35 Der dies gesehen hat, legt Zeugnis davon ab, und sein Zeugnis ist wahr. Er weiß,
daß er die Wahrheit spricht, damit ihr glaubt. 19 36 Denn das ist geschehen, damit die Schrift in
Erfüllung geht: „Kein Bein soll ihm zerbrochen werden" „19 37 und ferner die andere
Schriftstelle: „Sie werden aufblicken zu dem, den sie durchbohrt haben."

19 38 Joseph von Arimathäa, der ein Jünger Jesu war, aber aus Furcht vor den Juden nur im ge-
heimen, bat hierauf Pilatus, den Leichnam Jesu abnehmen zu dürfen. Pilatus gestattete es. Er ging
nun hin und nahm den Leichnam ab. 19 39 Auch Nikodemus, der einst des Nachts zu ihm gekom-
men war, fand sich ein und brachte eine Mischung von Myrrhe und Aloe, wohl an hundert Pfund.
19 40 Sie nahmen dem Leichnam Jesu und hüllten ihn samt den würzigen Kräutern in leinerne Tü-
cher, wie es der Begräbnissitte der Juden entspricht. 19 41 An dem Orte, wo er gekreuzigt wurde,
war ein Garten und in dem Garten ein neues Grab, in dem noch niemand beigesetzt worden war. 19
42 Dorthin legten sie Jesus wegen des Rüsttages der Juden; denn das Grab war in der Nähe.

20 1 Am ersten Tage der Woche ging Maria Magdalena frühmorgens, als es noch dunkel war, zum Grabe und sah, daß der Stein vom Grabe weggenommen war.

20 2 Eilig lief sie nun zu Simon Petrus

und zu dem anderen Jünger, den Jesus liebte

und sagte:

zu ihnen

„Man hat den Herrn aus dem Grabe genommen, und wir wissen nicht, wohin man ihn gelegt hat.“ 20 3 Da machte(n) sich Petrus

und der andere Jünger

auf und ging(en) zum Grabe.

20 4 Beide liefen miteinander. Der andere Jünger lief schneller als Petrus und kam zuerst am Grabe an. 20 5 Er beugte sich vor, und sah die Leintücher daliegen, ging aber nicht hinein. 20 6 Nun kam auch Simon Petrus ihm nach,

[Er] ging in das Grabmal hinein und sah die Leintücher 20 7 sowie das Schweißtuch daliegen, das auf seinem Haupt gelegen hatte. Es lag aber nicht mit den anderen Leintüchern zusammen, sondern für sich zusammengefaltet an einer anderen Stelle.

8 Jetzt ging auch der andere Jünger, der zuerst am Grabe angekommen war, hinein. Er sah und glaubte. 20 9 Denn sie hatten noch nicht die Schrift verstanden, daß er von den Toten auferstehen müsse. 20 10 Dann kehrten die Jünger nach Hause zurück.

20 11 Maria stand draußen am Grabe und weinte. *Wie sie nun weinte,*

neigte sie sich in das Grab hinein. 20 12 Da sah sie dort, wo Jesu Leichnam gelegen hatte, zwei Engel in weißen Gewändern sitzen, den einen zu Häupten, den andern zu Füßen. 20 13 Diese sagten zu ihr: „Frau, was weinst du?“ Sie antwortete ihnen: „Man hat meinen Herrn weggenommen, und ich weiß nicht, wohin man ihn gelegt hat.“ 20 14 Damit

wandte sie sich um und sah Jesus dastehen. - Sie wußte aber nicht, daß es Jesus war. - 20 15 Jesus fragte sie: „Frau, was weinst du? Wen suchst du?“ In der Meinung, es sei der Gärtner, antwortete sie ihm: Herr, hast du ihn weggetragen, so sage mir, wohin du ihn gelegt hast; dann will ich ihn holen.“ 20 16 Da sprach Jesus zu ihr: „Maria!“ Sie wandte sich um und sagte zu ihm auf hebräisch: „Rabboni“, das heißt Meister. 20 17 Jesus sprach zu ihr: „Halte mich nicht fest! Ich bin noch nicht zu meinem Vater aufgefahren. Geh vielmehr zu meinen Brüdern und künde ihnen: Ich fahre auf zu meinem Vater und eurem Vater, zu meinem Gott und eurem Gott.“ 20 18 Maria Magdalena ging hin und verkündete den Jüngern: „Ich habe den Herrn gesehen, und so hat er mir gesagt.“

20 19 Am Abend jenes ersten Wochentages waren die Jünger versammelt und hatten aus Furcht vor den Juden die Türen verschlossen. Da kam Jesus, trat in die Mitte und sprach zu ihnen: „Friede sei mit euch!“ 20 20 Nach diesen Worten zeigte er ihnen seine Hände und seine Seite. Da freuten sich die Jünger, daß sie den Herrn sahen. 20 21 Abermals sprach Jesus zu ihnen: Friede sei mit euch! Wie mich der Vater gesandt hat, so sende ich euch.“

21:1 Danach offenbarte sich Jesus den Jüngern (noch einmal. Es war) am See von Tiberias, und er offenbarte sich in folgender Weise. 21 2 Simon Petrus, Thomas mit dem Beinamen Didymus, Nathanael aus Kana in Galiläa, die Söhne des Zebedäus und noch zwei andere von seinen Jüngern waren beisammen. 21 3 Simon Petrus sagte zu ihnen: „Ich gehe zum Fischfang.“ Sie erwiderten ihm: „Wir gehen mit.“ Sie gingen hinaus und stiegen in das Boot, fingen aber nichts in jener Nacht. 21 4 Als bereits der Morgen dämmerte, stand Jesus am Ufer. Aber die Jünger wußten nicht, daß es Jesus war. 21 5 Da sprach Jesus zu ihnen: „Kinder, habt ihr nicht etwas zu essen?“ „Nein“, antworteten sie ihm.

21 7 Da sagte der Jünger, den Jesus liebhatte, zu Petrus: „Es ist der Herr!“ Als Simon Petrus hörte, es sei der Herr, warf er das Obergewand um - er hatte nämlich nur ein Unterkleid an -und sprang in den See.

20 22 Nach diesen Worten hauchte er sie an und sprach: „Empfanget den Heiligen Geist. 20 23 Wem ihr die Sünden nachlasset, dem sind sie nachgelassen; wem ihr sie behaltet, dem sind sie behalten."

20 24 Einer von den Zwölfen, Thomas mit dem Beinamen Didymus, war nicht dabei, als Jesus kam. 20 25 Die anderen jünger sagten ihm nun: „Wir haben den Herrn gesehen." Er aber erwiderte ihnen: „Wenn ich an seinen Händen nicht das Mal der Nägel sehe und meine Hand nicht in seine Seite legen kann, glaube ich nicht." 20 26 Acht Tage darauf waren die Jünger wieder in dem Hause, und Thomas war bei ihnen. Da kam Jesus bei verschlossenen Türen und trat in ihre Mitte mit den Worten: Friede sei mit euch!" 20 27 Dann sprach er zu Thomas: „Leg deinen Finger hierher und sieh meine Hände. Reich deine Hand her und leg sie in meine Seite, und sei nicht ungläubig, sondern gläubig!" 20 28 Thomas sprach zu ihm: „Mein Herr und mein Gott!" 20 29 Jesus erwiderte ihm: „Weil du mich siehst, [Thomas] glaubst du? Selig, die nicht sehen und doch glauben!"

20 30 Jesus hat noch viele andere Wunder vor den Augen seiner Jünger getan, die nicht in diesem Buche aufgezeichnet sind. 20 31 Diese aber sind aufgezeichnet, damit ihr glaubt, daß Jesus der Messias, der Sohn Gottes ist und damit ihr im Glauben das Leben habt in seinem Namen.

21 6 Darauf sprach er zu ihnen: „Werft das Netz zur Rechten des Bootes aus, so werdet ihr etwas finden." Sie warfen es aus und vermochten es vor der Menge der Fische nicht mehr heraufzuziehen.

21 9 Wie sie nun an Land stiegen, sahen sie ein Kohlenfeuer angelegt, einen Fisch darauf und Brot dabei. 21 10 Jesus sprach zu ihnen: „Bringt von den Fischen, die ihr eben gefangen habt." 21 11 Da stieg Simon Petrus in das Boot und zog das Netz ans Land, gefüllt mit hundertdreiundfünfzig großen Fischen; und obschon ihrer so viele waren, zerriß das Netz nicht. 21 12 Dann sprach Jesus zu ihnen: „Kommt zum Frühmahl!" Keiner von den Jüngern wagte zu fragen: „Wer bist du?" Sie wußten ja, daß es der Herr war. 21 13 Jesus kam nun, nahm das Brot und reichte es ihnen, ebenso auch den Fisch.

(21 14 Das war bereits das dritte Mal, daß sich Jesus nach seiner Auferstehung von den Toten seinen Jüngern offenbarte.)

21 15 Nach dem Frühmahl sprach Jesus zu Simon Petrus: „Simon, Sohn des Johannes, liebst du mich mehr als diese?" Er antwortete ihm: „Ja, Herr, du weißt, daß ich dich liebe." Da sprach er zu ihm: „Weide meine Lämmer!" 21 16 Er fragte ihn abermals: „Simon, Sohn des Johannes, liebst du mich?" Er antwortete ihm: „Ja Herr, du weißt, daß ich dich liebe." Und er sprach zu ihm: „Weide meine Lämmer!" 21 17 Er fragte ihn zum drittenmal: „Simon, Sohn des Johannes, liebst du mich?" Da ward Petrus traurig, weil er ihn zum drittenmal fragte: „Liebst du mich?" Und er antwortete ihm: „Herr, du weißt alles, du weißt, daß ich dich liebe." Jesus sprach zu ihm: „Weide meine Schafe! 21 18 Wahrlich, wahrlich ich sage dir: Als du Jünger warst, hast du dich selbst gegürtet und bist hingegangen, wohin du wolltest. Bist du aber alt geworden, so wirst du deine Hände ausstrecken, und ein anderer wird dich gürten und dich führen, wohin du nicht willst." 21 19 Mit diesen Worten wollte er andeuten, durch welchen Tod er Gott verherrlichen sollte. Darauf sprach er zu ihm: „Folge mir nach!"

21 25 Es gibt noch vieles andere, was Jesus getan hat. Wollte man das im einzelnen niederschreiben, so könnte, glaube ich, die ganze Welt die Bücher nicht fassen, die man schreiben müßte.

21 8 Die anderen Jünger folgten ihm im Boote und zogen das Netz mit den Fischen nach. Sie waren nicht mehr weit vom Lande, nur etwa zweihundert Ellen.

21 20 Petrus wandte sich um und sah den Jünger nachkommen, den Jesus liebte und der beim Abendmahl sich an seine Brust gelehnt und gefragt hatte: „Herr, wer ist es, der dich verrät?" 21 21 Als Petrus ihn erblickte, sprach er zu Jesus: „Herr, was wird aber mit diesem geschehen?" 21 22 Jesus antwortete ihm: „Wenn ich will, daß er am Leben bleibt, bis ich wiederkomme, was kümmert dich das? Folge du mir nach!" 21 23 So entstand bei den Jüngern die Meinung, jener Jünger werde nicht sterben. Aber Jesus hatte zu ihm nicht gesagt: „Er stirbt nicht", sondern: „Wenn ich will, daß er am Leben bleibt, bis ich wiederkomme, was kümmert dich das?" 21

24 Das ist der Jünger, der dies bezeugt und dies geschrieben hat. Wir wissen, daß sein Zeugnis wahr ist.

Die umfangreichen und wiederholten Eingriffe in die Schlusskapitel des Hellenistenbuches sind durch zwei miteinander offensichtlich nicht kompatible Problemgestalten verursacht: durch Maria Magdalena und Petrus. Während in der hellenistischen Kirche Maria Magdalena als bevorzugte Jüngerin Jesu und Kronzeugin der Auferstehung in hohem Ansehen stand, wurde sie offenbar in der petrinischen Kirche nicht geschätzt und möglichst zurückgestuft. Umgekehrt galt Petrus, die Autorität der durch Markus und Matthäus repräsentierten Kirche, der auch von Paulus und seinem Schüler Lukas anerkannt wurde, den Hellenisten als feiger Verleugner Jesu, dessen Führungsanspruch sie ablehnten. Dass die hellenistische Kirche darüber in sich selbst gespalten war, belegen die wiederholten gegenläufigen Texteinschübe und Erweiterungen. Die zeitliche Abfolge der einzelnen Erweiterungen muss freilich dort, wo es keine unmittelbaren Ansätze oder Reflexe in den synoptischen Evangelien gibt, offen bleiben. Die Entfernung der Maria Magdalena aus dem persönlichen Nahbereich Jesu dürfte noch vor der Benützung der Schrift durch Markus erfolgt sein. Was Petrus bertrifft, so wechseln petrinische und antipetrinische Einschübe einander ab. Petrus wird als Zeuge des leeren Grabes eingeführt, dann aber durch den Wettlauf mit dem „anderen“ Jünger wieder zurückgesetzt. Die Erscheinung vor den Jüngern in Jerusalem sollte wohl jene vor Maria Magdalena relativieren. Dagegen hatte die Einfügung des Thomasbekenntnisses vor dem Schluss wahrscheinlich den Zweck, das Petrusbekenntnis bei Markus auszustechen. Der zunächst alternative Schluss der petrinischen Richtung mit der Erscheinung Jesu am See Gennesaret setzt die Ankündigung des markinischen Grabesengels in die Realität um und steht ganz im Dienste der petrinischen Richtung: Der Auferstandene selbst überträgt Petrus die Kirchenleitung. Gegen die Addition dieses petrinischen Schlusses zu jenem mit dem Thomasbekenntnis hat sich die antipetrinische Richtung schließlich mit der Einführung des Lieblingsjüngers ein letztes Mal zur Wehr gesetzt. Dass sie dann aber doch in der petrinisch-paulinischen Großkirche aufgegangen ist, lehrt uns die Geschichte.

Text und Literatur

The Greek New Testament, edited by Kurt Aland, Matthew Black, Carlo M. Martini, Bruce M. Metzger, and Alan Wikgren, Third Edition (Corrected), © (1966, 1968, 1975,) 1983 by the United Bible Societies. MacGreek New Testament © 1986–1988 P. B. Payne. PO Box 580, Edmonds, WA 98020-0580 USA. Der benützte Text der korrigierten dritten Auflage des GNT entspricht dem der 26. Auflage des Novum Testamentum Graece von Nestle – Aland. Er wurde unverändert auch in die vierte Auflage des GNT (1993) und in die 27. Auflage von Nestle – Aland (1994) übernommen.

Einheitsübersetzung, Herausgegeben im Auftrag der Bischöfe Deutschlands, Österreichs und der Schweiz, des Bischofs von Luxemburg, des Bischofs von Lüttich und des Bischofs von Bozen-Brixen. Für die Psalmen und das Neue Testament auch im Auftrag des Rates der Evangelischen Kirche Deutschlands und des Evangelischen Bibelwerks in de Bundesrepubliki Deutschland, © 1980 Katholische Bibelanstalt GmbH Stuttgart entnommen aus: Bibleworks for Windows 95/NT, Release Version 3.5, © 1996 Michael S. Bushel.

Barrett, C. K.	The Place of John and the Synoptics within the Early History of Christian Thought. In: A Denaux (Hg.), John and the Synoptics (BETL 101), Leuven 1992, 63–79.
Baum-Bodenbender, R.	Hoheit in Niedrigkeit. Johanneische Christologie im Prozess Jesu vor Pilatus (Joh 18, 28.19,16a) (FzB 49), Würzburg 1984.
Becker, J.	Das Evangelium nach Johannes, 3. überarbeitete Auflage, 2 Bde: Kapitel 1–10 (ÖTK 4/1 = GTB 505); Kapitel 11–21 (ÖTK 4/2 = GTB 506), Gütersloh und Würzburg 1991.
Berger, K.	Theologiegeschichte des Urchristentums, Tübingen–Basel ²1995.
Berger, K.	Im Anfang war Johannes. Datierung und Theologie des vierten Evangeliums, Stuttgart 1997.
Blinzler, J.	Johannes und die Synoptiker. Ein Forschungsbericht (SBS 5), Stuttgart 1965.
Boismard, M.-É.	Une synopse johannique. In: ETL 43 (1967) 259–267.
Boismard, M.-É.	Commentaire, in P. Benoit – M.-É. Boismard, Synopse des quatre évangiles en français, tome II, Paris 1972.
Boismard, M.-É. et A. Lamouille	L'Évangile de Jean (Synopse des quatre évangiles en français, tome III), Paris 1977.

Boismard, M.-É. Jean 4,46–54 et les parallèles synoptiques. In: A Denaux (Hg.), John and the Synoptics (BETL 101), Leuven 1992, 240–259.

Borgen, P. The Independence of the Gospel of John. Some Observations. In: F. Van Segbroeck u. a. (Hgg.), The Four Gospels 1992 (FS F. Neirynck, BETL 100), Vol. III, Leuven 1992, 1813–1833.

Brickham, N. H. The Dependence of the Fourth Gospel on the Gospel of Mark. A Redaction-critical Approach, Diss. Washington DC 1982.

Busse, U. Johannes und Lukas: Die Lazarusperikope, Frucht eines Kommunikationsprozesses. In: A Denaux (Hg.), John and the Synoptics (BETL 101), Leuven 1992, 281-306.

Cribbs, F. L. A Reassessment of of the Date of Origin and the Destination of the Gospel of John, JBL 89 (1970) 38–55.

Cribbs, F. L. St. Luke and the Johannine Tradition, JBL 90 (1971) 422–450.

Cribbs, F. L. A Study of the Contacts That Exist Between St. Luke and St. John, Society of Biblical Literature 1973, Seminar Papers II, ed by G McRae Missoula/ Mont. 1973, 1–93.

Dauer, A. Die Passionsgeschichte im Johannesevangelium. Eine traditionsgeschichtliche und theologische Untersuchung zu Joh 18,1–19,30 (StANT 30), München 1972.

Dauer, A. Johannes und Lukas. Untersuchungen zu den johanneisch-lukanischen Parallelperikopen Joh 4,46–54/Lk 7,1–10; Joh 12,1–8/Lk 7,36–50; 10,38–42; Joh 20,19–29/Lk 24,36–49 (FzB 50), Würzburg 1984.

Dauer, A. Lk 24,12 – Ein Produkt lukanischer Redaktion? in: F. Van Segbroeck u. a. (Hgg.), The Four Gospels 1992 (FS F. Neirynck, BETL 100), Vol. II, Leuven 1992, 1697–1716.

Denaux, A. (Hg.) John and the Synoptics (BETL 101), Leuven 1992.

Dodd, J. H. Historical Traditions in the Gospel of John, Cambridge 1963.

Dormeyer, D. Evangelium als literarische und theologische Gattung (EdF 263), Darmstadt 1989.

Dschulnigg, P. Sprache, Intention und Redaktion des Markusevangeliums. Eigentümlichkeiten der Sprache des Markus-Evangeliums und ihre Bedeutung für die Redaktionskritik (SBB 11), Stuttgart 1984.

Dunderberg, I. — Zur Literarkritik von Joh 12,1–11. In: A Denaux (Hg.), John and the Synoptics (BETL 101), Leuven 1992, 558–570.

Ennulat, A. — Die „Minor Agreements“. Untersuchung zu einer offenen Frage des synoptischen Problems (WUNT 2. Reihe 62), Tübingen 1993.

Fortna, R. — The Gospel of Signs (SNTS MS 11) Cambridge 1970.

Fortna, R. — The Fourth Gospel and Its Predecessor. From Narrative Source to Present Gospel, Edinbourgh 1989.

Fortna, R. — Diacronic/Synchronic. Reading John 21 and Luke 5. In: A Denaux (Hg.), John and the Synoptics (BETL 101), Leuven 1992, 387–399.

Frankemölle, H. — Evangelium. Begriff und Gattung. Ein Forschungsbericht (SBB 15), Stuttgart 1988.

Gardner-Smith, P. — Saint John and the Synoptic Gospels, Cambridge 1938.

Goulder, M. D. — John 1,1–2,12 and the Synoptics. In: A Denaux (Hg.), John and the Synoptics (BETL 101), Leuven 1992, 201–237.

Goulder, M. D. — Luke's Knowledge of Matthew. In: G. Strecker (Hg.), Minor Agreements. Symposion Göttingen 1991 (GTA 50), Göttingen 1993, 143-160.

Gundry, R. H. — Matthean Foreign Bodies in Agreement of Luke with Matthew against Mark Evidence that Luke Used Matthew. In: F. Van Segbroeck u. a. (Hgg.), The Four Gospels 1992 (FS F. Neirynck, BETL 100), Vol. II, Leuven 1992, 1467–1495.

Heekerens, H. P. — Die Zeichen-Quelle der johanneischen Redaktion. Ein Beitrag zur Entstehungsgeschichte des vierten Evangeliums (SBS 113), Stuttgart 1984.

Hofrichter, P. — Im Anfang war der „Johannesprolog“. Das urchristliche Logosbekenntnis – die Basis neutestamentlicher und gnostischer Theologie (Biblische Untersuchungen 17), Regensburg 1986.

Hofrichter, P. — Wer ist der „Mensch von Gott gesandt” in Joh 1,6? – Ergänzungsheft zu BU 17: Im Anfang war der „Johannesprolog“ . . . (BU 21), Regensburg 1990.

Hofrichter, P. — Joh 21 im Makrotext des Vierten Evangeliums. In: Theologie und Glaube 81 (1991) 302–322.

Hofrichter, P. — Von den zwei Speisungen des Markus zu den zwei Aussendungen des Lukas. Die Auseinandersetzung um die Heidenmission in der Redaktionsgeschichte der Evangelien. In: J. Hainz (Hg.), „Theologie im Werden“. Gedenkschrift für O. Kuss, Düsseldorf 1992, 143–156.

Hofrichter, P. — Johannesprolog und lukanische Vorgeschichte. In: A. Denaux, John and the Synoptics (BETL 101), Leuven 1992, 488–497.

Hofrichter, P. — Paulus und die Anfänge der Kirche in Syrien. In: E. Ruprechtsberger (Hg.), Syrien. Von den Aposteln zu den Kalifen (Ausstellungskatalog), Mainz und Linz 1993, 13–31.

Hofrichter, P. — Parallelen zum 24. Gesang der Ilias in den Engelerscheinungen des lukanischen Doppelwerkes, Protokolle zur Bibel 2 (1993) 60–76.

Kieffer, R. — Jean et Marc: convergences dans la structure et dans les détails. In: A Denaux (Hg.), John and the Synoptics (BETL 101), Leuven 1992, 109–125.

Kittlaus, L. R. — The Fourth Gospel and Mark: John's Use of Marcan Redaction and Composition, Diss, Chicago 1978.

Landis, S. — Das Verhältnis des Johannesevangeliums zu den Synoptikern. Am Beispiel von Mt 8,5-13; Lk 7,110; Jo 4,46-54 (BZNW 74), Berlin – New York 1994.

Langbrandtner, W. — Weltferner Gott und Gott der Liebe. Der Ketzerstreit in der johanneischen Kirche. Eine exegetisch-religionsgeschichtliche Untersuchung mit Berücksichtigung der koptisch-gnostischen Texte von Nag-Hammadi (BET 6), Frankfurt/M – Bern 1977.

Machreich, W. — Der König und sein Königlicher. Johannes 4,46-54. Modell und Vorlage der synoptischen Parallelstellen, Diplomarbeit (Computerskript), Salzburg 1998.

Marchadour, A. (Hg.) — Origine et postériorité de l'évangile de Jean, XIIIe Congrès de l'ACFEB Toulouse (1989) (Lectio Divina 143), Paris 1990.

Neirynck, F. — John and the Synoptics. In: M. de Jonge (Hg.), L' Évangile de Jean. Sources, rédaction, théologie BETL 44), Leuven 1977, 73–106.

Neirynck, F. — Jean et les synoptiques. Examen critique de l'exégèse de M.-É Boimard (BETL 49) Leuven 1979.

Neirynck, F. John and the Synoptics: 1975–1990. In: A Denaux (Hg.), John and the Synoptics (BETL 101), Leuven 1992, 3–62.

Neirynck, F. The Minor Agreements of Matthew and Luke against Mark, with a Cumulative List, in collaboration with T. Hansen and F. van Segbroeck (BETL 37), Leuven 1974.

Pryor, J. W. John 3,3.5. A Study in the Relation of John's Gospel to the Synoptic Tradition, JSNT 41 (1991) 71-95.

Robinson, J. A. T. The Relation of the Prologue to the Gospel of John, NTS 9 (1962/63) 120-129.

Robinson, J. A. T. The Priority of John, London 1985; deutsch hg v. H.-J. Schulz: Johannes. Evangelium der Ursprünge, Wuppertal 1999.

Röhl, W. G. Die Rezeption des Johannesevangeliums in christlich-gnostischen Schriften aus Nag Hammadi (EHS XXIII/428), Frankfurt/M 1991.

Sabbe, M. John and the Synoptics: Neyrinck vs. Boismard, ETL 55 (1977) 363–478.

Sabbe, M. The Anoiting of Jesus in John 12,1–8 and its Synoptic Parallels.In: F. van Segbroeck u. a. (Hgg.), The Four Gospels 1992 (FS F. Neirynck, BETL 100), Vol. III, Leuven 1992, 2051–2082.

Schleiermacher, F. Einleitung in das Neue Testament, ed. G. Wolde, Berlin 1845.

Schnackenburg, R. Das Johannesevangelium (HThK 4/1), Freiburg – Basel – Wien ^{4}1979.

Schnackenburg, R. Synoptische und johanneische Christologie. Ein Vergleich. In: F. van Segbroeck u. a. (Hgg.), The Four Gospels 1992 (FS F. Neirynck, BETL 100), Vol. III, Leuven 1992, 1723–1750.

Schneider, G. Auf Gott bezogenes „mein Vater“ und „euer Vater“ in den Jesus-Worten der Evangelien. Zugleich ein Beitrag zum Problem Johannes und die Synoptiker. In: F. van Segbroeck u. a. (Hgg.), The Four Gospels 1992 (FS F. Neirynck, BETL 100), Vol. III, Leuven 1992, 1753-1781.

Schnelle, U. Johannes und die Synoptiker. In: F. Van Segbroeck u. a. (Hgg.), The Four Gospels 1992 (FS F. Neirynck, BETL 100), Vol. III, Leuven 1992, 1799–1814.

Schnider, F., – W. Stenger Johannes und die Synoptiker. Vergleich ihrer Parallelen (Biblische Handbibliothek 9), München 1971.

Schulz, H.-J. — Die apostolische Herkunft der Evangelien. Zum Ursprung der Evangelienform in der urgemeindlichen Paschafeier (QD 145), Dritte, völlig neugestaltete und akualisierte Auflage, Freiburg-Basel-Wien 1997.

Shellard, B. — The Relationship of Luke and John, in: The Journal of Theological Studies 46 (1995) 71-98.

Smith, D. M. — John and the Synoptics and the Question of Gospel Genre. In: F. van Segbroeck u. a. (Hgg.), The Four Gospels 1992 (FS F. Neirynck, BETL 100), Vol. III, Leuven 1992, 1783-1797.

Smith, D. M. — John and the Synoptics, Biblica 63 (1982) 102–113.

Solage, B. de — Jean et les synoptiques, Leiden 1979.

Speyer, W. — Die literarische Fälschung im heidnischen und christlichen Altertum (HAW 1/2), München 1971.

Spitta, F. — Das Johannes-Evangelium als Quelle der Geschichte Jesu, Göttingen 1910.

Strecker, G. (Hg.) — Minor Agreements. Symposion Göttingen 1991 (GTA 50), Göttingen 1993.

Thyen, H. — Johannes 13 und die „kirchliche Redaktion" des vierten Evangeliums. In G. Jeremias u. a. (Hgg.), Tradition und Glaube. Das Frühe Christentum in seiner Umnwelt (FS K. G. Kuhn), Göttingen 1972, 341–356.

Thyen, H. — Die Erzählung von den bethanischen Geschwistern (Joh 11,1–12,19) als „Palimpsest" über synoptischen Texten. In: F. van Segbroeck u. a. (Hgg.), The Four Gospels 1992 (FS F. Neirynck, BETL 100), Bd. III, Leuven 1992, 2022–2050.

Thyen, H. — Johannes und die Synoptiker. Auf der Suche nach einem neuen Paradigma. Zur Beschreibung ihrer Beziehungen anhand von Beobachtungen an Passions- und Ostererzählungen. In: A Denaux (Hg.), John and the Synoptics (BETL 101), Leuven 1992, 81–107.

Till, W. C. — Das Evangelium nach Philippus (PTS 2), Berlin 1963.

Verheyden, J. — P. Gardner-Smith and „The Turn of Tide". In: A Denaux (Hg.), John and the Synoptics (BETL 101), Leuven 1992, 423–452.

Zeller, D. — Paulus und Johannes. Methodischer Vergleich im Interesse einer neutestamentlichen Theologie. In: BZ 27 (1983) 167–182.